Leone Strizik

Das Wunder Kairo

Geschichten aus der Mutter aller Städte

Coverfoto: Madrasa und Mausoleum von Emir Sayf al-Din Sarghatmish

2 Mittwoch August

In der ar-Rifa'i-Moschee, Kairo, Ägypten

Grabmoschee statt Pyramide

Unterhalb der Zitadelle in Kairo und nur durch eine schmale Straße von der Sultan-Hasan-Moschee (1361) getrennt, erheben sich die Kuppel und die beiden Minarette der ar-Rifa'i-Moschee. Obwohl es aus der Ferne so aussieht, als bildeten die beiden Gotteshäuser ein Ensemble, ist die ar-Rifa'i-Moschee doch erst 500 Jahre nach der Sultan-Hasan-Moschee errichtet worden. 1912 fertiggestellt, diente sie als Grabmoschee für die Angehörigen der königlichen Familie Ägyptens.

Die ar-Rifa'i-Moschee repräsentiert verschiedene islamische Architekturstile, die doch ein harmonisches Ganzes ergeben. Das Innere ist prächtig mit Zedernholz, Elfenbein, Marmor und Gold dekoriert. 44 Säulen tragen die Kuppel und die Decke. Im Gegensatz zur Sultan-Hasan-Moschee ist die ar-Rifa'i-Moschee komplett überdacht und besitzt keinen Innenhof. Ihr Inneres teilt sich in einen Bereich für den Gottesdienst und einen für die Gräber. Dort ruhen Mitglieder der Königsfamilie wie der letzte König Faruq (1920–1965), aber auch der Schah von Persien, Mohammad Reza Pahlavi (1919–1980), der in Kairo starb.

M.S.

Geologisch

Wie heißt die größte Stadt des afrikanischen Kontinents?
a) Kairo   b) Kinshasa   c) Lagos

2. August 2023

31. Woche

Löwe 🦁 23.7. bis 22.8.

Eusebius, Gunzo

05:47 ☼ 21:08
22:07 ☾ 06:02

Wo	Mo	Di	Mi	Do	Fr	Sa	So
31					1	2	**6**
32	**13**	7	8	9	10	11	12
33	**20**	14	**15**	16	17	18	19
34	**27**	21	22	23	24	25	26
35		28	29	30	31		

Auflösung vom 1.8.

Welcher ist der höchste Wasserfall der Schweiz?

a) Mürrenbachfall
Der Mürrenbachfall stürzt 417 m in die Tiefe, die Engstligenfälle 370 m, der Staubbachfall 297 m.

„Das Ziel
 des Schreibens
 ist es,
 andere sehen
 zu machen".
                    Joseph Conrad

Bibliografische Information der Deutschen Nationalbibliothek:
Die Deutsche Nationalbibliothek verzeichnet diese Publikation in der
Deutschen Nationalbibliografie; detaillierte bibliografische Daten sind
im Internet über dnb.dnb.de abrufbar.

© 2018 Leone Strizik
Herstellung und Verlag:
BoD – Books on Demand, Norderstedt
ISBN: 9783748108054

Fotonachweis:
Alle Fotos von Andreas Morawetz, Leone Strizik, Isabella Zieritz,
außer S. 75/VI und S. 102/IV von Brigitte Dimai

Zum Buch

Dieses Buch ist weder ein Reiseführer im herkömmlichen Sinne, noch ein Architekturführer, es erhebt auch nicht den Anspruch auf Vollständigkeit. Es ist wie ein Teppich, geknüpft aus Geschichte, Geschichten, persönlichen Erlebnissen und Beschreibungen sowie Momentaufnahmen, wie ich sie bei meinen Besuchen vor Ort vorfand. Um die Spaziergänge durch Kairo zu erleichtern, habe ich mich entschlossen, sie nach Vierteln und Straßenzügen zu beschreiben und nicht nach Herrscher-Dynastien.

Transkription

Die Transkription arabischer Namen und Wörter ist nicht einfach, da es im Arabischen mehr bedeutungsunterscheidende Laute gibt als im Deutschen. Da dies kein wissenschaftliches Buch ist, habe ich mich entschlossen, eine möglichst einfache Schreibweise zu verwenden, die der englischen gleicht, ohne Sonderzeichen und ohne Längungen der Vokale. Artikel wurden ohne Assimilation verwendet (z. B. statt ad-Din, al-Din oder statt asch-Shafi'i, al-Shafi'i). Arabische Namen wurden groß, Begriffe klein und kursiv geschrieben. E wurde meistens zu a, bei sehr bekannten Eigennamen bezog ich jedoch die e-Schreibung mit ein, wie bei Ahmed oder Emir. Manchmal unterscheiden sich Schreibweisen desselben Namens oder Ortes, wie Muhammad, das ich verwende, aber auch Mohamed, wenn dies eine Person selbst so schreibt.

Das Wunder Kairo
Geschichten aus der Mutter aller Städte
von Leone Strizik

Inhalt

- 12 Zum Geleit von Denis Mete
- 19 Einleitung: Kairo, die Mutter aller Städte

Das Zitadellenviertel
- 26 **Das Zitadellenviertel**
- 27 Die Zitadelle von Kairo
- 31 Muhammad Ali Moschee und die fünf Säulen des Islam
- 34 *Gedanken zum Schleier*
- 39 Vom Bab al-Qalla zur Süleyman Pascha Moschee
- 41 Al-Nasir Muhammad Moschee
- 45 *Gedanken zum Wort Geschichte*

Von der Sultan Hassan Madrasa zum Al-Azhar Park
- 46 **Von der Sultan Hassan Madrasa zum Al-Azhar Park**
- 47 Sultan Hassan Madrasa
- 52 *Gedanken zur weiblichen Genital-Beschneidung*
- 57 Al-Rifa'i Moschee und Heiligenfeste, Mawlids
- 60 Sharie al-Mahgar, Sharie Bab al-Wazir, Sharie al-Tabbana
- 62 Madrasa und Mausoleum von Emir Khayrbak
- 63 Moschee von Aqsunkur oder Blaue Moschee
- 65 Madrasa von Umm Sultan Sha'ban
- 67 *Impressionen*
- 69 Moschee von Altinbugha al-Maridani
- 71 Moschee von Ahmed al-Mihmandar, Kiswah und Mahmal
- 72 Darb al-Ahmar
- 73 Al Azhar Park, die grüne Lunge Kairos

Anders Wohnen in Kairo
- 75 **Anders Wohnen in Kairo**
- 76 Wohnen auf Dächern
- 79 Wohnen in den Totenstädten
- 84 Wohnen auf der Nilinsel Qursaya und der Künstler Mohamed Abla
- 86 Wohnen auf Hausbooten und Spione

Sehenswürdigkeiten in der Südlichen Totenstadt
- 89 **Sehenswürdigkeiten in der Südlichen Totenstadt**
- 90 Hosh al-Basha

91 Mausoleum von Imam al-Shafi'i
92 *Kurzer Exkurs über Schiiten und Sunniten*

94 Sehenswürdigkeiten in der Nördlichen Totenstadt
95 Moschee und Sufikonvent von Farag ibn Barquq
96 Komplex von Sultan Qatbey
98 Glasbläserei in der Totenstadt

102 Vom Bab Zuwayla zur Muhammad Ali Straße
103 Bab Zuwayla
106 Salih Tala'i Moschee
107 Qasaba von Radwan Bey, Bazar der Zeltmacher
109 Madrasa von Inal al-Yusufi und der Sufi mit dem blinden Auge
111 *Gedanken zu Blinden und Sehgeschädigten*
113 *Gedanken zum Wasser*
114 Al-Oud, das Holz, und die altorientalische Musiktherapie

117 Das Viertel Qalat al-Kabsh
118 Ibn Tulun Moschee
123 Das Gayer-Anderson Museum und viele Geschichten
126 Madrasa und Mausoleum von Emir Sayf al-Din Sarghatmish

129 Sharie Saliba, Sharie al-Suyufiya, Sharie al-Khalifa
130 Palast von Emir Taz al-Nasiri
132 Sema hane, die Halle des Hörens der Mevlevi-Derwische
135 Moschee und Khanqah von Shaykhu und Sabil Kuttab von Sultan Qatbey
137 *Gedanken zur Brotkultur Ägyptens*

140 Die weiblichen Stadtheiligen
142 Moschee von Sayyida Sukayna und die arabische Salonkultur
144 Mausoleum von Shajarat al-Durr oder vom Sklavenmädchen zur Sultanin
146 Gräber von Sayyida Ruqayya, Sayyida Atika, Muhammed al-Ga'fari
147 Moschee von Sayyida Nafisa und ein trauriges Erlebnis

Inhalt

150 Vom Bab al-Futuh zur Sayyidna al-Husayn Moschee
151 Fatimiden und die nördliche Stadtbefestigung
153 Al-Hakim Moschee und die Drusen
156 Darb al-Asfar, Bayt al-Suhaymi
158 *Gedanken zum Paradies-(Garten)*
159 Moschee und Sabil von Süleyman Agha al-Silahdar
160 *Gedanken zu Umm Kulthum*
161 Al-Aqmar Moschee
162 Sabil Kuttab von Rahman Katkhuda
163 Bashtak Palast und Homoerotik
165 Hammam von Sultan Sayf al-Din Inal und Reinigungsrituale
167 Madrasa von Sultan al-Kamil Ayyub, Franz von Assisi und Friedrich II.
168 Sabil Kuttab von Ismail Pascha und das Textilmuseum
169 Die Mamluken
173 Madrasa und Khanqah von al-Zahir Sayf al-Din Barquq
176 Madrasa und Mausoleum von al-Nasir Muhammad
177 *Gedanken zu Max Herz Pascha*
179 Qalawun-Komplex, Mausoleum, Madrasa, Maristan
183 Madrasa und Mausoleum von Salih Nagm al-Din Ayyub
185 Die alten Gassen Kairos und der Khan al-Khalili Bazar
190 Sayyidna Al-Husayn Moschee

193 Vom Husayn-Platz zum Bab al-Nasr
194 Die al-Gamaliya Straße
196 *Gedanken zum Ramadan und dem Opferfest*
198 Mausoleum und Khanqah von Baybars al-Gashankir

201 Al-Azhar Moschee und Universität
202 Al-Azhar, Moschee und Universität

208 Von der Ghuria zum Bab Zuwayla
209 Ghuria, Madrasa, Sabil Kuttab, Mausoleum, Khanqah und Wikala
212 Markt bei der Ghuria, eingelegtes Gemüse, Färber, Tarbuschmacher

216 *Gedanken zu Falafeln, eingelegten Zitronen, Fuul und Bier*
219 Fakahani Moschee
222 Sabil Kuttab von Muhammad Ali Pascha für Tusun Pascha
223 Prinz Yussuf Kamal, sein österreichischer Sekretär und Zahnschmerzen
227 Sabil Kuttab von Nafisa Bayda
229 Moschee und Mausoleum von Al-Mu'ayyad
231 Kirche der Jungfrau Maria, Heilige und ein Nonnenkloster

234 **Die Moschee von Amr ibn al-As in Misr al-Qadima, Alt-Kairo**

238 **Fustat und die römische Festung Babylon**

241 **Die koptischen Christen in Ägypten**
246 Kirchen in Qasr al-Shem'a
248 Die Hängende Kirche al-Muallaqa und Ikonen
250 Griechisch-orthodoxe Kirche des Heiligen Georg, Mar Girgis
251 Koptisches Nonnenkloster und die Kapelle des heiligen Georg
253 Kirche der Heiligen Sergius und Bacchus, Abu Serga
254 Kirche der heiligen Barbara
255 *Gedanken zu den Marienerscheinungen in Kairo*

257 **Die Höhlenkirchen im Muqattam-Berg**

262 **Die Open Air Recycling Anlage Manshiet Nasser**

268 **Die Nilinsel Roda**

272 **Der Nil, iteru aa, der große Fluss**

276 Gastbeitrag: Dr. Hermann Becke über SEKEM – das Wunder in der Wüste
278 Glossar
281 Literaturverzeichnis
284 Quellenhinweise
288 Danksagung
289 Die Autorin

Zum Geleit von Denis Mete

Leone Strizik hält in ihrer Monographie über die Stadt Kairo – das große Auge am Nil – neben ihren Berichten über Geschichte, Kultur und Sozialisierung dieser verschieden urbanisierten Landschaft Nordafrikas, insgeheim ein Versprechen: Sie ehrt die sogenannte Mutter aller Städte.
Wer könnte dieser Mutter darin widersprechen, dass sie ihn oder sie nicht mit ihrer Muttermilch des weißen Nils gestärkt und beinahe ertränkt hätte, wie Moses Mutter an deren Ufern. Hier, wo das Schilf – wie die Schilfrohrflöte *Nay* – die Mythen und Ereignisse von 5000 Jahren dem Staunenden zuraunen, fährt der Wüstenwind, der gefürchtete Rote, der alle erblinden lässt, in die Stadt hinein und erinnert sie an ihr Umfeld: Wüste, die keine Revolution und Herrschaftsresidenz achtet.

Leone Strizik hat diese Stadt wie ein Buch vor uns geöffnet. Sie geht durch die Straßen und erlebt dabei wundersame Begebenheiten und Begegnungen. In dieser Stadt, die legendenhaft wirkt, ist das Geschehen vielschichtig und geschichtsträchtig. Hat diese Eigenschaft Kairos Leone Strizik in die Anziehung gebracht, dass sie so viele Mühen nicht scheute und uns durch ihre Augen die Stadt zu lieben lehrt?
Kairo ist ein magisches Tor des Orients, in einer Art, wie es nur jene achtsam durch diese Stadt Wandernden erleben können. Ein Tor in die Geschichte der Menschheit, nicht nur des islamischen Raumes und des Altertums, nein, auch in eine Stadt, die ein Schnittpunkt zwischen Afrika, Asien und dem europäischen Einfluss ist.
Nicht erst ab den Ereignissen am Tahrir-Platz hat die Welt wieder nach Kairo gesehen. Sie ist immer wieder Austragungsort von immensen Konflikten und ebenso beeindruckenden Kompromissen. So wie das Freilichtmuseum der Architektur Kairos viele Epochen nebeneinander zeigt, so sind dort die Ornamente im Qalawun Mausoleum eine harmonische Zusammenstellung von verschiedenen Kunststilen.
Kunst braucht Gegensätze. Der Verstand wird durch sie geschult und lernt weit mehr als nur durch Ursache und Wirkung. Hier zwischen dem gelben Tod und dem grünen Leben, dem Blau des Himmels gegenüber, schimmert der Nil in allen Farben. Wer Kairo liebt, weiß wie sehr die Stadt hungert und doch jeden Tag aufs Neue der Wüste ihr stolzes Haupt entgegen hält. Dort, wo wieder diese roten Sandstürme von den Pyramiden ein Geflüster bringen, das von Tod und Rückerstattung der Natur spricht, dort, in dieser Stadt, haben abertausende Gelehrte der Azhar-Universität und Ströme von Pilgern und unzählige Sufis ihr Haupt in die jenseitige Welt gewandt und Kunde gegeben von der Spiritualität, die weder vom Westen noch vom Osten beherbergt werden kann. Hier an den Ufern des Nils wirkten sie und schufen ein morphogenetisches Feld der Erkenntnis von Leben, Tod und Ewigkeit.

Leone Strizik hat wie Gelibolu Mustafa Ali, der osmanische Historiker und Dichter des 16. Jahrhunderts, die Stadt porträtiert.[1] Eine genauere Gegenüberstellung wäre nicht zu scheuen und die Frage bliebe dabei nicht unbeantwortet, ob sich diese Stadt in ihrem Wesen nach vierhundert Jahren gar so viel verändert hat. Sehen wir uns Gelibolus Auswahl des Stadtportraits auszugsweise an. Es ist eine Aufzählung der Besonderheiten, welche zum guten Teil auch in Leone Striziks Buch behandelt werden: 1) Der Nilometer und die jährlichen Festlichkeiten rund um das Öffnen des Wasserkanals bei der Überschwemmung des Nils, welche Leben und Wachstum in die Stadt und alle umliegenden Dörfer bringt; 2) die Pyramiden mit ihren Geheimnissen und dem Fluch der Pharaonen über die Grabesräuber; 3) Ägypten und Kairo[2] als Heimstatt und Herberge von Propheten, Heiligen und religiösen Führern; 4) die Azhar-Moschee und ihre theologische Hochschule von Weltruhm; 5) die Fruchtbarkeit des Nilufers und der Reichtum an Vegetation und Artenreichtum; 6) die Askese und Genügsamkeit des einfachen Volkes; 7) die Grabesbesucher in der Totenstadt und die Zeremonien der Sufis an den Totengedenktagen (*mawlid*) ihrer geistigen Führer; 8) die Jubelrufe und erhebende Stimmung der Rückkehrer von der Hadsch; 9) die Verzierung der Häuser und Märkte; 10) die Gastbesuche bei Beginn jeden Monats und die Gastfreundschaft allgemein; 11) die Reinheit und Gediegenheit der Bäder; 12) die Reinlichkeit und Sauberkeit der Märkte und Straßen; 13) die Unzahl an Kaffeehäusern und Vergnügungsstätten; 14) die exzessive Lebenslust der Einwohner an Feiern und Festen; 15) die immense Zahl an behinderten Menschen, Blinden und die vielen Augenleiden; 16) die psychiatrische Abteilung des Qalawun-Komplexes und die musiktherapeutischen Ansätze darin usw.

Nehmen wir noch die Berichte der Franzosen wie Gomar[3] um 1799 dazu, ergibt sich in Abständen von etwa zweihundert Jahren – 1599, 1799 und 2009 – die Bilanz einer Verarmung und gleichzeitigen Wandlung zu einer Megalopolis. Doch immer noch ist es eine Stadt mit dem Charme des alten Orients und dem außerordentlichen Humor seiner Einwohner, eine Pragmatik und Weisheit, die sich in Alltagshandlungen widerspiegelt. Es ist eine Stadt mit tiefer Spiritualität. Und es ist die Geschäftstüchtigkeit der unzähligen kleinen Händler, die täglich ihre Läden öffnen und schließen mit den Worten „Im Namen Gottes, des Barmherzigsten und Allerbarmers".

Das Werk Mustafa Alis, die *Halatu l-Qahire*, stellen wir also Leone Striziks *Wunder Kairo* gegenüber und hoffen, dass die zwei Stadtbilder nach 400 Jahren einander zuzwinkern. Es ist weder Mustafa Alis noch Leone Striziks Absicht, diese Stadt als Lügnerin durchschauen zu wollen, aber Kairos buntes Gesicht ist wie Fellinis Rom, in der Prostituierte und Priester herzhaft über sich selbst lachen können. Es ist das alte Kairo, der Hort der Unvernunft und Weisheit.

Es ist diese Stadt, die so viel Gelehrsamkeit vereint hat wie einst Iskenderiyya, jene Stadt am Mittelmeer, die zum Zentrum des gesamten altorientalischen und antiken

Wissens des Hellenismus geworden war. Es ist die Stadt Kairo, die in ihrem Neid der jungen Schönen am Mittelmeer den Rang ablaufen wollte und ein Prinzengeschlecht [Fatimiden] an die Macht ließ. Sie legten wieder in Bücher an, wie Jahrhunderte später Muhammad Ali Pascha, der tausende Schreiber wieder alte Handschriften kopieren ließ. Ich selbst verdanke diesem albanischen General ein kleines Dankeschön. Erhielt ich doch so eine Kairoer Handschrift, die in einer älteren Version in Istanbul verloren ging. Es war dies die schönste Dichtung nach Süleyman Celebis Preisung des Propheten Muhammad. Doppelt ist es Kairo, denn dort begannen die *Mevlid*-Feierlichkeiten am Geburtstag des Propheten, und dort erhielt sich das Gedicht über das Leben des Propheten, das *Mevlud-i Keshfi*. Die *Mevlid*-Dichtung, die Preisungsgedichte über das Leben des letzten Propheten, wurden mit solch dichterischer Kraft versehen und mit solch langen musikalisch-epischen Rezitationen der Lebensereignisse Muhammads vorgetragen, dass Kairo stolz sein kann, die Geburtsstätte dieses Gedichtgenres und aller *Mevlid*-Feiern zu sein.

Es gab also ein Fest eines Fürsten zu Ehren des Geburtstages des Propheten. Er ließ in Kairo tausende Hammel schlachten, gab Milch zum Fließen und trank selbst das Wasser des Nils. Er ließ die Stadt aufleben wie später der Fürst von Ardabil. Hier in Kairo waren die ersten *Mevlid*-Feierlichkleiten als Staatsakt und Religionsfest verordnet. Bis heute sind *Mevlid*-Feierlichkeiten vom Sufi-Heiligen wie Ahmad Badawi im nördlichen Tanta fromme Volksfeste und auch ein wenig Karneval neben der Dürre des Alltagskampfes. Ein bis zwei Millionen Pilger in der Kleinstadt Tanta zeigen eine ekstatische Stimmung in den Derwischriten des *Kiyam-zikr*, den stehenden und schwingenden Gottesanrufungen, dem *Dawran*, Reigen und dem *Sama*, Drehtanz, wie wir sie nur mehr von Pakistans Heiligenschreinen kennen. Sie sind das Gegengewicht der Liebesfreude zu den Angstträumen der islamistischen Mörderbuben. Die *Mevlid*-Feiern zu Kairo sind unter anderem die der Rifai-Derwische, sowie die Gedenken zum Martyrium des Enkels von Muhammad, Husayn, am 10. *Muharram*-Monat und natürlich auch die der Schwester Husayns Sayyida Zaynab und dessen Tochter Sayyida Sukayna. Auch die Mitte des Monats *Shaban* ist ein generelles Fest zu Ehren Imam Schafis und vieler lokaler Sufis. Die Innenstadt rund um die Grabstätten ist in diesen Tagen ein Volksfest der Hingabe.

Was hat dies nun mit Leone Striziks Buch gemein: Das Leben als ein Fest zu verstehen, ist in dieser Stadt ein besonderes Gefühl der Überwindung des Gegensätzlichen. Es ist der Tahrir-Platz der Jugend und der Derwischreigen der Alten in den Straßen der Sufi-Heiligennächte. Es ist der Blick der Autorin auf den Glanz der Stadt, die sich jeden Abend in einer anderen Robe aus Licht und Dunkelheit hüllt. Hier, an den stillen Wassern des Nils, raunt wiederum der Wind durch das Schilf und flüstert von Geheimnissen des Menschengeschicks am Rande der großen Wüste, die nie jemanden ungestraft ließ, der ihre Gesetze nicht achtete. Wasser dem Leben und Sand dem Tod. Hier an dieser Grenze entsteht ein herrliches Grün der Mitte.

Wieder ein Fest wie Brot und Spiele. Die Beschneidung eines jungen Knaben wird in Kairo zu einem Fest gemacht. Levni, der Miniaturmaler des 18. Jahrhunderts, und alte Kartograph der höfischen Mode im Topkapi-Sarai Istanbuls, lässt uns ahnen, wie die Feste der Fatimiden und Mamluken in Kairo waren: tanzende und trollende Schimpansen neben stolzen Kamelen und anderem Hofgetier. Es war ein Schalmaien-Fest und Trommelreigen, ein Singen der Derwischhymnen, ein Hingeben des Lebens ans Leben. Hier am Nil fielen alle in Ekstase, außer Einigen, die insgeheim die Macht über Nacht an sich rissen. So auch einige von feinster Geschliffenheit, die insgeheim Ägypten an Napoleons Frankreich und dann an den Commonwealth verkauften. Und Muhammed Ali Pascha[4], Abtrünniger des Tyrannen, der selbst zum Tyrannen wurde, ließ vom Geldfluss zum Hof der Verschwendung Istanbuls, eine Abzweigung nach Kairo nehmen, um eine neue Metropole entstehen zu lassen: das Kairo des 19. Jahrhunderts. Feudaler wurde die Stadt allzumal. Hier am Nil, zwischen Pyramiden und Hochhäusern, lässt es sich auch heute noch leben.

Leone Striziks Buch ist nicht nur ein Spiegel des gegenwärtigen Kairos, sondern sie versteht es, das Alte mit dem Neuen zu vergleichen und wieder zu verbinden. Das ist es, was wir dringend brauchen: ein Sehen, das aus vielen Details und einem toleranten Verständnis, die alte Welt vor dem 20. Jahrhundert mit den Herausforderungen der Jetztzeit verbinden kann. Es wird für unser Überleben sehr wichtig werden. Stadtportraits sind auch ein Spiegel der Gesellschaft in der wir leben und stets unbewusst interpretieren. Auf das Historische bezogen ist es ein teleologisches Unterfangen. Falls wir jedoch kontemplativ und achtsam durch die alten Gassen der Geschichte schreiten, finden wir manche Antworten über die Betrübnisse unseres Umfelds, dem Scheitern und den Errungenschaften unserer Weltkultur.

Leone Strizik bezeichnet Kairo wie viele Kairoer als *Mutter aller Städte*. Es verquicken sich mit dem Begriff mehrere Legenden und Stimmungsbilder. Einerseits ist Kairo unweigerlich der großen Mutter Nil verbunden, die vom Weltall aus gesehen, wie Muttermilch ihre Kraft den dürren Landschaften hingibt und anderseits ist da ein Lebenlassen in der Stadt, zwischen altägyptischen, koptischen, fatimidischen, mamlukischen, osmanischen, kolonialen und ultramodernen Epochen. Wer Kairo öfter besucht, erlebt den rasanten Wandel mit vielen zerstörerischen Aspekten, dem Ringen um Hebung des Lebensstandards und auch die steten Versuche das Weltkulturerbe des alten Kairo zu erhalten.

Als ehemaliger Restaurator, als Orientalist und als *Maqam*-Musiker, sehe ich Kairo als das zweite große Auge des Orients. Istanbul und Kairo sind die Geschwister, die sich stets brauchten. Wer beide Städte mit beiden Augen durchwandert, erlangt einen differenzierten Blick für den ganzen orientalischen Raum des Nahen Ostens. Die Osmanen und Mamluken haben aus dem Erbe des Altertums das Stadtleben gelernt. Sie haben es weiter entwickelt und der Landschaft um die Städte Infrastrukturen gegeben und viele wunderbare Gärten, Paläste, große Verbindungswege und Zentren der Kommunikation geschaffen. Beide Metropolen haben das Transkulturelle gewährt und es ökonomisch forciert sowie das intellektuelle und künstlerische Leben darin florieren lassen.

Was die islamische Kultur immer auszeichnete, war eine transkulturelle Verbundenheit auf den ethischen Prinzipien der Teilung von Gütern und Interessen, jedoch nur unter der Gunst eines Herrschers und nie dem Volk selbst überlassen. Christen und Juden, wurden nicht vernichtend betrachtet, sondern als Verwandte erkannt und in Kontexte des vernünftigen Ergänzens integriert. Es liegt ein tiefes Annehmen der anderen Kinder abrahamitischer Erbschaft darin. So ist es auch das Kind am Nil, in einer Wiege schwimmend, das südlich von Kairo an das Schilfufer getrieben wurde. Im Koran finden wir den berührenden Satz, dass der Allerbarmer sich der vom Weinen glühenden Augen der Mutter Moses angenommen hat[5] und sie in kühlender Tröstung zur Amme des Moses am Pharaonen-Hofe werden ließ.

Der Tag der Unabhängigkeit nahte, es war ein Zeichen des Drängens. Und es ist auch ein Zeichen der Zerstörung, das den gesamten Nahen Osten nach dem Zweiten Weltkrieg wie im 19. Jahrhundert betraf. Der israelisch-ägyptische Streit zeigt bis heute die Unmöglichkeit, wenn Schutzmächte von außen keine natürliche Ordnung des Nebeneinanders billigen. Der Nahe Osten ist nun wieder in Gefahr ein Brandherd der Interessen von Tyrannen und Wirtschaftsmächten zu werden. Es wird für Kairo wie auch für alle anderen großen Städte des nahen Orients notwendig sein, scheinreligiösen Fanatismus und Rassismus aus dem Bannkreis der virtuellen Aufmerksamkeit[6] zu ziehen. Das erfordert offenen Journalismus und authentische Wissenschaft ohne politischen Druck. Es kann nur gemeinsam gelingen. Die Städte des Nahen Ostens sind Wiegen der Menschheit. Wenn wir sie sich nun selbst überlassen, heißt dies nicht, dass sie frei sind von den gierigen Griffen anderer.

Als Islamwissenschaftler verstehe ich das Erbe des islamischen Kulturraumes in der Erhaltung des säkularen Rechtswesens[7] sowie die Schutzpflicht gegenüber allen Minderheiten in den Regionen, wie es über tausend Jahre praktiziert wurde. So ist auch Kairo am Tahrir-Platz zu einem Symbol gegen Unterdrückung geworden. Symbole sind nicht die faktisch-reale Ebene der Gesellschaft, sondern zeigen Himmelsrichtungen der Entwicklung an und bleiben als Leitbild vor uns. Der Kontrast zwischen

Vorsatz und Tagespolitik klafft jedoch weiter. Gegensätze existieren auch in den Treppenwitzen der Geschichte. Und in Kairo gibt es viel Humor. Ein „*Ma fish* – nix versteh'n" heißt oftmals mit Augenzwinkern: Ich verstehe, aber ich bleibe scheinbar unwissend. Kairo ist so.

September, 2018

Denis Mete
Sayyar, Old oriental Music therapy
Audio-Doppel-CD

Osmanische klassische Musik neu gedacht in einem Konzeptalbum, das Musiktherapie aus den alten Spitälern des Nahen Ostens und vom Sufismus inspirierte Improvisationskunst vereint. Mittels des Klangreichtums orientalischer Instrumente werden Phantasie, Trance und Entspannung auf eine mystische Reise gebracht.

Erhältlich bei **www.silsile.at**

---

1 Mustafa Ali Geliboli (1541–1600) verfasste viele wichtige Beschreibungen der osmanischen Gebiete und ihrer Sitten. Er war weitaus realistischer und strenger im Urteil als der bekannte Landsmann und Weltreisende Evliya Celebi. Die Beschreibung Kairos ist sein letztes Werk. Siehe: Andreas Tietze, Mustafa Ali's Description of Cairo 1599, Text Transliteration, Translation, Notes, Verlag der Österreichischen Wissenschaften, Wien 1975.
2 Ägypten und Kairo wurden oftmals gemeinsam *Al-Misr* oder *Masr* genannt. Die altägyptischen Residenzstätte Memphis (*Men-Nefer*) und sogar Alexandria fallen zuweilen in den Namensbegriff der islamischen Historiker.
3 Gomar: Description de la ville du Caire et de la citadelle de la moutagne (du line: descriptio de'Egypte) Cairo 1988; der Reisebericht stammt aus dem Jahr 1799.
4 Muhammed Ali Pascha, ein Tabakhändler, der sich zu hohem militärischen Rang hochdiente, nutze eine Intrige gegen den osmanischen Hof und war 1805 – 1848 Wali und schließlich Vizekönig in Ägypten.
5 Vgl. Quran 20:40
6 Die globalen (a)sozialen Medien sind in ihrer Hystrionie dem Dorftratsch und der Hetze gegenüber offen, weil weiterhin keine ausreichende pädagogische Bildung zum Thema Massenpsychologie gegeben wird.
7 Kein einziges Großreich der islamischen Vergangenheit hat sich auf ein Rechtssystem, das die Konsensbildung (*icma*) ausschließt, gestützt. Die Herrscher setzten im Gegenteil für verschiedene Religionsgemeinschaften deren religiösen Rechtsexperten ein, gaben aber niemanden, auch nicht dem *shayhu l-islam*, die Verfügung der Exekution des Rechtes.

Sharie Mui'zz li-Din Allah, David Roberts, 1838

Kairo, die Mutter aller Städte

> *Wer die Stadt Kairo nicht gesehen hat, hat die Welt nicht gesehen. Ihre Erde ist Gold, der Nil ist ein Wunder, ihre Frauen sind wie die schwarzäugigen Jungfrauen des Paradieses, ihre Häuser sind Paläste, ihre Luft ist weich und süß, duftend wie Aloeholz.*

Zu lesen sind diese blumigen Worte in den Geschichten aus Tausendundeiner Nacht. Der Nil ist immer noch ein Wunder, aber die Häuser sind keine Paläste mehr und aus den schwarzäugigen Jungfrauen des Paradieses wurden schwarz verschleierte Frauen, die ihre Schönheit hinter dem Schleier verstecken. Ich habe mich nun schon viele Male auf Kairo eingelassen. Je öfter ich in die Arme der „Mutter" zurückkehre, umso mehr gibt sie preis und fasziniert sie mich. Ist Kairo tatsächlich die „Mutter der Welt" oder die „Mutter aller Städte"? Für mich ist es eine Mutter, die von ihren Kindern in hohem Maße geliebt und verehrt, aber auch gehasst, vergiftet und ausgesaugt wird.

Die Stadt ist nicht wie Rom „aus dem Ei gekrochen" oder an „einem Tag erwacht". Mehrere Gründungen lösten die alte Hauptstadt Memphis und die Sonnenstadt Iunu (Heliopolis) ab, die mehr und mehr verfielen. Zwischen diesen Orten entstand eine neue Siedlung, deren Wurzeln in eine mythische Vorzeit zurückreichen, denn hier soll sich der Kampf zwischen den ägyptischen Göttern Horus und Seth zugetragen haben. Im 6. Jahrhundert vor Christus bildete sich an dieser Stelle die Keimzelle einer der größten Städte weltweit, die die Griechen „Babylon" nannten und die von den Römern zu einer Festung ausgebaut wurde. Nach der Christianisierung Ägyptens durch den Apostel Markus im ersten Jahrhundert, begann mit Amr ibn al-As im Jahr 640 die arabische Eroberung Ägyptens. Amr gründete die Siedlung Fustat, die ursprünglich ein Zeltlager war. Bereits im Jahr 868 folgte durch Ahmed Ibn Tulun auf dem Hügel von Yashkur mit al-Qata'i der nächste Stadtteil. Ab 905 errangen die Abbasiden wieder die Vorherrschaft und Ägypten wurde von einem Gouverneur im Auftrag Bagdads regiert, der seine Residenz nach al-Asqar verlegte. Als die schiitische Dynastie der Fatimiden im Jahr 969 Ägypten erreichte, war es der Feldherr Jawhar, der im Auftrag des Kalifen al-Mu'izz den Stadtteil al-Qahira gründete. Der Planet Mars, al-Qahir, von den Arabern als der Siegreiche bezeichnet, war gerade am Aufsteigen, als mit dem Bau der Stadtmauern und dem Tor des Sieges begonnen wurde. Vielleicht stellt der kämpferische Gott Mars ein gutes Omen für Kairo dar, das somit immer siegen wird. Erst unter dem sunnitischen Sultan Salah al-Din wurden die verschiedenen Stadtteile mit einer Befestigungsmauer umgeben. Die Keimzellen wuchsen heran, dehnten sich aus, entwickelten sich und ließen Kairo zu dem werden, was es heute ist: die Megacity al-Qahira.

Als Mubarak 1981 dem ermordeten Anwar al-Sadat nachfolgte, bezeichnete er die Infrastruktur seiner Hauptstadt als Schrotthaufen und stellte für Verbesserungsmaßnahmen einen großen Geldbetrag zur Verfügung. Eine Untergrundbahn wurde gebaut und zahlreiche Straßenbrücken, *flying over* genannt, durchzogen bald darauf die Innenstadt, um den permanent steigenden Verkehr zu entlasten. Die mittelalterliche Altstadt wurde bei den Planungen nicht berücksichtigt und der Verfall der historischen Bausubstanz nahm dramatisch zu. Nach Aussage des Bauhistorikers und Denkmalpflegers Dr. Saleh Lamei aus den 1990er-Jahren schwimmt Kairo auf einem See aus Oberflächenwasser. „Die Trink- und Abwasserrohre sind heillos verrottet. Schätzungsweise 70 Prozent des Frischwassers gehen auf dem Weg zu den Endverbrauchern durch Lecks verloren, was den Mauern ebenso zusetzt wie die Gifte aus den Abwässern."[1] Fast zwei Jahrzehnte nach dieser Aussage, sah ich, wie im Gamaliya-Viertel neue Rohre verlegt wurden, die endlich eine Verbesserung für Menschen und Gebäude bringen sollen. Trotz ambitionierter Stadtentwicklungsprojekte ist die Altstadt von Kairo in ihrer Substanz gefährdet. Kairo hat sich zu einem riesigen Siedlungsagglomerat entwickelt, das ständig weiter wächst, teilweise kontrolliert, vielfach aber unkontrolliert durch das enorme Bevölkerungswachstum und die Zuwanderung aus den ländlichen Gebieten.

Durch die verstärkte Industrialisierung nach der Unabhängigkeit des Landes 1952, die damit verbundene Landflucht und aufgrund von Wohnungsmangel entstanden die ersten informellen Siedlungen, die ohne staatliche Genehmigungen errichtet wurden. Mehr als die Hälfte der Kairoer Bevölkerung lebt heute in diesen Siedlungen, die gemeinhin als Slums gelten. Experten schätzen, dass es in Zukunft noch mehr dieser Siedlungen geben wird. Die Staatsbeamten bleiben diesen Vierteln fern, da sie mit den Gegebenheiten restlos überfordert sind. Nach dem Sechstagekrieg von 1967 gegen Israel kamen viele Flüchtlinge aus Suez und Sinai nach Kairo, wodurch bestehende Viertel der Stadt immer dichter besiedelt wurden. Weitere inoffizielle Bereiche entstanden, zu denen auch die Dächer und der Stadtteil Manshiet Nasser mit der Müllsiedlung gehören. 300.000 Ägypter, manche Quellen geben bis zu einer Million an, sollen auf Kairos Friedhöfen leben, in den Grabhäusern der mittelalterlichen Gräberstadt. Die Einwohnerzahl Kairos hat sich seit 1960 verdoppelt und schwankt derzeit zwischen 16 und 22 Millionen Menschen. Dabei wird von der Kernstadt ausgegangen, die acht Millionen Menschen beherbergt und Agglomerationen, in denen weitere neun (oder mehr) Millionen leben. Nach einer Definition der UNO sind Agglomerationen direkt angrenzende Teile einer Kernstadt, die jedoch außerhalb der Stadtgrenzen liegen und das dicht besiedelte, suburbane Umland bilden. Mit 38.000 Einwohnern pro Quadratkilometer weist Kairo eine Einwohnerdichte auf, die zu den höchsten weltweit gehört. Bei einer derzeitigen Gesamteinwohnerzahl

Ägyptens von 98 Millionen, gehen Experten bis 2025 von 35 Millionen Menschen allein nur im Nildelta aus. „Siebzig Prozent der Ägypter müsste man auf einen anderen Planeten bringen, damit sich das Land erholen kann", war die bissige Antwort eines Intellektuellen, den ich über das Bevölkerungswachstum befragte.

Glaubt man den Prognosen, die in einer Sonderausgabe des Magazins Nature vom Oktober 2010 veröffentlicht wurden, werden 2050 bereits siebzig Prozent der Weltbevölkerung in Städten leben. Schon heute führen Kairo, Tokio, Delhi, Mumbai, Mexiko City und New York die Megacities an, zu denen sich bis 2050 neben asiatischen und afrikanischen Städten, auch Lima und Bogota gesellen werden. Wohin dieses Szenario unseren Planeten mitsamt seinen menschlichen und tierischen Bewohnern bringen wird, ist ungewiss. Zwei Drittel der gesamten Energie wird in den Städten verbraucht, dementsprechend hoch ist der CO_2 Ausstoß in diesen Ballungszentren. Das trifft natürlich auch auf die ägyptische Hauptstadt zu. Der tägliche Verkehrskollaps, der permanente Stau und die entstehende Luftverschmutzung durch Abgase sind ein großes Umweltproblem, dessen Hauptursache verbleites Benzin ist. Staub, der sich ständig durch die Luft bewegt und in Kairo immer und überall zugegen ist, absorbiert das Blei aus den Abgasen und verteilt es über die Stadt. Wie eine Oase erscheint da die grüne Insel Qursaya, südlich der Nilinsel Roda. Während die Hochhäuser der Megacity, wo der Verkehr mehrmals am Tag zum Erliegen kommt, am Ost- und Westufer des Nils wie eine Fata Morgana hochstreben, ist auf Qursaya die Zeit stehen geblieben. An die 5.000 Menschen leben auf der Insel, großteils Bauern und Fischer, aber auch der international bekannte ägyptische Künstler Mohamed Abla, von dem noch die Rede sein wird.

„Früher gab es viele Grünzonen, aber heute wird alles verbaut, selbst fruchtbares und dringend benötigtes Ackerland wird von Familien in Besitz genommen, die illegal Häuser darauf errichten. Die Bebauung von landwirtschaftlich genutztem Ackerland ist mit einem Krebs zu vergleichen, der sich durch das Land frisst. Es gibt keine Kontrolle, Kairo wächst sich selbst über den Kopf, es ist verrückt. Schuld an dieser prekären Situation sind nicht zuletzt Grundstücksspekulanten und Baumultis. Die Fläche Ägyptens beträgt eine Million Quadratkilometer, aber nur fünf Prozent davon sind bewohnbar", erzählte mir Sabry, der wegen der Bevölkerungsexplosion sehr besorgt war. Seine Frage, wie es weitergehen soll, konnte ich ihm nicht beantworten, staunte aber, dass es nach einem Mietrechtsgesetz aus Nassers Zeiten Wohnungen mit 250 Quadratmeter Größe gibt, die für zehn Euro im Monat zu haben sind. Diese Mieten sind auf dem Niveau der 1950er-Jahre eingefroren. Das Erdbeben von 1992 richtete große Schäden an, die bis dato nicht alle behoben sind. Die Besitzer dieser Häuser kümmern sich nicht mehr um die Gebäude, da sie nichts einbringen, Instandsetzungen sind unbezahlbar geworden. Das ist einer der Gründe, warum viele Bauten in Kairo in einem schlechten Zustand sind.

Selbstverständlich gibt es genug wohlhabende Ägypter, die Eigentümer einer tadellos renovierten 250 Quadratmeter Wohnung sind, nur zehn Euro im Monat bezahlen und Wohnungen auf Vorrat gekauft haben. Das entsprechende Hauspersonal wohnt mit Familie und zahlreichen Verwandten, die immer mehr aus den ländlichen Gebieten nach Kairo strömen, auf den flachen Dächern der staubgefärbten Stadt. Dennoch lebt die ärmere Bevölkerungsschicht im Kerngebiet der Stadt angenehmer als in den gesichtslosen Wohnsilos, die an der Peripherie entstanden. Die Bewohner beschweren sich über die schlechte Infrastruktur, da die Anbindung an das öffentliche Verkehrsnetz nicht entsprechend funktioniert. Für die „Superreichen" entstehen neue Satellitenstädte in der nahen Wüste, auch *gated communities* genannt. Der Staat verkaufte Land an Investoren, die es mit enormen Gewinnspannen weiter verkauften. Villen mit Pools, Gärten und hohen Mauern wurden links und rechts der Wüstenstraße zwischen Kairo und Alexandria gebaut. Doch auch so renommierte Institutionen wie die Deutsche und die Amerikanische Universität Kairo zogen in die Wüste, nach New Cairo City.

Als der ägyptische Präsident Abdel Fatah al-Sisi 2015 Pläne für eine neue Hauptstadt vorlegte, gab es Zweifel im Hinblick auf deren Umsetzung. Mittlerweile wurde mit dem Bau 45 Kilometer südöstlich der jetzigen Ausläufer Kairos begonnen. In nur wenigen Jahren soll die neue Hauptstadt inmitten von Sand und Geröll entstehen und neben Regierungseinrichtungen auch Wohnungen für sechs Millionen Menschen bieten. Die Kosten hierfür liegen bei fünfzig bis achtzig Milliarden Euro, wobei Saudi-Arabien, Kuwait und die Vereinigten Arabischen Emirate als Mitfinanciers von Summen in Milliardenhöhe auftreten. Die ägyptischen Medien übertrafen sich bei der Ankündigung des Projektes gegenseitig mit Lobhudeleien und euphorischen Berichten für diese Idee, die Ägypten wieder voranbringen und zur Wirtschaftsmacht Nummer eins im arabischen Raum machen würde. Der Geschichtsprofessor Dr. Khaled Fahmi schrieb im Cairo Observer, dass die Ägypter nicht über die Pläne einer neuen Hauptstadt informiert, sondern vor vollendete Tatsachen gestellt wurden. Präsident al-Sisi sah keine Veranlassung zu einer öffentlichen Diskussion oder gar dazu, einen Wettbewerb auszuschreiben. Schon im 14. Jahrhundert vor Christus ließ der Pharao Echnaton nördlich von Luxor bei Amarna eine neue Hauptstadt aus dem Boden stampfen, die nach seinem Tod dem Erdboden gleich gemacht wurde. Auch er fragte seine Untertanen nicht und brachte viel Leid über sein Volk. Geldverschwendung, Korruption und „pharaonische Großprojekte" sind auch heute ein Thema in Ägypten. Demokratie ist immer noch ein Fremdwort, tatsächlich wurde sie durch die neue Regierung auf das Abstellgleis gestellt.

Im Zusammenhang mit der neuen Hauptstadt werden Begriffe wie „Ressourcen schonend", „Energieeffizienz" und auch „Resilienz" genannt. Als Resilienz kann man jene Kraft bezeichnen, die Menschen aktiviert, das Leben in guten und schlechten Zeiten zu meistern. Für Kairo ist dieser Begriff nicht neu, da die Bewohner ohnehin nach diesem Motto leben und Überlebenskünstler sind. Doch was passiert mit Kairos Altstadt, die über mehr als tausend Jahre gewachsen ist? Wie geht es mit der Restaurierung des islamischen und koptischen Kulturerbes weiter? Wird es dafür überhaupt noch Geldmittel geben?

Im Oktober 2012 war ich das vierzehnte Mal in Ägypten und das neunte Mal in Kairo. Fast zwei Jahre lag die Revolution zurück und der gewählte Präsident hieß Muhammad Mursi. An der Oberfläche hatte sich für mich nicht viel verändert, abgesehen von den Spuren am Tahrir-Platz, dem abgebrannten Gebäude von Mubaraks Parteizentrale und vielen Demonstrationen. Es war jedoch etwas im Gange, etwas, das sich wie ein dunkler Nebel durch die Straßen und Gassen der Stadt zog und bei mir unangenehme Gefühle erzeugte. Nie zuvor hatte ich so viele schwarz verschleierte Frauen gesehen. Dabei handelte es sich nicht um das Kopftuch, sondern den *niqab*, der nur die Augen freilässt. Das erste Mal wurde ich vor Moscheen von Muslimbrüdern angesprochen. Sie verschenkten Literatur und CDs über den Islam in allen wichtigen Sprachen. Ihr Wunsch war es, die ganze Welt zu missionieren. „Bruder hilf uns, den Islam über die ganze Welt zu verbreiten", forderte ein Muslimbruder unseren ägyptischen Freund auf. Im Viertel al-Khalifa, einem armen Stadtteil, wo die weiblichen Nachkommen des Propheten verehrt werden, bezeichnete uns ein Aufseher als unrein. „Warum seid ihr hier, warum wollt ihr Moscheen besichtigen, was interessiert euch am Islam", fragte uns ein Mann, der gerade aus einer Moschee kam. Viele Menschen freuten sich jedoch über unseren Besuch. Sie wollten die Hoffnung, die der neue Präsident Mursi versprach, mit uns teilen. Sie glaubten, dass die Guten an der Macht waren, weil der „neue Pharao", wie der Präsident in den Medien genannt wurde, aus den Reihen der Religiösen kam. Wie schnell sich das Blatt wenden kann, zeigte die Machtübernahme durch das Militär im Juli 2013.

Wafaa El Saddik, Generaldirektorin des Ägyptischen Museums von 2003 bis 2010, stellte am 22. Mai 2013 in Wien ihr Buch „Es gibt nur den geraden Weg. Mein Leben als Schatzhüterin Ägyptens" vor. In ihrer Antwort auf meine Fragen, ob es eine zweite Revolution geben könnte und wie es mit den Muslimbrüdern weitergehen wird, war sie sehr vorsichtig. Sie deutete an, dass die Muslimbrüder keinerlei Erfahrungen im Regieren eines Staates haben, zu sehr mit sich selbst beschäftigt wären und viele lange Zeit im Gefängnis verbringen mussten (wo sie inzwischen wieder sind).
„Nur das Militär kann das Kulturerbe Ägyptens noch beschützen", sagte El Saddik

damals. Dass dies leider nicht der Wahrheit entsprach, haben viele Berichte gezeigt. Die komplette Zerstörung des Mallawi-Museums, das unwiederbringliche Artefakte aus der Echnaton Ära verwahrte und willkürliche Zerstörungen von pharaonischen und koptischen Kulturgütern standen auf der Tagesordnung. Fassungslos sah ich die Fotos der Verwüstungen und im ersten Moment war ich wütend, doch dann kam so etwas wie Verständnis auf. Menschen, die über einen sehr langen Zeitraum unterdrückt und ausgebeutet wurden, bedienten sich nun am Kulturerbe, denn es war ja ihr Land und es ging um ihr Überleben. Selbst jene, die in den „goldenen Zeiten" in den Touristen-Hochburgen arbeiteten, wurden sehr schlecht bezahlt, da Beamte und die großen Agenturen alles einstreiften. Die Einnahmen des Ägyptischen Museums in Kairo, das früher an die 10.000 Besucher pro Tag zählte, sollen angeblich direkt an den Mubarak-Clan gegangen sein. Wafaa El Saddik erzählte auch, dass sie immer um Geld kämpfen musste. Ihre Angestellten, die hoch qualifiziert waren, verdienten so wenig, dass sie davon nicht leben konnten. Für notwendige Restaurierungsarbeiten bekam sie pro Jahr nur 200 Euro, und das ist kein Tippfehler.

Trotz dieser Vorkommnisse ist Kairo mit seinen vielen Facetten einfach ein Wunder, das mich in seinen Bann gezogen hat. Ein Wunder mit einer beeindruckenden, bewegten Geschichte und vielen bewegenden Geschichten von Menschen, Bauwerken und Plätzen, denen dieses Buch gewidmet ist. Die Vielfalt der Stadt, das reiche islamische und koptische Kulturerbe, bleibt den meisten Touristen weitgehend verborgen. Dem „Reisenden" jedoch, der sich im Rahmen seiner Möglichkeiten mit offenem Herzen, Neugierde und Zeit auf die Stadt einzulassen vermag, wird sich der wahre Charme Kairos und seiner Bewohner erschließen. Es ist mein Anliegen, die Leser an all den beeindruckenden, spannenden, berührenden und erschütternden Geschichten teilhaben zu lassen, die ich im Laufe meiner Reisen selbst erlebte, die mir erzählt wurden oder zufielen, aber auch jene, die ich bei den Reisevorbereitungen recherchierte. Beim Schreiben des Manuskripts kam es vor, dass ein Foto oder ein Wort mich zur Auseinandersetzung mit einem „übergeordneten Thema" drängte, wie die „Verschleierung der Frauen", die „Weibliche Genitalbeschneidung" oder „Die Brotkultur Ägyptens", die ich in Sonderkapiteln beschrieben habe.
Begleiten Sie mich nun auf einer Reise durch Kairo und freuen Sie sich auf die glanzvollen Moscheen, *madrasas, wikalas, sabils, khanqas, maristans* und Mausoleen von Tuluniden, Fatimiden, Ayyubiden, Mamluken, Osmanen und aus der Zeit Muhammad Alis. Treffen Sie die wunderbaren Menschen, die in diesem Buch auftreten und lernen Sie mächtige Sultane, Emire, Gelehrte, Dichter und Kreuzritter kennen. Erfahren Sie auch etwas über das Schicksal jener Frau, die lange nach Kleopatra das islamische Ägypten regierte. Besuchen sie die Orte, wo einst die Heilige Familie

auf der Flucht vor Herodes in Ägypten Schutz suchte und 1968 die Jungfrau Maria erschien. Vergessen Sie neben den negativen Eindrücken, Problemen, politischen und religiösen Systemen, die diese Stadt auch kennzeichnen, nicht, über die Großartigkeit und das kulturelle Erbe von al-Qahira zu staunen.

„Ich gehe aus meiner Wohnung und bin immer noch zu Hause", hörte ich von einer jungen Ägypterin, die mutig ein Leben als Single und Künstlerin führt. Obwohl mich manche Erlebnisse, die ich in Kairo im Zuge meiner wiederholten Besuche hatte, zutiefst erschütterten, ist diese Aussage für mich als temporärer Gast nachvollziehbar.

Das Zitadellenviertel

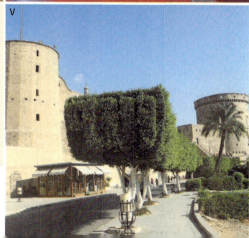

I Zitadelle mit Muhammad Ali Moschee

II Süleyman Pascha Moschee

III Vorne Al-Nasir Muhammad Moschee

IV Gebetsraum Muhammad Ali Moschee

V Wehrtürme der Zitadelle

Die Zitadelle von Kairo

Fest verankert und massiv thront die Bergfestung Qal'at al-Gebel, die Zitadelle, über der ägyptischen Hauptstadt Kairo. Sie wurde bereits im 12. Jahrhundert von Salah al-Din Yussuf ibn Ayyub erbaut, den viele unter dem Namen Saladin kennen. Gemeinsam mit der Alabaster Moschee ist sie zum Wahrzeichen Kairos geworden. Vorbilder für die Auswahl des Bauplatzes dürften die syrischen Bergfestungen gewesen sein, die Salah al-Din auf seinem Weg nach Ägypten angetroffen hatte. Vielleicht diente auch Qasr al-Hawa, das Schloss der Winde aus der Tulunidenzeit als Inspiration. Doch es wäre nicht der Orient, wenn es dazu nicht eine Geschichte gäbe: Um den besten Standort für die Errichtung eines Gebäudes oder einer Stadt zu ermitteln, platzierten die Bauherren Fleischstücke an verschiedenen Punkten des ausgewählten Geländes. Nach einigen Tagen überprüften sie, an welchem Ort das Fleisch am längsten frisch geblieben war, um den angenehmsten Platz zum Leben zu bestimmen. Im Hinblick auf die Festung Salah al-Dins war es eindeutig die Gegend um den Muqattam-Berg.

Die Leitung der Bauarbeiten lag in den Händen des Eunuchen Qaraqush, der vorerst aufgrund seiner Einfältigkeit belächelt wurde. Mehrmals hörte ich die Geschichte einer Frau, die von Qaraqush ein Leichentuch für ihren verstorbenen Mann erbat. Da die Almosenkasse bedauerlicherweise schon leer war, antwortete er ihr, sie möge doch im nächsten Jahr wieder kommen und es sich abholen. Ob die Frau sich mit dieser Antwort zufrieden gab, konnte ich nicht herausfinden. Im Buch „Islamische Baukunst in Ägypten" von Dietrich Brandenburg aus den 1960er Jahren wurde aus dem Eunuchen ein Wesir, der für seine harte Finanz- und Steuerpolitik berüchtigt war. Salah al-Din soll ihn sogar um sagenhafte 20.000 Dinar aus der Gefangenschaft freigekauft haben. Der Bau der Umfassungsmauer, deren Steinblöcke von den Königinnen-Pyramiden aus Giza stammen, gelang in nur wenigen Jahren. Plötzlich sprach ganz Kairo voll Bewunderung über Qaraqush. Die Menschen lobten die Schnelligkeit und Qualität, mit der die Mauern errichtet worden waren und tuschelten, dass dies wohl nur durch göttliche Intervention geschehen hatte können.

Beinahe in jeder weiteren historischen Epoche erfuhr das Zitadellengelände Veränderungen. Bauwerke wurden abgerissen, neu gebaut und umgebaut. Oft wurde es als eigene Stadt mit zehntausenden Bewohnern, Straßen und Vierteln geschildert. Auch heute noch ist es eine Ansammlung von Moscheen, Museen und ehemaligen Palästen. Die Wasserversorgung erfolgte damals über ein Aquädukt, das vom Nil gespeist wurde und viele Zisternen versorgte. Der Bau des *bir* Yussuf, des Josephsbrunnens, der mit neunzig Metern eine beachtliche Tiefe erreichte, bot zusätzlich Sicherheit. Christen hören besonders aufmerksam zu, wenn erzählt wird, dass der biblische Joseph Namensgeber des Brunnens sei, da er angeblich auf der Zitadelle eingekerkert war. Zuverlässiger ist da schon der Hinweis auf Sultan Salah al-Din, der auch Yussuf (Joseph) hieß. Der Schacht des Brunnens bestand aus zwei Bereichen, die durch einen Absatz getrennt waren, auf dem Kälber im Kreis gehen mussten und eine *sakiya*, ein Wasserrad, in Bewegung setzten, um das kostbare Nass an die Oberfläche zu befördern.

Der Kurde Salah al-Din kam mit seinem Onkel und Heerführer Asad al-Din Shirku nach Kairo. Der im Kriegshandwerk ausgebildete, aber besonnen agierende junge Mann sollte dem hitzköpfigen Verwandten als Berater zur Seite stehen. Er fügte sich diesem Auftrag nur widerwillig, denn seine wahre Liebe galt der Religion und dem Studium des Koran. Die Übersetzung seines Namens Salah al-Din könnte schon als Auftrag verstanden worden sein, bedeutet es doch „Rechtschaffenheit des Glaubens". Salah al-Din gehörte der sunnitischen Glaubensrichtung an, wie sie die Orthodoxie in Bagdad vertrat. Doch die schiitischen Fatimiden, die seit fast 200 Jahren in Ägypten herrschten, mussten im Kampf gegen die Kreuzritter unterstützt werden. Sie waren unzuverlässig geworden, da sie sich zu sehr im Luxus ihrer eigenen Pracht sonnten. Das fatimidische Kalifat verlor an Macht, die nun von Wesiren übernommen wurde, denen jedoch die Aura der rechtmäßigen Nachfolger des Propheten fehlte. Intrigen standen auf der Tagesordnung, beinahe wie in den Geschichten aus Tausendundeiner Nacht, die tatsächlich stark von dieser Periode geprägt sind. Mit politischem und militärischem Gespür erkannte Salah al-Din, dass Ägypten eine Schlüsselposition im Kampf gegen die Kreuzritter einnahm und so zögerte er nicht, der Herrschaft der Fatimiden ein Ende zu bereiten. Nach dem Tode Shirkus, der an einer Mandelentzündung gestorben sein soll, trat er dessen Nachfolge an und begründete seine eigene sunnitische Dynastie, die der Ayyubiden.

Ich möchte nun noch ein wenig bei Salah al-Din verweilen, da seine Geschichte durch die Kreuzzüge untrennbar mit jener Europas verbunden ist. Der Sultan war der erfolgreiche Gegenspieler der Kreuzritter. Er wurde zum mächtigsten muslimischen Herrscher seiner Zeit und zu einem Mythos. Sein Ziel war es, Jerusalem zurückzuerobern und dauerhaften Frieden zwischen Muslimen und Christen zu schaffen. Den Franzosen Rainald von Châtillon, der von Kerak (Crac de Moabites in Jordanien) aus Plünderungszüge auf Karawanen unternahm, schienen die Bemühungen für einen dauerhaften Frieden nicht zu interessieren. Lautstark verkündete er, dass die islamische Religion nichts wert sei. Ungestraft würde er nach Medina ziehen und sich der Gebeine des Propheten Muhammad bemächtigen und nach Jerusalem bringen. Das Maß war voll, als er eine Pilgerkarawane überfiel, mit der Saladins Schwester reiste. Die Bewaffneten ließ Châtillon sofort töten, die Überlebenden verschleppte er nach Kerak. Nachdem Saladins Forderung, die Karawane wieder freizugeben, nicht ernst genommen wurde, schwor er, diesem Frevler und Räuber eines Tages den Kopf abzuschlagen. Der Sultan zog mit einem großen Heer in Richtung Palästina, wo er am 4. Juli 1187 bei Hattin in der Nähe des Sees Genezareth Rache nahm und das Kreuzritterheer besiegte. Kurze Zeit später musste sich Jerusalem, das 88 Jahre die Hauptstadt des „christlichen Königreiches" war, den muslimischen Kriegern ergeben.

Salah al-Din wuchs in einem Umfeld auf, wo einerseits politische Entscheidungen gegen die Kreuzritter getroffen wurden und andererseits der Sufismus eine wichtige Rolle spielte. Das Ziel der Sufis ist es, ein höheres spirituelles Leben zu erreichen und die Loslösung von den Eigenschaften des Ichs, die sogenannte „Entwerdung", das Sterben vor dem Sterben, anzustreben. Die Beobachtung der eigenen Seele, ihre Veredelung und das Polieren des Herzens, damit sich der Glanz Gottes darin widerspiegeln kann, sind wichtige Inhalte im Sufismus. Vielleicht waren es gerade jene Herzensqualitäten, die Salah al-Din bewogen, dem überwundenen Gegner das Leben zu schenken und Schutz und Frieden anzubieten.[2] Die Rückeroberung Jerusalems durch die Muslime erzeugte in Europa große Bestürzung und so rief Papst Gregor zum Dritten Kreuzzug auf. Kaiser Friedrich I., genannt Barbarossa, König Richard I., genannt Löwenherz, und König Philipp II. von Frankreich nahmen daran teil. Dass das ganze Unterfangen unter keinem guten Stern stand, zeigte sich bereits zu Beginn. Friedrich ertrank in einem Fluss in der Südtürkei, worauf ein Teil des Heeres demoralisiert den Rückweg antrat. Durch das Eintreffen der englischen und französischen Kreuzfahrer kam wieder Bewegung in die festgefahrene Situation und der Kampf um Akkon begann. Gegen ein hohes Lösegeld sollten die muslimischen Bewohner der Stadt freigelassen werden. Doch Richard Löwenherz hatte keine Geduld und befahl, die 2.700 muslimischen Gefangenen, Männer, Frauen und Kinder, zu töten. Bereits hundert Jahre zuvor hatte ein ähnliches Massaker in Jerusalem stattgefunden. Es war den Kreuzrittern nach einem verlustreichen Kampf gelungen die Stadt Jerusalem einzunehmen. Chronisten berichten, dass sie nach der Erstürmung der Stadt ein Gemetzel unter Muslimen, Juden und sogar unter den in der Stadt verbliebenen Christen anrichteten. Dieser falsch verstandene Glaubenseifer und die Gräueltaten sind noch im Gedächtnis der Muslime vorhanden. Man braucht sich also nicht zu wundern, wenn die USA und ihre europäischen Verbündeten heute noch als „Kreuzzügler" bezeichnet werden.

Von den Leistungen der Muslime aus dieser Zeit wird wenig gesprochen. Sie bedienten sich der geistigen Schätze, die ihnen in die Hände fielen. Antike Autoren wurden ins Arabische übersetzt, darunter so bedeutende wie Aristoteles und Ptolemäus. Bis zum Ende des Mittelalters erbrachten islamische Gelehrte erstaunliche Leistungen in vielen Wissenschaftsdisziplinen. Wir alle lernten mit den arabischen Ziffern rechnen, die die Muslime von den Indern übernahmen und leicht abwandelten. Berechnungen ließen sich nun mit zehn Symbolen von 0 bis 9 durchführen. Ein ganz besonderes Interesse hegten muslimische Gelehrte für die Astronomie. Bereits um das Jahr 1000 bewies al-Bīrunī, dass sich die Erde um die Sonne dreht und nicht umgekehrt. Deutlich zeigte sich der Vorsprung auch in der Medizin. Ärzte der islamischen Welt konnten Operationen durchführen, sogar an so sensiblen Organen wie dem Auge. Infektionen wurden erfolgreich behandelt und modern anmutende Psychotherapien mit Hilfe von Musik, brachten den Kranken Heilung. Als berühmteste Ärzte der islamischen Welt gelten heute noch al-Razi und Ibn Sina, der im Abendland unter dem Namen Avicenna bekannt war. Er zählte zu den größten Philosophen des Mittelalters und war darüber hinaus Jurist, Mathematiker und Astronom. Wenn die „westliche Welt" anerkennen würde, dass sie ihre Entwicklung unter anderem auch den Leistungen der muslimischen Gelehrten zu verdanken hat, könnte das meiner Meinung nach positive Folgen für die gegenseitige Wertschätzung und den Frieden haben.

Wir, damit meine ich eine kleine Gruppe Österreicher, Freunde und Ägypten-Liebende, stehen mit vielen einheimischen Besuchern vor dem Ticketbüro zum Zitadellengelände. Auch der Hof hinter dem Eingang ist mit Menschen gefüllt. Ich sehe Schauspieler in altägyptischer Kleidung, die ihre Dienste anbieten, Fotos mit dem Pharao und der Königin sind sehr beliebt. Haarreifen mit der Uräusschlange, der Schutzgottheit der altägyptischen Könige, liegen gestapelt für das Foto und zum Kauf bereit. Zahlreiche ägyptische Familien kommen zum Gebet in die Muhammad Ali Moschee und um der Freitagspredigt zu lauschen. Sie nutzen die Freitage gerne für einen Ausflug mit Kindern und Verwandten zu historischen Stätten, wie die Zitadelle, die Pyramiden von Giza oder den Al-Azhar Park.

Um mir die Wartezeit zu verkürzen, denke ich an unseren ersten Zitadellen-Besuch im Jahr 1998. Wir widmeten uns damals einer ganz profanen Tätigkeit, dem Essen von Schafkäse, Tomaten und Fladenbrot. Randa, unsere Begleiterin, war entsetzt, dass wir uns wie das „gewöhnliche Volk" benahmen, ins Gras setzten und ein Picknick veranstalteten. Bis zu diesem Zeitpunkt war sie äußerst zufrieden über unser Interesse an ägyptischer Geschichte und Kultur. Mit dem Picknick landeten wir im Abseits und nur allzu deutlich zeigte sie uns ihre Missbilligung. Etwas zögernd erklärte sie, dass ihr Mann ein sehr angesehener Zahnarzt in Kairo ist und eine wichtige Funktion bei der arabischen Fußballliga innehat. Es war ihr sichtlich unangenehm, erkannt zu werden, während sie mit uns am Boden saß, wie viele ihrer Landsleute auch. Wir fanden das amüsant, obwohl uns die gesellschaftlichen Spielregeln durchaus bewusst waren. Unserer freundlichen Aufforderung konnte sie sich letztendlich nicht entziehen und so endete diese Runde mit einem „Auswärtssieg der österreichischen Mannschaft".

„*Nemsa, ana nemsayia*, Österreich, ich bin Österreicherin", sagte ich, als junge Mädchen einige Jahre später wissen wollten, aus welchem Land ich komme. Als ich mit *ismak eh* nach ihren Namen fragte, ging ein Aufheulen durch die Runde und plötzlich war ich von noch mehr lachenden Jugendlichen umringt. Eine Sympathiewelle schlug mir entgegen und alle wollten wissen, ob ich Arabisch spreche. Mit *mafish mushgella*, kein Problem, und *ana mish magnouna*, ich bin nicht verrückt, eroberte ich ihre Herzen im Sturm. Sie schrieben sich meinen Namen auf die Hände, wiederholten ihn ständig und lachten. Sie führten mich zu einem jungen Mann, der seiner Trommel sanfte Melodien entlockte. Er reagierte auf uns und sogleich tönten schnellere Rhythmen über den Platz. Ich wurde mitgerissen von der Lebensfreude der Mädchen, von denen viele nur den Wunsch haben, einen guten Mann und viele Kinder zu bekommen. Ihr Lachen war wie ein Funke, der auf uns übersprang. Diese Jugend ließ Hoffnung aufkommen, „es ist an der Zeit, dass die korrupten alten Männer an der Spitze des Staates abgelöst werden", ging es mir damals durch den Kopf. Wer hätte gedacht, dass es so schnell gehen könnte und diese Jugend vom 25. Jänner bis 11. Februar 2011 mit der „Lotus-Revolution" das Land für kurze Zeit verändern würde. Immer wieder begegneten mir auf meinen Reisen junge Menschen, viele davon waren Studentinnen auf Exkursionen. Sie stellten Fragen und erzählten von sich, während die Kameras permanent klickten. Sie beeindruckten mich mit ihrer offenen, teilweise frechen, aber liebenswürdigen Art.

Im Oktober 2012, fast zwei Jahre nach der Revolution, ist von Menschenmassen auf der Zitadelle nichts mehr zu sehen, nur eine Touristengruppe und zwei Schulklassen kreuzen unseren Weg. Ein Putztrupp macht unter den mit dem Schriftzug Allah in Form geschnittenen Bäumen Pause. Ein blauer Pickup der Polizei steht vor dem desolaten Gohara Palast, der in seinen guten Zeiten die offizielle Residenz von Muhammad Ali Pascha war und größtenteils aus der ersten Hälfte des 19. Jahrhunderts stammt. Große Bauhütten wurden vor dem Palast aufgebaut, so als ob jeden Moment mit der Renovierung begonnen werden würde. Während Eisengerüste die Mauern zusammenhalten, fürchte ich um die wackeligen Holzaufbauten. Der Eingangsbereich zeugt noch von der einstigen Pracht, obwohl auch er mit Eisenstangen gestützt wird. Palmen, Oleander und Tulpenbäume schaffen ein beinahe romantisches Ambiente, ihr Grün belebt die sand- und terrakottafarbenen Mauern der morbiden Anlage.

Die Muhammad Ali Moschee und die fünf Säulen des Islam

Nach Beendigung des Freitagsgebets in der Muhammad Ali Moschee verteilen sich die Menschen auf dem riesigen Zitadellengelände. Der Besichtigung der im typisch osmanischen Stil erbauten Moschee steht daher nichts mehr im Wege. Mit achtzig Meter hohen Bleistiftminaretten und silbern schimmernden Kuppeln erinnert sie an die Blaue Moschee in Istanbul. Auftraggeber war 1824 Muhammad Ali Pascha, der als Begründer des „Modernen Ägypten" gilt. Als Baumeister des reich geschmückten Gotteshauses wird der Grieche Yussef Boschna genannt, der mit mehreren Handwerkern von Konstantinopel nach Kairo kam, um diese Aufgabe zu übernehmen.

Muhammad Ali wurde auf dem Balkan geboren und wuchs in bäuerlichen Verhältnissen ohne Schulbildung auf. Als Analphabet, Mörder und Wohltäter beschrieben, wurde er zum Stammvater der letzten „Dynastie" Ägyptens. Er schlug eine militärische Laufbahn ein und war Offizier in jenem türkischen Heer, das nach der Landung der Franzosen in Ägypten gegen die Eindringlinge kämpfte. In nur wenigen Jahren führte seine Karriere steil nach oben. Es gelang ihm, sich an die Spitze des Staates zu setzen und Vizekönig von Ägypten zu werden. Von Konstantinopel anerkannt, regierte er fortan das Land als Pascha. 1807 zwang er sogar die englische Flotte zum Abzug. Dies geschah noch mit Unterstützung der Mamluken, den ehemaligen Herrschern vor der osmanischen Eroberung. Die gemeinsame Vorgehensweise währte nicht lange, denn unter dem Vorwand, eine Truppenschau abzuhalten, lud der Pascha vier Jahre später 480 Emire zu sich in die Zitadelle ein. Es wurde gegessen, getrunken und gescherzt, doch der Schein trog. Alle Emire fanden den Tod, als sie nach dem Fest durch die schmale Gasse zum Bab al-Azab hinunter in die Stadt ritten. Sie wurden hingemetzelt, ihre Frauen und Sklavinnen vergewaltigt, ihre Häuser geplündert. Diese verwerfliche Tat versetzte die westliche Welt in Aufregung, die mit diesem Despoten (vorerst) nichts zu tun haben wollte. Es gab aber auch jene, die behaupteten, Muhammad Ali habe Ägypten mit dieser Tat von der verschwendungssüchtigen Mamlukenkaste befreit. Einer seiner Bewunderer war der preußische Fürst Hermann Pückler-Muskau, der während einer mehrjährigen Reise 1837 in Ägypten eintraf. Vom Vaterland enttäuscht und von Geldsorgen geplagt, kehrte der schreibende Fürst seiner Heimat den Rücken und genoss es sichtlich, von Muhammad Ali persönlich hofiert und in dessen Palästen und blühenden Gärten herumgeführt zu werden. „Alles, damit ich gut von ihm schreibe", formulierte Pückler-Muskau trocken, denn von vielen berühmten Ausländern nahm das Staatsoberhaupt nicht die geringste Notiz. Manche nannten den Pascha den „klugen Tyrannen", der fortschrittlich dachte und Autonomie von der türkischen Vorherrschaft und den europäischen Großmächten anstrebte.

Barfuß schlendere ich durch das Eingangsportal in den Hof der Moschee, der von Arkadengängen mit flachen Kuppeln umrahmt ist. Säule reiht sich an Säule. Kugellampen hängen an dicken Ketten von der Decke und sehr außergewöhnlich geformte, einem Kraken mit Milchglasaugen nicht unähnliche Leuchtkörper schweben über den Besuchern. Hohe Fenster mit verspielter Ornamentik geben faszinierende Blicke auf die Stadt zu Füßen der Zitadelle frei. In Alabaster geschnitzte stilisierte Gebetsnischen begrenzen die Gänge. Eine Touristin, in einen langen grünen Umhang gehüllt, kreuzt meinen Weg. Kurz darauf betreten zwei in *niqabs* gehüllte Frauen und zwei Männer den Hof. Im Gegensatz zum *hijab*, dem Kopftuch, verhüllt der in der Regel aus schwarzem Stoff gefertigte *niqab* alles bis auf die Augen, viele Frauen tragen dazu noch schwarze Handschuhe. Da ich seit 1990 regelmäßig nach Ägypten reise, kann ich eindeutig eine Zunahme von „Schleierträgerinnen" feststellen. Immer wenn ich solche Frauen sehe, erfassen mich eine große Traurigkeit und ein unangenehmes Gefühl.

Der prachtvolle, etwas zu protzig wirkende Brunnen im Hof der Alabaster Moschee, wird von acht Säulen eingerahmt. Er besitzt ein mit Blei beschlagenes hölzernes Kuppeldach, das farbige Ornamente und goldenes Blätterwerk in erhabenen Reliefs zieren. Wie ein Fremdkörper ragt dagegen ein viereckiger Uhrturm in den Himmel. Dabei handelt es sich um das „großzügige" Gegengeschenk des französischen Königs Louis Philippe, der von Muhammad Ali einen der Obelisken vom Luxor-Tempel erhielt, der noch heute auf der Place de la Concorde in Paris steht. Der Transport von Ägypten nach Frankreich dauerte damals zwei Jahre und fiel in die Verantwortung von Jean François Champollion, der als Entschlüssler der Hieroglyphenschrift bekannt ist. Im Oktober 1836 gelang es endlich, den Obelisk aufzustellen. Aber erst 1998 wurde ihm das dreieinhalb Meter hohe Pyramidion aus vergoldetem Kupfer aufgesetzt.

Vom westlich gelegenen Hof aus betrete ich das Innere der Moschee, von deren Prachtentfaltung ich immer wieder überwältigt bin. Auch wenn Kunsthistoriker den Gebetsraum als „Surrogatkunst" mit europäischem Einfluss ohne Bedeutung beschreiben, genieße ich jedes Mal den Aufenthalt im türkischen Rokoko. Unzählige Lampen und wuchtige Luster verleihen der Moschee eine stimmungsvolle Ausstrahlung. Gleich neben dem Eingang befindet sich in einem gitterumgrenzten Bereich der dreistufige Marmorsarkophag des Stifters Muhammad Ali. Ich erinnere mich noch sehr gut an meinen ersten Besuch, als mir mein Begleiter Adel, auf dem mit roten Teppichen ausgelegten Boden der Moschee sitzend, die fünf Säulen des Islam erklärte.

Sie beginnen mit dem Glaubensbekenntnis, es gibt keinen Gott außer Allah und Muhammad ist sein Gesandter. Um ins Paradies zu kommen, muss der Gläubige fünfmal am Tag nach der rituellen Reinigung das Gebet verrichten, das ist die zweite Säule des Islam. Außerhalb der Moschee können die Gläubigen einen kleinen Teppich, eine Matte oder auch Pappe benutzen, um damit einen sakralen Raum zu schaffen. Auf meine Zwischenfrage, warum er seine Gebete nicht verrichtet, meinte Adel, dass er ein Sünder sei und auf die Vergebung Allahs hoffe. Vielleicht gibt er ja viel Almosen, dachte ich, die dritte Säule des Glaubens. Es reinigt von Sünden und bringt reichen Lohn im Paradies. Die vierte Säule ist die Fastenzeit. Während des 29 Tage dauernden Monats Ramadan darf von Sonnenaufgang bis Sonnenuntergang nichts gegessen und nichts getrunken werden. Der fünfte Grundpfeiler schlussendlich ist die Wallfahrt nach Mekka. Der Wunsch jedes Muslims und jeder Muslima ist es, einmal im Leben die heiligen Stätten des Islam sehen und erleben zu können. Befreit davon sind jene, die es sich nicht leisten können oder körperlich dazu nicht in der Lage sind.

„Es kommt allerdings vor, dass besser verdienende Familienmitglieder die Reisekosten für ihre Eltern oder Verwandten übernehmen", erzählte mir Saad Ali, seinerseits Hotelbesitzer in Farafra und Dakhla sowie Chef der Badawiya Expedition Travel Agency. Er erzählte mir auch von der „Kunst der *hajj*", Wandbildern von der Reise nach Mekka. Es ist eine Tradition, die sich seit dem 19. Jahrhundert in den ländlichen Gebieten Ägyptens gebildet hat. In der Zeit zwischen Abreise und Rückkehr der Pilger wird die Vorderfront des Hauses oder ein Innenraum phantasievoll mit den Stationen der Reise bemalt. Jeder sieht nun, dass hier ein *hajji* oder eine *hajja* wohnt. Mein Künstlerfreund Badr aus der Oase Farafra begann seine Karriere ebenfalls mit *hajj*-Malereien. So hat sich in Ägypten ein ganz spezieller Zweig der Volkskunst etabliert, der in anderen islamischen Ländern kaum zu finden ist.

Gedanken zum Schleier

Der ägyptische Zahnarzt Alaa al-Aswani ist im zweiten Beruf ein brillanter Schriftsteller. Bekannt geworden ist er mit Büchern wie „Chicago" und „Der Jakubijan-Bau". Sein im Jänner 2012 auch auf Deutsch erschienenes Buch trägt den Titel „Im Land Ägypten. Am Vorabend der Revolution". Ausgewählte Essays aus seinen wöchentlichen Zeitungskolumnen, noch vor der Revolution geschrieben, sind der Inhalt dieses wütend machenden, berührenden und dramatischen Buches. Auf jeder Seite prangert er Missbrauch, Wahlfälschung, fotogene Frömmigkeit und Unterwürfigkeit an. Jedes Kapitel endet mit dem Satz: Demokratie ist die Lösung.

Im Hinblick auf den *niqab*, die Vollverschleierung, verfasste al-Aswani einen Artikel und bezog sich dabei auf namhafte islamische Gelehrte und Statistiken. So zitiert er Scheich Muhammad al-Ghasali (1917–1996), einen mutigen Geistlichen, der gegen das Gesetz der Beduinen ankämpfte. Damit meinte er den wahabitischen Staat Saudi-Arabien, wo jede Frau gezwungen wird, den *niqab* zu tragen. Die Statistiken beweisen, dass die Frauen dadurch nicht geschützt werden, sondern das Gegenteil eintritt. Immer mehr sexuelle Belästigungen und Übergriffe bis hin zu Vergewaltigungen, auch in Ägypten, führen dieses Gesetz ad absurdum.[3]

Man könnte fast meinen, dass diese Fanatiker von Frauenkörpern besessen sind, da sie so vehement darauf bestehen, sie zu verhüllen, so als ob Verschleierung ein

Allheilmittel für die Bevölkerung und die „reine Religion" wäre. Mit ihren Thesen stempeln sie gleichzeitig sich selbst und generell die Männer als „willenlose Tiere" ab, die sich sofort auf eine unverschleierte Frau stürzen würden. Das ist natürlich stark übertrieben ausgedrückt, aber die Erziehung der männlichen Jugend sieht kein Unrechts-Bewusstsein vor, wie eine junge Ägypterin es formulierte, die schon mehrmals in öffentlichen Verkehrsmitteln sexuell belästigt wurde. Zu Hause erntete sie nur Schelte, als sie davon berichtete. Sie sei ja um sechs Uhr abends mit dem Bus gefahren und hätte die Belästigung herausgefordert, daher sei sie schuldig. Von klein auf werden viele Buben zu Paschas erzogen, denen alles erlaubt ist, da sie der Stolz der Familien sind, im Gegensatz zu den Mädchen.

Vor ein paar Jahren tauchte ein Video im Internet auf, das Gamal Abdel Nasser (1918–1970) bei einer Ansprache zeigt.[4] Locker erzählt er, dass er sich mit dem Führer der Muslimbruderschaft getroffen hatte, um über eine Zusammenarbeit zu sprechen. Das erste was dieser forderte, war eine Verschleierungspflicht in Ägypten. Auf der Straße sollte jede Frau ein Kopftuch tragen. Auf diese Aussage folgte allgemeines Gelächter und ein Zwischenrufer meinte: *Lass ihn doch eines tragen*. Als Nasser dem Auditorium seine Entgegnung schilderte, waren ihm die nächsten Lacher sicher. *Ihre Tochter studiert Medizin und trägt kein Kopftuch. Und wenn es nicht möglich ist, eine Frau unters Kopftuch zu zwingen, wie soll ich dann zehn Millionen Ägypterinnen dazu zwingen?*
Mit Wehmut denke ich auch an die 1879 geborene Huda Shaarawi, die schon 1923 am Kairoer Bahnhof ihren Schleier abnahm und damit einen riesigen Skandal auslöste. Vier Jahre zuvor organisierte sie die erste Frauen-Demonstration in Ägypten, die als Ergebnis studierende Frauen an der Universität Kairo nach sich zog. Nawal al-Saadawi, eine äußerst mutige ägyptische Frauenrechtlerin, die als „Löwin vom Nil" bekannt ist, thematisierte sogar die Prostitution im eigenen Land. Von 1992 bis 1997 ging sie nach Morddrohungen fundamentalistischer Kreise ins Exil in die USA. 2005 wollte sie an den Präsidentschaftswahlen teilnehmen, zog ihre Kandidatur aber aus Protest über die unfairen Wahlkampfbedingungen wieder zurück.
Ägyptens Feministinnen und Liberale bringen das Tragen des *hijab* auch mit dem Aufstieg des Wahabismus in Verbindung. Jene jungen Frauen, die den Mut aufbringen, das Kopftuch abzulegen, geraten in große Schwierigkeiten mit ihren Eltern, Verwandten und der Gesellschaft. Oft bitten sie jahrelang, das Kopftuch ablegen zu dürfen, ohne erhört zu werden. Im Gegenteil, sie werden als unmoralisch beschimpft, geschlagen und der Gotteslästerung beschuldigt. Viele verlassen daraufhin heimlich ihr Elternhaus und tauchen in Kairo unter, wo sie alleine leben. Sie wollen selbst bestimmen, wie sie ihr Leben gestalten. Sie möchten sich ohne Schleier wahrnehmen, den Wind, die Sonne und den Regen im Gesicht und auf den

Haaren spüren. Und sie möchten nicht lügen müssen. Eine Freundin beobachtete einmal wie eine schwarz verschleierte Frau aus einem Taxi stieg und sich in ein Café setzte. Kurze Zeit später nahm sie den Schleier ab, schüttelte ihe Haare, klappte den Laptop auf und hörte moderne Musik.

Der 2010 verstorbene Großscheich der Al-Azhar Moschee und Rektor der Al-Azhar Universität in Kairo, Muhammad Sayyed Tantawi, war ein Gegner des Gesichtsschleiers. Bei einer Inspektionsreise in eine Mädchenschule fand er eine voll verschleierte Zwölfjährige vor. Er forderte die Schülerin auf, den *niqab* abzulegen, da dieser vorislamisch sei und von Frauen und Männern zum Schutz gegen Sand und Sonne getragen wurde. Der oberste Rat verbot daraufhin den *niqab* an allen angegliederten Schulen und Institutionen. Es hagelte Proteste dagegen und Gerichtsverhandlungen folgten, aus denen sich die damalige Regierung heraushielt. Mit der Machtübernahme der Muslimbrüder löste sich die Diskussion auf. Die intensive Debatte um den *niqab* begann in Ägypten erst 2009, bis in die 1990er Jahre war er weitestgehend unbekannt. Im Allgemeinen werden drei Gründe für das Tragen eines *niqabs* angegeben: die Suche nach einem islamischen Lebensweg, die Beeinflussung durch die Familie und um sich eine Privatsphäre sowie (scheinbaren) Schutz vor Belästigungen zu schaffen. Unterstützt durch moderne Medien traten immer mehr wahabitische und salafistische Prediger auf, deren Belehrungen keinen Widerspruch duldeten und die Angst der Gläubigen schürten, etwas falsch zu machen. Erzählungen, wie jene, dass der Prophet Muhammad nie rohe Zwiebel aß, um die Engel nicht durch seinen Mundgeruch zu vertreiben, gehörten genauso dazu wie einige kolportierte Geschichten aus Luxor. So soll ein Scheich gepredigt haben, dass Socken zu tragen blind macht und Mädchen schwanger werden, wenn ihre Unterwäsche mit jener von Männern gewaschen wird. Nach der Machtübernahme des Militärs 2013 sagte Ägyptens Präsident Abdel Fattah al-Sisi den religiösen Extremisten den Kampf an und erklärte eine „Reform des religiösen Diskurses" zur Priorität. Seine Regierung ging mit großer Härte gegen Islamisten vor. Das Ministerium für religiöse Stiftungen hatte außerdem 25.000 (oder mehr?) Prediger entlassen, die keine Zulassung von der Al-Azhar Universität hatten.
Wenn ich meine ägyptischen Freunde auf all das anspreche, wollen sie über solche Auswüchse nicht diskutieren, da dies ja nicht den wahren Islam wiedergibt und sie damit nichts zu tun haben. Aber was ist eigentlich der wahre Islam? Zu sagen, das ist nicht der Islam, ist wenig hilfreich, wenn die Angst vor Terroristen, die sich auf den Islam beziehen, ständig steigt. Natürlich verübt „der Islam" keine Anschläge, sondern einzelne Muslime. Obwohl die meisten friedliebend sind und in Ruhe leben wollen, beziehen zu wenige Bürger Stellung, denn Allah, der Barmherzige, wird es schon richten. Keiner der radikalen Prediger prangert(e) die korrupten Regierungen,

die Falschheit der Minister und die Foltermethoden von Polizei und Militär an. Sie zelebrieren ihre Feigheit und Doppelmoral und es scheint, dass sie sich im Grunde über das ihnen anvertraute Volk lustig machen. Würden sie ihre Kritik anstatt auf Frauen oder jene, die sich nicht wehren können, auch Männer sind davon betroffen, auf die Mächtigen richten, riskierten sie ihre Pfründe und vielleicht sogar ihr Leben. Gamal erzählte mir von einer Diskussion im Fernsehen, zu der einer dieser Prediger geladen war. Der Moderator war wider Erwarten sehr kritisch und stellte Fragen zum Ramadan und zur Einhaltung der vorgeschriebenen Regeln bei der Oberschicht der Gesellschaft. Der Angesprochene sah dabei keinerlei Abweichungen vom Gesetz. Als der Reporter nachfragte, wie es dann mit den reichen Saudi-Arabern sei, die sich während des Ramadan in Kairo oder anderen Städten in Fünfstern Hotels einquartieren, harte Getränke zu sich nehmen und „die Puppen tanzen lassen", war die Diskussion umgehend beendet. Die Ausübung der Religion ist für die „Schein-Frommen" zu einem formalen Ritual geworden. Wert gelegt wird tatsächlich auf den Schein der Religion und nicht auf die Religion selbst, denn diese beinhaltet Moral, Ethik, Achtung vor dem Leben und der göttlichen Schöpfung. „Bevor sich die wahabitischen Ideen hier ausbreiteten, legte man weniger Wert auf den Schein der Religion und mehr auf die Religion an sich – man war gerechter, ehrlicher, toleranter", schreibt al-Aswani.[5]

Im Sufismus, der mystischen Richtung des Islam, gibt es ebenfalls den Begriff des Schleiers, der mit dem Licht assoziiert wird. Laut dem Propheten Muhammad sagt Gott, dass es 70.000 Schleier zwischen den Menschen und Ihm (Gott) gibt, aber keinen zwischen Gott und den Menschen. Je näher der Licht-Suchende zu Gott kommt, umso transparenter wird der Schleier. Da in jedem Menschen Gott, das Licht, existiert, symbolisiert für mich das Verschleiern von Frauen auch das Verstecken ihrer Göttlichkeit, damit man/Mann sie „gebrauchen" kann. Muslimische Gelehrte haben immer hervorgehoben, dass die Frau im Islam in rechtlicher und religiöser Hinsicht dem Mann vor Gott gleichgestellt ist, da beide Gottes Schöpfung sind. Muslime werden im Koran aufgefordert, die Schönheit der Schöpfung zu erkennen, da sie der Erbauung, Freude und Entwicklung der Seele dient. Ich frage mich daher, warum wird Gottes Schöpfung verhüllt? Wie soll sich ein Land entwickeln, das die Hälfte seiner Bevölkerung wegsperrt?
Im Oktober 2012 bekam ich Gelegenheit, selbst einen *niqab* zu probieren. Es widerstrebte mir zwar, aber ich wollte einfach wissen, wie es sich anfühlt. Es war in der Oase Farafra, wo wir zu einem traditionellen Sufiabend eingeladen waren. Während der Darbietung tauchten zwei junge Frauen vor der Tür auf. Sie durften den Raum aber nicht betreten und winkten mir zu. Ich folgte ihnen ins Untergeschoss, wo mehrere Frauen beim Essen saßen und mich freudig begrüßten. Sie streckten mir das Baby

Halima entgegen, lachten und redeten auf mich ein. Sie fragten nach englischen Wörtern und deren arabischer Entsprechung. Als sich mein Wortschatz erschöpft hatte, kam eine der Frauen plötzlich mit einem *niqab* auf mich zu und wollte ihn mir anlegen. Nach kurzer Gegenwehr ergriff ich die Gelegenheit und ließ es geschehen. Damit er nicht verrutschen kann, wird der untere Teil fest um den Kopf gebunden und anschließend der zweite Teil über den Kopf nach rückwärts geklappt, um die Augen freizulassen. Ich fühlte mich sehr unwohl mit diesem „Ding", denn die Schlitze waren eng und drückten auf meine Augen. Es fühlte sich an, als ob ich einen Eisenring tragen würde, die Sicht war eingeschränkt und die Wahrnehmung der Umwelt eine andere. Von den Anwesenden wurde ich mit Komplimenten überhäuft, was mich dazu veranlasste, den *niqab* so schnell wie möglich wieder loszuwerden. Das „Theater" ging mir dann doch zu weit, denn die Frauen nahmen mich immer mehr in Besitz. Ich zog es vor, mich wieder den Gesängen und Gebeten der Sufi-Bruderschaft zu widmen.

In einer Dokumentation über Marokko kamen auch Schleierträgerinnen zu Wort. Sie würden den Schleier zur Täuschung, zum Verstecken, als Machtfaktor und aus Protest tragen, sagten sie. Die marokkanische Soziologin Fatima Mernissi geht in ihrem Buch „Der politische Harem. Muhammad und die Frauen" ebenfalls der Frage nach der Herkunft des Schleiers nach. Sie schreibt: „Der *hijab*, wörtlich Vorhang, ist nicht herabgekommen, um sich zwischen Mann und Frau zu stellen, sondern zwischen zwei Männer. Der *hijab* ist ein genau datiertes Ereignis, der Vers 53 aus der Sure 33, der im Jahre 627 (5 d.H.) offenbart wurde."[6] Die islamischen Gelehrten beziehen diesen Vers auf zwei Ereignisse, die auf unterschiedlichen Ebenen stattfanden, aber zur gleichen Zeit auftraten. Das eine Ereignis betraf das Herabkommen des Vorhangs oder Schleiers, der himmlischen Offenbarung, auf geistiger Ebene. Das andere bezog sich auf einen materiellen *hijab* aus Stoff, den der Prophet zwischen sich und einem Mann zog, der auf der Schwelle zum Brautgemach stand. Der Prophet hatte geheiratet und sehnte sich danach, die Hochzeitsnacht mit seiner Cousine Zainab zu verbringen. Eine kleine Gruppe der Gäste wollte nicht nach Hause gehen, zu sehr waren sie in Plaudereien vertieft. Schließlich kam es zu der Situation, wo der Prophet mit einem Fuß im Brautgemach und mit dem anderen Fuß außerhalb davon stehend, einen Vorhang zwischen sich und dem Gast Anas ibn Malik zog. In diesem Moment fiel auch der geistige *hijab* herab und eine Offenbarung wurde ihm zuteil, der Vers 53. Der Schleier soll die Antwort Gottes in Bezug auf eine taktlose Gesellschaft gewesen sein, die es an Höflichkeit dem Propheten gegenüber mangeln ließ.

✻ Vom Bab al-Qalla zur Süleyman Pascha Moschee

Der Weg zur Süleyman Pascha Moschee führt durch das im 16. Jahrhundert auf der Zitadelle erbaute Bab al-Qalla. Das Tor war die Verbindung vom Residenzbereich zum Kasernenbereich, wo die Garnisonen stationiert waren. Anschließend treffen wir auf das Militärmuseum, das im Zweiten Weltkrieg als Krankenhaus diente. Ursprünglich ließ Muhammad Ali dieses Gebäude als Harem mit prächtig ausgestatteten Zimmern und Bädern erbauen. Von der Inneneinrichtung ist nichts geblieben, doch außergewöhnlich schöne und aufwändig gestaltete Decken- und Wandmalereien sowie ein Baderaum verweisen auf die einstige Pracht. Das Wasser einer *salsabil*, einer Quelle aus dem Paradies, soll einst mittels Rinnen durch die Räume geflossen sein. Es heißt, dass jene, die das himmlische Paradies betreten, für immer aus den belebenden Quellen trinken dürfen. Wichtige Szenen aus der ägyptischen Geschichte, von den Pharaonen bis ins 20. Jahrhundert, sind auf großen Bildern dargestellt. Die von einem koreanischen Maler angefertigten Werke sind äußerst farbenprächtig und plakativ. Reiterstandbilder, Kanonen und ein Katapult säumen den weiteren Weg zu der im osmanischen Stil erbauten Süleyman Pascha Moschee. Dahinter dehnen sich ein weitläufiges Gelände und eine Parkanlage aus. Zu Mubaraks Zeiten fanden hier klassische Konzerte statt, erzählt mir Ibrahim, dem die positiven Dinge aus dieser Ära, wenn es auch deren nicht viele gibt, noch im Gedächtnis sind. Die wuchtigen runden Wachtürme und Wehrgänge der Zitadelle erheben sich im Hintergrund. Niemand folgt unserer kleinen Gruppe, kein Polizist lässt sich blicken. So können wir in aller Ruhe die noch zugänglichen Bereiche erkunden und interessante Blickwinkel auf die Stadt genießen.

Die Architektur der Süleyman Pascha Moschee hat mit jener der Mamluken nichts gemeinsam, zu sehr ist sie von der osmanischen Bauweise geprägt. Der Befehlshaber eines Eliteregiments der Janitscharen, Süleyman Pascha, ließ die Moschee unter Einbeziehung eines älteren Mausoleums aus der Fatimidenzeit erbauen, das ursprünglich von Abu Mansur Qasta als sein Grab errichtet wurde. Gewidmet hatte er es Sidi Sariya, einem Gefolgsmann von Amr ibn al-As, dem Eroberer Ägyptens im 7. Jahrhundert. Stufen führen zum Eingangsbereich, der mit einer geschnitzten und bemalten Holz-Balkendecke ausgestattet ist. Der Anfang der ersten Koransure in Naskh-Schrift[7] ist auf die Mauer gemalt und begrüßt die Besucher: *Im Namen Gottes, des Gnädigen und Barmherzigen.* Schon die erste Tür öffnet sich direkt in den Gebetsraum, der mit roten und grünen Teppichen ausgelegt ist. Eine riesige Kuppel überragt den ganzen Raum, flankiert von Halbkuppeln und Zwickeln. Die Ornamentik und Farbenpracht ist bezaubernd. Durch zwölf Spitzbogenfenster fällt zartes Tageslicht in den Gebetsraum und lässt ihn durch die Farben im warmen Licht erstrahlen. Im Kuppelinneren verläuft ein Schriftband mit Koranversen, unterbrochen von Medaillons, die mit den Namen von Allah, Muhammad, Abu Bakr, Omar, Othman und Ali versehen sind, wobei die letzten vier Namen die direkten Nachfolger des Propheten sind.

Muhammad, wie könnte er auch anders heißen, ist der sympathische Kustos der Moschee. Er möchte uns Koranverse vorsingen, um die fabelhafte Akustik des Raumes zu demonstrieren. Begeistert stimmen wir zu und so lässt er mehrmals seine Stimme erklingen. Er endet schließlich mit dem Glaubensbekenntnis und der ersten Säule des Islam: *la ilaha illa Allah,* es gibt keinen Gott außer Gott. Unseren Respekt spürend, führt Muhammad uns in einen kleinen Innenhof, dessen marmorner Boden angenehm kühl ist. Mit leuchtenden Augen macht er auf die Malereien in einer weiteren Kuppel aufmerksam. Wieder umrundet ein Arkadengang den Hof, flache Kuppeln zieren die Dächer der Nebenräume. Muhammad versucht, mir deren Funktion zu erklären, aber sein Englisch und mein Arabisch reichen dafür leider nicht aus. Ich verstehe zwar das Wort *zawiya,* weiß aber vorerst nicht, was es bedeutet. Als ich nach dieser Reise begann, mich etwas mit Sufismus zu beschäftigen, stieß ich plötzlich auf das Wort *zawiya.* Es bezeichnete einen religiösen Rückzugsort, wo Sufi-Scheichs ihre Rituale abhielten. Nun wusste ich auch, dass es sich bei den Nebenräumen um Zellen für Schüler und Studenten einer Ordensgemeinschaft handelte.
Auf der gegenüberliegenden Seite des Hofes öffnet Muhammad uns die Tür ins Mausoleum von Abu Mansur Qasta. Die Außenmauer ist mit sehr einfachen Ornamenten bemalt, teilweise ahmen sie die Struktur von Marmor nach. Mehrere osmanische Beamte ruhen ebenfalls hier, Kenotaphe mit beschrifteten und bemalten Säulen, auf denen verschiedene Modelle marmorner Turbane sitzen, markieren ihre Gräber. Der Sarkophag von Abu Mansur Qasta ist mit einem beschrifteten grünen Tuch bedeckt. Eine lange Gebetskette aus großen Holzperlen ziert den Sarg, die vielleicht dem hier zur Ruhe Gebetteten gehörte. An den Wänden sind naive, in kräftigen Farben aufgetragene Malereien der heiligen Stätten des Islam dargestellt. Muhammad posiert noch für die letzten Fotos, dann nehmen wir herzlich Abschied von ihm und diesem Ort. Wir versprechen wiederzukommen und die Fotos mitzubringen. Dass dies keine leeren Versprechungen sind, haben wir schon mehrmals bewiesen und damit viele Menschen erfreut.

Der südliche Residenzbereich der Zitadelle führte mich bei meinen Recherchen zu den Namen von al-Salih Najm al-Din Ayyub und Sharjarat al-Durr, den letzten aus der Dynastie Salah al-Dins und seiner Gemahlin. Von beiden wird später noch ausführlicher die Rede sein, hier soll nur kurz über eine musikalische Besonderheit, die Sharjarat ins Leben gerufen hatte, berichtet werden. Da sie Zeremonien über alles liebte, erfand sie ein Ritual. Flötenspieler, Trommler und ein in eine Festtracht gekleideter Emir waren dabei die Hauptakteure. Vielleicht spielte sich die Zeremonie sogar in der „Halle der Säulen" ab, die im Auftrag von Sharjarat erbaut wurde und zum Harem gehörte. Während langsame und schnelle Rhythmen durch einen dunklen Raum pulsierten und das flackernde Licht von Fackeln fratzenhafte Umrisse auf die Wände warf, erfolgte mit dem Auftritt des Emirs der Höhepunkt. Zu den Rhythmen zu tanzen schien der Sultanin nicht zu genügen, denn sie forderte von ihm akrobatische, der Musik angepasste Bewegungen. Sharjarat war, bevor sie die Gemahlin von Salih wurde, seine Konkubine. In dieser Stellung musste sie sich unterordnen und mit ziemlicher Sicherheit für Salih und seine Kumpane tanzen. Indem sie zur Hauptgemahlin erwählt wurde, war sie in der Lage, den Spieß umzudrehen und nun ihrerseits die „Puppen", sprich den Emir, tanzen zu lassen. Sie konnte sich durchsetzen, daran besteht kein Zweifel. Denn es war Sharjarat, die für achtzig Tage das islamische Ägypten regierte, doch davon später...

Al-Nasir Muhammad Moschee

Eine weitere Sehenswürdigkeit auf der Zitadelle ist die al-Nasir Muhammad Moschee, die ich aus Zeitgründen noch nie besichtigen konnte, da die Fülle von Kairos Schätzen einfach überwältigend ist. Bei der 13. Reise plante ich ganze zehn Tage dafür ein, um mir das alte islamische Viertel und weitere wichtige Moscheen genauer anzusehen. Dieses Vorhaben gelang zwar, verlangte aber bereits unmittelbar nach Ende der Reise und Sichtung der Fotos nach einer Fortsetzung. Neue Geschichten kamen mir zu Ohren, neue Fragen tauchten auf und wollten Antworten. Findet man sie, sind sie nie das Ende, da sich immer neue Fragen und Antworten entwickeln. Eine endgültige Antwort gibt es in meiner Lebensphilosophie nicht, daher gefällt mir die arabische Formulierung *malesh malesh* sehr gut. Sie bedeutet, etwas zu akzeptieren, das einem größeren Plan unterliegt.

Der Mamluke al-Nasir Muhammad war der Sohn von Sultan Qalawun, der sich während mehrerer Feldzüge auszeichnete und prächtige Bauten hinterließ. Nach der Ermordung von Khalil, al-Nasirs Bruder, wurde er nach dem Tod seines Vaters bereits als Achtjähriger als Sultan eingesetzt. Regiert haben die Emire, allen voran Khetbuga, der schließlich die Macht an sich riss. Den Kind-Sultan schickte er in die Verbannung. Später erinnerten sich die Emire an den nun 14-Jährigen und riefen ihn erneut zum Sultan aus. Wieder stand er unter Aufsicht, dieses Mal war es Baybars. Noch im selben Jahr musste der Halbwüchsige in die Schlacht gegen die Mongolen ziehen. Das riesige Heer der Ilhane, Provinzfürsten aus der Mongolei und Persien, stand bereit, Ägypten zu erobern und die Mamluken zu vernichten. Al-Nasir gelang der entscheidende Sieg, er begab sich aber einige Jahre später freiwillig ins Exil, um eigene Truppen zu rekrutieren. Er kehrte zurück, stürzte seinen Nachfolger und übernahm nun tatsächlich die Herrschaft. Jetzt kam die große Zeit des Sultans, der nun zum dritten Mal und ohne Bevormundung an der Macht war. Beschrieben wird er als klein mit hinkendem Gang und einem Augenleiden, intelligent und tatkräftig. Er trat als Bauherr auf, unter anderem von Bewässerungsanlagen und Moscheen, wie jener auf der Zitadelle, und der theologischen Schule in der Mu'izz li-Din Allah Straße neben dem Ensemble seines Vaters.

Ibrahim berichtet von al-Nasirs legendärem Palast auf der Zitadelle mit Mosaiken, bunt bemaltem Holz und vergoldeten Decken. Nichts Vergleichbares soll es zur damaligen Zeit gegeben haben. Heute kann man tief liegende Lehmziegelstrukturen und Reste von Verputz sehen, die jedoch keinerlei Hinweise auf die ursprüngliche Pracht erkennen lassen. Nach Ende der Bauarbeiten richtete der Sultan ein großes Fest aus, verteilte Geld an die Armen und beschenkte Baumeister und Handwerker mit Prunkgewändern. Muslimen ist es eigentlich nicht gestattet, sich in der Absicht, andere damit zu beeindrucken, prächtig zu kleiden. Ibrahim versichert, dass dies eine Aussage des Propheten gewesen sei und in einem Hadith festgehalten ist. Als al-Nasir 1341 starb, hinterließ er viele Kinder und Enkelkinder, von denen mehrere nach ihm regierten und dazu beitrugen, dass sich die Mamluken, die ehemaligen Sklaven, zu einer mächtigen Herrscherschicht entwickelten.

Laut einer Inschrift wurde die al-Nasir Muhammad Moschee 1318 gegründet und wie al-Maqrizi, Kairos bekanntester Historiker berichtete, wieder abgerissen und fast zwanzig Jahre später im Auftrag von Sultan al-Nasir neu aufgebaut. Al-Mu'allim ibn al-Suyufi wird in den Aufzeichnungen als verantwortlicher Hofarchitekt genannt. Dies ist ungewöhnlich, da üblicherweise die Architekten und die am Bau beschäftigten Handwerker selten erwähnt wurden. Vielleicht hängt es damit zusammen, dass die Muslime der Architektur keinen besonderen Rang zuwiesen, sondern in den Bauten nur die Funktion sahen. Um sich Unsterblichkeit zu sichern, ließen die Auftraggeber ihre Namen und das Vollendungsdatum an der Außenmauer des jeweiligen Gebäudes anbringen.
Al-Nasirs Moschee galt als prächtigste von ganz Kairo, da sie die Freitagsmoschee des Sultans war. Wie bereits erwähnt, können Muslime an jedem Ort ihre Gebete verrichten, einzige Ausnahme ist das Freitagsgebet, das mit der Gemeinschaft in der Moschee abgehalten werden muss. Dies gilt jedoch nur für männliche Gläubige ab der Pubertät und nicht für Frauen. Wichtiger Bestandteil dabei ist die Predigt, bei der der Imam die Muslime an ihre Pflichten gegenüber Gott und den Menschen erinnert,

aber auch Neuigkeiten und Verhaltensregeln verkündet. Von außen durch ihre glatte, undekorierte Fassade, die nur einen Zinnenkranz aufweist, eher abweisend wirkend, muss die einstige Marmor- und Perlmuttdekoration im Innenbereich der Moschee zur Zeit ihrer Erbauung von großer Schönheit gewesen sein. Der fast quadratische Hof wird von vier- und zweireihigen Arkadengängen umschlossen. Für deren Gestaltung verwendeten die Baumeister Säulen, die aus vorislamischer Zeit stammten und pharaonischen, byzantinischen oder griechisch-römischen Ursprungs waren. Oft leisteten die eingesetzten Handwerker Zwangsarbeit, da Heerführer ihr Heimatland eroberten und sie verschleppten, um den neuen Herren zu dienen.

Die Bogenziegel der Arkaden sind im *ablaq*-Stil[8] in schwarz-weiß und schwarz-rot gestaltet. Die schwarze Farbe kommt hier jedoch nicht von den Steinen selbst, sondern wurde aufgemalt. Die Deckengestaltung zieht weitere Blicke auf sich, da sie mit achteckigen Waben aus Palmfaserkartonage gestaltet ist und wie eine moderne Kassettendecke wirkt. Ursprünglich mit Ornamenten bemalt, sind heute noch Farbreste in Hellblau, Grün und Gold erkennbar. Etwas befremdlich wirken die beiden Minarette. Sie haben Balkone mit Brüstungen, die mit grünen und blauen Fayencekacheln verziert sind. Es ist bekannt, dass während der Regierungszeit von al-Nasir Handwerker aus Täbris nach Kairo kamen und Minarette mit Fayencekacheln verkleideten, was damals in Persien sehr modern war. Ganz neu war das natürlich nicht, da fayenceähnliche Techniken bereits im 4. Jahrtausend vor Christus in Ägypten bekannt waren. In den 1920er-Jahren fand Guy Brunton im Nildelta glasierte Perlen aus Speckstein. Erinnert sei auch an die wunderschönen blauen Kacheln im Scheingrab von Pharao Djoser in Sakkara aus der 3. Dynastie und an Funde aus dem Tempel Medinet Habu in Luxor von Ramses III. aus der 19. Dynastie. Echte Fayencetechnik mit Zinnglasur wurde jedoch erst in islamischer Zeit im 9. Jahrhundert verwendet. Sie breitete sich von Persien in die westlich gelegenen islamischen Länder aus.
Als im Jahr 1468 die von altägyptischen Granitsäulen getragene Originalkuppel über der Gebetsnische zusammenstürzte, war es mit der Pracht der al-Nasir Moschee vorbei. Schon zuvor wurde sie als Schule, Militärlager und Gefängnis benutzt und hatte dadurch viel von ihrer ursprünglichen Bestimmung verloren. Erst im Jahr 1935 wurde die Kuppel, die auf hölzernen Stalaktiten-Eckzwickeln, sogenannten Pendentifs, ruhte, durch die heutige ersetzt. Der „Todesstoß" für das Gotteshaus kam schon am 22. Jänner 1517, als es dem osmanischen Sultan Selim I. gelang, die ägyptische Hauptstadt Kairo einzunehmen und die Alleinherrschaft der Mamluken unter Tuman Bey zu beenden.
Mamorplatten, Mosaiken aus Elfenbein und der Bücherschatz Kairos, wurden nach Konstantinopel gebracht. Auch Gelehrte, Künstler und Handwerker mussten ihre Reise in die Hauptstadt des osmanischen Reiches antreten. Befragt man türkische

Quellen, wird Selim I. als fortschrittlicher Herrscher beschrieben, da er für Ägypten, Syrien und den Balkan die Grundlagen der Handels- und Versorgungsrechte verbessern ließ. Es galt auch das Zunftwesen mit allen Vorteilen der Binnenmarktregulierung. Natürlich war Ägypten von nun an tributpflichtig, vor allem mit Getreide. Es durfte aber nur soviel exportiert werden, wie pro Kopf erlaubt war, damit keine Hungersnot über das Land hereinbrechen konnte. Anders als die Mongolen, die eine Versklavung der Eliten betrieben, arbeiteten die Osmanen mit „Belohnungsstrategien" und zahlten gut für Leistungen.

Mit Sultan Selim I. hat es eine ganz besondere Bewandtnis, da er offiziell zum Kalifen ernannt wurde, obwohl er kein Araber war. Er ließ sich vom abbasidischen Kalifen al-Mutawakkil III. ganz offiziell in Kairo zum Kalifen aller Muslime ausrufen. Al-Mutawakkil war ein „Schattenkalif", der nach der Zerstörung Bagdads durch die Heere Dschingis-Khans nach Ägypten fliehen musste. Das Haus Osman übernahm das islamische Kalifat und Selim wurden hochoffiziell der Mantel, ein Zahn und eine Locke des Propheten überreicht. Diese Reliquien ließ er in den Topkapi-Palast bringen und den Abbasiden al-Mutawakkil gleich dazu, dessen Spur sich in den Folgejahren verlor. Selim I. zog weiter in den Hedschas, wo die heiligen Stätten des Islam dem Osmanischen Reich einverleibt wurden. Er erhielt vom Sherifen den Schlüssel des Kaaba-Heiligtums überreicht und bestätigte im Gegenzug den Schutz der Karawanen, Pilgerwege, Heiligtümer und sogar den Unterhalt der dortigen Bevölkerung. Am 21. September 1520 starb Selim I. im Alter von 46 Jahren in der Westtürkei.

Ich befinde mich noch immer im Innenhof der Moschee, lange bleibt er menschenleer. Ich kann daher ungestört die Architektur bewundern und ihre beruhigende Wirkung auf Geist und Körper spüren. Eine Gruppe Studentinnen kommt in den Hof und versammelt sich vor der Gebetsnische um einen Mann, der sie anscheinend im Koran unterweist. Sie sind mir bereits vor der Moschee aufgefallen, wo sie meiner Gruppe freundliche, schüchterne, aber auch herausfordernde Blicke zuwarfen, kicherten und tuschelten. Rucksäcke und Schuhe der jungen Frauen liegen verstreut am Steinboden, berühren aber mit keinem noch so kleinen Zipfelchen die Teppiche. Alle tragen lange Röcke oder Jeans und das Kopftuch, das auf unterschiedliche, oft sehr raffinierte Weise getragen wird. Eine weitere Gruppe betritt den Innenhof der Moschee. Gut gekleidete Kinder kommen nun schnellen Schrittes direkt auf mich zu. Sie wirken alle sehr ernst, kein Lächeln zeigt sich auf ihren Gesichtern. Bis auf einen Jungen, der mir direkt in die Augen blickt, sehen alle buchstäblich durch mich hindurch. Ich bin für sie nicht vorhanden, ihr Blick richtet sich auf die *qibla*-Wand hinter mir, die die vorgeschriebene Gebetsrichtung nach Mekka anzeigt.

Gedanken zum Wort Geschichte

Durch das Schreiben dieses Buches, beim Recherchieren und Verarbeiten dessen, was mir erzählt wurde und was ich erfahren habe, kam ich nicht umhin, mir die Frage zu stellen, was Geschichte eigentlich bedeutet. Mein Ziel war und ist es, verschiedene Sichtweisen und Stellungnahmen zu Wort kommen zu lassen und mich nicht nur auf eine Meinung zu fixieren.

Besteht „die Geschichte" nur aus einer Abfolge von Geschichten über Länder, Kriege, Herrscher, Politiker und Religionsführer, die von Persönlichkeiten, Geschichtsschreibern und anderen mündlich weitergegeben, später aufgeschrieben und als allgemein gültige Lehrmeinung anerkannt werden? Wenn dem so ist, was ist dann mit den Geschichten, die noch immer erzählt werden und nicht der Lehrmeinung entsprechen oder mit jenen unseres eigenen Lebens? Gehören diese Geschichten nicht auch zur Geschichte? Folgt alles irdische Leben nur Jahreszahlen, einem linearen Zeitsystem, das unser ganzes Tun regelt, Jahr um Jahr, Tag um Tag, einer nach dem anderen? Diese Frage mit Ja zu beantworten, ergab für mich keinen Sinn, vielmehr war für mich der Gedanke, dass Geschichte im herkömmlichen Sinn nicht wirklich existiert, nicht existieren kann, viel realer. Alles was geschrieben steht, was wir gelernt haben und uns in der Schule vermittelt wurde, kann nur ein Ausschnitt sein. Geschichte ist logischerweise subjektiv und stellt nur eine bestimmte Sichtweise von Personen, Personenkreisen oder Gruppen dar, die zum Gemeingut wurde und selten hinterfragt wird. Generationen und Nationen schreiben ihre Geschichte immer wieder neu. Sei es, dass neue Funde gemacht und Forschungsergebnisse anerkannt werden, sich neue Erkenntnisse Bahn brechen oder eine Ideologie verbreitet werden soll. Rudolf Taschner sagt: „(...) Denn Geschichte ist eine willkürliche Erfindung. Jede Nation und jede Generation braucht Geschichte als Verbündeten für die von ihr geförderte Weltanschauung und Moral. Darum ist die Geschichte keine gute Lehrmeisterin. Für jene, die an sie glauben, ist sie der Rohrstock in der Hand der eigentlichen Zuchtmeisterin, welche auf den Namen Ideologie hört."[9] Durch die Teilung der Wörter Ge-schicht-e und Ge-schichten wurde mir klar, dass alle Ereignisse in verschiedene Schichten hineinwirken, sich durchdringen und beeinflussen und sich daraus wieder neue Geschichten ergeben, die mehr oder weniger Teil der Geschichte werden. Die Ge-schichten aller Menschen und unseres Planeten Erde bilden letztendlich die „Menschheitsgeschichte". Das in der ganzen Vielfalt und Komplexität zu erkennen oder zu beschreiben, ist unmöglich. Darum gibt es auch nicht die „einzig wahre historische Geschichte", weder für ein Volk noch ein Land oder eine Religion, sondern nur den Versuch einer Annäherung. So betrachtet ist Geschichte ein dynamischer Prozess, der nie starr sein kann, in unseren Kulturen aber über eine gewisse Starrheit und Stabilität verfügt, die als gültig anerkannt wird und (scheinbar) Sicherheit vermittelt.

Von der Sultan Hassan Madrasa zum Al-Azhar Park

I Sultan Hassan *madrasa*, al-Rifa'i Moschee, vorne Moschee Mahmud Pascha

II Mausoleum Emir Khayrbak

III Sultan Hassan *madrasa*, Gebetstribüne mit Imam

IV Al-Azhar-Park
V Restaurant
VI Empfangsraum

❋ Sultan Hassan Madrasa

Der Blick vom Vorplatz der Alabaster Moschee reicht weit über die „Stadt der tausend Minarette" hinweg. In der Ferne kann man bei guter Sicht, was selten der Fall ist, sogar die Pyramiden erkennen. Die „Staubgefärbte" lautet einer der Namen Kairos, denn der Staub von Jahrtausenden, abgesehen vom Smog, liegt in der Luft. Herangetragen von entfesselten Stürmen aus der nahen Wüste, haftet er auf Gebäuden, Straßen, Bäumen und nicht zu vergessen, in den Lungen der Kairoer. Ich lasse meine Blicke weiter über Häusermeere, Dachlandschaften und Minarette gleiten, um schließlich bei der Architektur der Sultan Hassan *madrasa*, einer ehemaligen theologischen Schule, zu verweilen. Sie liegt gemeinsam mit der al-Rifa'i Moschee am Fuße des Zitadellenhügels, wo unser nächster Besichtigungsrundgang beginnt. Wahrscheinlich war es damals auch nicht viel ruhiger, denn laut Ibn Battuta, dem bekanntesten islamischen Reiseschriftsteller, bevölkerten im 14. Jahrhundert 12.000 Wasserträger und 30.000 Esel die Straßen. Schon zur Zeit der Tuluniden im 9. Jahrhundert flanierte der Herrscher hier mit seinem Gefolge in Gärten und Tiergehegen, erfreute sich an Wasserspielen und im Hippodrom. Reiterspiele und militärische Paraden sowie religiöse Prozessionen wurden nahezu jeden Tag abgehalten. Ibn Tulun soll rund um den Platz eine Mauer mit neun Toren errichtet haben. Es war genau festgelegt, wer oder welche Bevölkerungsgruppe durch welches Tor gehen durfte. 1863 notierte ein Besucher der Stadt folgende Zeilen: „Die Sinne des Menschen ermüden schließlich von all den Eindrücken, welche die ewig lebendige Stadt bietet, und der Geist sehnt sich nach Ruhe und Sammlung."

Mit 86 Meter hohen Minaretten und 8.000 Quadratmetern Fläche gilt die Sultan Hassan *madrasa* als eines der außergewöhnlichsten Beispiele arabischer Baukunst, das seinesgleichen sucht. Die riesige Baumasse, 1356 von Sultan Hassan, dem Sohn von al-Nasir Muhammad, in Auftrag gegeben, beeindruckt durch ihre klare Formgebung. Mit Recht erinnert die Mächtigkeit der Anlage an eine mittelalterliche Burg, die tatsächlich zweimal als Wehranlage benutzt wurde. Auch hier wurden Steinblöcke der Pyramiden verwendet und nicht zum ersten Mal. Schon zu Zeiten Salah al-Dins hat man Teile der drei kleinen Königinnen-Pyramiden demontiert und im mittelalterlichen Kairo verbaut. Hassan kam bereits mit dreizehn Jahren an die Macht und wie schon sein Vater, hatte auch er Probleme mit den Emiren. Trotzdem gelang es ihm, dieses gewaltige Bauvorhaben umzusetzen, wobei ihm der „Schwarze Tod" zu Hilfe kam. Die Pest im Jahre 1348 raffte viele Wohlhabende dahin, deren Besitztümer Stiftungen zuflossen.
Eine Freitreppe führt zum Eingangsportal, das mit 26 Metern in den Himmel strebt. Kaskadenartig fließen stalaktitenförmige Architekturelemente aus einer Halbkuppel,

die mit einem Schriftband abschließt. Zu erkennen ist, dass das Portal nicht fertig dekoriert wurde, teilweise sind Muster eingeschnitten, aber nicht herausgemeißelt. Die originalen Bronzetorflügel der *madrasa* brachte al-Mu'ayyad, ein Nachfolger Sultan Hassans, an sich. Sie können heute in der gleichnamigen Moschee beim südlichen Stadttor Bab Zuwayla in Augenschein genommen werden. Neben den zwei bestehenden Minaretten sollte es noch zwei weitere geben. Doch schon der erste Turm stürzte ein und begrub 300 Kinder eines Waisenhauses unter sich (nach einer anderen Quelle waren es Arbeiter). Dieses Unglück veranlasste den Sultan den Weiterbau der Minarette einzustellen. Als er dann noch dem Architekten die Hand abhacken ließ, damit dieser nie wieder Bauten von solch außergewöhnlicher Schönheit entwerfen würde können, war sein Glück dahin. Wie so oft während der Mamlukenzeit, starb auch Sultan Hassan durch einen Mordanschlag.

Der Eingang der *madrasa* führt direkt in eine dunkle Vorhalle, wo rechter Hand die Schuhe ausgezogen werden müssen und Umhänge für jene bereit liegen, die zu „sommerlich" gekleidet sind. Meine Augen gewöhnen sich rasch an die diffusen Lichtverhältnisse und erblicken einen reich geschmückten Raum mit einer riesigen Steinbank, die für Koranrezitationen genutzt wurde. Aufwändige Marmoreinlegearbeiten mit geometrischen Mustern und geschnitzten Ornamenten, Säulen und im *ablaq*-Stil gestaltete Wände zeugen von der Kunstfertigkeit der Handwerker. Ich bemerke eine schwarz gekleidete Frau mit *hijab*, dem Kopftuch, in der südlichen Ecke. Sie gehört wohl zu dem Mann mit dem kleinen Jungen, die direkt vor der steinernen Bank sitzen und mich interessiert beobachten. Hohe Gänge, mit Tonnengewölben abgeschlossen, weisen den Weg ins Zentrum der *madrasa*-Moschee. Der Übergang vom Halbdunkel in hellere Bereiche ist ebenso beeindruckend wie jener vom ewig brodelnden Lärm der Stadt in die Stille. Vereinzelt bringen Lichtschächte neue Einblicke in Nischen, zu Holzbalkonen, Türen und Fenstern, die auf die ehemaligen Quartiere der Studenten verweisen. Viele Angestellte, darunter Muezzine und Prediger, übten ihre Tätigkeiten in diesem religiösen Zentrum aus.

Ein weiterer Korridor führt schließlich in den lichtdurchfluteten Innenhof, dessen Mitte ein eleganter Brunnen einnimmt. Acht Säulen tragen einen achteckigen hölzernen Überbau, auf dem sich die Kuppel des Brunnens mit in *kamariyan*-Technik[10] gestalteten Fenstern wölbt. Ich sehe mich um und bin ergriffen von der schlichten Schönheit der Architektur, die von einer Aura der Vollkommenheit umgeben ist. Barfuß stehe ich im Innenhof und nehme hochstrebende Spitzbogenportale wahr, die in überdachte *iwane*, Seitenflügeln vergleichbar, führen. Ihnen angeschlossen waren die vier Rechtsschulen des sunnitischen Islam, wo unter anderem auch Medizin, Astronomie und Literatur gelehrt wurde. Die vier Gründer dieser Schulen waren Imam Abu Hanifa, Imam Malik, Imam al-Shafi'i, dessen Grabmoschee in der südlichen Totenstadt zu besichtigen ist, und Imam Ahmed Hanbal.

Der Haupt-*iwan*, nach Mekka orientiert, ist mit kostbaren Intarsien aus farbigem Marmor verkleidet, hier erhebt sich auch die mit Säulen versehene Gebetsnische, *mihrab*. Die reich verzierte Kanzel, *minbar*, für das Freitagsgebet, ist eine von wenigen, die aus Marmor hergestellt wurde und als krönenden Abschluss ein knollenförmiges Zwiebeltürmchen hat. In der Mitte des *iwan* steht noch die Gebetstribüne, *dikka*, von der der Imam Koranverse rezitierte. Sie war aber auch für die engsten Schüler eines Scheichs reserviert, wie uns einer unserer Begleiter erzählte. Ein in Kufisch[11] geschriebenes Schriftband, das den *iwan* an drei Seiten umläuft, hat die ersten sechs Verse der 48. Sure, *Al-Fath* (Sieg), zum Inhalt. Die mir bereits bekannten Moscheen-Lampen, deren Formen an Krüge oder Vasen erinnern, sind auch hier anzutreffen. Zahlreich hängen sie an langen Eisenketten von den Gewölben herab. Bemalt mit Versen aus dem Koran und Ornamenten in den Farben Türkis, Rosa und Schwarz, bilden sie mit der Architektur eine Art Symbiose. Auch hier hat sich der Staub niedergelassen und gibt den Lampen eine sanfte Patina. Aber das stört mich nicht, im Gegenteil, es inspiriert mich, meine Gedanken schweifen zu lassen und ein bisschen zu träumen...

Es ist Nacht und so still, dass ich die Sterne atmen höre. In den Lampen flackern sanfte Lichter. Es ist *lailat al-qadr*, die Nacht der Bestimmung, die heiligste Nacht im islamischen Kalender. Im Jahr 610 wurde in dieser Nacht die erste Sure des Koran, *Al Fatiha*, an Muhammad gesandt. Mit der Erlaubnis Gottes stiegen Engel herab und Friede und Heil strömten auf die Erde.
In meinem Tagtraum sitzen Männer und Frauen in den *iwanen*, beten leise vor sich hin und warten. Endlich beginnt der Imam mit seinen Gesängen und Rezitationen. Die reine klare Stimme hebt an und durchdringt Zeit und Raum. Alle lauschen den Worten und Tönen, die sich durch den Innenhof bewegen, durch die *iwane* schweben, bevor sie hinaus in die sternenklare Nacht entweichen, hinauf zu Allah. Wie ein zweiter Film, der sich über diese Szenerie legt, erheben sich plötzlich Sufis in weißen Gewändern und beginnen mit ihrem Gebet, dem *zikr*. Mit Leichtigkeit drehen sie sich zu Klängen, die rechte Hand nach oben gerichtet, empfangend, die linke Hand nach unten, austeilend. Die Gottesnähe wird spürbar und die Verbundenheit der *umma*, der Gemeinschaft der Gläubigen, vermittelt allen Anwesenden ein starkes Zugehörigkeitsgefühl. Es sind Momente reiner Glückseligkeit, alle Ängste und Sorgen verschwinden, die Trennung von Gott ist aufgehoben. Gott und Mensch sind eins geworden...es gibt nur Gott.

Noch in den Vorstellungen meiner inneren Bilder und Empfindungen versunken, fixieren meine Augen erneut die schönen Lampen. Neben Ägypten gelten Syrien und Mesopotamien als Wiegen der Glasmacherkunst. Die frühesten Funde stammen aus

der Zeit um 3500 vor Christus. Unabhängig voneinander entwickelte sich die Glasproduktion im 2. Jahrtausend vor Christus auch im griechischen Mykene und in China. Unter den Mamluken wurden die wertvollen Ampeln, die emailliert und mit Gold verziert waren, in großen Mengen hergestellt. Eine in Mexiko City im dortigen Glasmuseum arbeitende Archäologin recherchierte im Rahmen eines Projektes über den Beginn der Glasmacherkunst. Aufgrund der Komponenten, aus denen Glas hergestellt wird, Quarz, Kalk und Pottasche, kam sie auf Ägypten als Ursprungsland dieser Kunst. Erst vor einigen Jahren wurden im östlichen Nildelta, im Gebiet von Qantir, wo Ramses II. seine Hauptstadt Pi Ramesse erbaute, Hinweise auf Glaswerkstätten aus der Zeit um 1250 vor Christus gefunden. Zahlreiche Schmelztiegel, in denen sich noch Glasreste befanden, wurden von britischen und deutschen Archäologen entdeckt.
Sabry, der bereits in der Einleitung zu Wort kam, erzählte uns lange vor der Revolution, dass in der Sultan Hassan *madrasa* die Predigten des Imams abgehört werden, um fundamentalistische Tendenzen sofort im Keim zu ersticken. Seit dem Sturz von Präsident Mursi im Sommer 2013 ist es islamistischen Hasspredigern wieder verboten, in Moscheen politische Botschaften zu verbreiten. Es dürfen überdies nur noch Imame mit einem Abschluss der Al-Azhar Universität Freitagspredigten halten. 2010 saß ein junger Imam mit Laptop vor der Gebetstribüne und bot an, Fragen zum Islam zu beantworten. Auf einem modernen roll-up konnte man folgende Zeilen lesen: 100 Prozent kostenlos, *100 percent free*. Sprechen Sie mit dem Imam auf Deutsch. *Talk with the Imam in English*. Wie ich herausfand, handelte es sich dabei um den sehr bekannten Imam Ahmed Hemaya, der bei siebzig Gelehrten studiert und mehrere Bücher geschrieben hat. Der Begriff „Imam" beschreibt einen großen Gelehrten, der die Gemeinschaft der Gläubigen prägt und wichtige Spuren im Islam hinterlässt.
Das Mausoleum liegt im Osten der *madrasa*. Durch diese architektonische Besonderheit haben die Betenden das Grabmal zwischen sich und den heiligsten Stätten des Islam in Saudi-Arabien. Der Raum ist 30 Meter hoch und 20 Meter breit, Stalaktiten-Dekor ziert auch diese Kuppel, die im 17. Jahrhundert in sich zusammenstürzte. In einer alten Reisebeschreibung wird sie als eiförmig beschrieben, aus Holz und mit Blei beschlagen, wie die Kuppel der Imam al-Shafi'i Moschee in der südlichen Totenstadt. Ihr heutiges Aussehen kommt daher dem Original nicht nahe. Die Wände sind bis in eine Höhe von acht Metern mit buntem Marmor verkleidet. Ein aus Holz geschnitztes Schriftband umläuft den ganzen Raum und ist mit dem Thronvers aus der 2. Sure versehen.
Ein quaderförmiges Pult aus Holz mit Sternenflechtmuster aus Elfenbein und Ebenholz, erregt meine Aufmerksamkeit. Es ist ein *kursi*, ein Objekt zur Präsentation der königlichen Korane. Diese waren so groß und schwer, dass sie auf ein Pult gelegt

werden mussten, um daraus rezitieren zu können. Die Buchrücken lagen dabei auf schrägen Stützen, während der Imam mit gekreuzten Beinen auf dem gut einen Meter hohen *kursi* saß und zu den Gläubigen sang oder sprach. Der Orientalist Denis Mete schrieb mir dazu: „Der Schemel Gottes, arabisch *kursi*, ist die Dimension der Gesetzmäßigkeiten unterhalb des Thrones Gottes in Seiner allumfassenden Präsenz. Aus dem Schemel kommen der sternenlose Raum und die Sternenwelt hervor." Der älteste Koran, der heute noch vorhanden ist, stammt aus dem 7. Jahrhundert. Die letzten hundert Jahre lag er verstaubt und von Insekten heimgesucht in der Husayn Moschee in Kairo in einem Raum, in dem sich noch Barthaare des Propheten, sein Schwert und Teile seiner Kleidung befinden sollen. Das inzwischen restaurierte heilige Buch mit einer Tiefe von fünfzig Zentimetern und einer Höhe von etwa siebzig Zentimetern wäre gerade richtig für den *kursi* der Sultan Hassan *madrasa*.

Die arabische Schrift hatte einen sehr hohen Stellenwert im Islam, da die Rechtsgelehrten die bildliche Darstellung von Lebewesen bis heute kontrovers auslegen. Während die einen sagen, dass Darstellungen, soweit sie nicht der religiösen Verehrung dienen, erlaubt sind, sagen die anderen, die Darstellung von Lebewesen, Menschen und Tieren, ist in jeder Hinsicht verboten. Gott abzubilden steht da gar nicht zur Diskussion, da dies absolut tabu ist. Tatsache ist, dass der Koran kein Bilderverbot enthält, nachweisbare Belege gibt es nur aus der Hadith-Literatur.[12] Trotzdem errang die „Kunst des Schönschreibens" eine sehr hohe Stellung unter den bildenden Künsten. Es entstanden unterschiedliche Schreibstile, die durch die Schönheit der Schrift eine eigene Bildersprache aus Buchstaben hervorbrachten. Der Glaube ist eng mit dem heiligen Buch, der Schönheit von Gottes Wort, verbunden. Der Koran ist nicht nur die Verkündigung von Gottes Wort, sondern der Klang der Rezitation kann nach al-Ghazali, einem persischen religiösen Denker aus dem 11. Jahrhundert, die Zuhörer sogar in einen ekstatischen Zustand bis hin zur Bewusstlosigkeit versetzen. Da der Prophet Muhammad Arabisch sprach, kann nur der arabische Koran die wahren Worte Allahs wiedergeben, das heißt auch deren ganz speziellen Klang. „Gott ist schön und er liebt alles Schöne", lautet ein häufig zitierter Hadith. Gottes Wort, sichtbar gemacht durch die Schönheit der Kalligraphie, ist daher „Musik für die Augen".

Tief beeindruckt hat mich vor einigen Jahren eine Begegnung in dieser *madrasa*, als die letzten Strahlen der Abendsonne die Körper der Gläubigen berührten. In stiller Zwiesprache mit Allah, lasen sie hingebungsvoll im Koran und schienen die Welt um sich vergessen zu haben. Mein Blick traf auf den eines Greises. Seine dunklen Augen waren sanft und sie lächelten mir zu. Mit einer einladenden Geste ermutigte er uns zu bleiben. Ich grüßte ihn freundlich und war dankbar für diesen Augenblick. Wir setzten uns in eine Ecke und genossen die Atmosphäre, bevor wir lautlos zum östlich angeschlossenen Mausoleum gingen, wo zwei Söhne Sultan Hassans bestattet sind. Frauen berührten die Umrandung des Grabes im Glauben, dadurch fruchtbar zu werden. Durch ein geschnitztes Holzgitter, das den Blick zur Zitadelle freigab, fiel Sonnenlicht in den dunklen Raum. Plötzlich bewegte sich etwas. Ein Mann, eingehüllt in einen grauen Mantel, den er über eine *galabiya*, das traditionelle Gewand, trug, trat aus einer dunklen Ecke hervor. Er kniete nieder und rutschte vornüber gebeugt mit dem Kopf den Boden berührend, auf das Licht zu. Ein blauer Fleck auf seiner Stirn wies ihn als eifrig Betenden aus. Oft schon haben wir Männer mit diesem seltsamen Mal auf der Stirn gesehen, sie sind Gezeichnete ihrer Frömmigkeit oder auch Scheinfrömmigkeit. Mit Rasierklingen ritzen sich manche die Stirn auf, um durch das Aufschlagen auf dem Boden schneller die gewünschte Wirkung zu erzielen. Der Mann verweilte im Licht und rief *Allahu akbar*, Gott ist groß. Mit leiser Stimme sprach er weiter, vielleicht den Lichtvers aus dem Koran, den besonders die Sufis als Inspiration verwenden. Die Inbrunst des Mannes war tief berührend und wirkte echt. Ich wünschte ihm, dass er diese Gottesnähe, die er sichtlich empfand, mit in den Alltag nehmen konnte.

Gedanken zur weiblichen Genital-Beschneidung

Vor mehreren Jahren lernte ich Boschra kennen, die anbot, meine kleine Gruppe zur Sultan Hassan *madrasa* zu begleiten. Die junge Ägypterin hatte einen Universitätsabschluss und sprach hervorragend Deutsch. Sie trug das obligate Kopftuch und gab sich vorerst sehr zurückhaltend. Sie beobachtete uns, achtete auf das, was wir sagten und fragte schließlich nach unseren Familienverhältnissen. Erst nachdem sie Vertrauen geschöpft hatte, erzählte auch sie von ihrem Mann und ihrem Sohn. Die junge Familie wohnte im Stadtteil Sayyida Zaynab, der nach einer Enkelin des Propheten benannt ist, die als beliebteste Heilige Kairos gilt. Boschra beklagte sich über die nahezu unerschwinglichen Kosten für Wohnen und Leben. Wenn sie nicht ab und zu die Möglichkeit hätte, in der Tourismusbranche zu arbeiten, würde die Familie nicht über die Runden kommen.

Boschra führte uns durch die *madrasa* und zeigte uns schließlich einen kleinen Raum. „Hier werden die Eheverträge unterschrieben", begann sie ihre Erklärungen. „Ich habe auch hier geheiratet. Generell ist es ein sehr schlichtes Ritual, das vor dem Imam oder einer theologisch geschulten Person durchgeführt wird. Es müssen aber mindestens zwei männliche Zeugen anwesend sein, wobei die Frau einen Ehevormund braucht, dies kann auch der Vater oder der Großvater sein. Wenn nun ein Paar die Ehe eingeht, verpflichtet sich der Mann, die Frau zu unterstützen und zu finanzieren. Die Pflicht der Frau ist es, ihm zu gehorchen. Gewalt durch den Ehemann ist verboten, aber sie passiert nur allzu oft. Auch wenn Frauen bei der Polizei Anzeige erstatten können, werden sie meistens mit dem Argument abgewiesen, dass es laut Koran dem Ehemann erlaubt ist, seine Frau zu züchtigen."

Vor allem in den ländlichen Gebieten bestimmen die Eltern die Ehepartner ihrer Kinder oft schon im Kindesalter und nicht selten stammen sie aus der Verwandtschaft. Ahmed, ein Freund aus Luxor, sieht in dieser Praxis einen Zusammenhang mit verschiedenen Erbkrankheiten. Als Beispiel führte er seinen Bruder an, der aus diesem Grund zwei taubstumme Kinder hat.

Mir brannte etwas auf der Zunge und letztendlich stellte ich Boschra die Frage, ob sie beschnitten ist. Sie sah mich an, ein Schleier legte sich über ihre Augen und mit einem hörbaren Seufzer senkte sie den Blick. Erst kamen die Worte stockend, dann immer flüssiger und aggressiver. Sie erzählte mir, dass sie sich im Alter von elf Jahren diesem furchtbaren Ritual unterwerfen musste, wobei die Betonung auf „unterwerfen" lag. Lange Zeit konnte sie damit nicht fertig werden, wusste sie nicht, wie sie mit der Verstümmelung, den schrecklichen Erfahrungen, leben sollte. Sie war allein mit all ihrem Schmerz und ihren Wunden, seelisch wie körperlich. Verständnis für ihr Leid konnte sie nicht erwarten, schließlich gehört diese unmenschliche Tortur zum Alltag. Um einen Mann zu bekommen und als sittsame Frau zu gelten, muss ein Mädchen beschnitten sein, darüber wird nicht diskutiert. Der Druck in den Familien ist oft so stark, vor allem von den Großmüttern, dass sich Mütter und Töchter nicht widersetzen können.

Und die Männer? Was tun die Männer, um das Leid der Frauen zu mildern? Hin und wieder stellte ich ihnen genau diese Frage. Die Antworten waren meistens dieselben: „Das ist alles ganz furchtbar, sehr schlimm, aber es steht so im Koran, da haben wir keine Chance etwas zu ändern", oder: „Die Frauen wollen das ja selbst, es ist schon immer so gewesen, es ist Tradition, es ist für die Gesundheit der Frauen". Als ich nachfragte, warum sie so oft westlichen Frauen ihre Männlichkeit anbieten, hieß es: „Mit ägyptischen Frauen dürfen wir keinen Sex haben, wenn wir nicht verheiratet sind und zu heiraten können wir uns nicht leisten." Ein junger Kairoer im Khan al-Khalili Bazar meinte, „zum Glück gibt es Witwen". „Ägypterinnen haben nur Kochen und Kindererziehung im Sinn, empfinden keine Lust, man kann mit ihnen nicht diskutieren", waren weitere Wortmeldungen. Bei all diesen Argumenten bleibt einem buchstäblich die Sprache weg. Alaa al-Aswani sagt, Demokratie ist die Lösung. Ich möchte dies erweitern: Ohne Demokratie, Bildung und Aufklärung wird es keine Lösung für die ägyptischen Probleme geben. Ägypten gehört leider zu jenen Ländern, in denen die weibliche Genitalverstümmelung zu einem sehr hohen Prozentsatz praktiziert wird. Je weiter man nach Süden, nach Oberägypten und in die Dörfer kommt, umso mehr Frauen sind beschnitten, manche sprechen von über achtzig Prozent. Die ägyptische Aktivistin und Schriftstellerin Nawal al-Sadawi spricht sogar von neunzig Prozent. Weltweit werden täglich 8.000 Mädchen ihrer Genitalien und Würde beraubt, viele davon erleiden schwerste Verletzungen, die zum Tod führen können.[13] Kurzfristige Komplikationen sind starke Schmerzen, Schockzustand, Blutsturz, Urinverhalten, Eiterungen und Verletzungen des umliegenden Gewebes. Auf längere Sicht gesehen können sich Zysten und Abszesse bilden und Verletzungen der Harnröhre entstehen. Der Liebesakt wird zu einer extrem schmerzhaften Tortur, Unfruchtbarkeit und schwere Komplikationen bei Geburten sind keine Seltenheit. Immer wieder frage ich mich, wie so etwas möglich sein kann? Was ist der Ursprung dieses barbarischen Rituals und warum hält es sich noch immer so hartnäckig in religiös und ethnisch unterschiedlichen Ländern? Weibliche Genitalverstümmelung wird nicht nur in 28 Staaten Afrikas, sondern auch in einigen arabischen und asiatischen Ländern praktiziert. Aufgrund von Zuwanderungen aus diesen Ländern wird die weibliche Genitalverstümmelung vermehrt nun auch in Europa durchgeführt.

In einem Artikel zum Thema der weiblichen Genitalverstümmelung las ich, dass der Ursprung dieser Praktik nicht klar festgelegt werden kann. Herodot berichtete von der Beschneidung einer Frau in Ägypten um 500 vor Christus. Dabei handelt es sich um die Spätzeit Ägyptens, die den Übergang von der saitischen Herrschaft hin zur Eroberung des Landes durch die Perser bezeichnet, und nicht, wie oft behauptet wird, um die Blütezeit der pharaonischen Hochkultur. Ich habe in den Jahrzehnten, seit denen ich mich auch für das Alte Ägypten interessiere, nichts darüber gelesen, dass die Beschneidung von Mädchen üblich war. Auch im Ägyptologie-Forum ist zu lesen, dass es in der Literatur keinerlei Hinweise oder Darstellungen gibt, die dies beweisen. An weiblichen Mumien lässt sich nichts mehr feststellen, da die Genitalien bei der Mumifizierung in Mitleidenschaft gezogen wurden. Lediglich bei natürlich getrockneten Mumien konnte man feststellen, dass keine Beschneidung stattgefunden hat. Außerdem hatte die Frau im Alten Ägypten einen weit höheren Stellenwert als zum Beispiel in Griechenland. Nach der Eroberung Ägyptens durch Alexander den Großen ließen sich vermehrt Griechen im Land am Nil nieder. Sie waren entsetzt Frauen anzutreffen, die über ihr Leben frei entscheiden konnten, Geschäfte hatten und sogar Rechtsangelegenheiten abwickelten. Jean François Champollion, der französische Gelehrte, der das Geheimnis der Hieroglyphenschrift lüftete, sagte erstaunt über die vielen Darstellungen von Frauen: „Man kann den Entwicklungsstand einer Gesellschaft daran messen, welche Stellung die Frauen darin haben." Wie dieses Thema auch gedreht und gewendet wird, wo und warum mit der weiblichen Genitalverstümmelung begonnen wurde, kann derzeit nicht beantwortet werden. Letztendlich ist das auch nicht von Bedeutung, von Bedeutung ist vielmehr, wie sie verhindert werden kann.

Im Oktober 2012 unternahm ich mit Freunden eine längere Ägyptenreise, die uns nach zehn Tagen Kairo drei Wochen in die Westliche Wüste führte. Die Oase Farafra war dabei die wichtigste Anlaufstelle, was die Reiseplanung und die freundschaftlichen Kontakte betraf. Am letzten Abend hatte ich im Hotel mit einem Gast ein interessantes Gespräch, das plötzlich zur weiblichen Beschneidung führte. Offen heraus fragte ich ihn, welche Meinung er dazu hat und wie es in Farafra gehandhabt wird. Ich konnte mich an frühere Gespräche mit dem Künstler Badr erinnern, der behauptete, so etwas gäbe es nicht in der Oase. Sharif, nicht nur Wüstenexperte, sondern auch Poet mit offenem Geist erklärte, dass es in Farafra nicht üblich sei. Seit einigen Jahrzehnten kommen jedoch immer mehr Nilägypter in die Oasen, da das Niltal aus allen Nähten platzt. Der Bevölkerungszuwachs und in Folge ein Mangel an Ressourcen veranlasste schon 1958 den damaligen Präsidenten Gamal Abdel Nasser, in den westlich des Nils gelegenen Oasen das Projekt „Neues Tal" ins Leben zu rufen. Menschen, die im Niltal kein Auskommen mehr hatten, sollten in ein Container-Dorf in die Wüste ziehen.

„Mit den Zuwanderern aus dem Niltal kommen andere Sitten und Traditionen in die Oasen, mit dabei ist die weibliche Genitalverstümmelung *(femal genital mutilation)*", sagte Sharif nachdenklich. Wie es weitergehen wird, wagte er nicht zu prophezeien, seine Betroffenheit war aber deutlich zu spüren.

Zu hoffen bleibt, dass der Appell von Scheich Prof. Dr. Yusuf al-Qaradawi aus Doha in Qatar überall gehört wird. Er wandte sich an die Muslime, die noch an diese alte Tradition glauben und sie fälschlicherweise mit der Religion begründen. Er sagte ihnen: „Wir appellieren an alle Muslime überall auf der Welt, in Afrika, Asien, Europa, Amerika und Australien, die noch an diese alte Tradition glauben und sie fälschlich oft mit der Religion begründen. Wir sagen ihnen, dass die Religion die weibliche Beschneidung nicht wünscht. Die Religion wird niemals an Dingen festhalten, die den Menschen Schaden zufügen. Die Religion achtet besonders auf Handlungen, die für die Menschen nützlich sind. Die Religion wird niemals Leid und Übel für Jungen und Mädchen zulassen, weder für Familien noch für Gesellschaften."[14] Dieser flammende Aufruf, dessen gesamter Inhalt auf der in der Fußnote erwähnten Homepage nachgelesen werden kann, führt mich zu Rüdiger Nehberg und seiner Menschenrechtsorganisation TARGET e.V. Mit seiner Frau Annette Nehberg-Weber gelang es, eine Gelehrten-Konferenz in Kairo zu organisieren, eine Großtat, die nicht genug gewürdigt werden kann. Am 22. und 23. November 2006 diskutierten höchste internationale Islam-Gelehrte und medizinische Wissenschaftler in den Räumen der Al-Azhar in Kairo über das heikle Thema der Genitalverstümmelung bei Mädchen und die Position des Islam zu diesem Brauch. Zu den Gelehrten zählten der damalige Großscheich der Al-Azhar, Prof. Dr. Tantawi (schon verstorben), der Großmufti der

Al-Azhar, Prof. Dr. Ali Goma'a, der ägyptische Religionsminister Prof. Dr. Zakzouk und Scheich Qaradawi aus Qatar. Auch Islamgelehrte aus Europa, Asien und Afrika waren zugegen. Frau Moushira Khatab, die Gesandte der ehemaligen Präsidentengattin Susanne Mubarak, nahm ebenfalls teil und natürlich Rüdiger Nehberg und Annette Nehberg-Weber von Target als Initiatoren der Konferenz. Der Großmufti Prof. Dr. Ali Goma'a, höchster Richter für Islamisches Recht, hatte die Schirmherrschaft übernommen. Das sensationelle Resultat: Weibliche Genitalverstümmelung verstößt gegen die höchsten Werte des Islam und ist deshalb ein strafbares Verbrechen. Mit anderen Worten, genitale Verstümmelung an Mädchen und Frauen ist im Islam verboten!

Ein Jahr später führte ich darüber ein Gespräch mit einer Deutschen, die schon sehr lange in Luxor lebt und meine Hoffnungen als Illusionen abtat.
„Was in Kairo beschlossen wird, interessiert die Menschen hier nicht. Sie machen die Dinge so, wie sie sie immer gemacht haben. Die Regierung kümmerte sich nie um die Oberägypter, daher ist es diesen egal, was in Kairo passiert. Als Mubarak in Luxor eine Bibliothek eröffnete, wurde die Polizei nach Hause geschickt, da er ihr nicht vertraute. Stattdessen schirmten ihn tausende Soldaten ab. Viele Menschen wurden verhaftet, weil sie der Geheimpolizei nicht zu Gesicht standen und nach rechts blickten anstatt nach links", kommentierte sie meine Euphorie.
„Es wird sich nichts ändern. Meine Befürchtung ist, dass es zu einem Bürgerkrieg kommt. Das Leben in diesem Polizeistaat, mit dieser Willkür und menschenverachtenden Politik, hat eine Obergrenze erreicht. Nur der Gutmütigkeit und Schicksalsgläubigkeit der Ägypter ist es zu verdanken, dass das Fass noch nicht übergelaufen ist und Bomben geworfen werden. Glaub mir, es wird etwas passieren, aber hilft das den Frauen? Nichts, aber schon gar nichts, kann all das Leid aufwiegen und ungeschehen machen", sagte sie immer leiser werdend.
Dass sich die Situation der Frauen nach der Revolution und während der kurzen Regierungszeit der Muslimbrüder nicht verbessert hat, ist bekannt. Großzügig hielten sie die Gleichberechtigung von Mann und Frau für zulässig, wenn sie der Scharia[15] entspricht. Viele Frauen, die für ihre Freiheit kämpften, wurden von Armee, Regierungsanhängern und sogar von Revolutionären attackiert. Eine Ägypterin, früher im diplomatischen Dienst tätig und immer wieder zu Gast in Österreich, erzählte aufgebracht, dass Salafisten und Muslimbrüder ernsthaft im Parlament diskutierten, die Heirat von Mädchen ab neun Jahren zu erlauben. Sie sollten allen Ernstes davor geschützt werden, nicht mit männlichen Schülern zusammentreffen zu müssen. Der Zorn funkelte in ihren Augen, als sie sagte: „Das ist nicht mehr mein Ägypten, das ist nicht mehr das Land, das ich geliebt habe und in dem ich aufgewachsen bin."
Frauen in der arabischen Welt wehren sich zunehmend, vom Westen auf Verschleierung und Beschneidung reduziert zu werden. Diese Themen sind brisant,

sie können in jenen Ländern, in denen sie zum täglichen Leben gehören, nicht von Gesellschaft, Politik und Religion getrennt werden. Durch das Ansprechen und Anschauen dieser Themen kann Aufklärung und letztendlich eine Veränderung stattfinden, gemeinsam mit den Verantwortlichen aus Gesellschaft und Politik, mit den religiösen Führern und mit den Betroffenen.

Al-Rifa'i Moschee und Heiligenfeste, Mawlids

Gegenüber der Sultan Hassan *madrasa* erhebt sich die monumentale al-Rifa'i Moschee. Sie ist über 500 Jahre jünger, was man ihr auf den ersten Blick nicht ansieht. Der Raum zwischen den Moscheen wirkt wie eine Schlucht, die faszinierende Blicke auf die Muhammad Ali Moschee und die Zitadelle freigibt. Es ist ein wahrer Segen, dass diese schmale Gasse für den Verkehr gesperrt wurde und Flanieren erlaubt ist. Der Name der al-Rifa'i Moschee geht auf den Sufi-Meister Ahmed al-Rifa'i zurück, der den Orden der Rifaiya gründete, der unter Muslimen weit verbreitet ist und auch in Ägypten zahlreiche Anhänger hat. Ahmed al-Rifa'i lebte im 12. Jahrhundert im Irak, wo er den größten Teil seines Lebens verbrachte und wo er auch begraben liegt. Die al-Rifa'i Moschee in Kairo beherbergt allerdings das Grab seines Urenkels, das beim Bau der Moschee integriert wurde.
Die Moschee wurde von der Mutter des Khediven[16] Ismail, Khushyar Hanem, initiiert und sollte als Grabmoschee der königlichen Familie dienen. Neben dem Schah von Persien, der nach seiner Flucht aus dem Iran nach Ägypten ins Exil ging und 1980 hier starb und beigesetzt wurde, haben noch die Stifterin, König Fuad und seine Mutter sowie der ägyptische König Faruk in dieser Moschee ihre letzte Ruhestätte gefunden. Die Bauarbeiten begannen 1869, wurden aber wegen finanzieller Schwierigkeiten, dem Tod der Auftraggeberin und des Architekten nach zwanzig Jahren eingestellt. 1905 begannen die Bauarbeiten erneut unter dem Österreich-Ungarn Max Herz Pascha (s. Kap. „Gedanken zu Max Herz Pascha). Max Herz gelangte als Verantwortlicher des ägyptischen Pavillons bei der Weltausstellung von 1892 in Chicago zu Weltruhm. Schon von 1890 an war er Chefarchitekt des vom Khediven Tawfiq ins Leben gerufenen Komitees zum Schutz arabischer Bauten in Kairo. Er war bereits etabliert, als er von Abbas Hilmi II., der wie Herz in Wien studiert hatte, den Auftrag bekam, die al-Rifa'i Moschee zu vollenden, was ihm 1912 auch gelang. Er war für das Design der Minarette, der Kuppeln und des ehemaligen Haupteingangs auf der Westseite verantwortlich. Für die Innenausstattung lagen keine Pläne vor, so nahm sich Max Herz die schönsten Stücke aus Kairos Museen als Vorlagen und ließ sie nachbauen. Interessant ist, dass die Lampen, die den Stil der Mamluken nachahmen und mit arabischen Schriften verziert sind, aus Böhmen stammen.

Schon beim Betreten der Moschee öffnen sich gerade Achsen, die sehr harmonisch wirken und an eine große Kathedrale erinnern. Mein Blick fällt auf das Grab von Ali al-Shubbak al-Rifaʻi, das von Besuchern umrundet wird, um den Heiligen in ihr Leben zu bitten und heilbringend zu wirken. Rechts breitet sich das marmorne Sanktuar der Moschee aus, das es weder an Größe und Prachtentfaltung noch an variantenreichen Dekorationen mangeln lässt. Von unserer Begleiterin Christine erfahren wir, dass viele verschiedene Marmorarten aus mehreren Ländern verwendet wurden. Die *qibla*-Wand in Richtung Mekka mit Gebetsnische und Kanzel ist noch prunkvoller ausgestattet als jene der Sultan Hassan *madrasa*. Die Gebetstribüne, ebenfalls aus Marmor, ist mit Koranversen und goldenen Ornamenten geschmückt. Daneben ein *kursi*, dessen künstlerische Arbeit höchstes handwerkliches Geschick erkennen lässt. Ein weiterer Raum, der für Hochzeiten genutzt wird, beeindruckt allein schon mit seiner Höhe und schließt mit einer bemalten Holzdecke und einer Kuppel ab. Der verwirrend große Luster in der Mitte des Raumes hängt an einer langen Eisenkette von der Decke herab und weist Ähnlichkeiten mit einer Kuppel auf, die im Raum zu schweben scheint. Der Schlüssel zu den „Totenzimmern", die die sterblichen Überreste der oben erwähnten Persönlichkeiten beherbergen, wird uns ausgehändigt. Die mehrstufigen marmornen Sarkophage mit Goldinschriften der ägyptischen Herrscherfamilie sind äußerst prunkvoll gestaltet. Dagegen zeigt sich die Grablege des Schah von Persien bescheiden. Nur ein flacher Marmorblock markiert das Grab, das in den Boden eingelassen ist.

Alljährlich ist das Viertel rund um die Moschee Mittelpunkt eines großen *mawlid*, eines Heiligenfestes, das mit einem Kirtag oder Volksfest mit religiösen Zeremonien verglichen werden kann. Im islamischen Kulturraum ist das Wort *mawlid* auch ein Terminus für den Gedenktag eines Verstorbenen. Es ist der Jahrestag der Geburt oder des Todes dieser Person, entweder nach dem Mond- oder dem Sonnenjahr. Dieses Gedenken dient als Gelegenheit der Fürbitte für den Verstorbenen oder als Mehrung der Segenshilfe für einen selbst. Vor allem gilt dieses Gedenken als verdienstlich, wenn es sich bei dem Verstorbenen um einen Frommen und Gottesfreund, wie Sufis oft bezeichnet werden, handelt. Man kann ihnen getrost seine Geheimnisse und Herzenswünsche anvertrauen. Da fast jedes größere Dorf ein Heiligengrab oder Heiligtum besitzt, für das einmal im Jahr ein *mawlid* abgehalten wird, gibt es in Ägypten das Jahr über Tausende von Festen.

Unter der Herrschaft der Fatimiden entstanden erstmals Feierlichkeiten rund um den Geburtstag des Propheten, das *mawlid* al-Nabi. Denis Mete schreibt: „Das spezifische Genre der *mevlid*-Dichtung [*mawlid*-Dichtung], geboren wohl um das 9. Jahrhundert im ägyptischen Raum, wurde zu einem eposhaften Vehikel um sowohl Bildung zu fördern, wie auch dem Herzensdrang nachzugehen, die Liebe zum Propheten zum Ausdruck zu bringen. Unter der Herrschaft der Fatimiden (296–566/909–1171) entstanden Feierlichkeiten rund um den Geburtstag des Propheten, am zwölften Rabi'u l-awwal des Mondkalenders. Da einige Gelehrte der Ansicht waren, der Geburtstag des Propheten sei auf den achten *Rabi'u l-awwal* zu legen, begannen die Festaktivitäten öfters vor dem zwölften dieses Monats. Auch der nahen Familie des Propheten, *ahlu l-bayt*, wurden spezifische Tage innerhalb dieser schiitischen Fatimiden-Dynastie gewidmet. Weiters sind Feierlichkeiten im Geburtshaus des Propheten in Mekka dokumentiert, doch sind diese erst ab dem 12. Jahrhundert belegbar."[17]

Ein *mawlid* wird als Handelsplatz genutzt, wo man praktisch alles kaufen oder verkaufen kann. Plastikwaren, Geschirr, Räucherwaren, Bücher, Speisen, Getränke und spezielles Backwerk werden angeboten. Abgesehen von den Pilgern, die sich Segen erbitten, gibt es viele, denen es um das Vergnügen und den Kauf und Verkauf von Dienstleistungen geht. Beschneidungen von Burschen und Mädchen gehören genauso dazu wie Teufelsaustreibungen. Beides soll während eines *mawlid* besonders gesegnet sein. Es gibt auch professionelle Schausteller, die von *mawlid* zu *mawlid* ziehen und sich damit ihren Lebensunterhalt verdienen. Farbenprächtige Prozessionen um das Grab des Heiligen und durch die Straßen finden statt. Fahnen und Wimpel werden mitgeführt, die wie die Turbane der Mitglieder die Farben des Ordens haben. In manchen Ländern außerhalb Ägyptens, wie Indien oder Pakistan, verwenden die Rifa'i Sufis den Spieß-*dhikr*. Dabei spießen sie sich selbst in der Ekstase mit Metallen, ohne dass Blut fließt oder Wunden bleiben. Es handelt sich dabei um eine Wundergabe, die in diesem Orden verankert ist.

In der Umgebung der Sultan Hassan *madrasa* und der al-Rifa'i Moschee befinden sich noch zwei weitere Moscheen. Es sind dies der Gebäudekomplex von Qanibay al-Sayfi, der für das heraufdämmernde Ende der Mamlukenherrschaft steht und die Mahmudiya, die unter den Osmanen entstand, die 1517 Ägypten eroberten. Der Bauherr der ersteren, Qanibay al-Sayfi, war der Vorsteher der Pferde und fürstliche Stallmeister des Sultans al-Ghuri. Im Jahr 1503 errichtet, bestehend aus einer *madrasa* mit *sabil kuttab*, einem Mausoleum und einer Moschee, wurden hier auch Sufi-Gottesdienste abgehalten. Das historische Haus des Ali Efendi Labib aus dem 18. Jahrhundert, das auch als Haus der Künstler bekannt ist, grenzt an diese Moschee an. „Das einst als „Maison des Arts" bekannte Haus ist bemerkenswert im Hinblick auf die Künstler, die hier gelebt haben, wie Beppi Martin, ein Orientmaler in den Jahren 1910 bis 1954, Muhammad Nagy, einer der ägyptischen Pioniere der modernen Malerei und Hasan Fathy (gest. 1988), Ägyptens berühmtester moderner Architekt."[18]

✺ Sharie al-Maghar, Bab al-Wazir und al-Tabbana

In Kairo zu Fuß unterwegs zu sein ist einerseits verkehrs- und abgasbedingt ein gefährliches Unterfangen, andererseits aber notwendig, um bestimmte Bereiche der Stadt kennen zu lernen, da sie voller Überraschungen stecken. Mit meinen Ägypten liebenden Freunden aus Österreich erschließe ich mir Straßen und Gassen und arbeite sozusagen an meiner persönlichen „Eroberung" der einst glorreichen Stadt. Von unserem Ausgangspunkt, der Sultan Hassan *madrasa*, bis zum Bab Zuwayla, dem südlichen Tor der mittelalterlichen Stadt, führen drei Straßen. Der östlichsten dieser Straßen, die zu Beginn den Namen Sharie al-Maghar trägt, danach Bab al-Wazir und al-Tabbana genannt wird, sollen die nächsten Seiten gewidmet sein.

Nahe der Sultan Hassan *madrasa* erhebt sich das mächtige Bab al-Azab, ein Tor, das einst den westlichen Eingang zur Zitadelle markierte. Das Tor diente auch als Bastion gegen die Kairoer Bevölkerung, die so manche Rebellion gegen die Osmanen anzettelte, deren Statthalter auf der Zitadelle residierten. Radwan Katkhuda al-Galfi, der Mitte des 18. Jahrhunderts das wichtigste Amt im Land innehatte, ließ das Bab al-Azab instand setzen und die beiden massiven Türme errichten, die heute noch vorhanden sind. Radwan führte ein genussreiches und ausschweifendes Leben, das er der Schönheit und dem Trinken widmete. „Kairo glich einem Land der Gazellen oder einem von Huris[19] bevölkerten Paradies. Gierig schlürften seine Bewohner vom Becher der Wonnen, als hätten sie nie dem Allerhöchsten Rechenschaft abzulegen am Tag des jüngsten Gerichts",[20] schrieb Abd al-Rahman al-Jabarti, ein Gelehrter, der auch Augenzeuge von Napoleons Eindringen in Ägypten im Jahr 1798 war.

2012 bin ich das erste Mal in diesem Viertel, das ich nicht nur aufgrund wichtiger Baudenkmäler auswählte, sondern auch der Handwerkstraditionen wegen, die hier noch ausgeübt werden. Die Ägypter können zu Recht stolz auf ihre Jahrtausende alte Handwerkskunst sein, von den Meisterwerken des Alten Ägypten zu den Höhepunkten im Mittelalter bis hinein in die Gegenwart. Kairos Altstadt ist Weltkulturerbe und besitzt einen unglaublichen Schatz an Sakral- und Profanbauten, die es zu restaurieren und zu erhalten gilt. Dadurch sind Handwerker wie Steinmetze, Marmorschneider, Stuckateure, Drechsler, Schmiede, Gießer, Vergolder und Spezialisten für Einlegearbeiten, um nur einige zu nennen, wieder gefragt.

Wir folgen der Straße, die in die Sharie Bab al-Wazir abzweigt, dem eigentlichen Ziel dieser Tagestour. Dort, wo die Sharie al-Mahgar endet und Bab al-Wazir anfängt, erhebt sich die Moschee von Aytmish al-Bagasi. An dieser Schnittstelle beginnt auch die alte Stadtmauer aus der Ayyubidenzeit, erbaut von Sultan Salah al-Din. Der Bereich östlich davon diente ursprünglich den Fatimiden und Ayyubiden als Friedhof. Erst als der Mamlukensultan al-Nasir der Zitadelle einen neuen Stellenwert gab, indem er dort seine Freitagsmoschee errichten ließ, wurde Bab al-Wazir zu einem interessanten Bauland für höhere Beamte und Emire. Einige der historischen Gebäude, wie das Mausoleum von Emir Khayrbak, die Moschee von Aqsunqur, die *madrasa* von Umm Sultan Sha'ban und die Maridani Moschee, datieren ins 14. Jahrhundert und gehören zu den Höhepunkten dieses Straßenzugs.

Die Straße führt leicht bergab, ist schmal und nicht asphaltiert, nach jedem Auto wird Staub aufgewirbelt. Ein Toyota Pickup kommt uns langsam entgegen, seine Ladung besteht aus riesigen Säcken, die nur mit einem dünnen Seil fixiert sind. Es ist ein Mülltransport, da Plastikabfälle und Kartonagen aus den übervollen Säcken herausragen (s. Kap. „Die große Open Air Recycling Anlage Manshiet Nasser"). Mehrstöckige Häuser, teilweise mit neuer Bemalung in Gelb und Ocker, grenzen die Staubstraße ein. Eine kleine Werkstatt kommt ins Blickfeld, in der ein Mann mit der Befüllung von Formen beschäftigt ist. Neugierig geworden, gehe ich näher heran und beobachte seine flinken Hände. Der Meister kommt hinzu und zeigt sich erfreut über unser Interesse. Hier werden aus Messing gegossene Ziffern, die für Hotelzimmer angefertigt werden, produziert und andere Auftragsarbeiten, wie zum Beispiel der Kopf von Nefertari, der Gemahlin von Pharao Ramses II.

Die Objekte werden im Sandgussverfahren hergestellt. Dabei handelt es sich um die Gusstechnik in einer verlorenen Form. Es ist eine alte Technik, für die man Formsand, einen Formrahmen oder auch Formflasche genannt, einen Stößel, ein Sieb und Formpuder benötigt. An die hundert solcher Formflaschen sind in dem kleinen Raum zu Türmen gestapelt, daneben Blechschüsseln und Kübel mit Sand. Gasflaschen, Schraubzwingen, Eisenstangen und ein altes Kinderfahrrad liegen auf einfachen Regalen, in der rechten hinteren Ecke steht ein Trockenofen. Von dem freundlichen Handwerker werden wir in seine Arbeit eingeweiht. Dazu nimmt er eine Formflasche, die mit Sand befüllt und geglättet wird. Darauf legt er jene Modelle, die gegossen werden sollen und bestäubt alles mit dem Formpuder, das als Trennmittel dient. Anschließend wird ein zweiter Formrahmen draufgesetzt und zur Gänze mit Sand befüllt, der gedrückt, geklopft, verdichtet und mit einem Blechteil glatt abgezogen wird. Gusskanäle werden angelegt, die beiden Formflaschen vorsichtig voneinander getrennt und in den Trockenofen gelegt. Das neuerliche Zusammenfügen der beiden Teile sowie das Fixieren mit einer Schraubzwinge sind die letzten Schritte vor dem Guss. Danach ist die Form „verloren" und muss neu gemacht werden, daher auch der Name dieser Technik.

🌸 Madrasa und Mausoleum von Emir Khayrbak

Nur wenige Meter weiter gibt die Straße den Blick auf einen großen Gebäudekomplex frei, das Mausoleum von Emir Khayrbak. Es hat den Anschein, als ob es in der Mitte der Straße stehen würde. Mehrstöckige Häuser mit vorspringenden Balkonen, Satelliten-Schüsseln, Kabeln und flatternder Wäsche, drängen sich ins Bild. Rechts, noch vor dem Mausoleum, erheben sich die Überreste des ehemals prächtigen Palastes von Alnaq al-Nasiri, dem Mundschenk von Sultan al-Nasir Muhammad. Die beeindruckende Anlage aus dem 14. Jahrhundert wurde von mehreren Emiren bewohnt, bis Khayrbak sie im 16. Jahrhundert übernahm und renovieren ließ. Der Emir Khayrbak war einer der höchsten Beamten unter Sultan al-Ghuri. Der Einfluss der Mamluken in dieser Region war den Osmanen zu groß geworden und bedeutete eine ernsthafte Bedrohung. So kam es schließlich im Jahr 1516 zur Schlacht bei Marj Dabiq, nördlich von Aleppo. Im Gegensatz zu den Osmanen waren die Mamluken nicht mit Feuerwaffen ausgestattet und wurden vernichtend geschlagen. Sie verweigerten die Ausrüstung ihres Heeres mit den neuen, nicht standesgemäßen Waffen. Für sie war es ehrenvoller, mit Schwertern, Lanzen und Pfeil und Bogen in den Kampf zu ziehen. Ein weiterer Grund für die Niederlage war der Verrat Khayrbaks. Er schloss mit Selim I. einen Pakt und hielt seine Truppen zurück, um den Osmanen einen Vorteil zu verschaffen. Sultan al-Ghuri konnte nicht mehr nach Ägypten zurückkehren, da er in dieser Schlacht an einem Schlaganfall gestorben sein soll. Selim I. ernannte den als erpresserisch bekannten Khayrbak als Dank für seinen Verrat zum Gouverneur von Ägypten. Mit ihm begann nach einer kurzen Herrschaft des letzten Mamlukensultans Tuman Bey, der hingerichtet wurde, in Ägypten eine neue Zeit.

Bereits im Jahr 1502 ließ Khayrbak das Mausoleum errichten, die Moschee entstand später. Im honiggelben Glanz und vom Schmutz der Jahrhunderte befreit, strahlt das Bauwerk nun, das vom Aga Khan Trust for Culture restauriert wurde. Das außergewöhnlich schöne Minarett mit mehreren Stalaktitenumläufen und kielbogenförmigen Nischen sticht besonders ins Auge. Der oberste Abschnitt mit einer kleinen Kuppel wurde Ende des 19. Jahrhunderts bei einem Erdbeben zerstört und verlieh danach dem Minarett über viele Jahre hinweg ein topfförmiges Aussehen. Perfekt im Stil dazu passend, bekam es erst kürzlich vom Aga Khan Trust einen neuen Abschluss.

Der Eingang zu den Gebäuden ist von der Straße aus nicht einsehbar, weist aber eine „pharaonische Besonderheit" auf. Die Schwelle bildet ein Steinblock mit Hieroglyphen und einem Relief des mumifizierten Osiris. Sicher bekommen alle, die sich hierher verirren, vom Aufseher dieselbe Geschichte erzählt, dass nämlich durch diesen baulichen Schachzug Fliegen von der Moschee ferngehalten werden. Wir betreten den Innenhof, in dem vor der alten Stadtmauer, die eine Abgrenzung zum Bab al-Wasir Friedhof bildet, ein kleines Kuppelgrab steht. Wir betreten einen Raum, die ehemalige kreuzförmige *madrasa* mit Gebetsnische, wie uns unsere Begleiterin erklärt. Die nischenförmigen *iwane* sind spitzbogig und nicht sehr tief. Licht erhält der Raum durch Gitterfenster in Bodennähe und schön gestalteten Fenstern im oberen Bereich der Nischen. Zwei einfache Holztüren lehnen an der Wand, ein Tisch und ein kleines Regal sind die einzigen Möbelstücke dieses schlichten, stimmungsvollen Raumes. In der noch erhaltenen Gründungsurkunde des Gebäudes ist zu lesen, dass eine Schule für zehn Studenten vorgesehen war. Räume, die unter der *madrasa*-Moschee entdeckt wurden, könnten deren Unterkünfte gewesen sein.

Moschee von Aqsunkur oder Blaue Moschee

Wieder auf der Straße, wartet in geringer Entfernung der nächste Höhepunkt auf uns, die Blaue Moschee, die auch als Moschee von Aqsunkur bekannt ist. Zuvor treffen wir auf ein Gebäude, dem die Jahrhunderte ziemlich zugesetzt haben. Es ist ein mehrstöckiges Haus aus Sandstein mit einflügeligen, nicht verglasten Fenstern, teilweise grün und blau bemalt. Ein Rundbogen am nördlichen Ende führt in undurchdringliches Dunkel. Am anderen Ende des Gebäudes liegen nicht näher definierbare Metallplatten in einem kleinen Geschäft, das eher wie eine finstere Höhle mit offenem Rollbalken aussieht. Weinrote Rankenmuster, arabische Schriftzüge, die ägyptische Fahne, eine aufgemalte Moschee und mehrere sehr kreative Leuchtkörper zieren die Vorderseite des Hauses. Wahrscheinlich handelt es sich dabei um eine ehemalige *rab'a*. Als *rab'a* bezeichnet man ein Mietshaus mit mehreren Wohnungen, das im Erdgeschoss Geschäfte beherbergte. Vor allem in der Mamlukenzeit waren solche Einrichtungen sehr beliebt, da die Sultane und Emire mit den Einnahmen eine fromme Stiftung gründeten, Sakralbauten finanzierten und als Gönner auftraten.

Bevor wir uns dem Sakralbau von Shams al-Din Aqsunkur widmen, sehen wir uns noch weiter in der Umgebung um und entdecken gegenüber der Moschee das desolate Brunnenhaus und Grab von Omar Agha aus dem Jahr 1652. Ab hier bekommt die Straße ihren zweiten Namen: al-Tabbana. Mehrere Wahlplakate kleben an der Fassade, ein mir unbekannter Wahlwerber und Muhammad Mursi lächeln auf uns herunter. Neben Mursis Kopf sticht das Symbol einer Waage ins Auge. Ich deute es als Hinweis für Gleichheit zwischen Muslimen und Kopten, denn laut seinem Wahlprogramm wollte er ein Präsident für alle Ägypter sein. Leider ist ihm das nicht gelungen. Eine Frau im lila Kleid und mit schwarzem Kopftuch sitzt direkt an der

Ecke des Gebäudes und bietet Gemüse an. Die Geldbörse liegt auf ihrem Schoß, die Waren stapeln sich auf Palmholzkisten. Gleich daneben ist ein junger Mann eifrig damit beschäftigt, in seiner Straßenküche Falafel und Pommes frites zu braten. Dazu dient ihm ein Blechcontainer, ein gasbetriebener Ofen, auf dem eine große Schüssel mit brodelndem Fett steht. Fladenbrote liegen bereit und eine Plastikschüssel mit der Rohmasse für die beliebten Falafel steht auf einem kleinen Tisch, an dem die Kunden ihr Essen auch vor Ort verzehren können.

Die im 14. Jahrhundert errichtete Moschee von Shams al-Din Aqsunkur, sein Name bedeutet „Sonne der Religion (Shams al-Din), weißer Falke (Aqsunkur)", fällt in eine von mehreren Phasen der Hochblüte während der Mamluken-Herrschaft. Der Emir brach mit der Tradition, Säulen aus anderen antiken Bauwerken zu verwenden, wie schon Ibn Tulun Jahrhunderte zuvor. Die Moschee bestand aus einem offenen Hof mit Arkadengängen und folgte dem Plan einer Säulenhalle mit Pfeilern, von denen die meisten nach einem Umbau verschwanden. Berühmtheit erlangte die Moschee durch die mit blauen Fliesen verzierten Wände, die erst unter dem türkischen Statthalter Ibrahim Agha Mustahfizan angebracht wurden und ihr auch den Namen „Blaue Moschee"[21] gaben. Nachdem ein Erdbeben das Gebäude stark beschädigt hatte, ließ der Statthalter sie in der Mitte des 17. Jahrhunderts in veränderter Form wieder aufbauen, besonderes Augenmerk legte er dabei auf die Restauriung der Iznik-Fliesen.
Die Produktion der Iznik-Keramik begann unter den Osmanen im 14. Jahrhundert in der Stadt Iznik in der heutigen Türkei, östlich des Marmarameeres. Durch die Eroberung der Städte Täbris, Aleppo, Damaskus und Kairo am Beginn des 16. Jahrhunderts, gelangte chinesisches Porzellan in das Osmanische Reich, das die Keramik beeinflusste. Darüber hinaus hatten auch persische Waren der Timuriden und Safawiden erheblichen Einfluss auf die Muster. Im Sultanspalast gab es Werkstätten, in denen die Musterzeichnungen für die Iznik-Fliesen angefertigt wurden, die später die königlichen Moscheen schmücken sollten. Es handelte sich dabei um eine Quarzfritte-Keramik, deren Grundmaterial sich aus Quarz, weißem Ton und Fritte (pulverisiertem Glas) zusammensetzt. Der aus diesem Material hergestellte Rohling erhielt einen dünnen weißen Anguss, auf den eine Bemalung aufgetragen wurde. Dabei kam Kobalt für Blautöne zur Verwendung, Kupfer-, Nickel- und Manganoxyd für Grüntöne. Das leuchtende Rot stammte von einer eisenhaltigen dünnflüssigen Tonmineralmasse, die zur Einfärbung oder Beschichtung keramischer Produkte diente. Anschließend erhielt das dekorierte Werkstück eine transparente Glasur aus Bleioxyd, Silizium, Soda und Zinnoxyd, gebrannt wurden die Werkstücke danach bei etwa 1200 Grad.[22]
Das für die Mamlukenzeit ungewöhnliche zylindrische Minarett direkt an der Straße, möchte ich nicht unerwähnt lassen. Erst die Obergeschosse weisen die typischen Balkone und Galerien mit Stalaktitendekor auf. Den Abschluss bildet eine „Knolle"

auf einem kleinen Pavillon mit acht schlanken Steinsäulchen. Der dünne Stamm eines Flammenbaumes hat sich in der Straßenschlucht nach oben gekämpft, die Krone ragt bereits über das letzte Stockwerk der angrenzenden Häuser hinaus. Bestückt mit zartem Grün, verleiht sie dem Minarett einen luftigen Charakter und der sandfarbenen Straße eine angenehme Atmosphäre.

Als ich im Jahr 2002 Kairo besuchte und den oben erwähnten Französisch-Professor Ahmed Ali traf, konnten wir mit ihm die Blaue Moschee ungehindert besichtigen. Zehn Jahre später sind groß angelegte Restaurierungsarbeiten des Aga Khan Trusts for Culture im Gange. Zwei Bauarbeiter sitzen vor dem Eingang und lassen sich Falafel und Fladenbrot schmecken, als wir uns nähern. Christine, unsere koptische Begleiterin, erklärt ihnen, dass wir in einem österreichischen Museum arbeiten und uns gerne die Moschee ansehen möchten.
Wir dürfen tatsächlich hinein und laufen geradewegs in die Arme von Dr. Dina Bakhoum. Sie ist die leitende Ingenieurin des Restaurierungsprogramms der historischen Stadt Kairo. Dina ist eine Frau, die uns vom ersten Moment an sympathisch ist. Die Begrüßung ist herzlich, obwohl wir nicht angemeldet sind. Sie bedauert, dass wir die Moschee in diesem Zustand vorfinden, eingerüstet und inmitten von Steinen und Staub. Von ihrer Arbeit begeistert, schildert sie uns Wissenswertes über die Restaurierung: „Die Hauptfaktoren für die Baufälligkeit des Gebäudes sind die Luftverschmutzung, Erdbeben, Salz im Grundwasser, das den Stein auffrisst, aber auch unsachgemäße frühere Restaurierungen. Besonders der Kalkstein leidet unter der Luftverschmutzung, die sich in Form von ein bis zwei Zentimeter dicken Schmutzschichten abgelagert hat", erklärt uns Dina.
An einem ruhigeren Platz, wo wir von den Arbeitern etwas abgeschirmt sind, beginnt sie mit ihren Ausführungen über das Aga Khan Development Network, dem mehrere Institutionen und Organisationen angehören. Eigentlich handelt es sich um eine islamische Entwicklungshilfeorganisation, eine der größten NGOs weltweit, die gegründet wurde, um in der islamischen Welt historisch wichtige Gebäude zu restaurieren, aber auch um historische Strukturen und öffentliche Plätze zu beleben und die ökonomische und kulturelle Entwicklung zu fördern. Trotz des UNESCO Status, der Kairo als Weltkulturerbe ausweist, bekommen viele Gebäude zuwenig Aufmerksamkeit und leiden unter der Gleichgültigkeit der verantwortlichen Stellen.[23]

Madrasa von Umm Sultan Sha'ban

Wir folgen der al-Tabbana Straße weiter in Richtung Bab Zuwayla. Ein knallgelber Lastwagen, voll beladen mit blau-weiß gestreiften Säcken, versperrt den Weg. Männer kommen zur Ladefläche, legen sich einen Sack auf den Kopf und verschwinden in einem renovierungsbedürftigen Haus. Hinter dem Lastwagen entdecke ich die kleine Werkstatt eines in Österreich schon sehr selten gewordenen Stuhl- oder Möbelflechters. Der Meister sitzt am Straßenrand auf einem alten Holzsessel, vor ihm das zu bearbeitende Werkstück. Es handelt sich um einen Türflügel, der ein neues Geflecht bekommen soll. Ein zweiter lehnt an der Mauer, der dem Muster entsprechend, die Ergänzung bildet. Jeweils an der Innenseite ist ein eng geflochtener Halbkreis zu erkennen, der, wenn die beiden Teile zusammen kommen, eine Sonne oder vielleicht einen Vollmond bildet. In lockerer Flechtweise gehen davon bogenförmige Strahlen aus. Ein Hammer und ein Heber, mit dem der Handwerker die Flechthalme durchfädelt, liegen griffbereit daneben. Fasziniert sehe ich zu, wie die Halme in eine Nut gedrückt werden, Nägel helfen dabei, sie zu fixieren. Es ist im Grunde wie ein Gewebe mit Kette und Schuss, nur aus anderen Materialien.

Im hinteren Bereich des kleinen Raumes stehen vergoldete Sessel, die noch auf ihre Sitzflächen warten. Daneben prunkt ein Betthaupt, ebenfalls vergoldet, mit einem sehr ansprechend gestalteten Flechtwerk. Schon die Alten Ägypter, bei denen bereits vor 5.000 Jahren die Oberschicht auf aufwändig gearbeiteten und mit Flechtwerk versehenen Sitzmöbeln saß, waren Meister im Möbelbau. Besonders im „Neuen Reich" (1550 bis 1070 vor Christus) waren Stühle sehr beliebt. Von einfachen Schemeln bis hin zu goldenen Stühlen mit Armlehnen, erinnert sei hier an den Grabschatz des Pharaos Tutanchamun, war für die zahlungskräftigen Kunden alles zu haben. Auch Tische gab es schon. Bei Festbanketten war es üblich, jedem Gast einen kleinen Tisch zur Verfügung zu stellen. Beides, Stühle und Tische, waren für den Großteil der Bevölkerung die Ausnahme, denn wie auch heute, saß und sitzt die Mehrheit der Ägypter gerne am Boden. Durch die ausgeprägte Grabkultur in einem trockenen Klima sind viele Möbelstücke erhalten geblieben, die den Verstorbenen auch ins Jenseits mitgegeben wurden, aber nur Pharaonen und hohe Würdenträger kamen in den Genuss dieser Luxusanfertigungen.

Links der Straße erhebt sich ein mächtiger, ins Auge stechender Bau mit Minarett und zwei Kuppeln, die im Jahr 1368 als Stiftung errichtete *madrasa* von Umm Sultan Shaʻban. Auch dieser Gebäudekomplex wurde vom Aga Khan Trust for Culture restauriert. Im März 2006 konnte das rekonstruierte Minarett, das beim Erdbeben von 1992 seine Spitze verlor, an die Stadtregierung übergeben werden. Sultan Shaʻban soll die *madrasa* im Auftrag seiner Mutter Khwand Baraka, die Gesegnete, erbaut haben, als sie auf Pilgerreise in Mekka war. Frauen finanzierten religiöse Stiftungen, es war weder unüblich noch verboten. Fatima Khatun, die Gemahlin von Sultan Qalawun, gründete eine *madrasa* und Umm Anuk, eine Favoritin von al-Nasir Muhammad, einen *khanqah*. Sie waren aber bei Weitem nicht die Einzigen, die sich in dieser Weise betätigten.

Die rot-weiße Fassade im *ablaq*-Stil ist außergewöhnlich, da das Portal anstatt einer Muschel oberhalb der Stalaktiten ein Gewölbe aufweist. Es sei dies ein typisches Merkmal der seldschukischen Architektur aus Anatolien, erfahren wir von Christine. Das Hauptportal befindet sich an der al-Tabbana Straße, wird aber heute nicht mehr benutzt. Links davon versorgte ein *sabil* die durstigen Menschen, während rechts eine Wasserstelle für Tiere, *hod*, eingerichtet war.

Unsere Begleiterin klopft an das verschlossene Tor in der Seitengasse, das vom Kustos der Moschee geöffnet wird. Groß von Gestalt, in eine dunkelgraue *galabiya* mit weißer Borte gekleidet und mit weißem Fes, wirkt er beeindruckend nobel. Mit einer eleganten Handbewegung geleitet er uns durch einen längeren Gang ins Innere der *madrasa*. Er erzählt uns die Geschichte von Sha'ban und dessen Mutter Khwand Baraka, die eine der Konkubinen von Husayn, einem Sohn al-Nasirs, war. Berühmtheit erlangte sie durch die Thronbesteigung ihres Sohnes Sha'ban. Nach dem Tod ihres ersten Mannes heiratete sie den obersten Befehlshaber der Armee, Ilgay al-Yussufi, der in der Souk al-Silah Straße eine *madrasa*-Moschee errichten ließ. Er ertrank, als er auf seinem Pferd sitzend, den Nil überqueren wollte.

Die vier *iwane*, auch Liwane oder Aiwane genannt, bilden den kreuzförmigen Grundriss. Sie sind wichtige Elemente der islamischen Architektur. Vergleichbar sind sie mit offenen Hallen oder Seitenschiffen, die sich zu einem Innenhof öffnen. Die Spitzbögen sind hier nicht durchgängig, sondern schließen dahinter mit geraden Holzdecken ab. Das Sanktuar mit *mihrab* liegt etwas erhöht und ist eher klein gehalten. Es weist aber im Gegensatz zu den Seitenwänden Marmordekoration auf. Geschnitzte Türen, die nach obenhin wie zwei Gebetsnischen gestaltet sind, führen in die Mausoleen, deren schlichte Holzgitterfenster sich zum Gebetsraum hin öffnen. Die Gesegnete und ihre Tochter Khwand Zahra wurden im nördlichen Mausoleum bestattet, Sultan Sha'ban selbst und sein Sohn al-Mansur Hajji, ruhen südlich des Sanktuars.

Impressionen

Weitere Geschäfte, ein Kaffeehaus und die Werkstatt eines Tapezierers, liegen auf unserem Weg. Drei Frauen sitzen lachend vor einem Hauseingang. Ihre Kleider sind schwarz, aber elegant und mit einem weißen Ornament am Rücken, alle drei tragen das Kopftuch. Wir grüßen, sie sprechen uns an, wir antworten, keiner versteht wirklich etwas, aber es ist lustig. Die Frage, woher wir kommen, höre ich dann doch heraus und sage *nemsa*, Österreich. *Nemsa very good, nemsa very good,* rufen sie uns zu. Es ist nicht das erste Mal, dass uns das passiert, denn die Ägypter mögen die Österreicher, nicht nur wegen Mozart und Wien. Wir bedanken uns mit *shoukran* und gehen weiter zum Tapezierer.

Schön gearbeitete Sessel und eine Bank stehen am Straßenrand, der Boden und die Federn sind bereits angebracht und warten auf die weiteren Arbeitsschritte. Die kleine Werkstatt selbst befindet sich in einem Steinhaus. Mehrere Kalligraphien und eine Gebetskette verschönern die Rückwand, ein Ventilator sorgt für Kühlung. Die Außenfassade weist Dekorelemente und sogar noch Farbreste in Rot und Blau auf. Die vierteilige Tür und das mächtige Überlager aus Holz bilden den Eingang. Der Meister ist gerade dabei, sieben vergoldete Sessel und eine Bank mit einer eleganten Tapezierung auszustatten. Leider fehlt uns die Zeit, nach der Vergoldung zu fragen. Mit diesem Handwerk werden seit dem Mittelalter Kuppeln, Holzdecken, Objekte, Schriften und *muqarnas,* die nischenförmigen Elemente mit Stalaktitendekor sowie Möbel verziert.

Am Weg zur Moschee von Altinbugha al-Maridani fällt noch eine Torfassade mit schöner Stuckverzierung auf. Sie gibt den Blick in einen Innenhof frei, in dem ein weißer Volkswagen Käfer steht. Dieselbe Marke, nur in zitronengelb, parkt vor der Einfahrt. Zwei Männer beschäftigen sich mit dem Transport von Kühlschränken, die sie auf einen Holzkarren laden, dem ein Esel vorgespannt ist. Vor einer abbruchreifen Fassade hängen Kabel aus der Mauer, vergilbte Plakate von Bärtigen bilden eine Art Fries über einem Durchgang, der mit Lehmziegeln notdürftig zugemauert ist. Ein ausrangierter weißer Fiat, ein Motorrad und eine sehr interessante Konstruktion auf einem Anhänger teilen sich den Bereich vor dem Haus. Drei bunte Autos aus Blech, mit kindlichen Motiven verziert, nehmen den Platz auf einer drehbaren Plattform ein, die auf einer Art Pyramide liegt. Es ist die äußerst kreative Form eines Ringelspiels, das beim nächsten *mawlid* sicher zum Einsatz kommt. Ein Kätzchen mit rot-weißem Fell, das hin und wieder die Ohren spitzt, hält auf einem Sockel sein Mittagsschläfchen. Die ruinenhafte Fassade der *zawiya* von Arif Pascha aus dem späten 17. Jahrhundert kommt links ins Bild. Starke Eisenverstrebungen stützen die Mauern und verhindern deren Zusammenbruch.

Die türkis-blaue Fassade eines kleinen Geschäftes ist ein wahrer *eye-catcher*. In einer Auslage stehen nur zwei Bilderrahmen, ansonsten ist der Raum leer. Gegenüber entdecken wir die Werkstatt eines Drechslers, über deren Eingang unterschiedliche Teile für Holzgitterfenster, Füße für Schränke und zwei Fleischklopfer hängen. Der Raum ist so schmal, dass gerade eine Maschine und ein Sessel darin Platz haben. Mehrere Zentimeter hoch liegen die Hobelspäne am Boden. Werkzeug, ein Holzschränkchen und mit unbekannten Dingen gefüllte Plastiktaschen, hängen an den Wänden. Der Meister ist nicht anwesend, so werfen wir einen Blick in das nächste Geschäft, in dem es Malerfarben in großen Kübeln zu kaufen gibt. Neben einer mittelalterlichen Fassade erhebt sich ein prächtiger Neubau in Lachsrosa mit halbkreisförmigen Balkonen und weißen Balustraden. Gegenüber flattert Wäsche am Balkon eines bröckelnden Sozialbaus, von dem zwei Körbe an einem Seil baumeln. Da manche Frauen das Haus nicht verlassen (vielleicht auch nicht verlassen dürfen), werden die Lebensmittel von den männlichen Mitgliedern der Familie eingekauft, in den Korb gelegt und mit dem Seil nach oben gezogen.

Moschee von Altinbugha al-Maridani

Direkt an der Straße erhebt sich die Moschee mit Treppenzinnenabschluss von Altinbugha al-Maridani. Der Eingang befindet sich um die Ecke und ist nach Norden orientiert. Der Wasserpfeifenmacher hat seine Werkstatt in der Nähe aufgebaut. Seelenruhig sitzt er im Freien auf einem Sessel und lässt sich nicht von uns stören. Er fügt jene Teile zusammen, die zur Rauchsäule der Wasserpfeife gehören und später auf den Wasserbehälter montiert werden. Er klopft und lötet, dann bürstet er wieder, während uns ein freundlicher junger Mann die Vorgänge erklärt. Ich erinnere mich an den poetischen Film „Ballade von Korb und Wasserpfeife" des Regisseurs A-Wahed Askar, in dem detailliert gezeigt wird, wie diese beiden Dinge entstehen. Im Mittelpunkt steht dabei eine alte Frau, die ihr Leben lang als wandelnde Teestube mit Korb und Wasserpfeife arbeitete, um sich ihren Lebenswunsch, eine schattige letzte Ruhestätte, erfüllen zu können.
Der Emir Altinbugha al-Maridani ließ seine Moschee um 1340 erbauen. Auch er war ein Schwiegersohn von al-Nasir, wie Shams al-Din Aqsunkur. Zu Beginn seiner Karriere wurde er Mundschenk, anschließend Gouverneur von Aleppo, wo er, noch nicht einmal 30 Jahre alt, verstarb. Der Baumeister der Moschee war Ibn al-Suyufi, der auch jene von al-Nasir auf der Zitadelle geplant hatte. Nicht nur im 14. Jahrhundert gehörte die al-Maridani Moschee zu den schönsten Sakralbauten, sondern auch im heutigen Kairo hat sie diesen Stellenwert. Im 19. Jahrhundert verfiel sie zwar, konnte aber vom Österreicher Max Herz Pascha, der schon für die Fertigstellung der al-Rifaʻi Moschee verantwortlich war, restauriert werden.
Vor dem Eingang zur Moschee stehen an die dreißig Studentinnen und Studenten, Blöcke und Stifte in Händen. Einige zeichnen, andere diskutieren. Fünf junge Frauen tragen den *hijab*, das Kopftuch, die anderen zeigen ihre Haarpracht, alle wirken modern und aufgeschlossen.

Ich betrachte das Portal, das in eine große Nische eingebaut und mit Inkrustationen verkleidet ist. Ein Fries mit *muqarnas* lässt es noch höher erscheinen. Diese werden grundsätzlich als oberer Abschluss von Nischen verwendet oder in Zwickeln, die den Übergang von einer viereckigen Basis zu einer Kuppel bilden. Meistens handelt es sich um eine mehr oder weniger hohe Anzahl von spitzbogigen Elementen, die nebeneinander, ineinander, aber auch übereinander gesetzt werden können, um so den Übergang auf außergewöhnliche Weise zu gestalten.

Der Innenhof ist von vier Hallen mit Arkaden, *riwaqs* genannt, umgeben und wirkt durch das Grün der Bäume und Palmen bezaubernd. Der Gebetsraum besteht aus mehreren Säulenreihen und ist vom Innenhof durch überaus schöne *mashrabiya*-Paneele getrennt, die noch aus der Gründerzeit stammen. Caroline Williams schreibt: „Der *qibla riwaq* ist vom Rest der Moschee durch ein prächtiges *mashrabiya*-Paneel getrennt, das vielleicht ursprünglich als Vorhang diente, die *qibla* Arkaden vor Fußgängern zu schützen, die die Moschee als Abkürzung zwischen zwei Straßen benutzten."[24]

Vor der Gebetsnische beeindruckt uns eine Konstruktion mit acht pharaonischen Säulen aus Granit, um die Kuppel zu stützen. Grüne Teppiche bedecken den Boden, ein mehrteiliger Schrank steht neben der Gebetsnische. Mehrere Fenster lassen Licht in die Hallen fluten, wobei die oberen wieder in *kamariyan*-Technik gestaltet sind. Gefahr droht dem Sakralbau durch den steigenden Grundwasserspiegel, der derzeit das größte Verfallspotenzial in sich trägt. „Schadstoffe geraten durch das total verrottete Abwassersystem in den Boden. Von dort dringen sie in die Fundamente von pharaonischen, frühchristlichen und islamischen Bauwerken ein und schädigen so das Mauerwerk. Die Schadstoffbelastung ist ein weiteres Problem, da die in der feuchten Luft gebundenen Oxyde von Schwefel und Kohle als Schwefel- und Kohlensäure in den Stein eindringen, kristallisieren und zur Zerstörung der Oberfläche beitragen."[25]

Schon Pierre Loti schrieb 1910 in seinem Buch „Ägypten. Reisebilder" über Kairo: „Das also ist das Kairo der Zukunft, der kosmopolitische Jahrmarkt? O Gott, wann werden sich die Ägypter auf sich selbst besinnen; wann werden sie einsehen, dass die Vergangenheit ihnen ein unveräußerliches Erbteil der Baukunst, der feinen Eleganz hinterlassen hat, und dass durch ihre Nachlässigkeit eine der köstlichsten Städte auf Erden einstürzt und untergeht!"[26]

Wir schlendern weiter die Straße entlang und entdecken wieder eine kleine Werkstatt. Sie lässt sich anhand von Hufeisen, Trensen und Seilen eindeutig dem Pferde- und Eselfuhrwerk zuordnen. Die nächste Produktionsstätte stattet nicht Pferde, sondern Menschen mit Schuhen aus. Ein älterer Mann, kurzes graues Haar, zwei Silberringe an der linken Hand, sitzt an einer tadellosen Nähmaschine und arbeitet an der Verstärkung von Sohlen. Vertieft in seine Arbeit würdigt er uns keines Blickes, während der jüngere Mann neben ihm sehr gesprächig ist und uns zeigt, wie er aus großen Kunststoffplatten Sohlen für Flip-Flops stanzt. Das geht im Schnellverfahren, denn von einem Mal stanzen bekommt er sechs Sohlen. Mit Blümchen, Sternen und Herzen in grellen Farben, werden die Flip-Flops später verziert. Die Schränke und Stellagen sind mit Werkzeug und Material angefüllt, ein Ventilator ist an einer Alustange befestigt. Auch die Ablage für den Wasserkocher wurde mit Schnüren an der Stange festgezurrt, ein Klebeband hält ihn zusammen. Obenauf steht eine grüne Dose, ich vermute, sie ist mit Tee gefüllt.

Moschee und Mausoleum von Ahmed al-Mihmandar, Kiswah und Mahmal

Ahmed al-Mihmandar ließ seine Moschee mit Mausoleum 1324 errichten. Er war einer der großen Würdenträger unter der Regentschaft von Sultan al-Nasir. Sein Name weist darauf hin, dass er *mihmandar*, Protokollchef, war. Später bekam er eine besonders ehrenvolle Aufgabe, als er zum Emir *al-hajj* ernannt wurde. Mit dieser Ernennung waren die jährliche Pilgerreise und die Begleitung der Pilgerkarawane verbunden. Von 1269 bis 1926 war es mit einigen Unterbrechungen Brauch, dass die *kiswah*, die schwarze bestickte Abdeckung für die *kaaba* in Ägypten hergestellt und jährlich mit der Pilgerkarawane nach Mekka gebracht wurde.
Nach einer Legende ist der schwarze Stein ein Geschenk des Erzengels Gabriel an Abraham. Es wird vermutet, dass es sich dabei um einen Meteoriten handelt. Da der Stein selbst aber noch nie wissenschaftlich untersucht werden konnte, bleibt es bei Vermutungen. Abraham selbst soll beim Bau der *kaaba* zugegen und auch der erste gewesen sein, der sie verhüllte. Sie gilt den Muslimen als ältestes Gotteshaus der Welt. Seit den Anfängen des Islam war es das Vorrecht des Kalifats, der Abbasiden von Bagdad, jährlich die *kiswah* nach Mekka zu bringen. Als die Fatimiden in Ägypten an die Macht kamen, sandten sie eine eigene *kiswah* nach Mekka. Im Gegensatz zur schwarzen Abdeckung der Abbasiden (Sunniten), war jene der Fatimiden (Schiiten) weiß. An die hundert Männer arbeiten heute das ganze Jahr über, um das Tuch mit den Stickereien anzufertigen. Fast 700 Kilogramm Seide sind notwendig, um die *kiswah* zu produzieren. Dazu kommen noch etwa 400 Kilogramm Gold- und Silberdrähte. Die berechtigte Frage stellt sich nun, was mit der *kiswah* des Vorjahres geschieht, immerhin ist sie äußerst wertvoll. Ich erfuhr, dass sie, in kleine Teile zerschnitten, an die Pilger als „heiliges Souvenir" verkauft wird.
Es war ein großes Spektakel, als die versammelten Pilger aufbrachen. Eine bestimmte Wegstrecke eskortierten der Sultan und hohe Würdenträger die Karawane, so sie nicht selbst die Reise antraten. Tausende Schaulustige säumten den Weg, um die Pilger anzufeuern, ihnen zuzujubeln und auch um die *mahmal* zu sehen, eine

Tradition, die Sultan Baybars im 13. Jahrhundert erfand. Die *mahmal* war eine aus Seidenstoffen gefertigte, bestickte und reich verzierte zeremonielle Sänfte, die auf einem großen Kamel, das aus bester Zucht stammte, festgemacht war, und die Autorität des Sultans symbolisierte. Bevor die Karawane nach Mekka aufbrach, wurde die Sänfte, die innen leer war, mit einer pompösen Parade durch die Straßen von Kairo geführt. Im Gegensatz zur *kiswah*, die in Mekka blieb, brachte die Karawane die Sänfte wieder nach Kairo zurück. Nachdem die Herrschaft der Mamluken zu Ende ging und von den Osmanen übernommen wurde, setzten diese die Tradition fort, die 1926 endete. Ab diesem Zeitpunkt wurde die *kiswah* nur noch in Saudi Arabien hergestellt.

Das Erste, das mir auffällt, als ich mich der Moschee von Ahmed al-Mihmandar nähere, ist das eigenartige Minarett, das nicht zum übrigen Baustil des frühen 14. Jahrhunderts passt, sondern in die osmanische Zeit datiert. Von der Straße aus sichtbar sind noch zwei Stockwerke, das untere achteckig mit kielförmigen Nischen und einem Kranz von desolaten Stalaktiten, das obere zylinderförmig. Für den oberen Abschnitt, der nicht mehr vorhanden ist, muss nun ein Stock Zeugnis ablegen. Leider ist das Portal verschlossen und wir finden auch niemanden, der uns öffnen könnte.

 Darb al-Ahmar

Darb al-Ahmar, die rote Straße, auch als al-Darb al-Gedid auf Stadtplänen zu finden, ist die letzte Etappe vor dem Bab Zuwayla, dem südlichen Stadttor. „Darb al-Ahmar hat großes Potenzial und kann eine von Kairos Hauptattraktionen werden", sagte Dina Bakhoum vom Aga Khan Trust for Culture. Tatsächlich wird das ganze Stadtquartier, das im 12. Jahrhundert entstand und von der Zitadelle über Bab al-Wazir zum Bab Zuwayla und der Souk al-Silah Straße reicht, Darb al-Ahmar genannt, die Straßenabschnitte bekamen allerdings unterschiedliche Namen. Darb al-Ahmar war einst die Hochburg für öffentliche Bäder. Mehr als 300 sollen es gewesen sein, die heute nicht mehr existieren.
92.000 Menschen beherbergt dieses historische Viertel, das ein Labyrinth von Gassen durchzieht und zu den ärmsten Kairos gehört. Die Häuser zerbröckelten, Müllhaufen säumten die Straßen und die Monumente wurden zunehmend belastet. Generell hatte Darb al-Ahmar einen schlechten Ruf. Doch es wurde ein Ort zum Leben, wo der Aga Khan Trust for Culture im Rahmen der Errichtung des nahe gelegenen Al-Azhar Parks erfolgreich Sozialprogramme, wie Wasserversorgung, Abwasserentsorgung, Bildung und Gesundheit, einschließlich der Wiederherstellung von zerfallenen Wohnbereichen, durchgeführt hat. Eine Klinik wurde errichtet, die jährlich

Tausende Patienten versorgt. Kurse zu den Themen Gesundheitsbewusstsein, Ernährung, Förderung von Kindern und Jugendlichen und über das Wohlbefinden von älteren Menschen, wurden abgehalten. Darüber hinaus konnten viele Bewohner Arbeit im Rahmen eines Beschäftigungsprogramms finden. Hunderte Personen lernten eine Vielzahl von neuen Fertigkeiten, einschließlich Computer-Anwendungen, Büroarbeiten, Buchhaltung, Lederherstellung, Zelt- und Schmuckherstellung sowie alte Handwerkstechniken. Ein Programm, den Müll zu entfernen, der achtlos auf die flachen Dächer geworfen wurde und stattdessen Gemüsegärten zu errichten, wurde ebenfalls initiiert. Da es kaum regnet und Ackerland durch eine immer höhere Bevölkerungszahl und Zuwanderer aus den ländlichen Gebieten zugebaut wird, bietet dieses Projekt eine visionäre Zukunftsperspektive. Wassertanks wurden auf Dächern installiert, um den generellen Mangel zu beheben und um die Pflanzen zu bewässern. Vielleicht setzt die Megalopolis und Sonnenstadt Kairo in Zukunft auf *urban farming* auf den Dächern. Satellitenschüsseln prägen das Stadtbild schon zur Genüge.

Al-Azhar Park, die grüne Lunge Kairos

Zwischen der Sharie al-Maghar und Bab al-Wazir zweigt die Bab al-Matarih Gasse nach Osten ab. Folgt man ihr und biegt kurz danach nach Norden ab, kommt man zu einer Passage, die zum sehenswerten Al-Azhar Park hinaufführt. Im Jahr 2011 besuchte ich mit meiner Gruppe bereits am Ankunftstag den Park. Ein Falke flog uns entgegen und landete direkt über unseren Köpfen auf einer Lampe. Ich deutete dies als gutes Omen, den altägyptischen Falkengott Horus als Begleitung zu haben. Er brachte uns tatsächlich Glück. Nicht nur, was den Besuch des Al-Azhar Parks betraf, sondern auch den Gesamtverlauf der Reise, die dem Niltal von Kairo bis Luxor gewidmet war. Sie führte uns zu koptischen Klöstern, alten Kirchen, aber auch zu pharaonischen Stätten, die sehr selten besucht werden.
Unzählige Jugendliche und Erwachsene strömten durch das Haupttor in den Park. Es herrschte Feiertagsstimmung, überall waren lachende Menschen zu sehen. Die Revolution, die neun Monate zurücklag, schien den Ägyptern gut zu tun. Die grüne Lunge Kairos, die mit ihren Gebäuden, Kaffeehäusern, einem großen See, Bäumen und Pflanzen zum „Seele baumeln lassen" einlädt, ist ein magischer Ort in der lärmenden und versmogten Stadt. Das Restaurant, auf einem Hügel thronend, versetzt uns mit orientalischer Architektur und faszinierenden Interieurelementen in die Zeit von Tausendundeine Nacht. Hier gibt es auch atemberaubende Blicke auf die Gartenanlagen, die Zitadelle und die Muhammad Ali Moschee. Auf der anderen Seite sind die Totenstadt, das Armenviertel Manshiet Nasser und die Hochhäuser des sozialen Wohnbaus zu sehen. Kinder spielen, schöne junge Frauen mit Kopf-

tuch lachen mich an und wollen mit mir fotografiert werden. Familien picknicken und bitten ebenfalls um Fotos, die sie mit ihren Mobiltelefonen von uns machen möchten. Die Stimmung ist ausgelassen und fröhlich, einfach zum Wohlfühlen. Mit Ibrahim, der uns begleitet, besprechen wir die nächsten Tage und schlendern dann zum Ausgang. Eine lange Reihe von Jugendlichen steht vor dem Tickethäuschen der Showbühne. Ibrahim findet heraus, dass einer der bekanntesten Popstars Ägyptens an diesem Abend auftreten wird. Vorfreude und Begeisterung sind den Menschen ins Gesicht geschrieben, so wie mir die Freude über diese Eindrücke. Ganz anders war es im Oktober 2012, als die Muslimbrüder und Salafisten das Land beherrschten. Wenn ich die Stimmungen in Farben ausdrücken müsste, würde ich für den Besuch 2011 die Vielfarbigkeit wählen und für 2012 Grau-Schwarz.

Die Idee, Kairo einen Park zu schenken, wurde 1984 vom Aga Khan geboren, als er von seinem Hotel auf die Hügel von Darassa und den Müll, der sich innerhalb von 500 Jahren angesammelt hatte, blickte. So kam es, dass der Park im Jahr 2005 nach zwanzig Jahren planen, umplanen und verschieben, eröffnet werden konnte. Vielleicht hat der Aga Khan dieses Projekt auch aus nostalgischen Gründen initiiert und mit dreißig Millionen Dollar finanziert, weil seine Vorfahren, die Fatimiden, von 969 bis 1171 prunkvoll in Kairo residierten und regierten. 1992 begannen die Arbeiten und in den Folgejahren wurden über 765 Kubikmeter Material abgetragen, wovon 160.000 Kubikmeter an anderer Stelle zum Auffüllen benutzt wurden. 605.000 Kubikmeter wurden mit 60.000 Kubikmetern Spezialsand und Mutterboden vermischt und das Grundstück, das insgesamt dreißig Hektar umfasst, wurde damit bedeckt.[27] Während der Müll abgetragen wurde, kam es zu einer Sensation, denn die fünfzehn Meter hohe Stadtmauer aus der Ayyubidenzeit mit einer Länge von eineinhalb Kilometern konnte freigelegt werden. Sie wurde mit den Türmen restauriert und in das Gartenprojekt integriert. Die Planer legten großen Wert darauf, islamische Gartenbautraditionen zu berücksichtigen, um an die glorreiche Vergangenheit der Stadt zu erinnern, und auch an die Fatimiden, die an dieser Stelle einen Garten angelegt hatten. Gärtnereien wurden im Park und außerhalb eröffnet, um die besten Pflanzen und Bäume für den Park zu finden und sie zu vermehren. Derzeit gibt es an die neunzig Baumarten, fünfzig verschiedene Sträucher, fünf Sorten Gras, viele unterschiedliche Kletterpflanzen, Bodendecker und Sukkulenten. Über 600.000 Pflanzen von Ablegern und aus Samen wurden bereits gezogen und können auch von Privatpersonen erworben werden.

Anders Wohnen in Kairo

I, II Wohnen auf Dächern

III, IV Wohnen auf Friedhöfen

V Wohnen auf einer Nilinsel

VI Künstler Mohamed Abla auf der Nilinsel Qursaya

VII Wohnen auf Hausbooten

🌸 Wohnen auf Dächern

Nach den vielen architektonischen Höhepunkten ist es nun an der Zeit, etwas über die Wohnsituation vieler Kairoer zu schreiben. Die Flachdächer, die Friedhöfe aus vergangenen Epochen und vom Staat nicht genehmigte, so genannte informelle Siedlungen, gehören zu den Wohngebieten der ärmeren Bevölkerungsschichten. Es ist wie eine Parallelwelt, die sich auf den Dächern Kairos abspielt. Man nimmt sie erst wahr, wenn man sich nicht scheut, „höhere Positionen" zu beziehen und Minarette zu erklimmen. Die Besiedlung der Flachdächer in Ägypten, und im Speziellen in Kairo, entwickelte sich aufgrund bestimmter Gegebenheiten. Gut situierte Familien erlaubten ihren Bediensteten aufs Dach zu ziehen und sich dort kleine Hütten zu errichten. Deren Verwandte aus den Dörfern kamen nach, um ebenfalls ihr Glück in der Großstadt zu suchen und die einfachen Hütten wurden erweitert. Das ist Familienzusammenführung auf ägyptisch, die auf die eine oder andere Weise immer funktioniert. Als Schüler gefragt wurden, welchen Unterschied sie zwischen den Europäern und den Ägyptern sehen, kam eindeutig die Bedeutung der Familie heraus. Sie schätzen zwar den Fortschritt Europas, sind jedoch der Meinung, dass im Gegensatz zu Ägypten, die Familie in Europa eine geringere Bedeutung hat.

Der Blick über Kairo, auf die unzähligen Minarette, historischen Gebäude, gesichtslosen Wohnbauten und Dachlandschaften fasziniert mich. Wenn ich den Panoramablick zurücknehme, der sich unwillkürlich als Erstes aufdrängt und stattdessen auf kleinere Abschnitte fokussiere, treten viele interessante Details in den Vordergrund. Manche Flachdächer wirken wie Requisitendepots für Film- und Theaterproduktionen oder Sammelstellen für Sperrmüll. Jeden Moment erwarte ich den Auftritt der Hauptdarsteller, aber nur die Kinder sind im Einsatz. Sie toben herum, spielen Verstecken, fahren Rad oder ziehen gerade eine Ziege aus dem Dachstall heraus. Nach dem Wunsch der Eltern sollen sie auf den Dächern (fast) so aufwachsen wie auf dem Land. Neben den Menschen genießen auch Ziegen, Schafe, Katzen und Hühner die Höhenluft. Ein Hahn stolziert mit seiner Sippe herum und kräht lauthals sein kikeriki. Erst vor Kurzem habe ich Ibrahim ein Foto von den verschneiten Dachlandschaften meiner Heimatstadt geschickt, das er folgendermaßen kommentierte: „Das ist ein sehr schöner Platz, wo du lebst, alles ist so sauber und es leben keine Tiere auf den Dächern. Es sieht ganz anders aus als in Ägypten. Auf dem Dach meiner Mutter leben sogar vier Ziegen."

Mehrere Häuser scheinen unbewohnt zu sein, die kaputten Fensterscheiben und zerfallenen Mauern werfen je nach Sonnenstand fratzenhafte Gesichter auf die Fassaden. Schutt türmt sich auf, niemand räumt ihn weg, obwohl daneben ein Neubau nach oben strebt. Teilweise stammen die Schäden noch vom schweren Erdbeben,

das 1992 die Region heimsuchte. Das Rattern einer Nähmaschine und fröhliches Lachen dringt an meine Ohren. Frauen haben sich eine kleine Dachwerkstatt eingerichtet, wo sie für ein paar Piaster[28] Pantoffel nähen und besticken, die im Bazar um ein Vielfaches des Preises verkauft werden. Mehrere kurios aussehende Holzgestelle auf wackeligen Beinen ragen noch weiter empor. Welches Theaterstück da wohl wieder inszeniert wird, frage ich mich. „Es ist ein Taubenhaus, wir Ägypter essen leidenschaftlich gerne gefüllte Täubchen", erklärt Ahmed Ali, den wir *monsieur le professeur* nennen. Ich lernte den Französisch-Professor bei einer der ersten Reisen kennen. Über einen langen Zeitraum war er wie verschollen und ich konnte keinen Kontakt zu ihm aufnehmen. Umso erfreulicher verlief unser zufälliges Treffen Jahre später, als er eine schwierige Lebenssituation hinter sich gebracht hatte.
Minarette zu ersteigen sind spannende Unternehmungen. Sie bieten einen Rundumblick und immer wieder neue Bereiche des „Dachtheaters". Da ist zum Beispiel ein Mann, der ein Schaf mit Klee füttert, dessen Grün sich wie ein Farbklecks von der sandfarbenen Bühne abhebt. Es könnte für das Wochenfest gemästet und danach geschlachtet werden. Nach der Tradition wird eine Woche nach der Geburt eines Kindes ein Fest gefeiert, da an diesem Tag die Engel zugegen sein sollen. Spielwaren werden eingekauft, um die Kinder später an den Festtag zu erinnern. Die Aufgabe des Vaters ist es, sich um das Essen zu kümmern. Wird die Geburt eines Mädchens gefeiert, kauft er ein Schaf, ist es ein Junge, müssen zwei Schafe ihr Leben lassen. Obwohl schon lange gesetzlich verboten, werden in Kairo noch immer Tiere hinter Verschlägen gehalten. Manchmal transportiert der Verkäufer das Schaf gleich zur Wohnung des Käufers, wo er auf dem Dach des Hauses die Schlachtung vornimmt. Die Eltern des Kindes tauchen ihre Hände rituell in das frische Blut des „Opfertieres" und bedrucken damit die Mauern zum Schutz gegen den bösen Blick.

Als wir vom Gemüsemarkt beim Ghuria-Komplex kommen, südlich der ehemaligen Al-Azhar Fußgängerbrücke, spricht mich ein Mann an: „Entschuldigung, sprechen Sie Deutsch? Sind Sie vielleicht aus Österreich?" Ich bejahe, worauf er antwortet: „Ich war einige Zeit in Wien und habe dort als Arabisch-Lehrer gearbeitet. Ich bin zwar schon auf dem Weg zur Universität, aber ich kann Sie zu den Färbern und auf ein interessantes Dach bringen, wenn Sie das wollen."
Da ich solche Angebote gerne annehme, lande ich mit meinen Freunden auch prompt auf besagtem Dach (von den Färbern wird später noch berichtet). Auf den ersten Blick wirkt es auf mich wie die Installation eines Künstlers, der sich mit Alltagsgegenständen und deren Verfall beschäftigt. Einerseits dient das Dach als Müllhalde, andererseits präsentiert es äußerst kreative Ansätze beim Hüttenbau. Als Erstes treffen wir auf ein Schaf, vier Ziegen und einen Hund, die im Müll nach Fressbarem suchen. Gerümpel, alte Schuhe, Plastikrohre, Blechdosen, Kübel, Möbelstücke,

Lattenroste, Matratzen, Autoreifen, Kleidungsstücke, Papier und Schutt bedecken sicher ein Drittel des Daches. Eine Wäscheleine überspannt die Szenerie, zahlreiche Stromkabel liegen herum. Ein kleines dunkeläugiges Mädchen ohne Schuhe und ihr Vater kommen freundlich auf uns zu, sie wohnen hier. Mit neugierigen Augen, aber sehr zurückhaltend, läuft eine stille Kommunikation zwischen uns. Zu sehen, wie die überreichten Hefte, Stifte und ein Spiegel so viel Freude bereiten können, berührt mich sehr.

Eine der Hütten bildet den Zubau zu einer gemauerten Dachkammer. Die Wände wurden mit Kartonagen, Pressspanplatten und Stoffen gestaltet. Arabische Schriftzeichen, in Blau und Rot auf den Karton gemalt, verschönern die Vorderseite der Hütte. Vier Satellitenschüsseln bilden gemeinsam mit der Muhammad Ali Moschee, die von hier gut zu sehen ist, den Hintergrund. Zwei leuchtende Glühbirnen an der Außenseite beziehen den Strom von einer unsichtbaren Quelle und erhellen den Tag zusätzlich. Mehrere Bündel Klee liegen als Viehfutter auf dem Hüttendach. Eine große Gasflasche, Kisten mit Blechgeschirr und ein Ölfass mit zwei Teegläsern obenauf, runden das Bild ab. Ich wage mich an die Brüstung, um einen Blick auf die untere Etage zu erhaschen, auf die Schätze, die sich da verbergen mögen. Ein ummauerter Bereich ist mit Schusterleisten in allen Größen angefüllt, vereinzelt liegen auch Schuhe herum. Auf der anderen Seite des Daches muss ich noch tiefer blicken. In der Höhe des ersten Stockes sind Arbeiter dabei, ein altes Hammam zu renovieren. Es sieht besorgniserregend aus, wie sie, von Löchern und Schächten umgeben, hämmern, stemmen und Mauern abklopfen. Sie lachen und winken mir zu. Deutlich kann man die durchlöcherten, aus Ziegeln gemauerten Kuppeln erkennen, die verschieden groß sind und teilweise in Arkaden hineinreichen. Zwischen all dem Bauschutt, Kabeln, Eisenstangen und Staub, liegen auf einer Plane verstreut an die zwanzig Fladenbrote, die Jause der Handwerker, als Stillleben. Die Brote werden oft absichtlich getrocknet, sie halten dann länger und werden später in die beliebte *molokiya*-Suppe getunkt.

An die 100.000 Menschen bevölkern derzeit die luftigen Höhen Kairos. Sie sind glücklich mit ihrem Zuhause, wenn alles so bleibt, wie es ist und sie von den Behörden nicht delogiert werden, da es natürlich keine Mietverträge gibt. Obwohl ihnen im Sommer die Hitze und im Winter der (seltene) Regen zu schaffen machen, möchten sie nicht weg von den Dächern. Sie lieben ihre luftigen Domizile, die Wohnungen in den Straßenschluchten sind ihnen zu dunkel, „die sind wie Gräber", sagen sie. Dass man in Gräbern auch ganz passabel wohnen kann, zeigen die mittelalterlichen Totenstädte.

❁ Wohnen in den Totenstädten

Wenn man sich mit Ägypten beschäftigt, muss man sich wohl oder übel mit dem Jenseits und dem Tod auseinandersetzen. Die Alten Ägypter waren ohnehin der Meinung, dass der Tod nichts weiter als eine Krise im Leben ist, die überwunden wird. Man stirbt zwar, aber man ist nicht tot. Richtig tot sein bedeutete, ein schlechter Mensch gewesen und der altägyptischen Seelenfresserin Anmit zum Opfer gefallen zu sein. Ägypter, die auf einem Friedhof wohnen, haben keine Angst vor den Toten. Leben und Tod, Werden und Vergehen, sind wie Zwillinge in diesem Land. Die Not der Lebenden ist oft so groß, dass selbst der Tod wie ein guter Freund gehandelt wird. Die altägyptische Skorpiongöttin Selket, die Hüterin der Schwelle und des Übergangs in ein neues Leben, sagte: „Ich habe das Gestern gesehen, ich kenne das Morgen."

Erwähnt man Kairoern gegenüber die „Totenstädte" oder äußert gar den Wunsch, diese zu besuchen, erntet man ungläubiges Kopfschütteln: „Was willst du dort, da geht doch kein Tourist hin, viel zu gefährlich, wer weiß, was da passiert." Für viele Kairoer sind die Totenstädte eine düstere Gegend. Sie wissen zwar davon, wollen aber mit den dort lebenden Menschen nichts zu tun haben. Es drängt mich dann noch mehr, diese Stadt in der Stadt zu besuchen. Man kommt auch nicht daran vorbei, wenn man auf der Spur der Mamluken ist, die zwischen 1250 und 1517 Ägypten regierten. Die Friedhofsstädte, in der Sultane und Emire neben Grabmoscheen, Mausoleen, Wohnhäusern für Grabbesucher und Familienangehörige, auch Unterkünfte für Mitglieder religiöser Orden schufen, sind einzigartig in der islamischen Welt. Überzeugt haben mich letztendlich die Fotos unseres amerikanischen Freundes Alexander Nesbitt. Bei seinem Österreichbesuch präsentierte er uns sein Portfolio mit Schwarzweiß-Aufnahmen von einer der *qarafas*, wie die Totenstädte noch bezeichnet werden.

Schätzungen zufolge sollen 300.000 bis zu einer Million Ägypter auf Kairos Friedhöfen leben. Was in den 1920er-Jahren als illegale Besetzung begann, ist heute ein dicht besiedeltes Armenviertel, das längst an die Wasser- und Stromversorgung angeschlossen ist. Nach dem Sechstagekrieg[29] von 1967 waren es vor allem Flüchtlinge, die sich in der Gräberstadt der Mamluken ansiedelten. Doch es wurden immer mehr, sogar aus den ländlichen Gebieten Oberägyptens kamen (und kommen) die Menschen. Sie haben die Hoffnung auf Arbeit und ein besseres Leben im Gepäck, wobei die Friedhöfe eine erste Anlaufstelle für leistbare Wohnmöglichkeiten bilden. Viele Familien sehen das als Übergangslösung, bis die Männer Arbeit gefunden haben und eine bessere Wohnung gemietet werden kann. Dazu kommt es in der Regel nicht, da die Bewohner der Totenstädte es sehr schwer haben, eine dauerhafte Arbeitsstelle zu finden. Einige arbeiten als Aufseher für die heutigen Besitzer der Grabanlagen und werden von diesen auch bezahlt.

„Die Menschen sind freundlich zueinander, gegenseitige Unterstützung wird großgeschrieben. Haben sich die Bewohner erst einmal an Kakerlaken und Schädlinge aller Art gewöhnt, dann sind die Totenstädte mit den gewachsenen Strukturen angesichts der Wohnungsnot in Kairo keinesfalls die schlechtesten Wohnviertel. Die Zukunft ist ungewiss, die Regierung möchte die Menschen vertreiben", erzählt Sabry, der mit uns die nördliche *qarafa* besucht.

„Seht euch doch um, die Grabanlagen sind teilweise großzügig angelegt, manche mehrstöckig mit Gräbern im Erdgeschoß, und mancherorts sogar von begrünten Höfen umgeben. Tauben fliegen durch die Straßen, Fernsehantennen ragen empor und die Wäsche flattert zwischen den Grabsteinen. Es gibt eine komplette Infrastruktur mit Stromleitungen, Postamt und Geldautomaten. Natürlich finden täglich nach wie vor Begräbnisse statt", erklärt er uns. Dabei huscht ein schelmisches Grinsen über sein Gesicht und ich ahne, dass noch eine Draufgabe kommt.

„Alles in allem ist das fast ein normaler Wohnort, wenn da nicht die Geister der Verstorbenen wären. Bewohner haben berichtet, dass sie ihnen auflauern, wenn sie nach einem Fest zu spät nach Hause kommen. Die Geister fühlen sich dadurch in ihrer Nachtruhe gestört", sagt er, steht auf und verlässt den Tisch, um nach seinem Vortrag einen theatralischen Schlusspunkt zu setzen.

Die Nord-Süd Ausdehnung der größten Friedhöfe Kairos erreicht an die zwölf Kilometer. Der erste muslimische Friedhof in Ägypten ging mit der Gründung von Fustat durch Amr Ibn al-As im 7. Jahrhundert einher. Unter Ahmed Ibn Tulun erfolgte eine Ausdehnung in nördlicher Richtung, der die christlichen und jüdischen Gräber zum Opfer fielen. Auch der Bereich zwischen den alten Stadtteilen al-Qahira und Fustat, heute als *qarafa* Sayida Nafisa bekannt, wurde zum Friedhof. Jene Nafisa stammte aus der Sippe des Propheten Muhammad. Sie kam als 44-Jährige nach Kairo, wo sie auch begraben liegt. Sie wird sehr verehrt und zahlreiche Pilger kommen zum *mawlid*, um an ihrem Grab zu beten und zu feiern.

Im Norden des alten islamischen Viertels, nicht weit von den nördlichen Stadttoren entfernt, gibt es den „hölzernen Friedhof". Das Besondere daran ist, dass neben einfachen Grabsteinen, die manchmal als Erkennungszeichen für männliche Verstorbene einen steinernen Turban und für weibliche einen Zopf aufweisen, auch Holzhäuschen stehen. Darin befinden sich Familiengräber, die im Gegensatz zu den Steinhäusern, die in den großen *qarafas* zu finden sind, aus Holz gebaut wurden. Viele sind würfelförmig mit Flachdach, manche zweistöckig mit Balkonen und durchbrochenen Holzkuppeln ausgestattet, die wie Belüftungssysteme funktionieren. Diese Häuschen stehen ihren „steinernen Brüdern" in nichts nach, auch sie haben Friese, sorgfältig heraus gesägt aus Holz, die mit verschiedenen Mustern und Arabesken versehen sind. Obwohl der Friedhof sehr einheitlich wirkt soll kein Fries dem anderen gleichen. So prominente Persönlichkeiten wie Badr al-Jamali, der Kommandeur der fatimidischen Armee, der Historiker und Pionier der Soziologie Ibn Khaldun, der berühmte Chronist al-Maqrizi und der Schweizer Forscher Johann Ludwig Burckhardt, der als Scheich Ibrahim bekannt war, haben hier ihre letzte Ruhestätte gefunden.

Als ich auf der Suche nach den Glasbläsern nördlich des Bab al-Futuh unterwegs war, wusste ich nichts über den hölzernen Friedhof. Es war auch schwer, die Glasbläserei zu finden, das gelang erst einige Jahre später mit der Hilfe von Aila. Sie war eine lustige „Nebenerwerbsreiseführerin", die, während sie mit uns sprach, ständig auf der Suche nach Geschenken für ihre Tochter war. Selbst Aila fand die Glasbläserei nicht auf Anhieb, auch sie musste mehrere Bewohner nach dem Weg fragen. Es war eine sehr arme Gegend mit verfallenen Häusern, Müllbergen und staubigen Gassen, in die sie uns brachte. Blutige Handabdrücke, Schutzsymbole gegen Geister und den bösen Blick, waren auf Türstöcken und Mauern zu sehen. Ziegen sprangen über Ruinen, meckerten von Schutthügeln herab und knabberten an Plastiktüten. Zwischen schmutzigen Pfützen und Müllhaufen spielte ein Knirps Fußball. Ein kleines Mädchen rannte aus einer Nebengasse, sah uns mit ihren großen dunklen Augen herausfordernd an, steckte sich einen Rockzipfel in den Mund und lief dann dem Ball hinterher.

Am Ende einer schmalen Gasse entdeckten wir endlich, was wir suchten, jene Tür, aus der die fauchenden Geräusche der Glasbläserei kamen. Erst als sich unsere Augen an das schummrige Licht gewöhnt hatten, erkannten wir drei Männer, die an einem altmodischen, aus Ziegeln gemauerten Ofen saßen, allerdings gasbetrieben, und mit dem Blasrohr orange, gelbe und blaue Glastropfen formten. Mit einem freundlichen *salam* und vielen Gesten wurden wir aufgefordert, näher zu kommen. Schweißgebadet übten die Männer ihre Kunst aus. Ein altersschwacher Ventilator stand zwar dekorativ im Bild, sorgte aber keineswegs für Kühlung. Wackelige Holzregale lehnten an den Wänden, vollgestopft mit vielerlei Glaswaren, die so staubig waren, dass es schwerfiel, die Farben zu erkennen. Der Jüngling aus Paulo Coelhos Roman „Der Alchimist" fiel mir ein, der in einem Kristallwarengeschäft für Ordnung sorgt und die Objekte zum Strahlen bringt. Heimlich wurde ich mit kleinen Glasperlen und Ringen beschenkt. Wir verstanden uns ohne Worte und ein paar Pfund wanderten von einer Hosentasche in die andere. Richtig kaufen konnten wir in einem Geschäft in der Nähe, wo wir einen italienischen Geschäftsmann trafen. Wir kamen ins Gespräch und er erzählte, dass er in Murano auch ägyptische Glaswaren, das sogenannte Muskiglas, verkauft.

Dies ist nun das Viertel, das wir einige Jahre später auf eigene Faust nochmals erkunden wollen. So gehen wir die neuerdings verkehrsberuhigte Mu'izz li-Din Allah

Straße nach Norden zur Stadtmauer und zu den alten Befestigungstürmen, ohne uns vorerst auf die zahlreichen Prachtbauten einzulassen. Wir schaffen es, die al-Bahnawi Straße zu überqueren, was nicht zu den einfachsten Dingen eines Reisenden in Kairo gehört. Viele bunte Transparente, die nach Wahlwerbung aussehen, überspannen die al-Hosnaiya Straße, die die Verlängerung der Mu'izz bildet. Ein Gemüsemarkt erregt wie immer meine Aufmerksamkeit. Zu beobachten, wie ein in Weiß gekleideter Händler seine Tomaten liebkost, ist berührend. Es sieht beinahe so aus, als ob er mit ihnen sprechen würde. Daneben preist ein Mann erfolgreich Mandarinen und Äpfel an. Das Wechselgeld hat er in einem kleinen Stoffsäckchen, die Waage befindet sich auf dem zweirädrigen Karren, dem ein Esel vorgespannt ist, der geduldig dasteht und wartet. Weiter die Gasse hinein, reihen sich von Sonnenschirmen behütet, Körbe und Kisten aus Palmholz aneinander, gefüllt mit Gemüse und Obst. Die Händlerin ruft einem Kunden lachend etwas hinterher. Eine Frau gustiert noch, ob sie die prächtigen Artischocken nehmen soll oder doch lieber die Auberginen, während eine junge Dame in schwarzen Jeans vorbeihuscht. Alle drei tragen den *hijab*, das Kopftuch.

Weit und breit ist nichts von der Glasbläserei zu sehen, daher tritt Plan B, die Fotobefragung, in Kraft. Es dauert nicht lange, bis ein junger Mann *mafish* sagt, das im ägyptischen Dialekt, der sich nicht der arabischen Hochsprache fügt, mit „gibt es nicht" zu übersetzen ist. Damit gebe ich mich nicht zufrieden und deute auf die am Foto zu sehenden Glaswaren. Ein *fi* kommt als Antwort zurück, „es gibt", und schon folgen wir dem freundlichen Ägypter. Ich erkenne die blutigen Handabdrücke auf den Mauern und weiß, das ist der richtige Weg. Als dann noch die meckernden Ziegen zu hören sind, werden meine Schritte schneller. Tatsächlich taucht das sehr schmale dreistöckige Haus von Hagg Hassan Arabesque am Ende der Gasse auf. Ein Drechsler und ein Trommelbauer, die ihre kleinen Werkstätten an der Straße haben, unterbrechen meinen zielstrebigen Marsch. Der Meister steht barfuß inmitten von Hobelspänen vor seiner Maschine. Er lächelt, weil wir uns für seine Arbeit interessieren. Ahmed fertigt die Untergestelle für kleine, zusammenklappbare Tischchen. Als ich etwas kaufen möchte, sieht er mich ungläubig an. Doch die zwanzig Pfund, die ich ihm gebe, überzeugen ihn. Gegenüber produziert ein junger Mann Rahmen für Trommeln, die er im Eingangsbereich zu Türmen stapelt. Seine Werkstatt ist in einem hellen Grün ausgemalt, die Wände zieren Bilder von Mekka und Predigern.
Hagg Hassan Arabesque steht im Hauseingang und kommt uns eiligen Schrittes entgegen, um uns zu begrüßen. Ich zeige ihm die Fotos, die ich einige Jahre zuvor gemacht hatte und frage ihn nach der Glasbläserei. Ein fröhliches Lachen schüttelt ihn und er deutet auf einen der Männer auf den Fotos: „Das ist mein Sohn, das ist mein

Sohn, verkündet er laut." Das *mafish*, das wir schon hörten, bewahrheitet sich leider. Die Glasbläserei gibt es nicht mehr in diesem Viertel. „Die ist jetzt in der nördlichen Totenstadt zu finden", erklärt Hagg Hassan.

Die Erkundung seines „Glashauses" erweist sich als Abenteuer. Es ist schier unmöglich, eine Beschreibung des Geschäftslokals zu versuchen, da buchstäblich alles vom Boden bis zur Decke vollgeräumt ist. Schon allein das Betrachten erzeugt in mir die Angst, etwas zu zerstören. Ich mache mich daher an das Erkunden der Stockwerke, wozu mich der Hausherr auffordert. Eine schmale, dunkle Wendeltreppe führt in den ersten Stock. Auch diese Wände sind mit Glasketten und Objekten dekoriert, selbst in die Stufen wurden bunte Glasscheibchen eingemauert. Ein Raum, vielleicht drei mal drei Meter, ist das familiäre Schlafzimmer. Etwas weiter oben strömt mir Zwiebelgeruch entgegen. Hier befindet sich die Küche und ich darf der Hausherrin beim Kochen über die Schulter schauen. Nach ein paar weiteren Windungen verlasse ich den dunklen Treppenschacht und stehe auf der Terrasse. Schon allein wegen der wunderschönen Glaskugeln und Objekte, die dieses Plätzchen so dekorativ zieren, würde es sich lohnen, nach Kairo zu fliegen. Erst auf den zweiten Blick entdecke ich, dass der hölzerne Friedhof hinter dem Haus von Hagg Hassan Arabesque beginnt und sich südöstlich davon ein schier endloses Panorama an Grabhäusern erstreckt.

Schnell laufe ich die Wendeltreppe hinunter, vorsichtig den schmalen Pfad zwischen Glas und noch mehr Glas durchs Geschäft nehmend und beim Hintereingang hinaus, um mich zwischen Grabsteinen und hölzernen Häuschen wiederzufinden. Dekorativ angeordnet, hängen grüne, blaue, weiße und goldgelbe Glasobjekte an einer Holzwand. Über eine Bastmatte rankt sich zartes Grün aus einem Blumentopf, der auf einem der Grabsteine steht. Regale, vollgestellt mit Glaswaren, zieren die Rückwand des Hauses von Hagg Hassan. An einem Stromkabel hängen verrostete Lampen und Glühbirnen. Übereinander gestapelte Gemüsekisten aus Palmholz und ein alter Kühlschrank dienen als Zwischenlager für die „Camouflage-Objekte", die sich mit dem Staub der Wüste tarnen. Am eindrucksvollsten sind jedoch die Grabsteine, teilweise aus Ziegeln gemauert, teilweise schon verputzt und grün bemalt, auf denen Vasen, Krüge und Becher stehen. Verkaufsstände auf dem Friedhof? Es ist tatsächlich so, denn sobald ich mir etwas näher ansehe, kommt die Familie gelaufen, nimmt mir das Objekt aus der Hand, um es zu waschen und mir wieder mit einem Lächeln zu überreichen. Jeder kleine Fehler wird gesehen und das Stück sofort ausgetauscht. Nur schöne Objekte sollen den „Friedhofsladen" verlassen.

Die Zeit unseres Besuchs bei Hagg Hassan Arabesque geht zu Ende. Schnell kramt er noch einen großen, prächtig gerahmten Zeitungsartikel heraus, der einen Glasbläser zeigt. Voll Stolz hält er das Dokument der Vergangenheit vor seine Brust und bittet mich, Fotos zu machen, auch eines mit „Madame", wie er seine Frau liebevoll nennt und den Enkelkindern. Der Abschied ist herzlich, so als ob wir alte Freunde wären. Als wir bepackt mit unseren Einkäufen schon die Gasse zum Markt hinuntergehen, hören wir Hagg Hassans Frau rufen. Sie umarmt und küsst mich wie eine Verwandte, so viel Herzlichkeit geht zu Herzen. Ich gehe rasch weiter, drehe mich nochmals um und winke zurück.

Wohnen auf der Nilinsel Qursaya und der Künstler Mohamed Abla

Bei meinen Recherchen stieß ich auf den Namen des ägyptischen Künstlers Mohamed Abla. 1953 in Mansura geboren, lebte er nach seinem Studium an der Fakultät der Schönen Künste in Alexandria, sieben Jahre in Europa und davon längere Zeit in Österreich. Ölmalerei und Grafik sowie Collagen bilden die Schwerpunkte seiner Arbeiten. Wichtige Inhalte sind der Nil, die Umgebung, aber auch die Auseinandersetzung mit aktuellen und traditionellen Themen. Im Fayyum, in der kleinen Stadt Tunis, südwestlich von Kairo gelegen, hat Abla mit seinem Art Center und dem Karikaturmuseum neue Schritte gesetzt. Nach dem Vorbild der Sommerakademie Salzburg, an der er einige Jahre lehrte, lädt er alljährlich kunstbegeisterte junge Menschen aus aller Welt zu Workshops ein. Als er 1998 von einer Amerikareise zurückkam, fand er sein Atelier und Bilderlager mit über 500 Bildern, das sich im Musafirkhana Palast in der Altstadt von Kairo befand, abgebrannt vor. Die Arbeit von zwanzig Jahren war dahin. Er hatte das Gefühl, als ob er nicht mehr existieren würde. Der Verzweiflung nahe machte er sich auf die Suche nach einer neuen Bleibe und fand sie mitten im Nil.
Mohamed Abla hat sich einen außergewöhnlichen Arbeitsort ausgesucht, einen ehemaligen Bauernhof auf der Nilinsel Qursaya. An die 5.000 Menschen leben auf der Insel, großteils Bauern und Fischer, aber auch einige Städter, die sich das grüne Idyll als Wohnort auserkoren haben. Die Ackerflächen werden noch immer mithilfe von Wasserbüffeln bearbeitet, viele Häuser sind aus Lehmziegeln gebaut und kein Weg ist breiter als ein Fußpfad. Es gibt weder Autos noch Brücken. Stattdessen gibt es ein kleines Boot, das vom Fährmann mit einer Eisenkette händisch gezogen wird, mit dem er Bewohner und Gäste die kurze Strecke über den Fluss bringt. Im Jahr 2001 verkündete die Regierung, dass die Bewohner die Insel verlassen müssten, da sie für ein höchst wichtiges Entwicklungsprojekt gebraucht würde. Wut und Verzweiflung machten sich unter der Bevölkerung breit, die schon seit mehreren Generationen auf der Insel lebt und der Regierung auch Pacht bezahlt. Mohamed Abla und andere Intellektuelle (wie der bekannte Filmemacher Yussuf Chahine) setzten

sich für die Sache der Inselbewohner ein. Diese wehrten sich: mit ihren Körpern, Stöcken und Steinen kämpften sie gegen die Polizei. 2007 kamen dann 200 Soldaten mit dem offiziellen Auftrag, die Bewohner zu vertreiben, auf die Insel. Gerüchten zufolge wollte ein Investor aus den Golfstaaten die Insel kaufen und darauf Luxushotels errichten. Wieder lehnten sich die Menschen auf und Mohamed Abla wurde einer der Anführer des Widerstands und half, die ganze Sache vor Gericht zu bringen. Es klingt unglaubwürdig, doch im Jahr 2010 gaben die Richter den Bewohnern von Qursaya recht. Der offizielle Bescheid darüber war im Herbst 2012 aber noch immer ausständig. Das heißt, im Grunde ist alles wie zuvor und die Soldaten sind ebenfalls geblieben. Am 18. November, nur wenige Tage, nachdem wir die Insel besucht hatten, hörte ich, dass es erneut zu Zusammenstößen zwischen dem Militär und den Inselbewohnern gekommen war, bei denen eine Person getötet und mehrere verletzt wurden. Die Auseinandersetzung ausgelöst hatten Soldaten, die begannen, das Land der Bauern zu beschlagnahmen, die daraufhin eine Blockade errichteten. Der Armeesprecher ließ verlauten, dass der Armee dieses Land 2010 in einem notariellen Akt überschrieben wurde, im selben Jahr, als die Bewohner vor Gericht Recht bekamen. Wie es derzeit aussieht, wird auf Qursaya nicht so bald Frieden einkehren.

Mohamed Abla erwartet uns mit zwei weiteren Personen, dem syrischen Künstler Rabie Akhrass und seiner Frau, die in Saudi-Arabien leben. Der Hausherr führt uns durch sein Refugium und erlaubt uns, in seinem Atelier zu stöbern. Auf einem Bild entdecke ich Anwar al-Sadat, neben ihm stehen ein kleiner Soldat mit einer großen israelischen Fahne und ein Amerikaner, der einen Araber belehrt. Auf einem anderen Bild tummeln sich schemenhaft Menschen und Tiere, am rechten Rand zeigt eine kleine Zeichnung Kinder, die entsetzt beobachten, wie zwei Männer den Nil stehlen. Zweifelsohne geht es Abla auch um politische Anliegen.
Wir werden zu Tee und Obst eingeladen. Mohamed Abla erzählt von seiner Zeit in Wien und Salzburg, aber auch von der Zeit, die er protestierend auf dem Tahrir-Platz verbrachte. Ein Atelier, kurzfristig in der Nähe des Geschehens eingerichtet, erlaubte ihm, sofort auf die Vorfälle zu reagieren. Die Massen vom Tahrir-Platz marschierten sozusagen in seine Kunst, er war zum „Kunst-Aktivisten" geworden. Im Dezember 2011 entstanden Bilder mit dem Titel „Wolves", die der Künstler nach dem harten Durchgreifen von Militärs gegenüber friedlich Protestierenden gemalt hatte. Das Foto, das damals um die Welt ging, zeigte eine am Boden liegende junge Revolutionärin, die von Soldaten zusammengeschlagen und entblößt wurde. Bei Ablas Malereien, die er sehr schnell auf die Leinwand pinselte, sind die Soldaten zu Tieren geworden, zu Wölfen oder Werwölfen, um damit die Unmenschlichkeit dieser Aktion darzustellen. Keine Galerie in Kairo wollte diese Bilder ausstellen, viel zu heikel war dieses Thema.

Im Februar 2013 veranstaltete Norwegen in Oslo ein Kulturfestival, zu dem Künstler und Musiker aus dem Nahen Osten und aus Palästina eingeladen wurden. Die Ausstellung „Images in Times of Rebellion" war Teil des Festivals und zeigte jene Werke Mohamed Ablas, die 2011 entstanden waren.

 Wohnen auf Hausbooten und Spione

„Koschari, Koschari", höre ich jemand rufen, als ich auf dem Husayn Platz nach einem Taxi Ausschau halte. Nudeln, Reis, Linsen, Zwiebel und eine scharfe Sauce wären gerade richtig für eine kleine Stärkung, bevor wir unseren Freund Saad Ali, den „König der Oase Farafra", auf seinem Hausboot in Imbaba besuchen.
Als am 28. Jänner 2011 die ersten landesweiten Proteste gegen Mubarak begannen, erlebte auch Imbaba einen Protestmarsch. Anfangs waren es nur zwei Dutzend Menschen, unter ihnen auch Kinder, die ihre revolutionäre Parole *inzel* skandierten, was soviel wie „kommt herunter" bedeutet. Sie riefen das Wort Beobachtern an Fenstern und auf Balkonen zu, die den Ruf nicht unbeachtet ließen und der kleinen Schar folgten, die bald auf 200 Personen anwuchs. Bereits dreißig Minuten später sah man Menschenmassen, soweit das Auge reichte. Es war die grenzenlose Wut auf ein menschenverachtendes System, die die Protestierenden antrieb. Fünf Stunden kämpften sie gegen Tränengas, Gummigeschosse und Knüppel der Polizei. Doch die Massen bewegten sich weiter zum Tahrir-Platz, wo sie die nächsten fünfzehn Tage demonstrierten, bis ihre Entschlossenheit schlussendlich Mubaraks berüchtigten Polizeistaat überwand. Danach waren die Menschen jedoch verzweifelter als je zuvor. Jene zwei Jahre unter der Militärherrschaft und Mursis Präsidentschaft ruinierten jedwede Stabilität. Händler in Imbaba sagten, dass das Geschäft um bis zu fünfzig Prozent zurückgegangen sei. Sie sagten auch, dass die Jahre mit Mubarak schlimm waren, aber am schlimmsten war es unter Mursi. Wenn ich meine ägyptischen Freunde frage, wie sich die Dinge nach der neuerlichen Machtübernahme des Militärs und unter Präsident Abd al-Fattah al-Sisi entwickeln, höre ich nur Positives. „Im Allgemeinen ist alles normal, die Sicherheitslage des Landes hat sich sehr verbessert. Versammlungen und Demonstrationen gibt es keine mehr", lauten die Kommentare.

Von der Nilinsel Zamalek, wo unser Hotel liegt, gehen wir wagemutig zu Fuß über die stark befahrene Brücke nach Imbaba, wo die Hausboote vor Anker liegen. Die Hausnummer im Kopf, gehe ich mit meinen Freunden die Straße entlang, bis wir zur neuen Moschee kommen, die mit grünen Lämpchen geschmückt ist.
„Die Hausboote und der Midan Kit Kat haben eine sehr spannende Geschichte",

beginne ich zu erzählen, während wir weiter die Straße entlang gehen. „Kairo war zur Zeit des ‚Kalten Krieges' eine der wichtigsten Adressen für Spione. Auch schon während des Zweiten Weltkrieges tummelten sich die Agenten am Nil. Die Engländer hatten Ägypten zwar besetzt, doch die Opposition war auf Seiten der Nazis. Einige Male schon hörte ich alte Männer in Ägypten positiv über die Nazis sprechen. Unterdrückt von den Briten, sahen sie in ihnen die Macht, die die Besatzer aus dem Land werfen würde. Die Alliierten und die Achsenmächte hatten ihre Spione zum Teil auf Hausbooten stationiert, wo sie sich gegenseitig bespitzelten. Verwickelt in diese Spionagegeschichten war Ladislaus von Almásy, der österreich-ungarische Wüstenfahrer und Entdecker, vielen als ‚Englischer Patient' aus dem gleichnamigen Film bekannt. Während der Operation Salam im Jahr 1942, die von Almásy geleitet wurde, führte er ein deutsches Sonderkommando über 3.000 Kilometer von Jalu über die Kufra Oasen und das Gilf Kebir Plateau, das er Jahre zuvor erforscht hatte, bis nach Assiut an den Nil. Von dort fuhren die Agenten Johannes Eppler und sein Funker Hans-Gerd Sandstede mit dem Zug nach Kairo, wo sie sich auf einem Hausboot nahe dem Kit Kat Platz versteckten. Seinen Namen bekam der Platz vom Kit Kat Kabarett, das dem griechischen Kriegsgewinnler Calomiris gehörte und auch als Treffpunkt der Nationalisten galt. In diesem Establissement trafen die beiden Spione antibritische Militärs, Politiker und zwei spätere ägyptische Staatspräsidenten: Gamal Abdel Nasser und Anwar al-Sadat. Legendär waren die Auftritte der ägyptischen Tänzerin Hekmat Fahmy, die nach Deutschland eingeladen wurde, wo sie vor Hitler tanzte. Als Nationalistin war sie gegen die Briten eingestellt, die sie mit ihrem Charme verführte, um ihnen Geheimnisse zu entlocken. Die Spionagetätigkeit der beiden Deutschen währte aber nicht lange, denn schon im September 1942 wurden sie und einige ihrer lokalen Kontakte, so auch Fahmy und Sadat, verhaftet."

Mittlerweile sind wir bei der richtigen Hausnummer angekommen und öffnen das Tor. Staunend entdecken wir einen Garten mit Bäumen, Sträuchern und einer kühlen Brise. Eine schmale Holzbrücke führt zur Eingangstür des schaukelnden Holzkastens. Da sie keine Klinke hat, klopfe ich ein paar Mal kräftig an und es dauert nicht lange und Saad öffnet. Er begrüßt uns überschwänglich und freut sich sichtlich, uns wiederzusehen. Wir sind begeistert von seinem kleinen Reich, besonders von der Veranda mit Nilblick. Saad erzählt in einer Mischung aus Deutsch und Englisch, dass es sich hier sogar im Sommer angenehm leben lässt.
„Früher wurden die Hausboote eher zwiespältig gesehen. Die Leute, die hier wohnten oder zu Besuch kamen, waren unkonventionell. Intellektuelle, Künstler und die Oberschicht trafen sich auf den Booten, um den neugierigen Blicken der Konservativen zu entkommen. Hier konnten sie in der Abgeschiedenheit das eine oder andere Abenteuer erleben. Wir hatten auch Spione hier, vielleicht waren sie sogar

auf diesem Boot", sagt er lachend. „Nach diesen wilden Zeiten interessierten sich wenige Menschen für die Hausboote und die Miete belief sich auf 250 ägyptische Pfund pro Monat. Heute sind die Plätze am Wasser wieder heiß begehrt und die Monatsmieten entsprechend höher, wie ihr euch vorstellen könnt. Das Hausboot ist ein wichtiger Treffpunkt für meine Freunde und Geschäftspartner. Seit Jahren wohne ich abwechselnd in Farafra und am Hausboot. Manchmal fahre ich zweimal in der Woche die Strecke von 800 Kilometern in nur eine Richtung, aber das wisst ihr ja von euren letzten Reisen", erzählt er weiter und lässt sein schallendes Lachen hören. Nur zu gut erinnere ich mich an die Fahrt mit dem öffentlichen Bus und an meinen Sitznachbarn, den ich damals „Ali Baba und die vierzig Kürbiskerne" nannte.

Saad bringt kaltes Stella Bier, eine Eigenproduktion der Ägypter, die wir nicht ablehnen. Es klopft und dem nächsten Gast wird aufgemacht. Es ist Badr, der Künstler, der wie sein Cousin Saad auch aus der Oase Farafra stammt. Badr ist seit der ersten Begegnung 1998 unser Freund und dementsprechend herzlich ist die Begrüßung. Wir kennen seine Familie und so gibt es eine lange Befragung, wie es Ragab, Manar, Shedi, Rami und den Eltern geht. *Alhamdulillah*, alle sind gesund. Das Hausboot beherbergt noch einen weiteren Gast, einen „echten Berliner", zumindest hat es den Anschein, da er Berliner Dialekt spricht. Verblüfft bin ich allerdings über sein exzellentes Arabisch. Auf meine Frage, wie das kommt, antwortet er: „Weißt du, ich habe die Sprache so nach und nach gelernt, wenn man in Damaskus geboren und aufgewachsen ist, passiert das schon manchmal. Berlin ist allerdings seit Langem meine zweite Heimat, wo ich arabischen Tanz und Musik unterrichte", klärt er mich mit einem breiten Grinsen auf.

Wir werden zum Abendessen eingeladen. Ein Anruf genügt und in Kürze stehen orientalische Köstlichkeiten auf dem Tisch. Doch der Abend ist damit noch nicht zu Ende. Eine Freundin von Saad, ausgebildete Tänzerin mit Schwerpunkt orientalischer Tanz, feiert an diesem Abend Abschied. Nach sieben Jahren Ägypten will sie wieder in die Vereinigten Staaten zurückkehren. Trommelrhythmen schweben über dem Nil und kündigen uns eine fröhliche Gruppe an. „Alle raus", lautet das Kommando von Saad und mit einem Sprung über das Geländer der Veranda landen wir im Partyboot. Obwohl der Tag schon ausgefüllt war mit interessanten Erlebnissen und Begegnungen, erfährt er nochmals einen Höhepunkt. Als ein starker Wind aufkommt und uns seine kalte Schulter zeigt, schenkt uns die Tänzerin noch eine Performance mit dem „Berliner aus Damaskus". Eingehüllt in die karierten Kopftücher, „Arafats" genannt, sitzen wir in einer Ecke und genießen den Tanz und die Musik.

Sehenswürdigkeiten in der Südlichen Totenstadt

I, III, IV Stimmungen

II Mausoleum von Angehörigen aus der Familie Muhammad Alis

V Blick auf das Mausoleum von Imam al-Shafi'i

Hosh al-Basha

Unser Begleiter Nabil macht sich lustig über mich, weil ich wieder in die südliche und nördliche Totenstadt möchte, er bezeichnet mich sogar als „Friedhofs-Junkie".
„Der ausgeprägte Totenkult hat eine lange Tradition in Ägypten, im Grunde ist das Land ein großer Friedhof und es ist dein Heimatland, vergiss das nicht", kontere ich. Das wirkt. Er denkt nach und sagt: „Stimmt genau. Das ist wahrscheinlich auch der Grund, warum wir so gerne leben. Der Tod begleitet uns in Ägypten viel mehr als in anderen Ländern, da müssen wir gegensteuern. Auch wenn alles beschissen ist, die Regierung sich nur um sich selbst und die Reichen kümmert, uns ausbeutet, uns das Wenige, das wir haben, auch noch nimmt und vieles verkommen lässt. Wir Ägypter sind im Grunde unseres Herzen sehr friedliebende, gutmütige und fröhliche Menschen. Wir müssen uns die Dinge selbst richten, da vom Staat nichts kommt."
„Wie wird es weitergehen, Nabil?", frage ich. „Man hat mir gesagt, dass es einen Bürgerkrieg geben könnte, denn das Maß ist jetzt voll, es ist genug."
Nabil antwortet nicht, er spielt mit einem Stock und hüllt sich in Schweigen. Das war 2010, ein Jahr vor der Revolution. Aber die Frage, wie es weitergehen wird, bleibt hochaktuell.

Hosh al-Basha ist die erste Station in der südlichen Totenstadt, die wir besuchen. Es handelt sich dabei um das Mausoleum von etwa vierzig Angehörigen aus der Familie Muhammad Alis, mehreren Dienern der Herrscherfamilie und vornehmen Männern. Auch einige Mamluken, die beim Massaker 1811 ihr Leben lassen mussten, haben in diesem Grabbau ihre letzte Ruhestätte gefunden. Das im Jahr 1820 erbaute Mausoleum sieht von außen sehr beeindruckend aus, das mächtige Portal wirkt einladend. Zwei schlanke Säulen aus Rosengranit flankieren ein Holztor, während zwei massive gemauerte Säulen aus der Mauer herausragen. Ähnlich wie bei der Muhammad Ali Moschee auf der Zitadelle zieren mehrere flache Kuppeln das Gebäude. Der Innenhof lässt ahnen, dass Wasserbecken und üppiges Grün den hellen Sandstein vor gar nicht so langer Zeit zur Geltung brachten. Rosen und zartes Grün in Blumentöpfen lassen den Versuch erkennen, sich dem ursprünglichen Aussehen ein klein wenig anzunähern. Die Arkadengänge erinnern mich an einen mittelalterlichen Kreuzgang. Im Inneren des Grabbaus erwartet uns eine fast unüberschaubare Anzahl von Sarkophagen. Viele sind geradezu überwuchert mit Blumen- und Girlandenschnitzereien, teilweise vergoldet und farbig bemalt. Wie bei Sidi Sariya in der Süleyman Pascha Moschee weisen auch hier Stelen mit Turbanen, Fezen, Kronen und sogar Haarlocken auf das Geschlecht und den Stand der Verstorbenen hin.

🌸 Mausoleum von Imam al-Shafi'i

Nabil deutet auf eine riesige Kuppel, die mit einem kleinen Boot bekrönt ist und zum Mausoleum von Imam al-Shafi'i aus dem Jahr 1211 gehört. Jener Muhammad Ibn Idris al-Shafi'i, 767 in Palästina geboren und 820 in Kairo gestorben, war ein Abkömmling von Abu Talib, einem Onkel des Propheten. Er war einer der einflussreichsten islamischen Gelehrten, auf den die Rechtsschule der Shafiiten zurückgeht. Aus seinen Schriften und Vorträgen entstanden im späten neunten und zehnten Jahrhundert sieben gedruckte Bände, die unter dem Titel Kitab al-Umm, Mutterbuch, bekannt sind. Der Terminus Kitab al-Umm aus dem Koran bedeutet, dass der manifestierte Koran der Ableger eines Ursprungswerkes im Himmel ist. Al-Shafi'i wurde zunächst von den Hanafiten im Irak ausgebildet und danach von Sayyida Nafisa, einer Nachkommin des Propheten. Vor allem durch al-Shafi'i und seine Schule wurde die islamische Rechtswissenschaft zu einem abgeschlossenen Konstrukt. Ursprünglich freiere Rechtsschulen, wie die seines Schülers Ahmed Ibn Hanbal, dem Begründer der hanbalitischen Rechtsschule, gerieten im Lauf der Zeit immer mehr unter seinen Einfluss. Al-Shafi'i gilt als Begründer der systematischen Jurisprudenz im Islam, die er in seinem berühmten „Sendschreiben" dargelegt hatte.

Marktstände mit einer Vielzahl von Vögeln, Federvieh, Obst, Gemüse, brauchbaren und unbrauchbaren Dingen, versorgen sowohl die Bewohner als auch die Pilger, die aus der ganzen Welt zum *mawlid* des al-Shafi'i anreisen. Es gehört zu den bekanntesten unter Ägyptens vielen ähnlichen Festen. Ziel ist es, am Grab des Heiligen zu stehen, es zu berühren, zu beten, seinen Segen mit den Händen aufzunehmen und über dem Gesicht abzustreifen. Immer wieder soll es dabei zu Spontanheilungen kommen. Schon sehr früh wurde der Gelehrte als Heiliger verehrt. Al-Maqrizi berichtet, dass Nizam al-Mulk, der Wesir des Seldschukenreiches mit dem Fatimiden Badr al-Jamali in Verhandlungen stand, den Leichnam al-Shafi'is nach Bagdad überführen zu lassen. Es gab massive Proteste seitens der Bevölkerung, der Plan sollte aber trotzdem in die Tat umgesetzt werden. Als die Arbeiter darangingen, das Grab zu öffnen, entstieg diesem ein betörender Duft und die Männer wurden ohnmächtig. Als sie wieder zu sich kamen, weigerten sie sich weiter zu graben und verschlossen das Grab.

Kurzer Exkurs über Schiiten und Sunniten

Im Jahr 1211 ließ Malik al-Kamil, der Neffe von Salah al-Din, über dem Ehrengrab des Heiligen einen Kuppelbau errichten, das größte freistehende Mausoleum in Ägypten. Obwohl es architektonisch von besonderem Interesse ist, kann seine religiöse Bedeutung als noch wichtiger eingestuft werden. Die Ayyubiden arbeiteten seit Beginn ihrer Herrschaft an der Eliminierung des schiitischen Gedankenguts, das von den Fatimiden verbreitet wurde, die 200 Jahre in Ägypten herrschten. Die Frage nach dem Beginn des Konfliktes drängt sich auf. Warum teilten sich die Muslime in Schiiten und Sunniten und warum bekämpfen sie sich noch immer? Der Konflikt entstand schon in der Frühzeit des Islam, bald nachdem der Prophet im Jahr 632 gestorben war. Es war ihm nicht gegeben, eine Nachfolge für die Führung der Gläubigen, das eigentliche Kalifatsamt, zu bestimmen. Ein Teil seiner Anhänger war der Meinung, dass der Älteste unter den Gläubigen, der eine Vorbildfunktion inne hatte, die Nachfolge antreten sollte. Andere bestanden darauf, dass die Nachfolger aus der Familie des Propheten kommen müssen. Da Muhammad keinen Sohn hatte, wollten sie Ali, den Neffen des Propheten und auch sein Schwiegersohn, zum Anführer der Gläubigen machen. Ali ist eine zentrale Persönlichkeit im Islam, da er nach Khadija, der ersten Frau des Propheten, der dritte Muslim war. Er wurde oftmals vom Propheten unterwiesen und gehörte zu den *ahl al-bayt*, den Leuten des Hauses, zur engen Familie Muhammads. Durchsetzen konnten sich schließlich jene, die das Nachfolgeverfahren nach alter arabischer Sitte vertraten und den Ältesten, Abu Bakr, auswählten. Ihm folgten Omar und Uthman. Erst nachdem Uthman ermordet wurde, kam Ali an die Macht. Doch auch er wurde getötet und liegt in Nadshaf[30] im Irak begraben. Die Schiiten sehen sich als Verlierer und Opfer der Geschichte, da Alis Sohn Husayn in der Schlacht von Kerbela im heutigen Irak ebenfalls den Tod fand. Aufgrund der dramatischen Vorfälle um die Nachfolge des Propheten, gingen aus der Gruppe der Anhänger Alis letztendlich die Schiiten hervor, die *schi'at Ali*, die Partei Alis. Aus den Gefährten Muhammads und deren Anhängern entwickelte sich die sunnitische Glaubensgemeinschaft.

Noch immer wird das Gedenken an Alis Sohn Husayn zu einer Märtyrerprozession, im Zuge derer sich zahlreiche Männer selbst geißeln. Jene, die Husayn verehren, gehören zu den Zwölfer-Schiiten, da sie an zwölf Nachfolger aus dem Geschlecht des Propheten glauben. Der letzte, der zwölfte Imam, Muhammad al-Mahdi, ist angeblich seit dem 12. Jahrhundert verschwunden und lebt in der Verborgenheit. Die Schiiten sprechen von seiner leibhaftigen Entrückung aus der irdischen materiellen Welt in eine himmlische Sphäre, aus der er, wie der christliche Messias, am Ende der Zeiten wiederkommen wird. Die Verehrung der schiitischen Imame und deren Heiligengräber sind den Sunniten suspekt. Sie sprechen in diesem Zusammenhang sogar von Götterverehrung und Ungläubigen. Der sunnitische Islam ist puristischer, reiner und unvermischter, lautet die Argumentation. „Doch gibt es in beiden Gruppen Heiligenverehrung, nur die strengen Salafisten und Wahabiten lehnen dieses Brauchtum total ab."[31]

Nach diesem kurzen Exkurs über Schiiten und Sunniten möchte ich mich nun wieder dem Mausoleum zuwenden. Die enormen Ausmaße der Kuppel sind in der Tat sehr beeindruckend. Wie jene im Felsendom in Jerusalem, besteht auch diese aus zwei hölzernen Muscheln, die mit Blei bedeckt und verziert sind. Am höchsten Punkt der Kuppel ließen die Bauherrn jenes kleine Metallboot anbringen, das wir von Hosh al-Basha aus gesehen hatten. Seit jeher vermuten die Menschen, dass sich darin Korn für die Vögel befindet. Es könnte aber auch so sein, dass Vögel hin und wieder ein Samenkorn ins Boot fallen lassen, das dann zu keimen beginnt. Die Außenfassade weist eine Reihe von architektonischen Merkmalen aus der Fatimiden-Architektur auf, wie die stufenförmigen Mauerzinnen und verflochtene Stuckfriese auf Gesimsen. Das Innere des Mausoleums ist farbenprächtig bemalt und wirkt trotz der schummrigen Beleuchtung durch die Kuppel sehr luftig. Das Ehrengrabmal von Imam al-Shafi'i besitzt ein erlesenes Stück islamischer Holzarbeit, das Sultan Salah al-Din über dem Grab anbringen ließ. Es befindet sich heute hinter einer Gitterabschirmung aus Sandelholz aus dem Jahr 1911. Auf einer originalen Marmorsäule sind noch der Name und der Todestag vermerkt.

In der südlichen *qarafa* gäbe es noch mehrere Grabmäler und Gebäude zu besichtigen, wir ziehen es jedoch vor, im Kaffeehaus gegenüber dem Mausoleum eine Rast einzulegen. Der Vorschlag kommt von Nabil, der „die Österreicher" testen will. Würden wir es wagen, uns in ein Kaffeehaus in der Totenstadt zu setzen, Tee zu trinken und vielleicht sogar eine Wasserpfeife zu rauchen? Wir wagen es und verbringen dort eine gemütliche Stunde. Der Besitzer freut sich, dass wir sein Lokal aufsuchen. Sogleich werden die Sessel und die schmalen Eisentischchen so platziert, damit wir zusammensitzen können. Das Kaffeehaus entspricht zwar nicht gerade unseren Standards, denn die Fliesen sind stark beschädigt, Stromkabel hängen herum, die Regale strotzen vor Schmutz und die Geschirrtücher möchte ich lieber nicht begutachten. Aber das Kaffee- und Teegeschirr wirkt erstaunlich sauber. In Windeseile kocht das Wasser für den Tee, werden die Gläser vom Gehilfen nochmals mit heißem Wasser ausgespült und original verpackte Mundstücke für die Wasserpfeifen auf den Tisch gelegt. Bei Tee und Coca Cola versucht Nabil uns den Besuch der mamlukischen Grabmoscheen in der nördlichen Totenstadt auszureden, was ihm jedoch nicht gelingt.

Sehenswürdigkeiten in der Nördlichen Totenstadt

I, II, IV Moschee und Sufikonvent von Farag ibn Barquq

III Glasbläser

V, VI Komplex von Sultan Qatbey

Moschee und Sufikonvent von Farag ibn Barquq

Zur Zeit der Mamluken war das Gelände der Totenstadt Wüste, das für Kamelmärkte, Truppenaufmärsche und Kampftrainings genutzt wurde. Erst etwas später begannen die Emire es für religiöse Zwecke zu verwenden und Begräbnisstätten für verehrte Sufis zu errichten. Farag ibn Barquq ließ die Moschee mit einem Sufikonvent zu Ehren seines Vaters Sultan al-Zahir Barquq erbauen, dessen Wunsch es war, in der Nähe der Gräber verehrter Scheichs begraben zu sein. Farag plante außer dem Grab-Komplex für seinen Vater auch Märkte und Unterkünfte, starb aber, bevor er seinen Plan in die Tat umsetzen konnte. Zu besonderen Anlässen bei Gräbern und Schreinen zu beten und zu feiern gehörte zum islamischen Leben. Auch in der Gegenwart der Heiligen zu sterben, war für manche eine Motivation. Das zeigt, dass Menschen schon früher auf Friedhöfen wohnten, nur nicht in dem Ausmaß, wie sie es heute tun. Die Tradition der Friedhofsbesuche erinnert mich an die pharaonischen Totentempel des Neuen Reiches. Beim „Schönen Fest vom Wüstental" in der Nekropole von Theben West (Luxor-Westbank) kamen die Lebenden, um den Toten Opfer darzubringen, zu feiern und sie zu ehren. Auch für die heute lebenden Ägypter ist es ganz normal, Familienausflüge zu den Gräbern ihrer Ahnen zu machen. Ein gutes Beispiel dafür ist der riesige islamische Friedhof Zawiyat al-Maiyitin mit seinen unzähligen Kuppelgräbern südlich von Minja.

Der Grab-Komplex des Farag ibn Barquq ist ein sehr ansprechender, lang gestreckter und freistehender Bau, der an beiden Längsenden jeweils mit einem *sabil kuttab* abschließt. An beiden Enden konnte die Moschee durch aufwändig gestaltete Portale betreten werden, die mit Stalaktitendekor und Kalksteinblöcken in Rot und Beige errichtet wurden. Auch die großen Gitterfenster im Erdgeschoss zeigen an ihren Oberkanten Teile aus roten und beigen Steinblöcken. An der Ostfassade ragen zwei große Kuppeln empor, die mit vierzehn Metern Durchmesser die größten Steinkuppeln Kairos sein sollen. Ein Korridor führt in den Innenhof in dessen Mitte ein achteckiger Brunnen steht, flankiert von zwei Palmen. Spitzbogige Arkaden umlaufen den Hof und stützen das Dach. Von hier hat man auch einen schönen Blick auf eine der Kuppeln mit Fischgrätmuster. Stufen führen in die oberen Stockwerke zu den ehemaligen Zellen der Sufis, zu denen ich bei meinen ersten Besuchen noch Zutritt hatte. Den *qibla iwan* durchziehen weitere Arkaden, die auf achteckigen Pfeilern ruhen. Eine Gebetstribüne verbindet vier der Pfeiler, umschlossen wird die Plattform von einem ansprechenden Holzgeländer. Die Kanzel ist ebenfalls aus Holz und weist die typischen Dekorelemente auf wie Schnitzereien und Mosaike. Bevor der Imam die Stufen zur Kanzel betritt, durchschreitet er einen Türrahmen, in den jedoch keine Türe eingebaut ist, wie bei Kanzeln in anderen Moscheen.

Vielleicht wurden sie auch in den Wirren nach der Revolution gestohlen, wie in der al-Mu'ayyad Moschee. Der Aufbau der Kanzel ähnelt einem Baldachin und endet mit einer zwiebelförmigen Knolle. Teppiche in unterschiedlichen Mustern liegen vor der *qibla*-Wand, sie wirken wertvoller als jene mit den aufgedruckten, stilisierten Gebetsnischen. Paneele in *mashrabiya*-Technik begrenzen die Halle nördlich und südlich, dahinter befinden sich die Mausoleen. Niedere steinerne Sockel mit Schriftzügen markieren die Gräber von Zahir al-Barquq und seinen Söhnen, wobei der Sarg von Farag leer blieb. Er verlor in Damaskus sein Leben und wurde an Ort und Stelle bestattet. Eine Säule mit schönen goldenen Schriftzeichen und einem steinernen Turban steht vor der Gebetsnische, sie soll die Körpergröße des Sultans wiedergeben.

Komplex von Sultan Qaytbey

Das Mausoleum von Sultan Qaytbey wird als das absolute Highlight der Grabmoscheen gepriesen. Als im „goldenen Zeitalter der Steinschnitzer" entstandenes Baujuwel soll es eine wahre Freude für den Betrachter sein. Als ich mit Sabry das erste Mal in der Totenstadt war, konnten wir den Grab-Komplex von Qaytbey besichtigen. Acht Jahre später war es nicht mehr möglich, das außergewöhnliche Gebäude zu betreten. Aufgrund von Restaurierungsmaßnahmen versperrten uns mehrere Beamte in Zivil den Weg. Dass es keine Willkür war, sah ich an den Gerüsten, die vom Eingang aus zu sehen waren. Hier war Archinos am Werk, eine Organisation, die von Agnieszka Dobrowolska, ihres Zeichens Architektin mit 20-jähriger Berufserfahrung, gegründet wurde.

Qaytbey trat als 54-Jähriger die Herrschaft an, die er bis zu seinem Tod im Jahr 1496 innehatte. Die erste Zeit seiner Regentschaft war friedlich. Obwohl er ein jähzorniger Potentat und wegen seiner kriegerischen Kampfeslust gefürchtet war, hatte er Sinn für Ästhetik und Kunst. Qaytbey nutzte seine Herrschaft, um seiner Baulust zu frönen. Seinen eigenen Grab-Komplex ließ der Sultan in der Wüste neben dem Grab eines verehrten Mystikers erbauen. Ursprünglich bestand der Komplex aus acht verschiedenen Gebäuden. Die an das Mausoleum anschließende *rab'a*, eine Art Miethaus, war Teil davon. Fensteröffnungen waren noch vorhanden, aber ohne jeglichen Schmuck. Sah man hindurch, konnten nur verfallene Mauerreste erkannt werden, auch das Dach gab es nicht mehr. Das Gebäude beherbergte sechzehn mehrstöckige Wohneinheiten auf jeder Seite des Eingangsportals. Anders als in ähnlichen Gebäuden im Zentrum der Stadt, wohnten hier temporär Besucher der Friedhöfe. Die Architektur der Grabmoschee ist vertikal orientiert. Nach oben strebend sucht auch das vierzig Meter hohe Minarett die Nähe Allahs. Erinnerungen an meinen Erstbesuch tauchen auf und in Gedanken schreite ich nochmals über die Treppe zum Eingangsportal, das ebenfalls in himmlische Höhen strebt. Der erste Vorraum besitzt ein beeindruckendes Kreuzgewölbe und führt weiter in den Gebetsraum mit zwei großen *iwanen* in der *qibla*-Achse und zwei kleineren an den Seiten. Sie öffnen sich mit Hufeisen- und Rundbögen im schwarz-weißen *ablaq*-Stil. In *kamariyan*-Technik gestaltete Fenster wirken auf den Besucher, vor allem die farbigen Glasplättchen, die in durchbrochene Gipsplatten eingebettet sind. Hinter dem Sanktuar ruht der Sultan in seiner Grabkammer, auch sie ist eine der beeindruckendsten in Kairo. Dabei sind nicht die schönen Marmorpaneele die Objekte der Bewunderung, sondern der Fußabdruck des Propheten, der von Mekka nach Kairo gebracht worden sein soll. Mein Blick wanderte damals auch nach oben zur Kuppel und schien kein Ende zu nehmen. Von außen betrachtet, war die enorme Höhe nicht in diesem Ausmaß zu erkennen, da erregte eher die Verzierung meine Aufmerksamkeit. Der Aufseher geleitete uns auf das Dach und präsentierte voll Stolz den Arabeskendekor, mit dem die Kuppel überzogen ist. Die filigranen Muster haben tatsächlich Ähnlichkeit mit einem zarten Spitzentuch. Die achteckige Form des Minaretts ist ebenfalls ein Meisterwerk und symbolisiert den Thron Allahs im Jenseits, der von acht Engeln gehalten wird. Im Ornamentschmuck verbergen sich Verse aus dem Koran: „Der Tod, vor dem ihr flieht, wird euch erreichen" und „Der Tod verschont weder Vater noch Sohn".

Geometrische Muster sind charakteristische Elemente der islamischen Kunst und Architektur. Sie können überall in der islamischen Welt auf Gebäuden, Fliesen, Holz, Metall und in Büchern auftauchen. Der auf islamische geometrische Muster spezialisierte Designer Eric Broug ist der Meinung, dass keine spezielle Begabung oder die Begeisterung für Mathematik und Geometrie erforderlich sind, um geometrische Muster selbst zu kreieren.

Im 16. Jahrhundert soll ein einflussreicher Sufi Scheich aus Aserbeidschan mit Namen Ibrahim al-Gulshani im Mausoleum gelebt haben, zwischen der Herrschaft der letzten Mamluken und der Machtübernahme durch den Osmanen Selim I. (s. Kap. „Bab Zuwayla"). Er gilt als Begründer des Gulshani Ordens, einer religiösen Stiftung, *takiyyat* (oder *tekke*), das türkische Wort für den arabischen Begriff *khanqah*, Sufikonvent. Über seinen Nachfolger, Sayed Jafar, der 1598 in Ephesos starb, las ich, dass dieser die Sterne in einem leuchtenden Streitwagen besucht haben soll, was mich an die Entrückung des biblischen Henoch erinnerte.

🌸 Glasbläserei in der Totenstadt

Etwas wehmütig schaue ich auf die Kuppel des Qaytbey-Komplexes, dessen Inneres ich nur gedanklich betrachten kann. Nabil tänzelt nervös herum, er möchte fahren.
„Wir waren noch nicht in der Glasbläserei, weißt du, wo die Werkstatt ist?", frage ich ihn. Während er zu einer Antwort ansetzt, erblicke ich auf der gegenüberliegenden Straßenseite ein Schild.
„Denk nicht weiter nach, ich habe sie gefunden, dreh dich um", rufe ich ihm zu. Es ist die Glasbläserei von Hassan Ahmed Aly.
Nur schemenhaft erkenne ich einen Raum, der sich wie ein breiter Gang nach hinten ausdehnt. Mehrere Personen begrüßen mich mit einem freundlichen *salam*. Das Licht wird aufgedreht und nun sehe ich, dass ich inmitten von schönen Glaswaren stehe, allerdings nicht so viele wie bei Hagg Hassan Arabesque. Hassan Ahmed Aly oder Hodhod, wie er auch genannt wird, interessierte sich schon als Kind für dieses Handwerk. Die ungewöhnliche Kombination seiner beiden Berufe Boxer und Glasbläser, deren gleichzeitige Ausübung ihm viel Mühe kostete, führte 1990 sogar zu einer Verfilmung seines Lebens.
Hodhod sitzt beim Brennofen, der rückwärts an der Wand steht und winkt uns zu sich.
„In meiner Familie wird seit drei Generationen das Handwerk des Glasblasens ausgeübt. Dies hier ist die letzte Glasbläserei Kairos", erzählt er und nimmt eine Glasbläserpfeife zur Hand.
„Mein Sohn arbeitet schon mit und wird *inshallah* die Tradition weiterführen."
„Woher bekommt er das Rohmaterial?", frage ich, was von Nabil übersetzt wird.
„Ich kaufe leere Flaschen in Lokalen, bekomme aber auch einiges von den Zabbalin, den Müllsammlern. Die Frauen meiner Familie sortieren die Flaschen nach Farben und zerschlagen sie zu ganz kleinen Körnchen, damit sie bei 1.500 Grad geschmolzen werden können", erklärt er bereitwillig.
Hassan Hodhod nimmt mit seiner Glasbläserpfeife etwas geschmolzenes Glas aus dem Ofen. Er beginnt zu blasen und die Pfeife mit einer Hand zu drehen. In der anderen Hand hält er einen Eisenstab, mit dem er dem Material die zukünftige Form verleiht. Genau dann, wenn das Glas noch orange und elastisch ist, entsteht das neue Produkt. Um einer Vase oder einem Krug die richtige Standfestigkeit zu geben, stellt er die noch weiche Form einfach am Boden ab. Für zusätzliche Dekorationen, zum Beispiel sind Spiralen auf Vasen sehr beliebt, nimmt er geschmolzenes Glas derselben oder einer anderen Farbe und schlingt es um den Vasenhals. Abschließend wird das Werkstück von der Pfeife gebrochen und in einen anderen Teil des Brennofens gestellt, wo es über Nacht langsam auskühlen kann. Der ganze Vorgang dauert nur

wenige Minuten und ist von einer harmonischen Abfolge von Bewegungen gekennzeichnet. Der Umwandlungsprozess entbehrt nicht einer gewissen Faszination, er hat etwas Alchimistisches an sich.

Die Herstellung des Muskiglases, wie es auch genannt wird, ist ein Recyclingprojekt, bei dem nur heimische Produkte verwendet werden. Auch die Oxyde, die Hassan Hodhod braucht, um besondere Farben zu erzielen, stammen aus Ägypten. So verwendet er für das schöne Türkis, das schon in der Pharaonenzeit beliebt war, Kupferoxyd. Die grüne Farbe kommt vom Eisenoxyd, Lila hingegen von Mangan. Verkauft werden die Objekte großteils im Khan al-Khalili Bazar, aber auch für Moscheen hat die kleine Werkstatt schon produziert. Europa, Kanada und die USA sind mittlerweile zu Abnehmern der ägyptischen Glaswaren geworden, neben Gebrauchsgegenständen wird auch Christbaumschmuck exportiert.

Ich kann natürlich nicht widerstehen und kaufe einige Stücke. Zum Abschluss drückt mir Hassan Hodhod noch seine Visitenkarte in die Hand. Unter seinem Namen steht „Trade & Industrialisation. The Pharaonic Glasses".

Neben Hodhod, dem Glasbläser, haben noch weitere Handwerker in der Nähe des Qaytbey-Komplexes ihre Werkstätten. Wer sich die Zeit nimmt, kann dem Kupferschmied, Stuckateur, Buchbinder, Schmuckhersteller und Tischler über die Schulter schauen. Dazu gibt es eine sehr interessante Homepage, die von Archinos gestaltet wurde, um die Handwerker mit ihrem traditionellen Gewerbe zu präsentieren und zu unterstützen.[32]

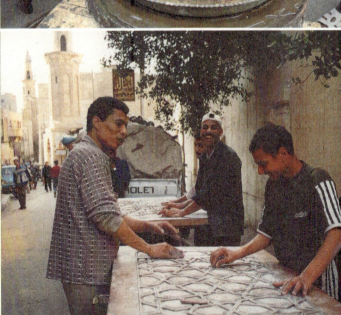

Vom Bab Zuwayla zur Muhammad Ali Straße

I, V Bazar der Zeltmacher

II Bab Zuwayla mit den Minaretten der al-Mu'ayyad Moschee

III Hackstock- und Möbelerzeugung

IV Der Sufi Muhammad

Bab Zuwayla

> *„Ich verlasse voller Bedauern diese alte Stadt Kairo, wo ich auf die letzten Spuren des arabischen Genies gestoßen bin und die meine auf Berichten und Überlieferungen des Orients beruhenden Vorstellungen nicht Lügen gestraft hat. Ich hatte sie so oft in meinen Jugendträumen gesehen, dass es mir schien, als hätte ich zu irgendeiner Zeit dort gelebt; inmitten der verlassenen Moscheen ließ ich mein Kairo von damals wiedererstehen! Es war mir, als setzte ich meine Füße in die Spur meiner früheren Tritte. Ich ging durch die Straßen und sagte mir: Wenn du um diese Mauer biegst, dieses Tor durchschreitest, siehst du das und das und die Sache war da, verfallen zwar, aber wirklich."*[33]
> *Gérard de Nerval, Abschied von Kairo, 1852/53*

Was Gérard de Nerval beschreibt, klingt nach *déjà-vu*-Erlebnissen. Auch mir passierten hin und wieder seltsame Dinge, wenn ich das erste Mal an bestimmte Orte kam. Menschen, denen ich begegnete, erkannte ich auf seltsame Weise. Obwohl ich meine Reisen immer genau plane, lenkten mich Fügungen manchmal in andere Richtungen, um dort neue Dinge zu entdecken oder interessanten Menschen zu begegnen. Kairo ist ein Nährboden für Geschichten und voll von vielgestaltigen Erlebnissen, die der Reisende erfahren kann, wenn er sich der Kultur und den Menschen öffnet. Will er dem Wasserträger begegnen oder dem Tamarindensaftverkäufer, der in eine auffallende Tracht gekleidet ist und mit klappernden Schellen auf sich aufmerksam macht, dann findet er sie in Kairo. Fußbügler, Scharniereschmierer, Lampen- und Schachtelmacher, öffentliche Schreiber, Kupferschmiede, Tarbuschmacher, Zeltmacher, Koransurensticker und Gebetsperlendrechsler, um nur einige zu nennen, üben noch immer ihre Tätigkeiten aus.

Der Name Bab Zuwayla stammt ursprünglich von einem fatimidischen Soldaten eines Berberstamms, der in der Nähe des Tors stationiert war. Im Volksmund wird es auch Bab al-Mitwali genannt, nach einem osmanischen Offizier, *wali*, der seine Residenz in der unmittelbaren Umgebung hatte. Von einem Taxifahrer erfuhr ich noch eine weitere Geschichte, die des verehrten Heiligen Mitwali al-Qutb, der an dieser Stelle lebte und Wunder wirkte. Sogar nach seinem Tod war das Tor Anlaufstelle für Hilfesuchende. Hängten sie ein Kleidungsstück, Haare oder sonstigen persönlichen Besitz an das Tor, antwortete ihnen der Heilige sofort.
„Auch heute ist das noch so und manche Menschen können Mitwali al-Qutbs Präsenz wie einen Schatten wahrnehmen", versicherte mir der Taxifahrer. Wenn jemand nicht weiß, wo das Bab Zuwayla zu finden ist, dann soll ich nach Bab al-Mitwali fragen, so

sein abschließender Rat, denn viele Kairoer kennen das Tor nur unter diesem Namen. Unter den Mamluken saßen die Sultane auf der Plattform, die die beiden halbrunden Türme verbindet, um den Start der Prozession des *mahmal*, der Prunksänfte, zu beobachten, die von der jährlichen Pilgerkarawane nach Mekka mitgeführt wurde (s. Kap. „Moschee von Ahmed al-Mihmandar"). Traurige Berühmtheit erreichte das Bab Zuwayla aber als öffentliche Hinrichtungsstätte. Am 15. April 1517 wurde hier der letzte unabhängige Mamlukensultan Tuman Bey auf Anordnung des osmanischen Sultans Selim I. gehängt. Erst beim dritten Versuch gelang die Exekution, da das Seil zweimal gerissen sein soll. Schon al-Maqrizi, der bekannte Historiker, beschrieb das Tor als berüchtigte Unglücksstelle.

Jahrelang hatten wir das Bab Zuwayla nur in ein Gerüst gekleidet gesehen. Unsere Freude war daher groß, als es endlich im neuen Glanz erstrahlte. Gegen eine Gebühr durften die darauf gesetzten Minarette erstiegen werden, die zur angrenzenden Moschee von al-Mu'ayyad gehören. Es war eine gute Gelegenheit den Verlauf der alten Nord-Süd-Verbindung der fatimidischen Stadt, die sich wie eine Wirbelsäule durch die Altstadt zieht, von oben betrachten und Blicke auf die Dachlandschaften werfen zu können. Schutt und zusammengefallene Gebäudeteile erinnerten noch immer an das schlimme Erdbeben von 1992. Ins Auge sprang ein Dach, auf dem Hunderte von Plastikflaschen lagen. Aber auch Ziegel, Blechdosen, Holzlatten, leere Gemüsekisten, Papierfetzen und Leitern gehörten zur Dachdekoration. Eine mächtige Baumkrone hob sich ab, ihr Grün korrespondierte mit grünen Holzfenstern. Gerüste waren aufgebaut und rundherum wurde emsig gearbeitet und restauriert. Zehn Zentimeter breite Holzlatten, die mit Schnüren und Seilen zusammengebunden waren, trugen die Pfosten, auf denen sich die Arbeiter bewegten. Wieder unten angekommen, trafen wir auf freundliche Handwerker, die uns *welcome* zuriefen. Ein Steinmetz, der in einem Durchgang arbeitete, winkte uns zu sich. Mit einem Werkzeug, das wie eine altägyptische Harke aussah, glättete er große Kalksteinblöcke für die Restaurierung eines Gebäudes.

Es wäre verlockend gewesen, die *qasaba* entlang weiter nach Norden bis zur Al-Azhar Moschee zu gehen, doch vorerst erwartete uns die Südroute vom Bab Zuwayla zur Muhammad Ali Straße, wo wir die Werkstatt eines Oud-Herstellers besuchen wollten. Die Darb al-Ahmar Straße mündet hier in die Sharie Ahmed Maher, benannt nach dem ehemaligen Premierminister, der 1945 ermordet wurde. Fallweise kennen Einheimische noch die früheren Bezeichnungen Taht al-Rab'a und Bab al-Khalq, eines von sechzig Toren der fatimidischen Stadt. Viele kleine Werkstätten und Geschäfte reihten sich hier aneinander, zwei Schuhmacher, ein Fassbinder und eine *open air* Tischlerei gehörten ebenso dazu. Ein desolates mittelalterliches Gebäude, zu dem einige Stufen führten, erhob sich direkt hinter den fleißigen Handwerkern. Die

Männer verarbeiteten Holz von Olivenbäumen ohne elektrische Sägen. Die knorrigen Stämme wurden mit Zugsägen händisch in passende Teile geschnitten. Das Handwerksgerät war mir nicht fremd, da meine Eltern noch damit gearbeitet haben. Aus den geschnittenen Teilen wurden Hackstöcke, Sessel und Bänke hergestellt. Einer der Arbeiter hielt auf einem Bankrohling sein Mittagschläfchen, in Hockstellung hatte er es sich darauf gemütlich gemacht.

Das erwähnte desolate mittelalterliche Gebäude hatte für mich vorerst keine Bedeutung, da die Menschen im Vordergrund standen. Doch als ich mich nach dem Schreiben des Manuskripts an die Auswahl der Fotos machte, entdeckte ich das Gebäude wieder. In einem anderen Zusammenhang stieß ich zuvor auf den türkischen Sufi Ibrahim al-Gulshani aus Aserbeidschan, der in der nördlichen Totenstadt angeblich im Mausoleum von Sultan Qaytbey gelebt haben soll. Ich recherchierte und fand auf der Homepage vom World Monuments Fund doch tatsächlich den Sufikonvent von Ibrahim al-Gulshani, der zwischen 1519 und 1524 erbaut wurde. Zu lesen war da folgendes: „Der Takiyyat Ibrahim al-Gulshani-Komplex liegt in verschiedenen Ruinenzuständen, ein Opfer finanzieller Einschränkungen, Erdbeben, Plünderungen und wechselnder Verwaltungsstrukturen. Nach dem Erdbeben von 1992 und bis zum politischen Aufstand von 2011 war der historische Kern der Stadt Gegenstand von Hunderten von Restaurierungsprojekten, die der historischen Architektur neues Leben einhauchten. Heute sind die Einnahmen aus dem Tourismus beträchtlich zurückgegangen und die Investitionen in das kulturelle Erbe in Ägypten sind begrenzt. Ausländische Unterstützung, die einst einen wichtigen Beitrag zur Erneuerung der historischen Stadt leistete, ist heute nahezu nicht vorhanden."[34] Das freistehende Mausoleum mit Kuppel steht erhöht in der Mitte eines Hofes. Deutlich ist noch eine blaue Dekorierung zu erkennen, die Keramikfliesen imitieren sollte. Tatsächlich handelt es sich dabei aber um eine Bemalung. Die den Grabbau einst umgebenden Sufi-Zellen, die Moschee, eine Küche, Geschäfte und Wohnungen für die ergebenen Anhänger und Familienmitglieder al-Gulshanis, sind in einem sehr schlechten Zustand oder ganz verschwunden. Durch die Aufnahme des Gebäudes in die 2018 World Monuments Watch Liste könnte sich etwas ändern, da auch von den lokalen Behörden positive Signale kommen.

Nicht weit davon entfernt saß ein Schuster auf dem Gehsteig und produzierte mit einem Gummistreifen aus alten Autoreifen, die er auf eine dicke Holzsohle nagelte, einfache Schuhe. Während wir uns das Schuhwerk genauer ansahen und rätselten, wofür es wohl zu gebrauchen wäre, zeigte der Handwerker immer in Richtung Moschee, bis uns klar wurde, dass er sie für die Toiletten und Waschräume produzierte. Das Gummiband bezog er von einem Schuster auf der anderen Straßenseite. Der freundliche alte Mann bat uns in seine Werkstatt, in der er aus Altreifen richtige Schuhe anfertigte. Sein Werkzeug war eine alte Nähmaschine zum Treten, womöglich eine Singer oder Pfaff, die man in Kairo durchaus finden kann. Er nahm ein Stück Gummischlauch, setzte sich an die Maschine und demonstrierte seine Tätigkeit. Vorher musste er allerdings das Kätzchen wegscheuchen, das auf seinem Sessel schnurrte. Durch das offene Fenster schien die Sonne auf das Gesicht des Mannes. Selten habe ich ein so gutmütiges und zugleich trauriges Gesicht gesehen.

Der nächste, der uns in seine Werkstatt bat, war der Fassbinder. Der noch junge Mann hieß Mahmud und zimmerte mit seinem Sohn diverse Behältnisse aus Holz. Fässer in verschiedenen Größen, Bottiche und Butten erinnerten mich an meine Kindheit, da der Vater einer Freundin ebenfalls diesen Beruf ausgeübt hatte. Eisenreifen hingen links und rechts neben dem Tor, im Inneren beleuchtete eine schwache Neonröhre den Raum. Als besondere Dekoration hatte Mahmud zwei geschnitzte Schiffssteuerräder über dem Eingang hängen. Wir wurden zum Tee eingeladen und mussten Fotos von ihm machen. Als meine Freundin Isabella zwei Monate später wieder in Kairo war, spielte sie persönlich den Postboten und überbrachte die Fotos. Doch statt freudiger Überraschung musste sie sich von Mahmud die Beschwerde über das Format anhören, denn eigentlich hätte er Postergröße erwartet.

 Salih Tala'i Moschee

Südlich des Bab Zuwayla wird allerlei Federvieh auf Leiterwagen angeboten, lautes Gegacker und Geschnatter beherrschen den Platz. Hühner, die sich wahrscheinlich gegenseitig die Federn auszupfen, wie ihre nackten Brüste vermuten lassen, warten auf den Kochtopf. Ein älterer Mann rupft ein kleines Huhn und entfernt die Innereien, das Ganze sieht ziemlich unappetitlich aus. Federn, Hühnerkot, Grünfutter und Stroh bedecken den Boden. Andreas erinnert mich an unsere „westlichen Quälstationen", in denen Hühner unter schlimmsten Bedingungen und unter Einsatz von chemischem Futter und Hormonen zur Schlachtreife gemästet werden. Eine warme Mütze auf dem Kopf, stellt ein Mann sein Gefährt vor einer *zawiya*, ursprünglich ein religiöser Rückzugsort, ab. Er beginnt zu lachen, als er unsere erstaunten Blicke bemerkt, denn so einen fahrbaren Untersatz haben wir noch nie gesehen. Es ist eine Art Rollstuhl, der vorne noch ein drittes Rad an einer langen Lenkstange und eine Lenkvorrichtung hat, auf die ein kreativer Geist die Pedale eines Rades montierte. Wird daran gedreht, bewegt sich der Rollstuhl und die Person kann damit bequem durch die Stadt radeln. Nicht weit davon entfernt sehen wir ein weiteres Gefährt dieser Bauart. Darauf Platz genommen hat eine voll verschleierte Ägypterin, die uns sogar erlaubt, sie zu fotografieren.

In den Innenhof der Moschee des fatimidischen Wesirs al-Salih Tala'i konnten wir bereits von den Minaretten der al-Mu'ayyad Moschee aus, hineinblicken. Der zweistöckige Bau ohne Minarette ist 1160 noch unter den fatimidischen Kalifen al-Faiz und al-Adid errichtet worden. Keine zehn Jahre später fiel Ägypten an die sunnitische Dynastie der Ayyubiden. Ursprünglich wurde an dieser Stelle ein Schrein für den Kopf von Al-Husayn, dem Enkel des Propheten, errichtet. Doch der Kalif bestimmte, dass dafür nur sein Palast in Frage käme, an dessen Stelle heute die Sayyidna Al-Husayn Moschee steht (s. Kap. „Sayyidna Al-Husayn Moschee"). Es ist anzunehmen, dass die Fatimiden hin und wieder Legenden erfanden, um ihren Status zu sichern. Was den Kopf von Al-Husayn betrifft, wird erzählt, dass er nach dem Kampf gegen die Kreuzritter bei Askalon nach Kairo gebracht worden sei. Als Auftraggeber werden der Kalif al-Faiz und dessen Wesir al-Salih Tala'i genannt.

Im Untergeschoss, das um einiges tiefer als das heutige Straßenniveau liegt, befanden sich Geschäftslokale, die als Einnahmequelle für die Moschee dienten. Diese wird wie jene von al-Aqmar im nördlichen islamischen Viertel als „Hängende", *al-muallaqa,* bezeichnet. Ein Portikus mit sieben kielbogenförmigen Arkaden gehört zum Eingangsbereich, wobei die beiden äußeren zugemauert sind und im Erdgeschoß jeweils ein großes Fenster besitzen. Die restlichen fünf Arkaden sind mit antiken Säulen verbunden und mit 150 Zentimeter hohen Holzgittern verschlossen. Diese Architektur erinnert an die ägyptischen Tempel der griechisch-römischen Zeit, die solche Elemente verwendeten - allerdings aus Stein - und die „Säulenschranken" genannt werden. Die Decke des Portikus besitzt noch die Originaldekoration und ist die Einzige, die aus der Fatimidenzeit zu besichtigen ist.

Von der Architektur her ist das Bauwerk eine fatimidische Säulenmoschee mit einem großen zentralen Hof und umlaufenden Kolonnaden. Durch die fehlenden Minarette wirkt sie wie ein quaderförmiger Kasten. Der Innenhof beeindruckt mit schlichter Eleganz und erinnert mich an die Al-Azhar Moschee, ebenfalls aus der Fatimidenzeit stammend. Kaum zu glauben, dass keine zwei Säulen mit dem gleichen Kapitell abschließen, wie der Kustos erklärte. Sie wurden auch nicht extra angefertigt, da alle aus vorislamischer Zeit stammen. Geradezu ein Wunder ist es, das die Fenster überlebten, jene neben der Gebetsnische ist noch sehr gut erhalten.

Qasaba von Radwan Bey, Bazar der Zeltmacher

Die Qasaba von Radwan Bey ist heute unter den Namen Bazar der Zeltmacher oder Souk al-Khayamiya bekannt. Errichtet wurde der Bazar von Emir Radwan Bey, einem Mamluken, während der osmanischen Herrschaft. Zuvor befand sich an dieser Stelle der Palast des Emirs Ilgay aus dem 14. Jahrhundert, der nach seinem Tod an die Tochter des Sultans Muhammad ibn Qalawun, Aisha Khatun, fiel. Nachdem sie verstorben war, erwarb Gamal al-Din Mahmud das Anwesen. Erst viel später ließ Radwan Bey in diesem Viertel mehrere Gebäude im Rahmen der Stadtentwicklung erbauen.

An einem Sonntag machten wir uns auf den Weg, den Bazar der Zeltmacher zu besuchen. An diesem Wochentag waren nur vereinzelt Geschäfte offen und eine für Kairo ganz unübliche Ruhe lag über dem Viertel. Das erleichterte es, den Inhalt unserer Geldbörsen zu schonen und die Reste der schattenspendenden Original-Holzdecke aus dem Mittelalter zu betrachten. Sobald wir unter die Überdachung traten, ließen nur kleine Ausschnitte an der Decke Sonnenstrahlen durch, die das eine oder andere Werkstück wie mit Spots beleuchteten. Die Gasse ist im Grunde eine sehr belebte Fußgängerzone, die nicht nur von Touristen, sondern auch von Einheimischen besucht wird. Diesen Ort liebe ich besonders, da hier die Zeltmacher von Kairo ihr altes Kunsthandwerk ausüben, das in dieser Form nur in Ägypten zu finden ist. Hier sticken nämlich die Männer. Sie fertigen Kissen, Tischdecken, Wandbehänge, Raumteiler, Taschen und auch Zelte an. Mit flinken Fingern nähen sie bunte Stoffstreifen auf Baumwolle, die mit starkem Segeltuch unterlegt ist. Eine überwältigende Fülle an Farben, Ornamenten, geometrischen Mustern, Schriften, Tierdarstellungen, Derwischen und Motiven aus der Pharaonenzeit entfaltet sich vor dem Betrachter. Wie Fahnen hängen die Kunstwerke vor den kleinen Werkstätten. In den Geschäften stapeln sich die fertigen Stücke oft meterhoch und die Auswahl ist verführerisch. Die Tradition dieser Applikationstechnik soll über 3.000 Jahre alt sein, wie auf der offiziellen Homepage der Zeltmacher zu lesen ist.[35]
Wenn ich in Kairo bin, reise ich nie weiter, ohne die Zeltmacher besucht zu haben. Mit Adel saß ich vor vielen Jahren in der Werkstatt eines Zeltmachers, als er zu erzählen begann: „Bei den Fatimiden gab es das Fest der ankommenden Nilflut, denn vom Nil hing der Wohlstand Ägyptens ab. Für das Fest wurde am Nilufer ein Zelt aufgestellt, in dem der fatimidische Kalif mit seinen Würdenträgern Platz hatte. Hundert Mann zu Pferde konnten darin stehen, ohne dass sie das Dach berührten. Und erst die Ausstattung des Zeltes, eine unglaubliche Pracht war das, heute kann sich das kein Mensch mehr vorstellen. Applikationen und Stickereien zierten die Innenwände, sogar Goldfäden und Juwelen waren eingearbeitet. Es glänzte und glitzerte, dass man fast erblindete. Doch bevor die Prozession beim Zelt anlangte, marschierte sie durch Kairo. Der Wesir, der Gouverneur von Kairo und der Kommandeur der Truppen mit mehreren hundert Mann, begleiteten den Kalifen. Mit Lanzen- und Schildträgern, aber auch Trommlern und Flötisten paradierten sie an der jubelnden Bevölkerung von al-Qahira vorbei. Es muss ein beeindruckendes Fest gewesen sein..."

Adel wurde still und hing seinen Gedanken nach, dann sagte er: „Ja, so war das damals. Etwas von dieser ausgelassenen und feierlichen Stimmung kannst du heute noch bei den *mawlids*, den Heiligenfesten, spüren. Festzelte gibt es da in Hülle und Fülle. Die Ägypter lieben es zu feiern und geschmückte Zelte werden heute noch bei großen Familienfesten und Feiertagen aufgestellt. Das Handwerk ist aber bedroht, immer mehr Billigimporte kommen ins Land und anstatt die schönen Meisterstücke unserer Zeltmacher zu erwerben, wird billiger Druck gekauft. Es ist auch eine Sache des Geldes, die meisten Menschen sind viel zu arm, um sich so ein wertvolles Stück anzuschaffen. *Inshallah* wird es wieder besser."

Damals dachte noch niemand an eine Revolution, den Sturz Mubaraks oder an eine Regierung der Muslimbrüder. Die Zeltmacher von Kairo sind heute mehr denn je in einer schlimmen Situation, da wenige Touristen ins Land kommen und sie auf ihren Kunstwerken sitzenbleiben. „Zu Zeiten Mubaraks war das Geschäft gut, jetzt geht das Land den Nil hinunter. Niemand kümmert sich um unsere alte Tradition. Wovon sollen wir leben, wenn wir nichts verkaufen", fragte uns ein Zeltmacher. Wo sich früher Menschenmassen drängten, herrscht nun Leere. Der australische Filmemacher Kim Beamish nahm sich des alten Handwerks der stickenden Männer an. Vom 25. Jänner 2011 bis zur Wahl von Abdel Fatah al-Sisi Ende Mai 2014 arbeitete er an einer Dokumentation über die Zeltmacher. Darin erzählt er die Geschichte des Kampfes um Demokratie anhand der kleinen Gemeinschaft von Handwerkern, die ihre alte Kunst am Leben erhalten wollen.

Madrasa von Inal al-Yusufi und der Sufi mit dem blinden Auge

Nach der Moschee von Mahmud al-Kurdi, deren auffällige Kuppel von der schmalen Gasse aus nicht zu sehen ist, erhebt sich an der linken Straßenseite die altehrwürdige *madrasa* von Inal al-Yussufi aus dem 14. Jahrhundert. Sie gehört in die Zeit der Burj-Mamluken und wurde von Inal al-Yussufi erbaut. Jener Inal war in die Nachfolgekämpfe des verstorbenen Sultans al-Nasir Muhammad verwickelt. Er ging nach Syrien, bis Gras über die Sache gewachsen war. Wieder zurück in Kairo, war es Sultan Barquq, der ihn zum *atabek*, zum Kommandanten der Armee, ernannte. In dieser Funktion errichtete er auch die *madrasa*. Eines Tages soll sein Schwert an einem der bunten Glasfenster erschienen sein, was von jedermann für ein Wunder gehalten wurde. Von daher kommt wahrscheinlich der besondere Status dieser *madrasa*-Moschee. Ein Zaun, dekoriert mit allerhand Brauchbarem wie Besen, Bürsten und Taschen, schirmt die Fassade gegen die Straße ab. Das *sabil kuttab* besitzt *mashrabiya*-Fenster, flankiert von zwei korinthischen Säulen, darüber sind geschnitzte Schriftbänder und ein Gitter aus Schmiedeeisen zu sehen. Der obere Teil des Minaretts musste erneuert werden und entspricht den osmanischen Bleistiftminaretten. Auch die Kuppel über dem Grab des Erbauers ist zu sehen. Sie wurde wie das Minarett und das gesamte Dach sorgfältig restauriert. Obwohl es vier Rechtsschulen gibt, wurden in der Inal al-Yussufi *madrasa* nur zwei gelehrt: Shafi'i für die Masse und Hanafi für die Mamluken. Das belegen die zwei der normalerweise vier vorhandenen *iwane*, der *qibla iwan* und der gegenüber liegende. Heute fühlt sich die große Mehrheit der Ägypter der Rechtsschule des al-Shafi'i, die eher in Unterägypten, also im Norden des Landes, vertreten ist, sowie der malikitischen Rechtsschule, die in Oberägypten zu Hause ist, zugehörig.

Ich war mit zwei Freundinnen unterwegs, um die Gegend südlich des Zeltmacher-Bazars zu erkunden. Ein junger Mann kreuzte unseren Weg. Er deutete auf die *madrasa* und sagte Sufi, *holy man, yalla, yalla*. Während ich ihm noch überrascht nachsah, kam ein alter Mann in einer abgetragenen grauen *galabiya*, auf einem Auge blind, auf mich zu. Er nahm mich bei der Hand und führte mich zum Eingang. Da stand eine korpulente, schwarz gekleidete Frau mit Kopftuch, das sie nach hinten gebunden hatte. Ehe ich noch grüßen oder überlegen konnte, was da jetzt wohl auf mich zukommt, steckte sie mir eine Falafel in den Mund und begann schallend zu lachen. Eine zweite Falafel und Fladenbrot folgten, gleichzeitig zog mich der alte Sufi ins Innere der *madrasa*. Mit respektvollen Gesten wies er auf die Besonderheiten des Gebäudes hin, vor allem die schönen bunten Glasfenster und die bemalte Holzdecke. Ein Bücherregal diente als einziges Interieurmöbel. Wir gingen auf einen kleinen seitlichen Raum zu, der Alte war jetzt noch respektvoller, denn hier befand sich das Grab des Stifters. Während ich mich umsah, den Besen und den aufgerollten Teppich in einer Ecke registrierte, spürte ich plötzlich die Hand des Sufis auf meinem Kopf, mit der anderen ergriff er meine Hand und legte sie auf den Grabstein. Aus den Augenwinkeln beobachtete ich ihn, Gedanken surrten durch meinen Kopf, aber ich ließ es geschehen. Muhammad, ich erfuhr später seinen Namen, begann sich hin und her zu wiegen und rezitierte etwas, das ich als Koranverse interpretierte. Seine Augenlider zuckten, seine Stimme wurde ein leises Murmeln. Ich spürte Wärme durch meinen Körper fließen, die sich beim Herzen ausdehnte. Als er geendet hatte, streichelte er meinen Kopf, klopfte mir väterlich auf die Schulter und schenkte mir sein zahnloses Lächeln.
Wir glaubten uns schon am Ende der *special guided tour*, doch es kam anders. Muhammad bat uns in einen Nebenraum, die Frau brachte Tee und weitere Falafel. Der Sufi begann meine Wirbelsäule abzutasten und fand mit sicherem Gespür meine Wehwehchen. Mit ein paar Handgriffen richtete er meine linke Hüfte ein, die

Schmerzen waren weg. Er strich mit seinen Händen über meinen Kopf und Rücken, saugte sich an meiner Stirn fest und schüttelte mich durch. Wenn ich mich zurück erinnere, wie er mir die Halswirbelsäule mit lautem Krachen einrenkte, finde ich das heute bedenklich. Doch zu diesem Zeitpunkt war ich voll Vertrauen, letztendlich die wichtigste Voraussetzung für eine Therapie. Mittlerweile sind viele Jahre vergangen, die Schmerzen in der Hüfte sind nie mehr wiedergekommen. So erlebte ich eine zweistündige Behandlung, die nur von Tee- und Wassertrinken unterbrochen war. Eine meiner Freundinnen unterzog sich ebenfalls diesem Ritual, während die andere es strikt ablehnte. Muhammad verlangte nichts, ich gab ihm nach meinem Ermessen und er lächelte dankbar.

Auch bei den nächsten Reisen besuchte ich diesen Ort und machte meine Mitreisenden mit Muhammad bekannt. Er servierte Fanta, die sehr süße ägyptische Variante, und schenkte jedem von uns ein Päckchen Papiertaschentücher aus seinem Straßenladen. Christine, die junge Koptin, war beim letzten Besuch dabei und übersetzte. So erfuhren wir noch, dass Muhammad schon seit vielen Jahren eine Koranschule betreibt und Kinder vom 3. bis zum 15. Lebensjahr unterrichtet. Wichtig ist ihm, sie zu lehren, wie man den Koran richtig liest und wie man schreibt. Zum Beweis kramte er die Schulhefte der Kinder hervor, die er uns mit einem gewissen Stolz zeigte. Plötzlich stand er auf und setzte sich zu einer Mitreisenden, begann zu rezitieren und nahm sie bei der Hand. Es sah aus, als ob er ihren Puls fühlen würde, wobei sein Blick in einer unsichtbaren Ferne etwas zu suchen schien. Gesegnet verließen wir wieder diesen Ort und Muhammad, den freundlichen alten Sufi mit dem blinden Auge.

Gedanken zu Blinden und Sehgeschädigten

Der griechische Schriftsteller Emmanuel Roidis, der auch den Roman „Päpstin Johanna" schrieb, soll gesagt haben, dass jedes Land seine Wunden hat. England hätte den Nebel, Ägypten das Augenleiden und Griechenland die Griechen. Das mag jetzt in gewisser Weise amüsant klingen, doch was Ägypten betrifft, liegt er leider richtig, denn mehr als zwei Prozent der ägyptischen Bevölkerung ist blind oder stark sehbehindert. Nach Erkenntnissen der Weltgesundheitsorganisation könnte der Verlust des Augenlichts bei den Erkrankten um 80 Prozent reduziert werden. Das Problem dabei ist, dass der Großteil der Risikogruppen in Entwicklungsländern lebt und die Früherkennung sowie die ärztliche Versorgung nicht gewährleistet sind.
Ägypten war einst eine der Geburtsstätten der Augenheilkunde. Die altägyptischen Ärzte genossen hohes Ansehen und waren über die Landesgrenzen hinaus berühmt. Für viele Krankheiten gab es sogar Spezialisten. Die Medizin war jedoch über

Jahrtausende untrennbar mit der Religion, der Magie und den Mythen verbunden. Der altägyptische Mythos von Horus und Seth mag dafür als Beispiel dienen. Horus, dessen Vater Osiris von Seth getötet wurde, forderte diesen zu einem Kampf heraus, der sich über viele Jahre hinzog. Dabei riss Seth Horus ein Auge aus und zerstückelte es in 64 Teile. Thot, der ägyptische weise Mond- und Heilgott, Erfinder der Schrift und Wissenschaften, gilt als Urvater der Augenheilkunde, da er das Auge des Horus wieder zusammenfügte. Seit dieser Zeit gilt das Horus- oder *udjat*-Auge als eines der wichtigsten Schutzsymbole. 63 Teile des Auges, den 64. behielt sich Thot, flossen in die Mathematik der Alten Ägypter ein und wurden als Bruchzahlen verwendet.

Die am weitesten verbreitete Augenerkrankung ist das Trachom, auch als „Ägyptische Körnerkrankheit" bekannt, eine bakterielle Entzündung des Auges, die zur Erblindung führen kann. Weitere Ursachen sind neben Hitze, Sand, Umweltverschmutzung und mangelnder Hygiene auch Erbkrankheiten durch die vielen Ehen zwischen Blutsverwandten. Wie ich von Freunden erfuhr, sind moderne Augenkliniken und Augenärzte in Ägypten rar. Der Dokumentarfilm „Das Heer der Blinden" befasste sich vor mehreren Jahren mit diesem Thema. Den Recherchen zufolge gibt es in Heliopolis den „Palast des Lichts", ein sogenanntes Herzeigeprojekt, wo Bücher in Blindenschrift aufliegen und gute Ärzte zur Verfügung stehen. Bereits 1915 wurde im alten islamischen Viertel auf den Ruinen des mittelalterlichen *maristan* von al-Mansur Qalawun eine Augenklinik errichtet, die heute noch regen Zustrom hat (s. Kap. „Qalawun-Komplex"). Nach einem Gesetz müssten staatliche Betriebe fünf Prozent Behinderte einstellen. Letztendlich aber landet alles bei Allah, der es schon richten wird und dessen Willen sich kein gläubiger Muslim widersetzen kann. Da es im Islam Pflicht ist, jenen Almosen zu geben, die einen Anspruch darauf haben, also Bedürftigen, Kranken oder Behinderten, sah ich, wie diesen Menschen Geld zugesteckt oder auf andere Weise geholfen wurde. Die Geste symbolisiert auch die Dankbarkeit des Gesunden gegenüber Gott, dass man selbst nicht in dieser misslichen Lage ist, sondern etwas geben kann. Es ist Teil des muslimischen Charakters, den bedürftigen Mitgliedern der Gemeinschaft zu helfen. Es ist auch eine der fünf Säulen des Islam, die *zakat* genannt wird.

Immer wieder traf ich bei meinen Reisen durch Ägypten auf Menschen, die blind waren oder schlecht sahen. Da ich das eine oder andere Mal nach Brillen gefragt wurde, die in der Regel nicht leistbar sind, suchte ich eine Möglichkeit, sie an die richtige Stelle zu bringen. Alte Brillen von Freunden waren bald gesammelt und 2012 ergab sich die Möglichkeit, sie in Manshiet Nasser, in der Müllstadt, an eine Institution zu übergeben. Die Brillen werden dort von Augenärzten gratis getestet und entsprechend verteilt.

Gedanken zum Wasser

Wasser aus der Leitung zu trinken, ist für Europäer in Kairo nicht ratsam. Verunreinigungen entstehen, wenn alte Leitungen brechen und sich sauberes mit kontaminiertem Wasser vermischt. 95 Prozent des Wassers kommt aus dem Nil und wird aus der Strommitte entnommen, wo die Fließgeschwindigkeit am schnellsten und das Wasser am saubersten ist. Als ich vor mehreren Jahren auf einer Feluke von Assuan nach Edfu segelte, fielen mir in Abständen von ungefähr zehn Kilometern kleine blaue Holzhütten in Ufernähe auf. Sabry informierte mich damals, dass hier regelmäßig Wasserproben entnommen und analysiert werden. An die siebzig Verschmutzungssubstanzen wurden bereits gefunden, wobei zwanzig von der Zuckerindustrie stammen und fünfzig von der Landwirtschaft. Es gibt zwar Gesetze, die die Ableitung ungeklärter Abwässer verbieten, doch sie werden nicht eingehalten. Ein fast noch größeres Problem stellen die Rückstände von international verbotenen Pestiziden und Düngemitteln dar. Sie verunreinigen das Wasser vor allem im Bereich von Kairo und im Nildelta. Das Grundwasser, Fische und Algen werden mit den Giftstoffen belastet und das verunreinigte Wasser kommt auf die Felder. Wie der Kreislauf weitergeht, kann man sich gut vorstellen. Schädlich ist auch das Chlor, das in hohen Dosen dem Trinkwasser beigegeben wird. Bei einer befreundeten Familie in Qurna trank ich einmal aus Versehen aus einer Flasche, die im Kühlschrank stand. Das Wasser war für meinen Geschmack ungenießbar.

In Ägypten herrscht generell arides Klima mit geringen Niederschlägen. Die rasant wachsende Bevölkerung und die stagnierende Wirtschaft tragen zu einer Verknappung der natürlichen Ressourcen bei. Durch den Klimawandel verschlimmert sich die Situation noch mehr. Das Intergovernmental Panel on Climate Change prognostizierte für Ägypten steigende Temperaturen, eine Erhöhung des Meeresspiegels, Eindringen von Salzwasser in das Grundwasser der Küstenregionen und zunehmende Versalzung landwirtschaftlicher Kulturflächen (s. Gastbeitrag „Hermann Becke über Sekem").

Kairos Problem liegt in seiner Dimension, im Grund- und Schmutzwasser und im Salz, sagte der Bauhistoriker und Denkmalpfleger Dr. Saleh Lamei, der für die Rettung und Erhaltung des islamischen Architekturerbes zuständig war. Bereits im Mittelalter beklagten Historiker, dass die Fatimiden ihre neu gegründete Stadt nicht direkt am Fluss gebaut hatten, denn die jährliche Nilflut schwemmte das Salz aus dem Grundwasser, das sonst die Steine, mit denen die Gebäude errichtet wurden, zerstört. Durch den Assuan Hochdamm gibt es die Nilflut ohnehin nicht mehr, das Problem wäre auf alle Fälle aufgetreten. In Häusern, wo früher eine Bürgerfamilie lebte, wohnen heute landflüchtige Bauern, eine Familie in einem Zimmer. Kairos Kanalsystem war auf zwei Millionen Menschen ausgerichtet, nicht auf 22 Millionen, und kann die anfallenden Mengen nicht mehr verarbeiten.[36]

Viele Ägypter haben keinen Zugang zu sauberem Trinkwasser, sie werden krank, sollten zum Arzt gehen, den sie nicht bezahlen können. Die Menschen trinken weiterhin das verunreinigte und stark gechlorte Wasser, von dem sie glauben, dass es gesund ist. Außerdem verwenden sie Unmengen von Zucker, weil sie der Meinung sind, er gibt Kraft, wenn sie wenig zu essen haben.

Al-Oud, das Holz, und die altorientalische Musiktherapie

Der Erste, der eine Oud baute, war Lamech, der Sohn Kains. Auch er hatte einen Sohn, der im Alter von fünf Jahren starb. In seiner großen Trauer konnte sich Lamech nicht vom Anblick des Kindes trennen. Der Legende nach soll er den Leichnam an einen Baum gehängt und gewartet haben, bis das Fleisch von den Knochen fiel und nur noch ein Bein übrig war. Dieser Anblick inspirierte ihn dazu, ein Stück Holz zu nehmen, es in mehrere dünne Teile aufzuspalten und sie zu einem Klangkörper zusammenzufügen. Nachdem er die Saiten aufgezogen hatte, begann er darauf zu spielen und zu singen. Lamech weinte und klagte solange, bis er blind wurde. Weil das Instrument ganz aus Holz war, nannte er es *al-oud*, das Holz.
Der Ursprung der Oud ist nicht ganz geklärt. Die oben beschriebene Geschichte klingt sehr makaber, daher ist jene glaubwürdiger, nach der sie von einem Instrument aus der Mitte des 3. Jahrtausends vor Christus aus dem heutigen Irak abstammt. Ägyptische Oud-Hersteller berufen sich allerdings auf ihre Entstehung im Neuen Reich ab 1580 vor Christus, das als Hochblüte in der langen Geschichte des Alten Ägypten gilt. Ende des 7. Jahrhunderts ist die Oud in Mekka und Medina nachweisbar, von wo sie in andere arabisch-islamische Länder kam. Den Weg nach Mitteleuropa nahm sie über Spanien und Byzanz durch zurückkehrende Kreuzfahrer. Troubadoure entdeckten das Instrument für sich und begleiteten damit ihren Gesang. Die Namen, die dem Instrument in mehreren europäischen Sprachen gegeben wurden, wie Laute, *laud*, *luth* oder *lute*, lassen sich alle auf die arabische Bezeichnung al-Oud zurückführen.
Mittelalterliche islamische Gelehrte wie Muhammad al-Farabi, einer der maßgeblichen Begründer der Musiktherapie und heutigen Medizin im Allgemeinen, sah die Ursprünge der Oud in der griechischen Kultur. Im 10. Jahrhundert beschrieb der Gelehrte das Instrument in einem musiktheoretischen Traktat. Dabei analysierte er auch die harmonischen Zusammenhänge und den Einfluss der Musik auf die Seele, den er auf folgende Weise zum Ausdruck brachte: „Wenn der Körper krank ist, ist die Seele des Menschen geschwächt. Durch die Stärkung der Seele vermag der Körper wieder zu Kräften zu gelangen. Mittels der Schwingungen dieser Musik wird die Seele gestärkt und in ein rechtes Verhältnis zum Körper gesetzt."[37] Auch

heute ist bekannt, dass die Klänge der Oud über heilende Kräfte verfügen. Musiker, Heiler und religiöse Gruppen sprechen von ihrer Fähigkeit zu beruhigen und die Herzen der Menschen zu beleben.

„Die *Maqam*-Musiktherapie leitet sich von der griechischen Harmonielehre ab und wurde durch arabische Gelehrsamkeit und persische Kunstfertigkeit übermittelt. Gemeinsam mit der schamanistischen Spielweise der Türken erlangte sie im Schmelztiegel von Khorasan einen Höhepunkt. Diese Musik wurde in der osmanischen Epoche bis ins 19. Jahrhundert weiterentwickelt, vergessen wurde sie erst im 20. Jahrhundert. Doch durch Dr. Oruç Güvenç aus Istanbul erfuhr die altorientalische Musiktherapie in den 1970er-Jahren eine Renaissance. Seine musikalischen Fähigkeiten, seine Feldstudien in Anatolien und Zentralasien, sowie die Kenntnis musiktheoretischer Schriften haben die Makam-Musiktherapie zu neuem Leben erweckt. Indem er Kunst, Wissenschaft und Spiritualität vereinte, erstand diese Therapieform neu."[38]

Christian, ein guter Freund, nebenbei noch Tischler, Musiker und Bandmitglied, begleitete uns vor einigen Jahren nach Ägypten. Geplant waren mehrere Tage in Kairo und eine Kameltour durch die Weiße Wüste. Als Gitarrist lockte ihn die Oud, die er unbedingt erstehen wollte. Die Muhammad Ali Straße anzupeilen war ein Tipp von unserem Freund Saad, denn hier sollte es die meisten Geschäfte für Instrumente geben, aber auch Werkstätten von Oud-Herstellern.

„Das Geschäft mit der Oud ist am Absteigen, eine gute Oud können sich die wenigsten leisten und die Touristen kaufen nur die billigste Ware. Früher wurde sie auch viel mehr von Privatpersonen geschätzt. Viele wollten dieses wundervolle traditionelle Instrument bei sich zu Hause haben und manche lernten auch darauf zu spielen", erzählte Saad.

Was eine orientalische Laute können muss, wie sie beschaffen sein muss und wie man eine schlechte von einer guten unterscheidet, davon hatten wir keine Ahnung. Zuerst beobachteten wir zwei Instrumentenbauer, von denen der eine am Korpus einer Oud arbeitete und der andere die Saiten spannte. Holzteile, halbfertige Korpusse und schön polierte Instrumente lagen in der Werkstatt, an die noch ein kleines Geschäft angeschlossen war. Christian steuerte direkt darauf zu, begann zu gustieren, nahm einmal diese, dann wieder jene und versuchte zu spielen. Sehr schnell merkte er, dass eine Oud ganz etwas anderes ist als eine Gitarre. Doch er erlag der Versuchung und kaufte, doch die Qualität war leider nicht so wie erwartet. Dies bewog mich zu recherchieren und ich fand tatsächlich einen Artikel in der al-Ahram Zeitung über Fathi Amin, einen der wenigen noch verbliebenen Meister des Oud-Baus. Da war zu lesen, dass er auf engstem Raum in der Nähe des Sayyida Aisha Platzes in einem Gewirr von schmalen Gassen neben einem Friedhof arbeitet. Selbst der einheimische Reporter hatte Schwierigkeiten, die Werkstatt zu finden. Er war schon mehrere Male daran vorbei gelaufen, ohne sie zu entdecken. Wenn ihm nicht eine Frau schließlich den Tipp gegeben hätte, dass er sich nur umzudrehen braucht, hätte er aufgegeben. Fathi Amin sagt, dass er für eine Oud in höchster Qualität ein halbes Jahr benötigt. So ein besonderes Instrument kostet dann auch bis zu 15.000 ägyptische Pfund (720 Euro). Im Hinblick auf den Zeitaufwand ist das immer noch ein Geschenk. Fathi Amin ist überzeugt, dass die Seele des Handwerkers im Zentrum der Oud einen Abdruck hinterlässt. Dieser entsteht aus der Energie, mit der das Werkstück gefertigt wurde, die sich auf den Spieler und die Zuhörer überträgt.[39]

Das Viertel Qal'at al-Kabsh

I Minarett der Ibn Tulun Moschee

II Brotlieferung für die Aufseher

III Umhänge für die Leichtbekleideten

IV Prunkraum im Gayer Anderson Museum

V Blick in den Hof der *madrasa* von Emir Sayf al-Din Sarghatmish

✿ Ibn Tulun Moschee

Wenn ich nach all den Besichtigungen etwas Ruhe brauche, gehe ich in die Ibn Tulun Moschee. Von der originalen Bausubstanz her betrachtet, ist sie die älteste Moschee Kairos. In Auftrag gegeben wurde sie von Ahmed Ibn Tulun, dem Sohn eines türkischen Sklaven, der in den Diensten des Abbasiden Kalifen al-Mamun stand. Im Jahr 868 erhielt er den Auftrag, als Gouverneur nach Fustat in Ägypten zu gehen. Bereits nach zwei Jahren regierte der in Rechtsprechung und Theologie ausgebildete Ahmed Ibn Tulun das ganze Land, verweigerte die Tributzahlungen an den Kalifen von Bagdad und erklärte sich zum unabhängigen Herrscher. Er wird als gerechter und unbestechlicher Mann mit großen Ideen geschildert, die er durch eine gute Finanzverwaltung umsetzen konnte. Mit Ibn Tulun zog auch die Bautradition von Samarra[40] in Kairo ein. Während der zwei Jahrhunderte davor, der Herrschaft der umayyadischen und abbasidischen Statthalter, hatte sich die Baukunst in Kairo kaum weiterentwickelt.

Nordöstlich von Fustat gründete Ahmed Ibn Tulun auf dem Hügel von Yashkur seine neue Stadt al-Qata'i, die zu einer der Keimzellen Kairos wurde. Er hatte eine gute Wahl getroffen, denn es war ein „Platz der Legenden". Nach alten Überlieferungen soll hier Noahs Arche nach der Sintflut gestrandet sein und Moses seine Konfrontation mit Pharaos Magiern gehabt haben. Der Hügel war ein Ort, an dem Gott den Betenden antwortete. Eine weitere Legende erzählt, Ibn Tulun hätte auf dem Muqattam Berg einen Goldschatz gefunden und wäre deshalb in der Lage gewesen, die prächtige Ausstattung seiner Stadt zu finanzieren. Doch auch ganz pragmatische Gründe dürften für die Auswahl des Hügels Pate gestanden haben. Das Flussbett des Nils lag damals viel weiter östlich als heute und reichte fast an den Gebel Yashkur heran. Um den Sümpfen auszuweichen und gleichzeitig die Kühle des Nordwindes einzufangen, bot sich dieser Ort für ein Bauvorhaben an.

Al-Qata'i war schon bald mit prächtigen Palästen, Profanbauten, Bädern und Märkten überzogen und sogar ein *maristan*, das erste Krankenhaus Kairos, wurde unter der Herrschaft von Ibn Tulun errichtet. Zur Finanzierung des Krankenhauses verwendete er Erträge aus eigenen Liegenschaften und Bädern, die er für Männer und Frauen errichten ließ. Es stand nur für die Zivilbevölkerung zur Verfügung, Soldaten oder Lehensherren war der Zutritt verwehrt. Bis zu jenem Tag, an dem Ibn Tulun von einem Geisteskranken mit einem Granatapfel beworfen wurde, besuchte er jeden Freitag seine Patienten.

Die mittelalterlichen Krankenhäuser, erbaut von Sultanen in Ägypten, aber auch in der Türkei und in Zentralasien, waren im Allgemeinen sehr fortschrittlich. Sie bildeten mit der Architektur, den Gärten, Brunnen, Moscheen und Bibliotheken eine Einheit, die gesundheitsfördernd und stimmungsaufhellend auf die Kranken wirkte. Zusätzlich wurde damals schon Musiktherapie praktiziert, die sogenannte Makam-Musik, die für viele Befindlichkeiten eine Tonalität bereithielt. Gespielt wurde auf alten Zupf- und Streichinstrumenten wie Rebab oder Stabgeige, Harfen, Oud, aber auch Ney-Rohrflöten, Zimbeln und Trommeln wurden verwendet. Wichtig waren Wassergeräusche, die mit der Musik auf die Kranken einwirkten, da so die Hintergrundgeräusche gefiltert wurden und der Gedankenfluss gleichmäßig strömen konnte.

Geschichten über das Interesse Ibn Tuluns an den Pyramiden von Giza wurden mir erzählt. So soll nicht al-Mamun, der Sohn Harun al-Raschids, der Erste gewesen sein, der versuchte in sie einzudringen, sondern Ibn Tulun. Mein Begleiter Adel wusste noch etwas zu berichten und berief sich dabei auf den Historiker und Philosophen al-Masudi. Demnach soll Ibn Tulun einen uralten Kopten über die Pyramiden und die Geheimnisse des Alten Ägypten befragt haben, der ihm erzählte, dass sie Königsgräber seien und wie eine Himmelsleiter funktionierten. Beamte Ibn Tuluns nahmen das Wagnis auf sich und drangen in eine Pyramide ein. Das Unternehmen fand ein tragisches Ende, da einer der Männer spurlos verschwand. Etwas später sahen sie seinen Geist, der ihnen in einer unbekannten Sprache zurief, ja nicht die ewigen Wohnstätten der alten Könige zu schänden.

Nur wenige Touristen kommen zum „Platz der Legenden" und zur Ibn Tulun Moschee, die mit Sicherheit zu den sehenswertesten Kairos gehört. Durch schmale Gässchen nähern wir uns dem Gebel Yashkur, wo sich der beeindruckende Bau erhebt. Er ist ein seltenes Beispiel für die islamische Architektur im neunten Jahrhundert. Die äußere, zinnenbekränzte Mauer aus gebrannten Ziegeln umschließt ein quadratisches Areal und weist mit 162 Metern eine beachtliche Länge auf. Stufen führen zu einem offenen Tor in den äußeren Hof, der an drei Seiten den inneren Gebetshof umfängt und dadurch eine Art Reinigungsschleuse, *ziyada* genannt, bildet. Hier konnten die Gläubigen alles Weltliche abstreifen, zur Ruhe kommen und sich auf das Gebet vorbereiten. Da die Märkte oft direkt an die Moscheen heranreichten, gelang mit dieser Bauweise eine Trennung von Sakralbereich und profanem Tagesgeschäft. Selbst dem Lärm der nimmermüden Stadt Kairo werden heute noch durch diese Architektur Grenzen gesetzt.

Ein weiterer Stiegenaufgang führt zum Eingang des inneren Hofes, der wie viele andere historische Gebäude von Polizisten bewacht wird. Gleich dahinter liegt ein älterer Mann auf einem rot-blau- gemusterten Teppich. Er trägt eine schlichte olivgrüne *galabiya*, das traditionelle Kleidungsstück. Seine ganze Aufmerksamkeit gilt dem Fladenbrot, das er aus einer schwarzen Plastiktüte nimmt und auf ein Holzgitter legt. So wie es duftet, ist es sicher noch warm und muss abkühlen. Ich will meine Schuhe ausziehen, bekomme stattdessen aber von einem der Aufseher grüne Stoffsäckchen übergestülpt, die sorgfältig zugebunden werden. Etwas schlurfend betrete ich den Innenhof. Es gibt Plätze, die mich immer wieder aufs Neue beeindrucken, auch wenn ich sie schon mehrere Male gesehen habe, die Ibn Tulun Moschee gehört mit Sicherheit dazu. Die klare Architektur wirkt wie eine Offenbarung und erzeugt eine beruhigende Weite, eingebettet in Stille. Ich möchte nur schauen und Eindrücke aufnehmen.

Bei meinem ersten Besuch war der Hof der Moschee noch mit Kieselsteinen ausgelegt, sternförmig angelegte Wege führten damals zum Brunnen. Es sah sehr schön aus, entsprach aber nicht der ursprünglichen Gestaltung. Heute ist der Boden des Hofes mit Steinplatten ausgelegt, was ihn größer erscheinen lässt. Die den Hof umlaufenden Arkaden bestehen aus gemauerten Pfeilern mit leichten Spitzbögen. In einer Legende wird erzählt, dass Ibn Tulun unter Druck kam, da er die Moschee in Anlehnung an jene in Mekka, jedoch ohne Säulen bauen wollte. Es war üblich, dass sich die Baumeister an Vorgängerbauten bedienten und deren Steinsäulen für die neu zu errichtenden Moscheen verwendeten. Da zu dieser Zeit Juden, Christen und Muslime in gutem Einvernehmen miteinander lebten, lehnte Ibn Tulun die Beschaffung von Spolien[41] ab. Ein Zufall kam ihm in Person eines eingekerkerten Christen zu Hilfe, der behauptete, die Moschee auch ohne Säulen bauen zu können. Er schlug stattdessen Pfeiler aus gebrannten Ziegeln mit einer dicken Mörtelschicht als Tragelemente vor. Der Fürst war von der Idee begeistert, schenkte dem Mann ein Ehrenkleid und übergab ihm eine hohe Summe Geldes für den Baubeginn. An den Ecken der Pfeiler wurden trotzdem Säulenelemente herausgearbeitet. Einzig die Hauptgebetsnische besitzt Spolien in Form von zwei byzantinischen Marmorsäulen.
Rosetten und spitzbogige Fensteröffnungen mit Stuckverzierungen bilden eine sehr wirkungsvolle Dekoration auf der dem Hof zugewandten Fassade. Der Stuck setzt sich teilweise auf den Frontseiten und in den Bogenlaibungen der Pfeiler fort. Die Handwerker kamen damals auf eine sehr effiziente Form der Stuckherstellung. In Holzmodeln eingeschnittene Muster wurden in den noch feuchten Mörtel gedrückt, um so große Flächen in kurzer Zeit gestalten zu können. Sonnenstrahlen dringen durch die kleinen Fenster und werfen Lichtmuster auf die dahinter liegenden Pfeiler, während die Schatten der Pfeiler selbst ein Streifenmuster erzeugen. Eine besondere Technik für die Gestaltung von Fenstergittern kam in der Ibn Tulun Moschee erstmalig in Ägypten zur Anwendung. Insgesamt gibt es 128 Stück dieser Gitter, die je nach Lichteinfall faszinierende Gemälde auf den Boden der Moschee zaubern. Die Technik wird *kamariyan* genannt und beschreibt ein aus Gipsplatten ausgeschnittenes Muster, in das farbige Glasplättchen eingefügt werden können. In der Ibn Tulun Moschee kann sogar noch die Vorstufe dieser Dekorationsform ohne Glasschmuck besichtigt werden. Die Gitter konnten viele unterschiedliche Ornamente aufweisen, von einfachen

Lochmustern bis hin zu komplizierten Rosetten und geometrischen Formen.
Das Sanktuar besteht aus Arkadenreihen, *riwaqs*, der Kanzel, der Gebetstribüne und der Hauptgebetsnische, die im 13. Jahrhundert von Sultan Ladshin überkuppelt wurde. Insgesamt standen den Gläubigen sechs Gebetsnischen zur Verfügung, die jedoch nicht alle in die Mauer Richtung Mekka eingearbeitet worden waren. Einige davon mit überaus detailreichen Stuckverzierungen wurden auf Pfeilern dargestellt. Interessant ist ein Dekor auf einem Pfeiler, auf dem nur der obere Bereich der stilisierten Gebetsnische in Form eines Sternornaments erhalten geblieben ist. Wenn man sich ein wenig mit islamischer Kunst beschäftigt, trifft man immer wieder auf Sternflechtornamente. Sehr oft sind sie auf Holzkanzeln, Lesepulten, Türen und Fenstern zu finden. In der islamischen Symbolik haben diese Ornamente eine ganz besondere Bedeutung, da die darin erkennbare Ordnung und Geometrie die Reinheit und den Geist Gottes symbolisieren. Auch die Pfeilerfluchten vermitteln eine tiefgehende Ordnung, eine Aus- und Aufgerichtetheit, eine Zentrierung und Klarheit. Es ist wie durch einen stillen Wald zu gehen, in dem kein Windhauch die Zweige bewegt, kein Lärm ans Ohr dringt. Der Ort der Legenden, auf dem diese Moschee steht, verfehlt seine Wirkung nicht. Der Platz, die Architektur und das Licht sind eine Symbiose eingegangen, damit sich Himmel und Erde verbinden können. Hier trifft der Reisende auf wahre Schönheit, sie ist göttlichen Ursprungs, denn „Gott ist schön und er liebt die Schönheit".

Die „Umfelddekoration", die um einen Pfeiler entstand, wirkt wie ein Stillleben und tritt als Gegenpol zur eleganten Architektur in Erscheinung. Vor jenem Pfeiler liegen grüne Teppiche am Boden, die kielförmige Gebetsnischen als fortlaufendes Muster aufweisen. Ein dreistufiger Holzthron, der mit demselben Teppichmuster bespannt ist, steht direkt davor. Ein großer Industriestaubsauger, der sich ins Bild drängt und mit einem grünen Band verziert ist, wartet noch auf seinen Einsatz. Daneben präsentieren sich ein hohes Holzschränkchen mit neun Laden und ein schön gearbeiteter Kasten mit zwei Glastüren. In der ersten und dritten Reihe stehen Bücher mit goldenen Rücken, in den anderen drei Regalen liegen Zeitschriften und weitere Bücher übereinander gestapelt, alles sehr geordnet. Am Pfeiler selbst hängt ein Plakat mit Informationen über die Pilgerreise nach Mekka und dem Piktogramm für „Telefonieren verboten". Für eine Überraschung sorgen vier Energiesparlampen, deren Kabel von irgendwo herkommen und im Nirgendwo verschwinden.
Ein aus Sykomorenholz geschnitztes, ursprünglich vergoldetes Schriftband mit Versen aus dem Koran bildet den oberen Abschluss direkt unter der Decke und umläuft alle Innenmauern der Moschee. Beim Betrachten muss ich an Adel denken, der uns einmal in die Ibn Tulun Moschee begleitete und wahrlich ein guter Geschichtenerzähler war.

„Da muss ich dir eine Geschichte erzählen", begann er (wie fast immer) seine Ausführungen, „aber zuerst musst du raten, wieviel Prozent des Koran hier auf diesem Schriftband geschrieben stehen." Ahnungslos wie ich war, lagen meine Schätzungen bei fünf Prozent. „Es sind fast zwanzig Prozent, du hast es leider nicht erraten. Ich werde dir trotzdem eine schöne Geschichte erzählen", sagte er großzügig. Ich schloss meine Augen und setzte seine Worte, nachdem er mit gedämpfter Stimme zu sprechen begonnen hatte, in Bilder um.

„Du kennst doch die Geschichte der Arche Noah. Es wird erzählt, dass sie auf dem Berg Ararat gelandet ist, aber das entspricht nicht der Wahrheit. Das Wasser der Flut stieg hoch und immer höher, der Regen hörte nicht auf, sogar das Mittelmeer stieg immer mehr und mehr an. Da begann Noahs Arche nach Ägypten zu schwimmen, wo sie letztendlich auf dem Gebel Yashkur, genau hier, wo wir sitzen, strandete."

Diese Legende war mir bekannt, aber ich war neugierig, was noch kommen würde. Adels Stimme wurde noch geheimnisvoller, als er fortfuhr: „Das hölzerne Schriftband, von dem wir soeben sprachen, wurde aus dem Holz der Arche Noah geschnitzt!" Sichtlich überrascht, dass ich ihm nicht widersprach, erzählte er nach einigen Momenten des Schweigens und Räusperns weiter.

„Al-Maqrizi schrieb, dass Ibn Tulun die Arche auf dem Ararat fand und sie anschließend hierher bringen ließ. Wie auch immer, als die Moschee fertig war, wurde sie Gott übergeben und ein Fest gefeiert. Alles war viel prächtiger als heute. Marmorne Böden gab es, bedeckt mit kostbaren Teppichen und Mosaike zierten die Wände. Den Brunnen umrahmte goldenes Gitterwerk, Sterne leuchteten vom Inneren der Kuppel herab. Gefäße, gefüllt mit seltenem Räucherwerk, verströmten beruhigende, die Meditation und das Gebet fördernde Düfte. Rezitationen aus dem heiligen Buch fanden bis zum Morgengrauen statt. Die Schönheit von Gottes Worten verzauberte die Menschen. Die Atmosphäre war mystisch aufgeladen und auch Ibn Tulun hing seinen Gedanken nach, als ihm eine Vision zuteil wurde, die er als gutes Omen deutete."

Das Minarett ist einer Zikkurat[42] ähnlich und dreht sich ins Blau des Himmels. Es besteht im Gegensatz zum Ziegelbau der Moschee aus Kalkstein und hat vier Stockwerke. Das erste ist viereckig, das zweite rund, die beiden letzten sind achteckig und aus dem 13. Jahrhundert. Das bedeutet, dass nur die unteren Stockwerke zur Zeit Ibn Tuluns entstanden sind und eine spätere Restaurierung stattfand. Dafür in Frage kommt wieder Sultan Ladshin, der schon die Kuppel über der Gebetsnische und den Brunnen erneuern ließ. Sein Aufstieg begann unter Sultan Qalawun, von dem er zum Vizekönig in Syrien ernannt wurde und dessen Tochter er heiratete. Ladshin war am Mordanschlag Khalils, dem Bruder al-Nasir Muhammads, beteiligt. In diesen unruhigen Zeiten verschanzte er sich in der Ibn Tulun Moschee, die verlassen und in keinem guten Zustand war. Sie diente als Karawanserei für nordafrikanische Pilger, die auf dem Weg nach Mekka waren. Er legte ein Gelöbnis ab und schwor bei Gott, die Moschee wieder in Stand zu setzen und zu verschönern, sollte er heil aus dieser Sache herauskommen. Ladshin kam tatsächlich an die Macht, wurde Sultan und hielt sich an seinen Schwur. Die erste Treppe führt aufs Dach der Moschee, wo man sich direkt über den Arkaden befindet und einen sehr guten Blick in den Innenhof hat. Schön geformte Zinnenkränze bilden den Abschluss der Umfassungsmauern. Sie erinnern an Scherenschnitte mit Menschenfiguren, die sich an den Händen halten. Die Symbolik verweist auf die *umma*, die Gemeinschaft der Gläubigen. Ich umrunde mehrmals das Minarett, bis ich die Spitze erreiche. Hier bieten sich großartige Ausblicke auf die Zitadelle mit der Muhammad Ali Moschee, auf die an der Nordwestecke der Tulun Moschee erbaute *madrasa* des Emirs Sarghatmish und die faszinierenden Dachlandschaften der staubgefärbten Stadt. Mit ein bisschen Fantasie lassen sich Gärten mit exotischen Bäumen, Pflanzen, Tiergehegen und Wasserspielen visualisieren. Der einst so prachtvollen Stadtanlage, die von den Tuluniden geschaffen wurde, war im Jahr 905 ein schlimmes Ende beschieden, als der Kalif von Bagdad alles außer der Moschee verwüstete. Die Abtrünnigen, die sich vom Beherrscher der Gläubigen losgesagt hatten, mussten bestraft werden.

Der Dichter Ismail Abu Hashem sagt von ihnen: „Sie waren das Leuchtfeuer im Dunkel der Nacht; ihr Licht geleitete den Reisenden auf seinen Wegen. Ihr Antlitz, erblicktest du es, erschien wie Silberweiß oder Elfenbein." Später fügte er hinzu: „O Geschlecht Tuluns, du warst ein Märchen; das Märchen ist nun zu Ende."[43]

Das Gayer-Anderson Museum und viele Geschichten

Nach der Besichtigung der Ibn Tulun Moschee sollte sich der Interessierte das Gayer-Anderson Museum nicht entgehen lassen. Was für die Moschee gilt, trifft auch auf das Museum und dessen Umgebung zu, denn diese Gebäude stehen ebenfalls auf dem Platz der Legenden. Es handelt sich um zwei arabische Häuser aus dem 17. Jahrhundert, die 1934 vom Staat übernommen, restauriert und dem britischen Armeearzt Robert Gayer-Anderson überlassen wurden, der als Sammler islamischer Kunst bekannt war. Nach Beendigung seiner aktiven Dienstzeit war er auf der Suche nach einem repräsentativen arabischen Haus, in dem seine Sammlerstücke Platz finden konnten. Schon 29 Jahre zuvor hatte er ein Haus entdeckt, als er der Ibn Tulun Moschee einen Besuch abstattete. Nicht nur Bayt al-Kritliya, das möglicherweise einer Frau aus Kreta gehörte, faszinierte ihn, sondern das ganze Viertel, wo er in das ägyptisch-arabische Leben eintauchen konnte.

Das Gayer-Anderson Museum beeindruckt uns mit prächtigen Durchgängen, verschachtelten Räumen, kleinen Brunnenhöfen, Loggien und Erkern. Ein Aufseher, *gafir*, heftet sich an meine Fersen, und versucht mir den Unterschied zwischen *mashrabiya* und *mashrafiya* zu erklären. Als mir klar wird, dass *mashrafiyas* nur für den *haremlik*, den Frauenbereich, angefertigt wurden, sind wir auf dem Dach angekommen. Hier bin ich nun plötzlich von mehreren gedrechselten Holzwänden umgeben, kunstvollen *mashrabiyas* oder *mashrafiyas* in Großformat. Diese Paneele wurden zu überdachten Pavillons arrangiert, in denen verschiedene Objekte, Marmorbecken und Keramikgefäße, teilweise mit kleinen Wasserhähnen versehen, ausgestellt sind. Es gibt grandiose Aus- und Durchblicke auf die Architektur der angrenzenden Moschee und den sozialen Wohnbau. Die Einzelteile der dekorativen Holzgitter werden auch heute noch geschnitzt oder gedrechselt und anschließend zu geometrischen Mustern zusammengesetzt. Sie dienen als Sonnenschutz, zur Belüftung und der schon erwähnten Wahrung der weiblichen Privatsphäre. Im Bayt al-Kritliya entdecken wir noch einen schmalen länglichen Raum mit Holzhockern, wo Frauen von außen ungesehen, die Observation des *salemlik*, des männlichen Bereichs, vornehmen konnten. Da der Hausherr im *salemlik* seine Freunde oder Geschäftspartner empfing, es jener Raum war, wo generell Fremde empfangen wurden, war es den Frauen verboten, sich darin aufzuhalten. Der Kontakt mit „fremden Männern", die nicht zur Familie gehörten, war strengstens verboten. Ich kann mir aber gut vorstellen, dass die Frauen ihren Spaß daran hatten, die Männer zu beobachten.

Viele prunkvolle Räume reihen sich treppauf treppab aneinander und schon bald habe ich die Orientierung verloren. Wertvolles islamisches Interieur, aber auch Ikonen und altägyptische Kunstschätze geben einen Überblick über die Sammelleidenschaft des Armeearztes. Im Arbeitszimmer entdecke ich weiße Masken, die er von sich selbst und seiner Familie angefertigt hat, sowie Zeichnungen und Fotos, unter anderem von seinem nubischen Diener. Hinter vorgehaltener Hand flüstert der Aufseher, dass der Brite eine Liebesbeziehung mit ihm hatte.

Ein kleines Heiligtum neben dem Museum beherbergt das Grab von Harun al-Husayni, einem direkten Nachkommen des Propheten Muhammad. Der verehrte Heilige brachte großen Segen, Schutz und Wohlstand für die Familie Kretli, zu der auch Scheich Süleyman al-Kretli, der Kustos des Heiligtums, gehörte. Süleyman konnte sich noch genau an das Haus seiner Kindheit erinnern und war deshalb in der Lage, Robert Gayer-Anderson, dem neuen Besitzer, vieles darüber zu erzählen, wobei sich Geschichte und Geschichten oft vermischten. Die Vertrautheit, die durch ihre Gespräche entstand, machte aus den beiden unterschiedlichen Männern enge Freunde. Im Buch „Legends of the House of the Cretan Woman" hat Gayer-Anderson die wichtigsten Legenden des Platzes aufgeschrieben, die Süleyman ihm erzählte. Die kleine Edition erschien 1951 erstmals in England. Darin wird eine weitere Persönlichkeit, der Künstler Abd al-Aziz Abdu, vorgestellt. Seines riesigen Schnurrbartes wegen nannte man ihn Abu Shanab, Vater des Schnurrbartes. Er gravierte die bildliche Umsetzung der Legenden auf die kupfernen Dinnerplatten Gayer-Andersons. Auf einer der Platten hat Abu Shanab sich selbst, den Scheich und den Briten mit seinem Hund Fadl Effendi sowie wesentliche Gebäude, Menschen und Tiere aus den Legenden dargestellt. Für die Neuauflage hat der Künstler, Restaurator und Enkel des Autors, Theo Gayer-Anderson, alle Motive nachgezeichnet, um den wohlwollenden Schlangen, magischen Quellen, Sultanen, Dienerinnen, Dschinns und Heiligen, die den Hügel Yashkur bevölkern, neues Leben einzuhauchen.

Mit „Im Namen Gottes, des Gnädigen und Barmherzigen", beginnt die neunte Legende und wendet sich an den geehrten Freund. Scheich Süleyman al-Kretli erzählt darin vom riesigen unterirdischen Palast des Sultans Watawit, dem Sultan der Fledermäuse und König der Dschinns, der guten und bösen Geister. Sultan Watawit lebte inmitten seiner Schätze, umgeben von seinen sieben Töchtern. Gebannt durch einen Zauberspruch liegen sie noch immer in sieben goldenen Betten und warten auf ihre Erlösung. Den Eingang in diese Unterwelt bildet eine schon vor der Sintflut bestehende Quelle, auf der Bayt al-Kritliya errichtet wurde. Das Wasser der Quelle soll manchmal ein Eigenleben entwickeln, wie durch Zauberkraft aus dem Brunnen herausfließen und sich um die Beine schöner junger Frauen wickeln. Gelingt es ihnen nicht, zu entkommen, fließen sie mit dem Wasser zurück zum Ursprung der Quelle, hinein in den Palast des Sultans und vielleicht auch in ein goldenes Bett. Doch auch wunderschöne Dinge können bei der Quelle erlebt werden. Wer ein reines Herz hat und bei Vollmond in die Tiefe blickt, soll Gottes Wort durch Engelsstimmen, die wie gesegnete Perlen aufsteigen, vernehmen.
Einer der Vorfahren des Scheichs war einst der fromme Hagg Muhammad. Eines Tages spielten seine zwei Söhne im Hof des Hauses und entdeckten dabei zwei junge Schlangen. Nicht wissend, dass es sich um den Nachwuchs der wohlwollenden Beschützerin des Hauses handelte, legten sie ihnen eine Schlinge um den Körper und begannen mit ihnen zu spielen. Das Muttertier kam nach Hause und als es sah, was mit ihren Kindern geschah, spie sie voll Zorn all ihr Gift in den Trinkwasserbehälter der Familie. Hagg Muhammad kehrte kurze Zeit später ebenfalls zurück. Voller Entsetzen schrie er seine Söhne an und verlangte sofort, die kleinen Schlangen freizulassen. Zerknirscht hörten sie ihrem Vater zu, als er die Legende der gütigen Beschützerin erzählte. Nun war das Muttertier betroffen, da es erkannte, dass ihr und ihrem Nachwuchs in diesem Haus keine Gefahr drohte. Sie überlegte nun, wie sie das vergiftete Wasser wieder entfernen konnte. Rasch schlang sie ihren Körper um das Gefäß und umschloss es immer fester, bis es mit einem lauten Knall in 99 Teile zerbrach und sein Inhalt sich über den Boden ergoss.[44]

Die Zahl 99 hat eine tiefe religiöse Bedeutung, da sie von den Muslimen als Synonym für die schönsten Namen Gottes verwendet wird. In einem Hadith von Abu Hurayra, einem Gefährten des Propheten Muhammad, soll dieser gesagt haben, dass Allah 99 Namen hat, wer sie umschließt, der komme ins Paradies. Der hundertste Name Gottes ist jedoch nach islamischer Auffassung unaussprechbar und den Menschen unbekannt. Einem soll es aber gelungen sein, auch den letzten Namen Gottes zu erfahren und zum Hüter der Quelle des Lebens zu werden: Chiser oder Khidr, der innere Führer. Viele Sufis berichten von ihm als dem „Grünen", dem sie in der Vision oder Trance begegneten oder dessen Stimme sie hörten. Sogar Johann Wolfgang von Goethe erwähnt in seinem „West-Östlichen Diwan" Chisers Quelle. Die umfangreichste Gedichtsammlung des großen deutschen Dichters erschien 1819. Inspiriert wurde er vom Werk des persischen Dichters Hafiz in der Übersetzung von Joseph Freiherr von Hammer-Purgstall. Der österreichische Diplomat und Orientalist wurde nicht nur als Übersetzer orientalischer Literatur bekannt, sondern gilt auch als Pionier der österreichischen Orientalistik.

Abschließend sei hier die erste Strophe des *moganni nameh*, des Buches des Sängers, aus dem „West-Östlichen Diwan" von Johann Wolfgang von Goethe zitiert:[45]

Nord und West und Süd zersplittern.
Throne bersten, Reiche zittern.
Flüchte du, im reinen Osten
Patriarchenluft zu kosten!
Unter Lieben, Trinken, Singen
Soll dich Chisers Quell verjüngen.

Madrasa und Mausoleum von Emir Sayf al-Din Sarghatmish

Nach der Hochblüte der Tulunidenzeit im 9. Jahrhundert war es mit der Gegend um den Gebel Yashkur bergab gegangen. Das königliche al-Qata'i und der See Birkat al-Fil verkamen zu Müllhalden. Erst als Sultan al-Nasir Muhammad im 14. Jahrhundert begann, die Zitadelle und umliegenden Bereiche zu reorganisieren, geschah so etwas wie eine Transformation, da viele Emire prächtige Häuser, Paläste und Pavillons am Ufer des Sees bauten. In Zeiten der Nilflut bot der See Kühlung, doch dieses besondere Vergnügen hatte auch seinen Preis. Als das Wasser wieder zurückging und der See zu einer Kloake verkam, bildeten sich Krankheitserreger und die Seuchengefahr stieg. Zur Zeit der militärischen Invasion Napoleon Bonapartes, die offiziell als Expedition und wissenschaftliche Unternehmung getarnt war, erfuhr die Gegend einige Verbesserungen. Der Birkat al-Fil wurde zugeschüttet und der Abwasserkanal unterirdisch verlegt, um neue Paläste und Krankenhäuser bauen zu können. Auch die Straßen wurden verbreitert, die großen Pferdekutschen brauchten mehr Platz als Esel und Kamele.

Das Leben von Sayf al-Din Sarghatmish, des Erbauers der *madrasa*, endete im Kerker. Er wurde von Sultan al-Nasir im Kindesalter erworben und wuchs in der Gemeinschaft der Gewandmeister auf. Zu Ehren kam er durch seine Tätigkeiten für Hassan, dessen Wiederwahl zum Sultan er gemeinsam mit dem berühmten Emir Shaykhu unterstützte. Sarghatmish bekam daraufhin von Sultan Hassan den Titel *amir kabir*, großer Emir, übertragen. Er war nun der große Herr, der Ägypten für Sultan Hassan regieren durfte. Doch Hassan überlegte es sich anders und war über diese Anmaßung und Machtaneignung wütend. Er ließ den schönen Emir in den Kerker werfen und anschließend töten.
Vom Minarett der Ibn Tulun Moschee erblickte ich neben einem Meer von Satellitenschüsseln schon die *madrasa* des Emirs aus dem Jahr 1356. Sie machte auf mich den Eindruck einer eleganten kleinen theologischen Schule. Ihre Schönheit wurde sogar von Dichtern und dem Historiker al-Maqrizi gewürdigt. Die Hauptfassade der *madrasa* von Sarghatmish mit Stalaktitenportal und oktagonalem Minarett befindet sich auf der Westseite der Anlage. Ein zerbrochenes Schild mit arabischer Schrift weist noch auf den Erbauer hin. Im 19. Jahrhundert neu im *ablaq*-Stil gestrichen, ist von der roten Farbe der Streifen heute nur noch ein schwacher Schimmer übrig. Als wir uns dem Eingang nähern, werden wir von einem jungen Mann freundlich begrüßt. Ein älterer Herr, elegant in schwarze Hose und graues Hemd gekleidet, zieht sich gerade die Schuhe an. Auf dem Kopf trägt er ein weißes Käppchen als Zeichen seiner Pilgerreise nach Mekka. Er sieht uns überrascht an und fragt, warum wir hier sind. Ibrahim, unser Begleiter, bittet mich um eine entsprechende Antwort. Ich sage, dass wir uns für islamische Architektur und Sakralbauten im Besonderen interessieren. Um darüber mehr zu erfahren, sind wir nach Kairo gekommen. Ibrahim übersetzt und es scheint dem *hajji* zu genügen, da er uns willkommen heißt.

Die *madrasa* besitzt einen offenen Innenhof mit vier kreuzförmig angelegten, aber verschieden großen *iwanen*. Die spitzbogigen Eingänge sind mit zweifarbigen Steinen im *ablaq*-Stil gestaltet. Viele Türen durchbrechen die marmorverkleideten Wände. Die Holztüren führen zu den ehemaligen Studierzimmern der persischen Studenten und der Professoren, den Bibliotheken und Räumen für die Dienerschaft, die sich in den Obergeschossen noch fortsetzen. Die hanafitische Rechtsschule, die hier gelehrt wurde, ist ein Beispiel für die von den Emiren geförderten Studien des Koran. Sie geht auf Abu Hanifa zurück, der seinen Wirkungsbereich im heutigen Irak hatte. Von den vier Schulen ist die der Hanafiten die am weitesten verbreitete Rechtsschule, der etwa die Hälfte der Sunniten angehört. Überliefert ist, dass der verehrte islamische Historiker und Politiker Ibn Khaldun als Lehrer in jener *madrasa* unterrichtete, den man im Westen als soziologischen Denker kennt. Der überkuppelte und wie ein Pavillon gestaltete Brunnen in der Mitte des Hofes mit acht Säulen und einem Kuppeldach, lädt zum Verweilen ein, da er nicht mehr als Wasserspender dient. Die mit Marmorplatten verfliesten Waschanlagen befinden sich in einem seitlichen Anbau. Hölzerne Stützpfosten tragen ein aufwändig geschnitztes Dach, das mich an die Häuschen im „hölzernen Friedhof" erinnert. Zusätzlich zu dem riesigen Luster, der in einem *iwan* von der Decke hängt, spenden kleine Lampen rund um den Hof Licht. Im *qibla iwan*, direkt über der Gebetsnische, ragt eine in ihrer Form eigenartige Kuppel empor, die jener im Mausoleum gleicht. Auffallend ist der jeweils hohe Zylinderschaft bevor sich die Rundung formt. Die ursprüngliche Kuppel stürzte ein, wurde aber anhand eines alten Fotos 1940 wieder rekonstruiert. Die doppelbogige, mit Marmormosaiken dekorierte Gebetsnische ist sehr ansprechend, da auch noch zwei schlanke Säulchen integriert wurden. Neben der Kanzel steht ein Schränkchen mit dem heute auch in Moscheen verwendeten technischen Equipment.

Sharie Saliba, Sharie al-Suyufiya, Sharie al-Khalifa

I, II Palast von Emir Taz

III, IV Straßenszene

V Palast von Emir Taz, Detail eines Holzpaneels

✸ Palast von Emir Taz al-Nasiri

Die Ibn Tulun-Moschee hinter uns lassend, folgen wir der stark belebten Sharie Saliba nach Osten. Sie kreuzt die al-Suyufiya, die in Richtung Süden Sharie al-Khalifa genannt wird und in die südliche Totenstadt führt. In Sichtweite erhebt sich das Minarett der Taghri Bardi Moschee, die eine *madrasa* und einen Sufikonvent beherbergte. Taghri Bardi war ein bekannter Emir unter Sultan Barsbay. Er führte die Armee an, die das Kreuzfahrerheer in Zypern überfiel. Der König wurde besiegt und nach Ägypten gebracht, konnte sich aber gegen eine Lösegeldzahlung freikaufen. Taghri Bardi soll unter den Emiren nicht sehr beliebt gewesen sein, da er nach der Ernennung zum Minister ermordet wurde. Eine Besichtigung der Moschee ist nicht möglich, wir biegen daher an der Kreuzung Richtung Norden in die Geschäftsstraße al-Suyufiya ein, wo sich das *sabil* von Umm Abbas aus dem Jahr 1867 erhebt.

Auf dem Weg zum Palast des Emirs Taz treffen wir noch auf mehrere Werkstätten und Geschäfte. Rucksäcke, in Plastik verpackt, stauben bei einem Händler vor sich hin. Mehrere Anrichten oder Kredenzen, wie wir in Österreich sagen, stehen in einer kleinen Werkstatt. Daneben gehören noch ein Wasserkocher, Kübel, eine in die Jahre gekommene Wasserpfeife und kaputte Sessel zum Inventar. Mit einem Messer bearbeitet Meister Abbas gerade eine Holzlade. Andreas, der mich mehrmals nach Ägypten begleitete, kommt auch ohne viele Worte mit ihm ins Gespräch. Es erstaunt mich immer wieder, wie sich Menschen, die einander fremd sind und auch die Sprache des jeweils anderen nicht beherrschen, sich unterhalten und Spaß haben können. Auf einfühlsame Weise erahnen sie, was der andere mit Wortfetzen und Gesten sagen will. In unserem Fall möchte uns Abbas ein Kinderbett verkaufen, das er repariert hatte.

Emir Taz al-Nasiri ließ den Palast 1352 anlässlich seiner Hochzeit mit der Tochter von Sultan al-Nasir Muhammad, Khwand Zahra, erbauen. Taz war in verschiedene Intrigen rund um Sultan Hassan verstrickt, den er sogar ins Gefängnis bringen ließ. Drei Jahre regierte er selbst das Land, bis die Emire Shaykhu und Sarghatmish sich gegen ihn erhoben.

Der Palast mit Gärten, Höfen und Anbauten steht auf einem großen rechteckigen Grundstück an der al-Suyufiya. Er ist von einer Steinmauer umgeben, die ihn zu einem ruhig gelegenen Anwesen macht. Den Haupteingang ziert ein reich mit Stalaktiten dekoriertes Portal. Ein verwegen blickender Reiter ziert ein Plakat, es ist Emir Taz, wie wir ihn uns vorzustellen haben. Im Innenhof, der sich neben den Ställen befand, lädt eine Palmengruppe zu einer Rast ein. Gamal genießt es sichtlich, mir etwas über das Gebäude mitteilen zu können, das nicht in meinen Unterlagen steht. Er doziert:

„Während der Restaurierungsarbeiten entdeckten die Archäologen ganz unerwartet eine Sensation. Dieser Palast hatte nämlich eine beeindruckende Wasserversorgung mit Aquädukten, Zisternen und Wasserrädern. Wir haben durch diese bedeutende Entdeckung ein größeres Verständnis über die Wasserzufuhr aus dieser Zeit gewonnen."

Von seinen Erklärungen beflügelt, kommt *yalla, yalla* über Gamals Lippen, da der im ersten Stock liegende *maqad*, ein offener Raum mit Blick auf den Hof, zur Besichtigung ansteht. Vier Arkaden, verbunden mit Holzbalken, ruhen auf marmornen Säulen mit korinthischen Kapitellen. Die Holztramdecke, von der drei große Lampen an Eisenketten herunterhängen, weist noch Teile der ursprünglich goldenen Bemalung auf. Der angrenzende Empfangsraum, *qa'a*, besitzt in der Mitte einen kleinen versenkten Bereich, der *durqa'a* genannt wird, und zum klassischen Gestaltungselement von Empfangsräumen gehört. Eine Tür führt in den zweiten Stock zu den ehemals privaten Gemächern des Emirs. Zimmer reiht sich an Zimmer, viele weisen noch Stellen des originalen Verputzes und der Bemalung auf. Beeindruckt sind wir von den Bädern im Erdgeschoss. Farbiges Glas in Kuppeln sorgt für bunte Lichteinfälle, die einer gewissen Romantik nicht entbehren. In späterer Zeit wurde der Palast mehrere Male umgebaut. Im 19. Jahrhundert entstand darin eine Mädchenschule, später diente er dem Unterrichtsministerium als Lager für Lehrbücher. Leider beschädigte das Erdbeben von 1992 den Palast schwer. Mittlerweile fand eine umfangreiche Restaurierung statt. Teile des alten Mauerwerks und Spuren früherer Umbauten blieben erhalten, um die historische Entwicklung des riesigen Komplexes zu dokumentieren. Neben einem kleinen Stadtmuseum wurde ein Kultur- und Trainingszentrum für Design und die Produktion von traditionellen Teppichen im Palast errichtet.

Eine Ausstellung aktueller ägyptischer Kunst fand 2012 in den ehemaligen Stallungen statt. Ein Jahr später präsentierte sich Kairo als Verlagsmetropole. Das literarische Kolloquium Berlin und das Goethe-Institut Kairo veranstalteten im Kulturzentrum eine Lesenacht, bei der fünf Autorinnen und Autoren aus Deutschland aus ihren jüngsten Werken lasen. Der bekannte ägyptische Fotograf Sherif Sonbol zeigte hier im Frühjahr 2014 seine Werke „The Meeting Point of Faith". Zu sehen waren 25 Fotoarbeiten von islamischen, koptischen und jüdischen Monumenten. Mit dieser Ausstellung wollte er zeigen, dass Kairo verschiedene Religionen beherbergt und diese auch friedlich nebeneinander koexistieren können. Ich lernte Sherif Sonbol vor mehreren Jahren im Hotel Gezira Garden in Luxor kennen und traf ihn noch einmal im Tempel von Dendera, wo er die Reinigungsarbeiten der von Ruß geschwärzten Reliefs der Tempeldecke dokumentierte. In Erinnerung geblieben ist er mir nicht nur durch die freundliche Einladung, ihn zum Fototermin zu begleiten, sondern auch durch seine Kritik an Echnaton, jenes Pharaos, der versuchte den Eingottglauben einzuführen, um der Götter-Vielfalt ein Ende zu bereiten. Sherif Sonbol vertrat damals vehement die Meinung, dass Echnaton die Ursache aller religiösen Probleme sei, mit denen wir heute zu kämpfen haben.

Sema hane, die „Halle des Hörens" der Mevlevi Derwische

„Setze deinen Fuß auf die Quelle des Lebenswassers.
Dein Mond dreht sich immerzu,
und wie das Firmament drehst auch du dich.
In diesem Ihn anbetenden Strudel hast du eine Seele,
die sich immerzu dreht.
Bei der Seele und ihrem Drehen,
durch Seinen Anblick dreht sie sich immerzu."
Rub t 86[46]

Folgt man der al-Suyufiya weiter nach Norden, trifft man auf die Muhammad Ali Straße, deren südlicher Verlauf zur Sultan Hassan *madrasa* und al-Rifai Moschee führt. Etwas nördlich des Emir Taz Palastes tauchen das Mausoleum und die *madrasa* des Emirs Sunqur Sa'di aus dem 14. Jahrhundert auf, bekannt auch als Grabmal von Scheich Hassan Sadaqa. Als die Osmanen im 16. Jahrhundert nach Ägypten kamen, folgten ihnen auch die Mevlevi Derwische, die sich auf Jalal-al-Din Rumi beziehen, den Mystiker und bedeutendsten muslimischen Dichter des Mittelalters. Sie siedelten sich in der Sunqur Sa'di *madrasa* an, wo sich seit alters her eine Quelle befand. Früher züchteten die Bauern an dieser Stelle Vieh, erst als die Urbanisierung begann, bauten sie über der Quelle einen Brunnen.
Im Jahr 1615 schenkte Prinz Yussuf Sinan den Mevlevi Derwischen das Gelände mit den Gebäuden von Sunqur Sa'di und einem nahe gelegenen Palast. Sie begannen mit der Restaurierung der Bausubstanz, führten ihre Rituale aber zuerst im Freien durch. Später adaptierten sie das Gebäude für ihre Bedürfnisse in der Art der Mevlevi *tekke* in Konya. Aufgrund von Informationen, die auf einer Tafel angebracht sind, lässt sich nachvollziehen, dass die *sema hane*, die „Halle des Hörens", 1856 errichtet wurde. Der Komplex ist von historischer Bedeutung. Nicht nur, weil er der einzige dieser Art in Ägypten ist, sondern auch im Hinblick auf die außergewöhnliche Qualität des Raumes. Einer Quelle zufolge sollen auch heute noch Mevlevi Derwische aus Istanbul kommen, um an diesem historisch-symbolischen Platz zu tanzen, sich wie Planeten um die Zentralsonne zu drehen und eins mit Gott zu werden. Vor Ort erfuhr ich jedoch, dass dies nicht mehr der Fall ist und die letzte Performance der Istanbul Sema Group am 30. Juni 1998 stattfand.

„Ibn al-Arabi, der große sufische Theosoph[47] im 13. Jahrhundert, bezeichnete den eigentlichen Weg zu Gott nicht als eine gerade Strecke, sondern als ein Kreisen, welches spiralartig nach oben führt."[48] Jens Helmstedt vom Anatolien Magazin schreibt dazu in seinem Blog: „Es ist wissenschaftlich anerkannt, dass die grundlegende Voraussetzung für unsere Existenz eine Drehbewegung ist. Es gibt kein Wesen oder Objekt, das sich nicht dreht, denn alle Wesen bestehen aus Atomen mit kreisenden Elektronen, Protonen und Neutronen. Alles kreist, und der Mensch lebt dank der Teilchenbewegung, dem Blutkreislauf und den Lebenszyklen mit dem Erscheinen aus der Erde und dem Zurückkehren zur Erde. So beschreibt es Dr. Celaleddin Çelebi, der 21. Urgroßenkel von Mevlana Celaleddin Rumi. Diese Bewegungen seien natürlich und unbewusst, doch da der Mensch Bewusstsein und Intelligenz besitze, nehme der sich drehende Derwisch (Semazen) absichtlich und bewusst an den Bewegungen teil, denen alle Lebewesen unterworfen seien, so Dr. Celaleddin Çelebi."[49] Seit den 1970er-Jahren arbeitete das italienische Team unter der Leitung von Carla Burri und später unter Giuseppe Fanfoni, der selbst Restaurator, Architekt und Künstler ist, an dem Gebäudekomplex. Neben mehreren Entdeckungen, die in die tulunidische Zeit reichen, lag das Hauptinteresse des Teams bei der *sema hane*, dem Prunkstück des architektonischen Ensembles. 1988 konnte die Restaurierung abgeschlossen werden, unter anderem arbeiteten viele Studenten der Cairo University an diesem Projekt mit. Die *sema hane* wurde über dem Brunnen errichtet, ist aus Holz, kreisrund und mit einer prachtvollen Kuppel ausgestattet. Im Zentrum befindet sich eine Sonne, um die goldene Vögel fliegen, die in Illusionsmalerei dargestellt sind. Der geometrische und mathematische Symbolismus drückt sich durch die kreisrunde Architektur aus. Durch die Drehbewegung des Tanzenden vermischt sich das Optische mit der Architektur und unterstützt die Hingabe an die Harmonie des Kosmos.

In einer Studie erforschte das italienische Team weiters die geometrischen Parameter der *sema hane* und ihren akustischen Einfluss auf die Umgebung. Die Analyse ergab, dass die Frequenzen zu den Alphawellen gehören, die auch im menschlichen Gehirn nachweisbar sind und durch Meditation oder veränderte Bewusstseinszustände entstehen.

„Der Sufismus hat verschiedene Methoden der dynamischen Meditation entwickelt. Eine hiervon ist der Derwischtanz, der als verstärkte Form des *dhikr*-Gebetes gesehen werden kann. Das *zikr*-Gebet ist das Herzstück der sufischen Praxis und wird mit Gottesgedenken übersetzt. Dabei gibt es zwei Hauptgruppen: ‚den stimmhaften *zikr*', der Gottesnamen akustisch vernehmbar macht, oft mit gewissen Bewegungsabläufen und starker Atmung verbunden, und den ‚stillen *zikr*', der zumeist aus der inneren Bewegung des gedachten Gottesnamens resultiert und verstärkt in die kontemplativen Zustände des Mystikers übergeht. Die ältesten Erwähnungen der

Gebetstänze finden sich bereits im 8. Jahrhundert bei den Verteidigungsreden der Sufis gegen die rein äußerlich orientierte Gelehrtenwelt, die die Tänze als religiös unlegitimiert erachteten."[50]

Die Musik hat die islamischen Gelehrten zu allen Zeiten beschäftigt und sie wurde auch kontrovers diskutiert, denn Musik war und ist Wissenschaft, Therapie, eine Kunstrichtung und auch ekstatisches Vergnügen in einem. Was die Musik, *tarab*, und die Sänger, *mutrib*, manchmal in Misskredit brachte, war ihre Nähe zu Weingenuss, Unzucht und Ekstase. Vielleicht gibt es einen Zusammenhang mit der vorislamischen arabischen Gesellschaft, einer Zeit, die *jahiliyyah* genannt wird und eine Periode der Unwissenheit bezeichnet, in der das Konzept der göttlichen Führung ignoriert wurde. Zur Zeit der *jahiliyyah* gab es Sängersklavinnen, zu deren Repertoire Gesang und Erotik gehörten. In der vorislamischen Zeit liebten die Araber auch den Wein, für den annähernd einhundert Bezeichnungen im Umlauf waren. In fast allen Gedichten wurde der Wein, dessen Konsum und Saufgelage gepriesen. Als der Islam kam, wurde der Alkoholkonsum anlässlich verschiedener Ereignisse durch mehrere Koranverse verboten. Imam al-Shafi'i, der Begründer einer der vier Rechtsschulen des sunnitischen Islam, lehnte die Musik total ab, besonders jene von Sklavenmädchen.

„Ein Zweig vom Himmelstanze ist nur aller Reigen auf Erden,
und vom Seelentanze sind die Tänze des Lebens gleich Zweigen.
Es hörte Gottes Urzeit-Ruf, tanzend ward es und berauscht,
Nichtsein war es und wurde zum Sein."
Jalal al-Din Rumi[51]

Musik ist eine eigene Sprache. Sie hat die Macht Menschen und Völker zu verbinden. Ich möchte hier nur an das Orchester des West-Östlichen Diwans erinnern, ein 1999 von Daniel Barenboim gegründetes Symphonieorchester, das zu gleichen Teilen aus israelischen und arabischen Musikern besteht. Musik gehört zum Schönsten, was menschlicher Geist hervorgebracht hat. Töne und Klänge haben etwas Reines und Unschuldiges an sich. Die Frage, ob Musik im Islam nun *haram* oder *halal* ist, wird je nach Sichtweise unterschiedlich beantwortet. Doch geht die Mehrheit der Gläubigen wahrscheinlich davon aus, dass alles von Gott oder einer Urquelle kommt, so auch die Musik. Diese Quelle wird angerufen, angebetet und verehrt, weil sie allwissend und allmächtig ist, reine Liebe und Barmherzigkeit. Doch seit es Menschen gibt, gibt es Einzelne und auch Gruppen, die sich anmaßen, „göttlicher als Gott zu sein", alles besser wissen, Urteile fällen und Lebensweisen von Andersgläubigen zerstören bis hin zur Vernichtung von ganzen Völkern. Was geht in diesen Köpfen vor? Glauben sie wirklich, dass Gott Verbrecher und Tyrannen an seiner Seite haben möchte? Dass er Kriege braucht, um mächtig zu sein? Wenn dem so wäre, wäre er ein Gott ohne eigene Macht und Kraft.

Moschee und Khanqah von Sayf al-Din Shaykhu und Sabil Kuttab von Sultan Qaytbey

Um auf die monumentalen Bauwerke des Emirs Shaykuh zu treffen, setzen wir unseren Spaziergang nach Süden fort und folgen an der Kreuzung der Sharie Saliba nach Osten. Das Straßencafé „Prances Taz" liegt auf dem Weg und bietet sich für eine kurze Teepause an. Ein paar Männer sitzen ganz vorne, ihren Wasserpfeifen hingegeben. Schon kommt der Besitzer mit einem Tuch und schlägt wild auf Tische und Stühle ein. Dabei handelt es sich um die ägyptische Art des Abstaubens oder Staubumverteilens. Der Staub wird letztendlich Sieger bleiben, daher ist es weise, so zu tun als ob. In einer Stadt, die den Beinamen „die Staubgefärbte" trägt, ist es völlig egal, ob man auf einem nicht abgestaubten oder einem abgestaubten Sessel sitzt. Wir bestellen *chai nana*, Schwarztee mit Minze, und probieren ein spezielles Getränk aus Samen, das der Magen- und Darmgesundheit dienen soll. Serviert werden die Teegläser dekorativ angeordnet auf einem Tablett. Die frische Minze steht in der Mitte und wirkt wie ein freundlicher Blumengruß. Einen zweirädrigen Eiswagen schiebend, kommt ein alter Mann ins Blickfeld. Graue Hose, graues Hemd und eine weiße Häkelmütze auf dem Kopf, entdeckt er uns und zeigt mit dem Finger in unsere Richtung. Zu seinem Leidwesen wird daraus kein Geschäft, denn das Eis ist meist aus Leitungswasser hergestellt, das kontaminiert sein kann.

Nach der gemütlichen Teepause folgen wir der schmalen Straße, die auch Shaykun genannt wird. Ein Jugendlicher manövriert einen bemalten Handwagen, der der Falafel-Produktion dient, an den Autos vorbei. Schon bald erkennen wir die identen Minarette der Moschee und des Konvents des Emirs Shaykhu. Zunächst folgen wir aber dem Duft von frischem Brot und entdecken schon nach wenigen Metern eine Bäckerei. Hineinschauen genügt, um eingeladen zu werden. Zwei junge Männer sind mit der Produktion von *aisch baladi* beschäftigt. Auf einem rechteckigen Holzbrett mit Randleiste, wie eine flache Lade aussehend, liegen achtzehn Brote bereit zum Aufgehen, die gerade mit Mehl gestaubt werden. An die zwanzig solcher Laden stehen übereinander gestapelt neben jenen mit bereits aufgegangenen Broten, die gebacken werden müssen. Die beiden jungen Männer arbeiten auf Hochdruck, denn Brot ist neben Fuul, der Bohnenspeise, das Hauptnahrungsmittel in Ägypten.
Je näher wir den mächtigen Außenmauern der baulichen Hinterlassenschaften des Emirs Shaykhu kommen, umso mehr ähnelt die Straße einer Schlucht, unterbrochen

von einem geschnitzten Vordach, dessen Halterung aus der Mauer gerissen ist. Ein Knick in der Straße verbirgt den weiteren Verlauf der Gebäude, gibt jedoch wie durch ein mächtiges Tor die bezaubernde Fassade des *sabil kuttab* von Sultan Qaytbey frei. Qaytbey begegnete uns schon in der südlichen Totenstadt mit seinem außergewöhnlichen Mausoleum. Als Förderer der Kunst und eifriger Bauherr unter den Mamluken, schuf er neben militärischen Gebäuden in Alexandria, auch dieses Kleinod an der Shaykun Straße. Das *sabil kuttab* zeichnet sich insofern aus, als es das erste freistehende Objekt dieses Gebäudetyps ist. Während der Zeit der Osmanen avancierte es zu einer wohltätigen Einrichtung, da es zwei Prinzipien des islamischen Glaubens bereithielt: Wasser für die Durstigen und Anweisungen für die Unwissenden. Die Schilder links vom Eingang klären uns auf, dass das *sabil kuttab* von 1996–2000 von der Agencia Española de Cooperación Internacional restauriert wurde.

Das Portal ist dreilappig aufgebaut und mit mehrfarbigen Marmorintarsien gestaltet. Steinschnitzereien in Medaillonform mit dem Namen des Sultans zieren die Fassade seitlich davon. Das Vordach und die dekorativen *masharabiya*-Fenster im Obergeschoss ziehen die Blicke auf sich. Auch die in Türkis, Hellblau und Weiß gehaltenen Einlegearbeiten über dem großen Fenster beeindrucken mich. Das großmaschige Bronzegitter gibt einen Blick ins Erdgeschoss frei, wo sich eine Wasserrinne befindet, die das von der Zisterne hoch gepumpte Wasser transportierte und in ein Becken leitete. Die weiteren Stockwerke dienten von 2001 an dem Suzanne Mubarak Zentrum für Islamische Zivilisation. Ob sich das Zentrum unter einem anderen Namen noch dort befindet, konnten wir nicht feststellen, da das Gebäude geschlossen war.

Als Emir Taz Sultan Hassan absetzte, verhalf Sayf al-Din Shaykhu ihm wieder zur Macht. Shaykhu war einer der wichtigsten Würdenträger zur Zeit Hassans und ging auch einer Tätigkeit bei Gericht nach. Als er wieder einmal Recht sprach, wurde er von Manjak, einem Mamluken, angegriffen und so schwer verletzt, dass er starb. Daraufhin sollen mehrere Personen auf der Zitadelle in Panik verfallen und dabei getötet worden sein. Als Grund für den Angriff gab der Attentäter an, dass Shaykhu ihm eine Bitte abgeschlagen und dies einen übermächtigen Einfluss auf seine Seele gehabt hätte, die ihn letztendlich die grausame Tat ausführen ließ.

Auffallend ist, dass die Moschee wie auch die *madrasa* sich nicht nur genau gegenüberliegen, sondern auch ähnliche Portale und Minarette aufweisen, obwohl sie nicht zur selben Zeit entstanden. Shaykhu gab zuerst die Moschee mit einer kleinen *madrasa* nördlich der Straße in Auftrag, wo zwanzig Sufis lebten und ihre religiösen Praktiken ausführten. Nach fünf Jahren, in der Hochblüte seiner Karriere, ließ er südlich der Straße einen großen Konvent für 700 Sufis sowie sein Mausoleum errichten. Um die finanziellen Mittel aufzubringen, den Komplex zu unterhalten, kaufte er Grundstücke von Kaufleuten und Hausbesitzern in der Umgebung, deren Erträge der Stiftung zugute kamen. Gelehrt wurden die vier islamischen Rechtsschulen und das Rezitieren des Koran. Auch die Versorgung der Sufis mit Lebensmitteln, Öl und Seife war durch die Einkünfte gesichert. Die Institution erwirtschaftete bis zu den Hungersnöten am Beginn des 15. Jahrhunderts große Gewinne. Leider ist uns auch hier der Zugang verwehrt, wir können uns nur von der Mächtigkeit der Außenfassaden beeindrucken lassen.

Gedanken zur Brotkultur Ägyptens

Als ich 1990 das erste Mal in Ägypten war und den Osiris-Tempel von Sethos I. in Abydos besuchte, fielen mir Reliefs auf, die unterschiedliche Brotsorten zeigten. Auf meine Nachfrage erklärte mir der Reiseleiter, dass viele Brotsorten großen Wohlstand bedeuteten. Zu Zeiten Sethos I. und seines Sohnes Ramses II. im 13. Jahrhundert vor Christus dürfte es den Menschen daher gut gegangen sein. Wie im heutigen Ägypten war auch damals Brot das wichtigste Nahrungsmittel, wobei die Pyramidenbauer noch mit Zwiebeln, Bier und Fischen versorgt wurden. In einem Feldversuch von National Geographic konnte nachgewiesen werden, wie die Alten Ägypter ihr Brot herstellten. Das Team ging von einem Relief aus, auf dem eine Backstube dargestellt war. Wertvolle Hinweise kamen auch vom amerikanischen Ägyptologen Mark Lehner, der seit 1988 die Grabungen auf dem Giza Plateau leitet. Bis heute werden dort die Arbeitersiedlungen und Produktionsstätten freigelegt. 1991 war es Lehner, der in Giza eine antike Bäckerei ausgrub, die an ein Gebäude grenzte, das durch Siegel als *per-shena*, eine antike Verpflegungsstelle, gekennzeichnet war.

Um die Tonkrüge zum Brotbacken herstellen zu können, musste ein Töpfer gefunden werden, der die alten Backformen nachbauen konnte. Muhammad Taha aus Kairo war der Mann, der innerhalb einer Woche 66 zweiteilige Backformen anfertigte, so wie sie auf einem Relief dargestellt waren. Der amerikanische Brotforscher Edward Wood war ebenfalls Mitglied des Teams. Mit seiner Hilfe konnten auch Emmersamen in Kalifornien gefunden werden, da den heutigen Ägyptern dieses Getreide ihrer Vorfahren nicht mehr bekannt ist. Die Herausforderung war aber, das Brot zum Aufgehen zu bringen. Hefe, wie wir sie verwenden, gab es nicht, für die Menschen geschah es durch ein göttliches Wunder. Wood überlegte nun, wie er die natürlichen Hefesporen und Bakterien einfangen konnte. Mit seinem Versuch, feuchtes Mehl auf den Balkon seines Hotels zu stellen, landete er einen Volltreffer, da der Inhalt tatsächlich zu gären begann. Danach musste nur noch der Backprozess erfolgreich sein. Die unteren Hälften der von Muhammad Taha produzierten Tongefäße wurden in die Glut gestellt. Nachdem die Temperatur hoch genug war, kam der Teig hinein und der zweite Teil des Gefäßes wurde draufgesetzt. Fast zwei Stunden blieben die Backformen im Feuer, dann war das Brot fertig. Als Lehner mit seinen Helfern das Brot verkostete, sagten sie, es schmecke wie *aisch shamsi*, das Sonnenbrot, das heute noch gebacken wird.

Neben Emmer war auch Kamut, der als Urweizen der Pharaonen bekannt ist, in Verwendung. Kamut gilt als Verwandter unseres Hartweizens und stammt ursprünglich aus dem Gebiet zwischen Ägypten und dem heutigen Irak, das als „fruchtbarer Halbmond" bekannt war. Kamut ist ein robustes und anspruchsloses Getreide, hat Jahrtausende überlebt und braucht keine Chemie, im Gegensatz zum Weizen. Es wird heute, wie früher im Alten Ägypten, völlig biologisch ohne Pestizide und Herbizide angebaut. Es darf weder genmanipuliert noch gekreuzt werden. Des Weiteren hat es einen sehr hohen Protein- und Mineraliengehalt, besonders hervorzuheben ist der hohe Selengehalt. Im Jahr 1948 entdeckten Forscher in einer Grabanlage in Sakkara eine Steinkiste mit großen Körnern, dem Urweizen der Alten Ägypter. Aber erst 1990 wurde der Name Kamut® Khorasan als eingetragenes Markenzeichen weltweit gesetzlich geschützt. Diese Initiative ging von Landwirten in Montana aus, die sich das altägyptische Wort Kamut für den biologischen Khorasan-Weizen schützen ließen.

Brot heißt auf Ägyptisch-Arabisch *aisch*, das übersetzt Leben bedeutet, und den Stellenwert zeigt, den Brot in der Ernährung Ägyptens hat. Oft wird Brot anstatt Besteck verwendet, um zu tunken oder damit zu greifen. Am bekanntesten sind *aisch shamsi*, das Sonnenbrot, und *aisch balady*. *Shamsi* wird immer noch für mehrere Stunden in die Sonne gelegt, wo es aufgeht und beim Backen eine lockere Krume bekommt. *Aisch baladi*, auch Dorfbrot genannt, ist rund und flach mit einer Tasche in der Mitte, die sich gut füllen lässt. Es wird in den Regierungsbäckereien sehr günstig verkauft. Die Subventionierung erfolgt, indem ausgewählte Mühlen das Mehl zu einem fixen Preis verkaufen können. Die Regierungsbäckereien verbacken dieses Mehl zu *aisch balady iswitt*, dem braunen Fladenbrot. Nichtstaatliche Bäckereien backen ebenfalls *aisch balady*, das jedoch teurer verkauft wird, da diese ja nicht das subventionierte Mehl verwenden dürfen. 2015 schrieb Paul-Anton Krüger in der Süddeutsche Zeitung: „Die Regierung subventioniert Brot, das wichtigste Grundnahrungsmittel, mit drei Milliarden Euro. So sollen politische Unruhen vermieden werden, doch die Korruption wird angekurbelt. Ägypten, das bevölkerungsreichste Land Afrikas, ist bereits jetzt der größte Weizenimporteur der Welt. Laut einer Schätzung des US Departments für Landwirtschaft könnte der Importbedarf noch zunehmen und die staatlichen Geldreserven in Fremdwährungen auffressen."[52]

Die Versorgung der Menschen mit Brot ist in Ägypten auch ein politisches Thema. Schon unter Anwar al-Sadat gab es Unruhen, als er versuchte, die Subventionen für Brot zu kürzen. Vor mehreren Jahren, noch unter Mubarak, kam es ebenfalls zu Aufständen - demonstriert wurde für Brot, Freiheit und soziale Gerechtigkeit. Wenn es kein Brot gibt oder die Preise dafür erhöht werden, ist es mit der Geduld und der Leidensfähigkeit der Ägypter vorbei, dann demonstrieren sie. Wenn ich von einer Einwohnerzahl von zwanzig Millionen für den Großraum Kairo ausgehe und davon, dass im Durchschnitt jeder drei Brote am Tag verzehrt, komme ich auf die stattliche Summe von sechzig Millionen Stück pro Tag. Vielleicht sind es nur fünfzig Millionen, auch das ist noch immer eine schier unglaubliche Anzahl. Die Fragen, die ich mir stelle, sind: Wie viele Bäckereien gibt es in Kairo? Wie schaffen sie die logistische Verteilung der Brote und vor allem, wie kann der ägyptische Staat in Zukunft seine Bürger ernähren? Laut aktuellen Statistiken weist Ägypten das höchste Bevölkerungswachstum weltweit auf und Kairo scheint die bevölkerungsreichste Stadt zu werden. Durchschnittlich kommen pro Jahr eine Million Kinder zur Welt. Bei einer NGO-Konferenz sagte der Vorsitzende der zentralen Agentur für Mobilisierung und Statistik, Abu Bakr al-Gindy, dass Ägypten derzeit fünf mal schneller als China und acht mal schneller als Südkorea wächst und die Bedrohung durch den Terrorismus nichts ist im Vergleich zur Bedrohung durch das Bevölkerungswachstum in Ägypten. An der Konferenz nahm auch der Berater des sozialen Solidaritätsministers Essam al-Adawy teil, der gegen den unglaublichen Bevölkerungsanstieg Stimmung machte: „Sind wir als Regierung und als Privatwirtschaft bereit, für Bildung, Gesundheitsversorgung und Beschäftigungsmöglichkeiten für eine Million zusätzlicher Bürgerinnen und Bürger pro Jahr zu sorgen? Leider sind wir das nicht."[53]

Anfang November 2015 teilte die Regierung unter Abdel Fatah al-Sisi mit, dass sie nicht länger bereit sei, den Anbau von Weizen derart umfangreich zu fördern. Das bisherige System hatte dazu geführt, dass Landwirte in großem Umfang Importweizen als eigene Ernte ausgaben und sich dafür Subventionen erschlichen hatten. Die Regierung will nun den Bauern die Subventionen für Weizen teilweise in bar auszahlen und am Weltmarkt zu günstigeren Preisen einkaufen. Damit will sie dem chronischen Schmuggel und Subventionsbetrug einen Riegel vorschieben. Das klingt zwar nach einer guten Idee, doch profitiert das Volk davon? In Krisenzeiten trifft es die Ärmsten immer am ärgsten und Ägypten steckt definitiv in einer Megakrise. Der Aufruf des Präsidenten, eine Zeit lang den Gürtel enger zu schnallen, klingt dabei wie Hohn für die Millionen, die sowieso von der Hand in den Mund leben müssen.

Die weiblichen Stadtheiligen von Kairo

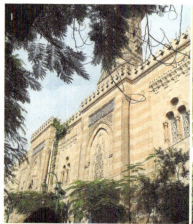

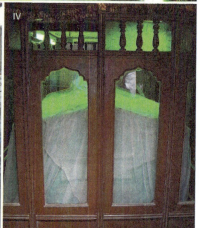
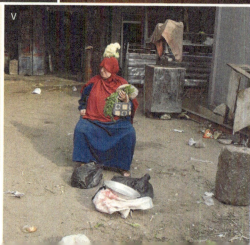

I, II Moschee von Sayyida Sukayna

III Gräber von Sayyida Atika und Muhammed al-Ga'fari

IV Schrein von Sayyida Atika

V Ende eines arbeitsreichen Tages

Wenn ich im Freundeskreis von den weiblichen Stadtheiligen Kairos erzähle, werde ich ungläubig angesehen. Im Islam? Frauenverehrung im Islam? Da kann ja wohl etwas nicht stimmen, höre ich oft als Entgegnung. So einfach ist das auch nicht, denn jene Frauen, die verehrt werden, sind Mitglieder der *ahl al-bayt*, der Prophetenfamilie und deren Nachkommen. Zu ihnen gehören Sayyida Nafisa, Sayyida Zaynab und Sayyida Ruqayya, von denen Sayyida Zaynab die beliebteste Heilige Kairos ist. Zu ihrem Heiligenfest, *mawlid*, kommen Hunderttausende Ägypter mit Kindern, Matten, Gaskochern und Trommeln aus allen Landesteilen. Vier Tage ziehen die Menschen, großteils einfache Leute, durch das Viertel Sayyida Zaynab und zur Moschee. Es muss ein unglaubliches Gedränge sein, vom Lärmpegel gar nicht zu sprechen. Sufi-Zeremonien werden abgehalten, es wird getanzt und gefeiert, manche fallen in Trance. Händler schreien ihre Angebote hinaus und Essensgerüche durchziehen die Straßen. Es scheint so, als ob die Tage eines *mawlids* außerhalb der Zeit existieren, außerhalb des mühseligen Lebens, das viele Menschen sonst führen. Die Zeit der Heiligenfeste gehört ihnen, da können sie alle Sorgen vergessen.
Von der Heiligenverehrung war schon einige Male die Rede, wie im Kapitel über das Mausoleum von Imam al-Shafi'i. Auch dass viele Sunniten diese Praktik, die in den Bereich der Volksfrömmigkeit fällt, nicht gutheißen. Ein *mawlid* basiere auf irregeleitetem Volksglauben, so die Meinung, denn im Islam gibt es keinen Vermittler zwischen dem Menschen und seinem Herrn. Ägypten sollte bei dieser Thematik jedoch als Sonderfall betrachtet werden, da die Heiligenverehrung in kaum einem anderen sunnitisch geprägten Land so tief und hingebungsvoll gelebt wird. In Assiut, in Mittelägypten, zelebrieren Muslime gemeinsam mit Kopten ein Fest, das zu Ehren der Jungfrau Maria von Dronka gefeiert wird. Maria, die Mutter Jesu, gehört zu den am meisten verehrten Frauen im Islam, zusammen mit Khadijah, der ersten Frau Muhammads, und Fatima, seiner jüngsten Tochter. Maria wurde von Gott wegen ihrer Frömmigkeit und Demut auserwählt, die 19. Sure trägt sogar ihren Namen.

Über die Jahrhunderte entwickelte sich ein Phänomen, das als „die Vision der Mausoleen" bezeichnet werden kann. Immer wieder sprachen Menschen über ihre Träume vom Propheten, seiner Familie und deren Nachkommen. Da sie den Träumen eine besondere Bedeutung beimaßen, gab es auch Traumdeuter, die dazu entsprechende Erklärungen abgaben. In einigen Fällen wurde aus dem Traum ein reales Gebäude, eine Moschee oder ein Mausoleum, welches vom Träumer, so er finanziell in der Lage war, in Auftrag gegeben wurde. Sakralbauten, wie ich sie in Ägypten kennenlernte, sind wie ein lebender Organismus, wo Menschen nicht nur zum Gebet hinkommen.
Um ins „Hoheitsgebiet" der weiblichen Stadtheiligen Kairos zu kommen, kann als Startpunkt das Gayer-Anderson Museum herangezogen werden oder wie wir

es machten, über die Saliba-, Suyufiya- und Khalifa-Straße. Dabei handelt es sich um eine alte Verbindung, die im vorigen Jahrhundert noch durch sumpfiges Gebiet führte. Ein Damm wurde gebaut, auf dem die Gläubigen die Gräber ihrer Verwandten trockenen Fußes erreichen konnten. Begleiten Sie mich nun ebenfalls „trockenen Fußes" durch ein außergewöhnliches Viertel Kairos, das mit der Besichtigung der Moschee von Sayyida Sukayna beginnt.

Moschee von Sayyida Sukayna und die arabische Salonkultur

Mit der Sharie al-Khalifa, die auch Darb al-Wada genannt wird, die Straße des Abschiednehmens, betreten wir das Gebiet der weiblichen Stadtheiligen. Der erste Sakralbau, auf den wir treffen, ist Sayyida Sukayna geweiht, die, obwohl sie offiziell nicht zu den Stadtheiligen gehört, sehr verehrt wird. Sayyida Sukayna bint al-Husayn, die Standhafte und Verlässliche, war die Tochter von Husayn ibn Ali ibn Abi Talib, einem Enkel des Propheten. Sie wuchs in einer religiösen Umgebung mit dem Studium des Koran auf. Ihre Mutter war Rabab bint Imria al-Qais, die Zeugin des Überfalls bei Kerbela war, wo ihr Gemahl und seine Getreuen den Tod fanden (s. Kap. „Sayyidna al-Husayn"). Rabab wurde gefangen genommen und mit anderen Mitgliedern der Prophetenfamilie nach Medina gebracht, wo sie ein Jahr später starb. Sukayna immigrierte nach Ägypten, wo sie herzlich aufgenommen wurde. Da mehrere Töchter aus der Prophetenfamilie den Namen Sukayna trugen, entstand eine Vielzahl von Beinamen. Es ist daher nicht gesichert, ob es die Tochter von Husayn ist, die in dieser Moschee begraben liegt. Das tut jedoch nichts zur Sache, denn die Gläubigen laden mit ihren Gebeten diese Stätte energetisch auf. Da die Moschee als gesegneter Ort gilt, bleibt die Wirkung nicht aus.

Das ursprüngliche Mausoleum von Sayyida Sukayna stammt aus dem 13. Jahrhundert. Die Moschee wurde im Jahr 1904 vom Khediven Abbas Hilmi II. über dem Grab errichtet. Unter den Khediven kam es zu einer Wiederbelebung der Verehrung der Nachkommen des Propheten. Abbas Hilmi ließ den Sakralbau, der im Jahr 1760 von Abd al-Rahman Katkhuda erneuert wurde, im neo-mamlukischen Stil erneuern. Unter seiner Herrschaft wurde auch die Kuppel rekonstruiert und ein Raum zum Rezitieren von Koransuren hinzugefügt. Auch das Mausoleum von Sukayna, das noch unter der Erde lag, ließ er auf das Niveau der Moschee anheben.

Wir treffen Ibrahim, der sich die Zeit nimmt, uns zu begleiten. Bevor wir die Moschee betreten, übersetzt er uns die Inschrift, mit der die Eingangstür versehen ist.
„Anhand dieses Titels könnt ihr erahnen, welchen Stellenwert die Tochter al-Husayns

genießt. Zu lesen ist da ‚Heiliger Ort der Tochter Husayns, Sukayna, all die edelsten Werte sind die deinen'. Überliefert ist noch ein sehr berührender Ausspruch von al-Husayn selbst: ‚Bei meinem Leben, ich liebe das Haus, in dem Sukayna und Rabab leben. Ich liebe sie und für sie würde ich all mein Glück opfern'."

Im Innenraum lenken vorerst ansprechende Glasfenster und Malereien von der Dekoration ab. Grüne Stoffbänder und Glitzergirlanden umgeben das Gitter um den Schrein der Verehrten. Grüne Lampen beleuchten den Sarkophag und erzeugen eine eigenartige Stimmung. Grün wird im Islam als Farbe des Propheten und seiner Nachkommen gesehen, da Muhammad selbst gerne grüne Gewänder getragen haben soll.

Ibrahim, in gewisser Weise erinnert er mich an Adel, den Geschichtenerzähler, bittet uns, auf dem Teppich Platz zu nehmen, da er noch etwas Interessantes zu erzählen hat.

„Sukayna, die Tochter al-Husayns, war drei Mal verheiratet und betrieb sogar einen Salon", beginnt er.

Überrascht sehe ich ihn an, ein Salon in Arabien? Von der Salonkultur, die sich im 17. und 18. Jahrhundert in Frankreich entwickelte, hatte ich gelesen und natürlich ist mir als Österreicherin Berta Zuckerkandl nicht unbekannt, die letzte bedeutende Salonnière Wiens, die von 1892 bis 1942 lebte.

„Ja, ihr habt richtig gehört, einen Salon. Ihr aus den europäischen Ländern glaubt immer, alles erfunden zu haben", sagt Ibrahim etwas überspitzt. Ich widersprach ihm, denn ich wusste sehr wohl, dass die Europäer den islamischen Gelehrten viel zu verdanken haben. Ich bat ihn fortzufahren, da mich dieses Thema interessierte.

„Es waren die Frauen von Medina, die solche Zusammenkünfte oder Salons eröffneten, die nach der Auswanderung des Propheten von Mekka in Medina erblühten. Sukayna soll eine der ersten gewesen sein, die Salons besuchte und selbst einen gründete. Sie galt als kluge Frau, die mit dem Koran und den Geschichten der Propheten groß geworden war. Ihr Salon, in dem anerkannte Dichter und Musiker verkehrten, wurde sehr geschätzt. Poeten besuchten sie während der Mekka-Wallfahrt, um ihr Gedichte vorzutragen und den Besten von ihr bestimmen zu lassen.

Als ich wieder einmal im Buch „Schönheit in der arabischen Kultur" von Doris Behrens-Abouseif las, entdeckte ich die Bestätigung dessen, was uns Ibrahim in der Moschee von Sayyida Sukayna erzählt hatte: „Im 8. Jahrhundert führten hochrangige Damen im Hedschas literarische Salons (Majlis), in denen galante Musiker ihre Förderin mit Liebesliedern hofierten. In dieser verfeinerten Gesellschaft bestimmten die Dichter-Musiker die Regeln, die für Eleganz und guten Stil maßgeblich waren."[54]

Gelten diese arabischen Barden nun als Vorläufer von Herzog Wilhelm von Aquitanien, der drei Jahrhunderte später als erster bezeugter Minnesänger in Südfrankreich auftrat, oder von Walther von der Vogelweide und Wolfram von Eschenbach? Die Spur lässt sich zurückverfolgen, nach Spanien, nach al-Andalus, das vom 7. bis 10. Jahrhundert islamisiert wurde.

Wir verlassen den Verehrungsort der „Salonnière" und gehen weiter die al-Khalifa Straße entlang. Lärm dringt an unsere Ohren, ein Streit eskaliert auf der anderen Straßenseite auf dem Dach eines heruntergekommenen Hochhauses. Plötzlich fliegen Steine. Wir sind nicht gefährdet, suchen aber trotzdem das Weite und entdecken das Grab der „Sultanin für achtzig Tage" östlich der Straße.

Mausoleum von Shajarat al-Durr oder vom Sklavenmädchen zur Sultanin

Shajarat al-Durr, Perlenbaum, regierte als Sultanin achtzig Tage das islamische Ägypten. Gibt man ihren Namen in eine Suchmaschine ein, poppen viele Fotos von orientalischen Schönheiten auf. Ob eine davon Ähnlichkeit mit der historischen Sharjarat hatte, bleibt unbeantwortet. Sie war eine außergewöhnliche Persönlichkeit, ausgestattet mit Klugheit, Schönheit und einer Portion Kaltblütigkeit. Sharjarat war türkischer Abstammung und wurde dem Ayyubiden Emir al-Salih Ayyub zum Geschenk gemacht. Bald schon war sie seine Favoritin und er heiratete sie.

Ihr Gemahl sollte die Nachfolge des Sultans al-Kamil antreten, der aber seinem Sohn nicht vertraute und ihn nach Damaskus abkommandierte. Al-Kamil favorisierte al-Adil, der wiederum den Emiren nicht passte. Sie nahmen ihn gefangen und baten al-Salih zurückzukommen, was er 1240 auch tat und das Sultanat übernahm. Es war auch das Jahr des sechsten Kreuzzuges unter König Ludwig IX. von Frankreich. Als das Heer bis nach Mansura vorgedrungen war, starb al-Salih. Sharjarat und der Anführer der Kavallerie verheimlichten diesen Umstand, um das Heer nicht zu demoralisieren. Die Mamluken siegten und nahmen den französischen König gefangen, den sie später wieder freiließen. Der Stiefsohn von Sharjarat, Turan Schah, wurde zum neuen Sultan ausgerufen. Doch seine Regentschaft war nicht von langer Dauer, da er ermordet wurde. Von welcher Seite der Auftrag dazu erfolgte, ist nicht geklärt. Eine Quelle nennt Sharjarat als Auftraggeberin, eine andere die Mamluken. Während der Abwesenheit ihres Gemahls, der sich auf einem Kriegszug befand, hatte sie sich bewährt, mit Klugheit die Fäden gezogen und die Regierungsgeschäfte geführt. Sharjarat nahm das Sultanat an, verlor es aber nach achtzig Tagen wieder. Als die Nachricht über die Einsetzung einer Frau als Sultanin Syrien erreichte, gab es die ersten Aufstände, denen sich der abbasidische Kalif in Bagdad anschloss. Dadurch waren die Sharjarat gegenüber loyalen Mamluken verunsichert und setzten sie wieder ab. Im Gegensatz zu Sitt al-Mulk, der Schwester von al-Hakim, die für ihren Neffen regierte, bestand Sharjarat auf

Münzprägung und darauf, dass die chutba[55] beim Freitagsgebet in ihrem Namen zu sprechen war.

Als neuen Sultan riefen die Emire Izzn al-Din Aybek aus, der auch der neue Gemahl Sharjarats wurde. Somit hatte sie zwar keine direkte Macht mehr, aber immer noch genug Einfluss. Neben ihren oben erwähnten Qualitäten, war sie sehr eifersüchtig, denn als Aybek eine weitere Frau nahm, ließ sie ihn ermorden. Diese Tat blieb nicht ohne Folgen und brachte sie in den berüchtigten roten Turm auf der Zitadelle. Sharjarat wurde getötet und ihre Leiche über die Mauer geworfen. Angeblich erschlugen Dienerinnen von Aybeks erster Frau sie mit hölzernen Badepantoffeln. Einige erbarmten sich ihrer sterblichen Überreste und begruben sie in ihrem Mausoleum, das sie zu Lebzeiten in der Nähe der Gräber der heiligen Frauen aus der Prophetenfamilie errichten hatte lassen. Dem Bau waren noch eine *madrasa* und ein Palast angeschlossen, von denen keine Spuren mehr erhalten sind. Trotz der Skandale um ihr Leben, stieg ihre Verehrung. Dass sie ihr Mausoleum neben den heiligen Frauen der Prophetenfamilie bauen ließ, trug sicher dazu bei.

Auf der Website von archnet.org sind einige Fotos zu sehen, die Sir Keppel Archibald Cameron Creswell angefertigt hat, der 1974 fast hundertjährig starb. Er war Architekturhistoriker und hat wie kein anderer das islamische Architekturerbe Kairos mit 12.000 Fotos dokumentiert. Zu seiner Zeit war das Mausoleum in einem erbärmlichen Zustand und schien zu verfallen. Obwohl seither schon einmal restauriert, weist es heute wieder Zeichen des Verfalls auf. Ein hohes schwarzes Eisengitter umgibt das im Jahr 1250 errichtete Gebäude. Leider ist es versperrt und nur gegen Voranmeldung zu besichtigen, auch Ibrahim kann uns da nicht helfen. Er erzählt uns aber, dass der Name der Sultanin in Form eines Bilderrätsels in der Gebetsnische zu lesen ist. Die Wölbung der Nische soll mit Glasmosaiken geschmückt sein, die einen Baum darstellen, der mit Perlen verziert ist, gelesen ergibt es den Namen Perlenbaum, Shajarat al-Durr. Von der Straße sind nur die mit kielbogenförmigen Nischen verzierten Außenmauern zu sehen. Darauf erhebt sich ein sechseckiger Aufbau, der die Kuppel des Mausoleums trägt. Es ist insofern ein interessantes Gebäude, als es das letzte ist, das während der Herrschaft der Ayyubiden, der Dynastie Salah al-Dins, entstand. Da Sharjarat sowohl mit einem Ayyubiden als auch mit einem Mamluken verheiratet war, begann mit ihr eine neue Zeit in Ägypten, jene Zeit, als die Mamluken, die ehemaligen Sklaven, das Land regierten und das teilweise sehr erfolgreich.

Gräber von Sayyida Ruqayya, Sayyida Atika und Muhammad al-Ga'fari

Für Schiiten spielt die Blutsverwandtschaft mit der Prophetenfamilie eine ganz große Rolle im Hinblick auf den Führungsanspruch über die Gemeinschaft der Gläubigen. Es kommen daher viele schiitische Pilger nach Kairo, um die weiblichen Verwandten des Propheten zu ehren und um deren Segen zu bitten. Westlich der Straße, gegenüber dem Grab von Shajarat al-Durr, befindet sich der Eingang zu einem Wallfahrtsbezirk, wo sich drei *mashads* befinden. Als *mashad* bezeichnet man ein Gebäude, das gleichzeitig als Moschee und Mausoleum dient. Ursprünglich ein überkuppelter Grabraum, erhielt er durch das Anbringen einer Gebetsnische auch die Funktion einer Moschee. Neben dem *mashad* für Sayyida Ruqayya, sind hier auch die Gräber von Sayyida Atika und Muhammad al-Gafari zu sehen. Alle drei sind von besonderem Interesse, da sie wichtige architektonische Zeugnisse aus der Fatimidenzeit sind. Wir wenden uns zuerst dem *mashad* von Sayyida Ruqayya zu, der aus dem frühen 12. Jahrhundert stammt. Er wird auch heute noch als Andachtsraum und Ort, an dem Eheversprechen abgegeben werden, genutzt. Erfahren habe ich auch, dass hier sogenannte „Fürsprache-Gebete" beauftragt werden können. Wenn jemand Hilfe benötigt oder krank ist, kann eine andere Person für den guten Ausgang einer Situation oder eines Zustandes beten. Ich kenne noch den Begriff „Gesundbeter" und „Abbeter" aus dem deutschsprachigen Raum. Es bedeutet, mit Hilfe von Gebeten Probleme und Krankheiten zu eliminieren.

Sayyida Ruqayya war die Tochter von Ali ibn Abi Talib. Mütterlicherseits stammt sie nicht von der Prophetentochter Fatima ab, sondern von einer anderen Gemahlin Alis. Ibrahim erzählte mir, dass sie mit ihrer Stiefschwester nach Kairo kam, aber in Damaskus begraben liegt. Andere Quellen behaupten, dass Sayyida Ruqayya nie in Kairo war. Trotzdem ließ die Gemahlin des zehnten fatimidischen Kalifen al-Amir im 12. Jahrhundert für Sayyida Ruqayya in Kairo einen Schrein errichten. Dies ist ein gutes Beispiel für eine Verehrungsstätte, die zu Ehren einer Person errichtet wurde, obwohl diese an einem anderen Ort beerdigt ist. Es wird daher von einem *mashad ru'ya*, einem visuellen Gedenkort, gesprochen, der auch als „Erhöhungsort" gilt. Bittsteller sitzen tagelang an ihrem Grab, ins Gebet und die Hoffnung auf Erhörung vertieft. Auch heute noch sollen durch die weiblichen Stadtheiligen Kairos Wunder geschehen.
Der Gedenkort sieht restauriert aus und wir dürfen ohne Probleme hinein. Noch vor einigen Jahren standen im Innenhof mehrere Sarkophage, die von der indisch-schiitischen Sub-Sekte der Bohras entfernt wurden. Damit wollten sie die

Umgebung für Mitglieder der Prophetenfamilie „rein" halten. Einer der Aufseher verfolgt uns mit stechendem Blick, Worte vor sich hin murmelnd. Ich empfinde den Mann als sehr unangenehm. Es scheint ihm nicht zu passen, dass wir diesen Ort besuchen. Ibrahim bestätigt mein Gefühl und meint, er will keine Touristen, weil er glaubt, sie sind unrein und würden diesen Platz beschmutzen. Manchmal muss ich mich beherrschen, auch wenn es schwerfällt. Solche Situationen sind jedoch ein Prüfstein, andere Menschen nicht zu verurteilen. Ibrahim spricht mit dem Mann, der sich dann zurückzieht und uns auch nicht ins Innere des Grabbaus folgt.

Gebaut wurde der silberne Schrein von Muhammad Burhanuddin im 14. Jahrhundert, dem Da'i der Dawudi-Bohras. Die Dawudis sind ismailitische Muslime, die als Sekte innerhalb der Schiiten gesehen werden und überwiegend im Westen Indiens, in Pakistan und Ostafrika leben. Silberne Gitter in Nischenform mit Messingverzierungen umgrenzen den Sarkophag, auf dem ein weißes Brautkleid als Zeichen der unbefleckten Reinheit von Ruqayya liegt. Zwei weiß gekleidete Besucherinnen sind mit uns im Raum. Sie sind ins Gebet vertieft und berühren mit ihren Händen den Schrein. Ich bin mir ziemlich sicher, dass es sich dabei um indische Dawudi-Bohras handelt, da die weiße Kleidung in ihrer Tradition wichtig ist. Auch hier tauchen Neonröhren alles in grünes Licht. Das Glanzstück des Gedenkortes ist eine von mehreren Gebetsnischen, eine wahre Meisterarbeit der Stuckdekoration. Die Kuppel ist außergewöhnlich groß und ruht auf einem achteckigen Aufbau, unterbrochen von Nischenfenstern, ebenfalls mit Stuck verziert.

In den beiden anderen Grabanlagen ruhen Sayyida Atika und Muhammad al-Gafari. Beide Bauten sind überkuppelt und noch älter als der Gedenkort für Ruqayya. Im Grab mit der glatten Kuppel liegt der Ur-Ur-Ur-Enkel des Propheten, der Sohn von Ja'far al-Sadiq, dem sechsten schiitischen Imam. Der Sarkophag von al-Gafari steht in einem Holzschrein, abgedeckt mit einem grünen Samttuch, das mit Goldstickereien verziert ist. Das Grab mit der gerippten Kuppel beherbergt die sterblichen Überreste von Sayyida Atika. Sie war eine Tante des Propheten und wird als „schöne Dichterin" beschrieben. Der Schrein von Sayyida Atika ist ebenfalls aus Holz, auch hier geben Glasfenster den Blick auf den Sarkophag frei, auf dem ein weißes Brautkleid liegt.

Moschee von Sayyida Nafisa und ein trauriges Erlebnis

Der Sharie al-Khalifa weiter nach Süden folgend, treffen wir auf den Sayyida Nafisa Platz, auf den mehrere Straßen einmünden. Die prächtige Moschee der Stadtheiligen Nafisa erhebt sich östlich davon. Sie soll ein Meisterstück an Proportionen und Ausstattung sein. Als Urenkelin des Propheten an seinem Geburtstag in

Mekka geboren, kam Nafisa mit ihrem Vater nach Medina. Bereits im Kindesalter begann sie den Koran zu studieren. Sie lebte asketisch und nahm nur jede dritte Nacht Nahrung zu sich. Mit sechzehn Jahren wurde sie mit ihrem Cousin verheiratet, mit dem sie zwei Kinder hatte.

Als 44-jährige übersiedelte sie im Jahr 804 nach Kairo, wo sie sich in Fustat niederließ. Sie wirkte als Korangelehrte und unterrichtete Studenten, darunter auch den bekannten Muhammad ibn Idris al-Shafi'i. Mehrere Legenden ranken sich um ihr Leben, so soll sie dreißig Mal nach Mekka gepilgert sein und das Grab Abrahams besucht haben, der ihr in einer Vision erschien.

„Auch eine Geschichte über das Ausbleiben der Nilflut ist überliefert. Der Nil begann zu steigen, nachdem Nafisa ihren Schleier abgenommen und in den Fluss geworfen hatte", verkündet Ibrahim.

Als sie ihr Ende nahen fühlte, bat sie ihren Mann und die Kinder, nach Kairo zu kommen. Nafisa grub selbst eine Grabhöhle für sich in ihrem Haus, in der sie betete und auch begraben wurde. Vor ihrem Tod rezitierte sie 199 Mal den Koran und starb letztendlich beim Wort „Barmherzigkeit". Viele Menschen ließen sich in ihrer Nähe begraben, um von ihrem Segen zu profitieren.

Der Schrein von Sayyida Nafisa stammt aus der Fatimidenzeit. Die Moschee stürzte mehrmals ein, wurde aber immer wieder aufgebaut und verschönert, zuletzt wieder vom Khediven Abbas Hilmi II. In den 1990er-Jahren entstanden Erweiterungen, da sich die Moschee zu einem Zentrum für religiöse Instruktionen entwickelt hatte. Auch außerhalb der Festzeiten kommen viele Pilger nach Kairo, um in der Moschee zu beten. Frauen dürfen nicht beim Haupteingang hineingehen, denn dieser ist nur für Männer geöffnet. Auch im Inneren der Moschee herrscht Geschlechtertrennung. Da Frauen von Männern beim Gottesdienst nicht beobachtet werden sollen, beten die Frauen hinter den Männern, abgetrennt in eigenen Räumen oder auf einer Empore. Für Frauen, die bei Sayyida Nafisa beten wollen, ist der Eingang an der Westseite geöffnet, wo Händlerinnen sitzen, die Blumen und Räucherwerk verkaufen.

Da die Zeit bereits fortgeschritten ist, gehen wir die al-Khalifa Straße wieder zurück zu unserem Minibus. Während meine Freunde mit Ibrahim vorausgehen, beobachte ich nochmals das Geschehen auf der Straße. Ich entdecke eine Marktfrau, die, auf einem Sessel sitzend, stolz einen riesigen Karfiol auf dem Kopf trägt. In ihrer linken Hand hält sie einen Bund Petersilie, mehrere Fladenbrote und ein kleines Handtäschchen. Ein weinrotes Kopftuch, das fast die Augen bedeckt, fällt seitlich bis zur Taille hinab. Ich muss einfach meine Kamera aus der Tasche nehmen, um dieses Motiv festzuhalten. Dann schlendere ich weiter und sehe rechts der Straße ein altes Haus, dessen Vorgarten zu einer Müllhalde verkommen ist. Irgendetwas irritiert mich daran, denn im Müll bewegt sich etwas. Es ist eine Frau. Sie richtet sich

langsam auf und blickt um sich. Wie angewurzelt stehe ich da und weiß nicht, was ich tun soll. Dann greife ich in meine Tasche, gehe zu ihr und drücke ihr zwanzig ägyptische Pfund in die Hand. Sie sieht auf ihre Hand, dann auf mich und steckt den Geldschein ein. Passanten sehen nun mich irritiert an und schütteln den Kopf. Ich laufe meinen Freunden hinterher und erzähle von meinem Erlebnis. Ibrahim frage ich, ob wir da nicht helfen können? Seine Antwort ist deutlich: „Nein, das geht uns nichts an, da kann man nichts tun."
Dieses Erlebnis trage ich noch lange mit mir herum, weil ich die Geschichte dieser Frau nicht kenne. Fragen wie, ob ich nicht doch mehr hätte tun können, gehen mir durch den Kopf. Schweigend steige ich in den Minibus. Ibrahim will uns noch die Moschee von Sayyida Zaynab zeigen, die Lieblingsheilige der Kairoer, die vom Volk liebevoll *sitta* Zainab genannt wird. Es gibt Quellen, die behaupten, sie habe ihrer verehrten Tante Nafisa vierzig Jahre treu gedient. Sayyida Zainab wollte ihre letzten Lebenstage in der Nähe des Grabes ihres Großvaters, des Propheten, verbringen. Doch die Umayyaden forderten sie auf, Medina umgehend zu verlassen. Widerstrebend folgte Zainab der Anweisung und ging nach Ägypten, wo sie den Rest ihres Lebens im Gebet verbrachte.

Wir gerieten in einen Stau, da es plötzlich Straßensperren gibt. Soldaten und Stacheldrahtbarrieren machen ein Weiterkommen mit dem Auto unmöglich. Nach einem Blick auf Sayyida Zaynabs Moschee, die Touristen nicht besuchen dürfen, verlassen wir den Bus und gehen zu Fuß zum Nil, über die Brücke nach Zamalek und zu unserem Hotel, wo wir die Tagesereignisse nachklingen lassen.

Vom Bab al-Futuh zur Sayyidna al-Husayn Moschee

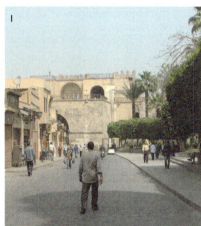

I Blick auf die nördliche Stadtmauer

II Innenhof der al-Hakim Moschee

III Blick auf das *sabil kuttab* von Rahman Katkhuda

IV Innenhof des Bayt al-Suhaymi

V Umm Kulthum Café

Fatimiden und die nördliche Stadtbefestigung

Pünktlich steht der Kleinbus vor unserem Hotel, dem Longchamps auf der Nilinsel Zamalek, der uns zum nächsten Ausgangspunkt unserer Erkundungstour bringen soll. Immer wieder steige ich mit meinen Mitreisenden in diesem Hotel ab, das von der Ägypterin Hebba Bakri geführt wird. Ihr Vater Husayn war einer der modernen Tourismuspioniere in Ägypten und ihre Mutter Amina war in den 1950er Jahren als Theaterschauspielerin bekannt. Nach einer Parisreise entschlossen sie sich, ihr neues Hotel nach der berühmten Pferderennbahn „The Longchamps" zu nennen.

Nach einem ausgezeichneten Frühstück fahren wir Richtung Osten und lassen uns außerhalb der nördlichen Stadtmauer absetzen. Ein breiter Gehweg verläuft zwischen der stark befahrenen Straße und einem geschmiedeten Zaun. Fächerpalmen und grüne Laternenpfähle, von denen noch Kabel hängen, säumen den Weg. Auf der anderen Straßenseite erkenne ich hinter einer Mauer Grabsteine und armselige Hütten (s. Kap. „Wohnen in Totenstädten"). Tauben fliegen auf eine Holzkonstruktion zu, es ist ein Taubenhaus in luftiger Höhe, wie sie zuhauf auf Kairos Dächern zu finden sind. Tische und Sessel stehen am Straßenrand, hier nehmen Männer ihr Frühstück ein, *fuul* und Fladenbrot.

Wir nähern uns dem ersten der beiden Stadttore, dem Bab al-Nasr, dem Tor des Sieges. Flankiert von zwei quadratischen Türmen, wurde es wie das Bab al-Futuh, das Tor der Eroberung, nie eingenommen. Diese Anlage ist ein gutes Beispiel für islamische Militärarchitektur und wurde im Jahr 1087 von Badr al-Jamali, einem fähigen Minister unter dem fatimidischen Kalifen al-Mustansir, in Auftrag gegeben. Als Architekten werden die Armenier Johann der Mönch und seine Brüder genannt. Das Baumaterial für die Stadtmauer und die Tore lieferten großteils die Nekropolen des Alten Reiches bei Sakkara, aber auch die Pyramiden von Giza wurden ihrer Verkleidung beraubt und verwendet. Der Planet Mars, *qahr (marib)*, von den Arabern als „der Siegreiche" bezeichnet, war am Aufsteigen, als mit dem Bau der Stadtmauern begonnen wurde. Der kämpferische Gott sollte demnach ein gutes Omen für al-Qahira darstellen, das somit immer siegen würde. Doch da gibt es eine Legende, von der ich erfahren habe, dass nämlich alles was den Mars betrifft, auf einem Irrtum beruht. So soll der Kalif al-Mu'izz, der großes Vertrauen in die Astrologen hatte, eines Nachts seine Stadt ausgemessen und mit Schnüren, an die viele Glöckchen gebunden waren, gekennzeichnet haben. Die Astrologen beratschlagten, um den günstigsten Planeten für eine Stadtgründung abzuwarten. Tauchte dieser am Horizont auf, wollten sie die Glöckchen bedienen, um den Startschuss für die Arbeiter zu geben. Doch die Glöckchen begannen von selbst zu läuten. Schockiert entdeckten sie einen Raben, der das Läuten ausgelöst hatte. Das allerdings war ein schlechtes Omen und bedeutete eine zukünftige Fremdherrschaft.

Den Arbeitsbeginn konnten die Astrologen nun nicht mehr stoppen, also bogen sie die Geschichte etwas und deuteten den Mars als gutes Omen.

Sobald wir durch das westlich gelegene Tor, das Bab al-Futuh, gehen, betreten wir die Sharie al-Mu'izz li Din Allah, die alte *qasaba*, die Hauptstraße oder Nord-Süd-Verbindung der Fatimiden. Benannt ist die Straße nach dem Kalifen Abu Tamim al-Mu'izz Li-Din Allah, von den Kairoern wird sie kurz Mu'izz oder Moizz genannt. Man kann sie durchaus zu den prächtigen Straßen Kairos zählen, da sie nicht nur Sakral- und Profanbauten beherbergt, sondern sich auch seit einigen Jahren verkehrsberuhigt und teilweise sogar als Fußgängerzone präsentiert. Die Mu'izz führt zum Husayn-Platz in der Nähe des Khan al-Khalili Bazars, quert dann die Muski- und Al-Azhar-Straße, und endet beim Bab Zuwayla, dem südlichen Stadttor.
Mit den Fatimiden kam eine schiitisch-ismailitische Dynastie nach Ägypten und Syrien, die von 969 bis 1171 herrschte (im Maghreb schon ab dem Jahr 909). Al-Mu'izz, der erste fatimidische Kalif in Ägypten, verlegte die Hauptstadt seines Reiches nach Kairo. Mit ihm kam ein gebildeter, an Kultur und Wissenschaft interessierter Mann an die Macht. Seine Vorgänger, deren Auftreten eher roh war, suchten in erster Linie Kampf und Sieg auf dem Schlachtfeld. Al-Mu'izz Vorteil war es auch, Jawhar ibn Abd Allah zu begegnen, dem persönlichen Sekretär eines Vorgängers. Unter al-Mu'izz wurde er Wesir und oberster Heerführer mit dem Auftrag Ägypten zu erobern und eine neue Stadt zu bauen. Im Jahr 969 besiegte Jawhar die in Ägypten amtierenden Ichschididen, die vom Kalifen in Bagdad als Statthalter eingesetzt worden waren. Die fatimidische Armee hatte leichtes Spiel, da sie nur einige Scharmützel zu bestehen hatte und sich die Bevölkerung ohnehin kampflos den neuen Herrschern ergab. Jawhar zog mit wehenden Fahnen, Trommelwirbel und einem großen Gefolge zur Amr Moschee. Der Imam empfing ihn und sprach im Namen seines neuen Herrn al-Mu'izz die *chutba*. Trotz des schiitisch-ismailitischen Bekenntnisses der Fatimiden, die bei ihren Glaubensbrüdern, den Sunniten, als Häretiker galten, tolerierten sie die vorwiegend sunnitischen Muslime Ägyptens. Auch Christen und Juden erlebten eine neue Akzeptanz, da ihnen die Fatimiden, vielleicht auch aus taktischen Gründen, wohlgesonnen waren.

Mit großem Eifer machte sich Jawhar nach der Eroberung an die Arbeit, die neue Stadt für den Kalifen zu errichten und dessen Vorgaben zu erfüllen. Bereits im Jahr 972 konnte al-Qahira, so der Name der neuen Stadt, von al-Mu'izz in Besitz genommen werden. Der Bereich, wo der Kalif, seine Familie und hohe Würdenträger residierten, ist heute noch als Bayn al-Qasrayn bekannt und wird im Bereich des Khan al-Khalili Bazars und nördlich davon lokalisiert. Diese Stadt in der Stadt wurde immer prunkvoller und luxuriöser ausgestattet und sogar als heilig angesehen. Eine

Lehmziegelmauer sorgte vorerst für Schutz, kein Unbefugter durfte das Gelände betreten. Abgesandte anderer Länder mussten bei den Toren von ihren Pferden steigen und warten, bis sie vom Wachpersonal in die Stadt begleitet wurden.

Da Ägyptens Wirtschaft unter der Regierung der fatimidischen Kalifen durch Straßenbau und Förderung des Handels mit Indien und dem Mittelmeerraum einen großen Aufschwung erfuhr, konnten die Kalifen auch ihrer Prunksucht frönen. Kultur und Wissenschaft wurden unterstützt, wobei die Gründung der Al-Azhar Universität, heute ein wichtiges sunnitisches Zentrum, große Bedeutung erlangte. Fatimidische Luxusartikel waren außerdem im ganzen Mittelmeerraum begehrt. In Europa war bis auf wenige Zentren Glas noch nicht so verbreitet wie in den islamischen Ländern. Für Kairos Moscheen wurden prachtvolle Lampen in großer Stückzahl angefertigt, um Licht in den neu erbauten Gotteshäusern zu haben. Ausgestattet waren sie mit einem Dochthalter oder mit einzuhängenden Ölbehältern. Für jene, die es sich leisten konnten, wurden auch Trinkgefäße, Henkelkannen und Flaschen zum Kauf angeboten. Aber auch Ärzte und Alchemisten gehörten zu den Kunden der Glasmacher. In den Kathedralen und Kirchen Europas zählten ägyptische Glaswaren zu den herausragenden Schätzen. Einen Höhepunkt der Glasmacherkunst stellten die fatimidischen Bergkristallgefäße dar, die sogar als Reliquienbehälter dienten. Der heiligen Hedwig von Schlesien soll es sogar gelungen sein, in einem dieser Bergkristallbecher aus Ägypten, Wasser in Wein zu verwandeln.

Al-Hakim Moschee und die Drusen

Schon außerhalb des Bab al-Futuh ist er zu riechen: der Zwiebel- und Knoblauchmarkt, der sich seit Jahrhunderten hier befindet. Das Gemüse lagert in Jute- und Kunststoffsäcken verpackt, kreuzweise zu hohen Türmen aufgeschichtet, am Straßenrand, unter mittelalterlichen Durchgängen und in dunklen Lagerräumen. Eine Frau im schwarzen Kleid sitzt am Boden, vor ihr stehen zwei Körbe mit Knoblauch und Schalotten. Wir erinnern uns, sie schon bei anderen Reisen gesehen zu haben. Auch der Obstverkäufer ist uns bekannt, da er uns Bananen zum Wucherpreis verkaufen wollte, in der Annahme, wir könnten die Ziffern nicht lesen. Durch die Fußgängerzone hat das Viertel nun ein anderes Gesicht bekommen. Die Geschäfte glänzen mit neuen Fassaden und einheitlich braunen Holztüren, die Staubstraße ist einer Pflasterung gewichen. Unter Schatten spendenden Palmen und Gummibäumen laden Sitzgelegenheiten zum Entspannen und Beobachten ein, die von Einheimischen und Touristen gleichermaßen genutzt werden. Das kleine Orangenbäumchen, das wir in den letzten Jahren wachsen gesehen hatten, war leider der Veränderung zum Opfer gefallen.

Die al-Hakim Moschee, deren Minarette in die nördliche Stadtmauer integriert sind, bietet sich als nächster Besichtigungspunkt auf unserem Kairo-Spaziergang an. Der Sakralbau ist in seinem Grundriss der Ibn Tulun- sowie der Al-Azhar Moschee ähnlich und ein gutes Beispiel für eine Hofmoschee, wie sie im frühen Islam typisch war. Nach dem Tod von al-Hakim verfiel sie mit den Jahren und diente infolge als Gefangenenlager für Kreuzritter. Napoleonische Truppen verwendeten sie als Versorgungslager und unter Nasser wurde daraus eine Schule.

Lange war die al-Hakim Mosche in einem ruinösen Zustand. Von Ruine kann heute keine Rede mehr sein, im Gegenteil, sie wirkt „überrestauriert". Es fehlt ihr der Charme der alten Zeit, wie er bei der Sultan Hassan *madrasa* und der Ibn Tulun Moschee noch vorhanden ist. Heutzutage blitzt und spiegelt der Innenhof, Männer auf Kehrmaschinen fahren eilig hin und her, während andere damit beschäftigt sind, einen Kronleuchter neu zu bestücken. Arkadengänge umrunden den gesamten Hof, von deren Holzdecken die typischen Glaslampen hängen. Alle Bögen sind mit grünen Vorhängen dekoriert, die an den Kanten der Pfeiler festgemacht sind und so dem Gebäude einen eher privaten Charakter verleihen. Auf dem Dach über der *qibla*-Wand sitzen drei kleine Kuppeln, eine über der Gebetsnische, die beiden anderen an den Ecken. Die Minarette präsentieren sich in einem eigenartigen Stil, da sie zusätzlich von einer Mauer umgeben sind. In der Vergangenheit traten immer wieder schwere Erdbeben auf, Wissenschaftler nehmen daher an, dass die Ummantelung als Schutz gedacht war, dem Einsturz der Minarette vorzubeugen.

Im Jahr 985 wurde dem fatimidischen Kalifen al-Aziz, dem Sohn von al-Mu'izz li Din Allah, von einer christlichen Konkubine ein Sohn geboren, der später dessen Nachfolge antrat. Jener al-Hakim bi Amr Allah, Herrscher durch Gottes Befehl, sollte Geschichte schreiben und sein Geist weiterleben. „Nichts deutete darauf hin, dass aus diesem Kind ein Mann werden sollte, der Ägypten in Abgründe von Wahn und Mord stürzte. Kairo erlebte seine Thronbesteigung ohne zu ahnen, dass mit dem Kinderlächeln des neuen Kalifen der Schrecken Einzug in die Stadt hielt", schreibt Fatima Mernissi.[56] Al-Hakim, der sich selbst als die Reinkarnation Alis (Schwiegersohn des Propheten Muhammad) bezeichnete, konnte bereits mit fünfzehn Jahren schalten und walten, wie er wollte. Ähnlich wie Harun al-Rashid in Bagdad, ritt auch er nächtens verkleidet durch Kairo. Er wollte, dass in der Nacht gearbeitet und am Tage geruht wird. Aufgrund weiterer Regelungen machte er sich noch unbeliebter, als er ohnehin schon war. So verbot er den Schuhmachern, Frauenschuhe herzustellen. Frauen durften auch nicht mehr lachen und sollten aus dem öffentlichen Leben verschwinden. Den gesamten Honigvorrat von Kairo ließ er in den Nil schütten und *molokiya*, die grüne Spinatsuppe, die heute noch äußerst beliebt ist, durfte nicht mehr gekocht werden. Den Verkauf von Weintrauben und Rosinen verbot al-Hakim ebenfalls, da er annahm, seine Untertanen würden im Geheimen daraus ein alkoholisches Getränk destillieren. Das Spitzelwesen hatte Hochkonjunktur und diejenigen, die sich nicht an seine Vorschriften hielten, wurden ausgeforscht und hingerichtet.

Zu leiden hatte auch seine um sechzehn Jahre ältere Schwester, Sitt al-Mulk, deren Name „Herrin der Macht" bedeutete, die er mit seiner Eifersucht verfolgte. Ihre Schönheit und Klugheit waren legendär, auch ihre Eigenständigkeit. Wie ihr Bruder stammte sie aus einer „Mischehe". Al-Hakim „(...) war besessen von der Idee, dass sie Liebhaber haben müsse, sehr viele Liebhaber natürlich, und er glaubte, sie überall aufspüren zu müssen, vor allem unter den höchsten Generälen der Armee."[57] Unter seiner Regentschaft kam es im bislang toleranten Islam zur Diskriminierung von Christen und Juden. Mit all seiner Macht wollte der fatimidische Herrscher die schiitische Lehre verbreiten, die von den sunnitischen Ägyptern nicht angenommen wurde. Der Perser Hamza und sein Schüler Darazi waren jedoch Verfechter dieser Lehre und hatten dadurch einen starken Einfluss auf den Kalifen. Darazi war es, der die Gottgleichheit noch zu Lebzeiten al-Hakims als Erster öffentlich verkündete. Zum Eklat kam es, als drei Schüler Hamzas während des Freitagsgebets mit ihren Pferden in die Moschee von Amr ibn al-As ritten und ketzerische Schriften verteilten. Sie wurden auf der Stelle von der wütenden Menge umgebracht. Die Rache al-Hakims war furchtbar und hat ihm den Namen „islamischer Nero" eingebracht. Seinen Sklaven gab er den Auftrag, Fustat, den Standort der Amr Moschee, niederzubrennen. Vom Muqattam aus beobachtete er drei Tage lang das Inferno. Es endete erst, als Truppen ihm drohten, den Residenzbereich ebenfalls anzuzünden, wenn er nicht sofort seine Sklaven zurückpfeifen würde.

Auch im Buch „Islam und Demokratie" schrieb Mernissi über al-Hakim. Im Kapitel „Die Angst vor der Gegenwart" kann man nachlesen, dass al-Hakim verrückt nach der Astrologie war. „Kairo wurde unter seiner Herrschaft zum Treffpunkt der besten Astrologen der Welt. Als schiitischer Muslim wusste er besser als jeder andere, wie wichtig das Licht und die enge Verbindung mit den Sternen ist, um dem Leben einen Sinn zu verleihen. Die Fatimiden machten aus dem Licht ihre fürstlichen Gewänder; weiß und golden waren ihre Kleider und Turbane, die Astronomie war ihr Zeitvertreib und diente der politischen Entscheidungsfindung."[58]

Fasziniert vom Himmel und seinen Erscheinungen verbrachte er ganze Nächte auf dem Muqattam, vergaß die Welt und den Schlaf und wurde immer seltsamer. Schon im Jahr 1005 gründete al-Hakim in Kairo das Haus der Wissenschaft, Dar al-Ilm. Gelehrt wurde Theologie, Philosophie, Arabisch, Mathematik, Medizin, Astronomie und Astrologie. Den Kern der Akademie bildete eine umfangreiche Bibliothek. Seine Leidenschaft für das geschriebene Wort war so groß, dass er Agenten aussandte, nach neuen Büchern Ausschau zu halten und Kopien von wertvollen Texten anzukaufen.

Als das Fatimidenreich im 12. Jahrhundert zusammenbrach, wurde die Bibliothek geräumt. Viele Bücher sollen an einen Gelehrten in Alexandria gegangen sein. Nach dessen Tod wurden sie jedoch vernichtet, da sie schiitisches Gedankengut enthielten. Als der Kalif wieder einmal mit seinem Esel „Mond" auf dem Muqattam unterwegs war, verschwand er. Gefunden wurden nur seine blutbefleckten Gewänder und der Kadaver des Vierbeiners. Durch den Tod des Kalifen im Jahr 1021 und die hohe Stellung seiner Schwester Sitt al-Mulk geschah es, dass sie als Regentin, nicht aber als Kalif, das Land für den minderjährigen Sohn al-Hakims regierte. Obwohl des Brudermordes verdächtigt, gelang ihr dieser Schachzug. Der bekannte Historiker al-Maqrizi war anderer Ansicht, wobei er sich auf al-Musabbihi bezog: „Er berichtet, im *muharram* des Jahres 415 (April 1024) sei ein Mann aus der Familie Husayns festgenommen worden, der im fernsten Oberägypten einen Aufstand angezettelt hatte, und dieser habe behauptet, al-Hakim bi Amr Allah getötet zu haben. Er sagte, sie seien zu viert gewesen und in verschiedene Länder geflohen. Er zeigte ein Stück von al-Hakims Kopfhaut und ein Stück seines Kopftuches (...)."[59]

Darazi floh nach dem Tod al-Hakims nach Syrien, wo er dessen Göttlichkeit weiterhin pries. Er gilt als Gründer der Drusen-Sekte, die letztendlich aus der ismailitischen Schia hervorging. Das Verschwinden des Kalifen deutete er als Entrückung in die Verborgenheit. Al-Hakim soll am tausendsten Jahrestag seines Verschwindens zurückkehren, das wäre das Jahr 2021, um ein goldenes Zeitalter einzuläuten.

Darb al-Asfar, Bayt al-Suhaymi

Wir genießen noch die Atmosphäre vor der al-Hakim Moschee und beobachten das Geschehen. Ein Mann kommt des Weges, er trägt zwei riesige Messingtöpfe auf der Schulter, kostbaren Übertöpfen für Pflanzen ähnlich. Wahrscheinlich handelt es sich um eine Auftragsarbeit, die im Souk al-Nahassin gefertigt wurde, denn dort wird nicht nur Kupfer bearbeitet, sondern auch Messing. Eine verschleierte Frau eilt schnellen Schrittes auf uns zu. Sie beweist wieder einmal die Kreativität der Ägypterinnen, was Transportmöglichkeiten betrifft. Drei mit einer Schnur zusammengebundene Schachteln zieren ihren Kopf, wobei zwei wie riesige Kopfhörer an den Ohren liegen. Mit der linken Hand schiebt sie ein Wägelchen und mit der rechten Hand trägt sie noch eine Tasche. Ein leichtes Schmunzeln können wir uns bei allem Respekt nicht verkneifen. Wir besuchen noch einen Schnur- und Seilverkäufer und einen Gewürzhändler, der besonders feinen Schwarzkümmel verkauft. Das Schild beim Schnur-Shop ist geradezu genial. Es zeigt zwei (schnurrende) Katzen, die mit einem Knäuel Garn spielen. Wie gerufen kommt eine getigerte Katze aus ihrem Versteck und macht auf sich aufmerksam. Ihr Miauen ist fordernd, so als ob sie sagen würde: „Kauft doch endlich eine Schnur". Ob wir sie nun brauchen oder nicht, hier decken wir uns mit allerlei Schnüren ein.

Noch vor der „Monderleuchteten", der al-Aqmar Moschee, erschließt sich uns die Darb al-Asfar, die „gelbe Gasse", eine Quergasse zur Mu'izz. 1994 bewilligte der Arab Fund for Economic and Social Development auf Antrag einer ägyptischen Privatinitiative drei Millionen Dollar für die Restaurierung eines Wohngebäudes aus dem 17. Jahrhundert, Bayt al-Suhaymi, den Palast eines ehemaligen Stadtteilscheichs. Nach vorbildlicher Sanierung dieses osmanischen Gebäudes durch ägyptische Architekten wurden von der Stiftung weitere Gelder genehmigt, um die Darb al-Asfar Gasse als Ganzes zu sanieren. „Es war das erste Stadtentwicklungsprojekt in Kairo, bei dem man nicht nur ein einzelnes Baudenkmal restaurierte, sondern den historischen Kontext und das urbane Wohnumfeld in das Sanierungskonzept mit einbezog."[60]
Möchte man das Bayt al-Suhaymi besichtigen, trifft man zuerst auf das Haus des Gaafar und den Palast des Kharazati. Ein übersichtlicher Plan zeigt nicht nur die Lage der drei wichtigsten Häuser und wie enorm groß das Haus des Suhaymi ist, sondern auch alle anderen Gebäude der Gasse sind angeführt und nummeriert. Palmen stehen vor den Fassaden, während auf der gegenüberliegenden Seite ägyptische Souvenirs präsentiert werden. Neben Fahnen, Bildern und Teppichen gibt es hier auch Fotos von Gamal Abdel Nasser und Nagib Mahfuz zu kaufen. Wir folgen zuerst der Gasse noch etwas nach Osten, treffen auf ein paar kleine Geschäfte und die Überreste eines Festes. Ein Seil, an dem eine Laterne befestigt ist, verbindet zwei Häuser, darunter schmücken Girlanden aus goldenem Papier die Gasse. Ein Plakat mit Kreuz, Halbmond und der Aufschrift *Egyptians against terrorism*, klebt auf einem Fenster.

Das Bayt al-Suhaymi ist eine Oase der Ruhe und Schönheit. Sie öffnet sich, als wir den begrünten Innenhof betreten und Vogelgezwitscher uns empfängt. Schon im 14. Jahrhundert erwähnten Reisende die Vielzahl der Vögel, die die Stadt beherbergte. Al-Maqrizi, der berühmte Historiker Kairos, schrieb, dass der Himmel voll von ihnen ist und sie wie Sterne auf den Wasserflächen blitzen. „(...) Wie viele entzückende, hübsche, bezaubernde, melodisch singende, zutrauliche und scheue Vögel gibt es doch. Die Erde ist erfüllt von ihrem Gesang."[61] Studentinnen mit Malutensilien sitzen auf Schemeln und am Boden. Offene Blicke begegnen sich, wir kommen ins Gespräch. Selbstbewusst zeigen uns die jungen Frauen, die alle das Kopftuch tragen, ihre Kunstwerke. Es ist ein Ort zum Verweilen und Träumen, ein Baujuwel der besonderen Art. Es bietet noch originales Interieur und spiegelt mit Empfangsräumen, Massageraum, Dampfbad, Toiletten und einem Raum für

Schwangere, den Wohlstand des ehemaligen Besitzers wider. Prachtvolle Fliesen bis zur Decke, kostbare Luster, Porzellanvasen, Brunnen, Säulen und eine große Anzahl von *mashrabiya*-Fenstern bringen uns nicht aus dem Staunen heraus. Nach einem arabischen Sprichwort enthüllen die Holzfenster, ohne zu enthüllen. Sie bewahrten den privaten, den Frauen vorbehaltenen Bereich, *haremlik*, vor den Blicken männlicher Besucher, die im *salemlik*, dem Bereich des Hausherrn, empfangen wurden. In einem Nebenraum des *haremlik* liegen die Wirbelknochen eines Wales, die nach siebenmaligem Übersteigen die Fruchtbarkeit fördern sollen.

Gedanken zum Paradies-(Garten)

Schon im Alten Ägypten liebten die Menschen Gärten, schattige Plätze, Teiche und den Nil. Gärten umgaben selbstverständlich die königlichen Paläste, Tempel ohne Gartenanlagen waren nicht vorstellbar. Selbst für die Toten wurden, neben Darstellungen der Tier- und Pflanzenwelt, bei den Gräbern auch reale Gärten angelegt. Anfang Mai 2017 gingen mehrere Berichte durch die Medien, da ein spanisches Ausgrabungsteam in Dra Abu al-Naga in Theben West, Luxor, einen einzigartigen Grab-Garten entdeckt hatte. Die Archäologen vermuteten, dass der kleine Garten vor 4.000 Jahren angelegt und beim Bestattungsritual verwendet wurde. Sie konnten auch noch die Wurzel eines ebenso alten Baumes freilegen, neben der eine Schale mit Datteln und anderen Früchten stand. Zu den jüngsten Entdeckungen gehört auch ein 3.850 Jahre alter Garten im Gehöft einer Verwaltungsresidenz in Abydos-Süd in Mittelägypten, mit einer Setzung von zwölf Sykomoren (Maulbeer-Feigenbäume). Abgesehen vom Grab-Garten in Theben West, ist jener von Abydos aller Wahrscheinlichkeit nach der älteste nachweisbare Garten der Menschheit. Die jenseitigen Jaru- oder Binsengefilde stellten ein idealisiertes Leben mit jedweder Versorgung dar, es war das Königreich der Glücklichen, das unserer allgemeinen Vorstellung vom Paradies nahe kommt. In ihnen gab sich die Seele des Ägypters der Liebe hin, zeugte Kinder, säte, erntete, ging im Schilf auf Vogeljagd, feierte Feste oder frönte anderen Vergnügungen. Das Leben im Jenseits entsprach im Grunde demjenigen im Diesseits. Um aber im Jenseits, im Paradies, nicht arbeiten zu müssen, wurden die magischen Diener erfunden, die *ushabtis*, die alles Unangenehme zu erledigen hatten. Was im Alten und Mittleren Reich nur dem Pharao, seiner Familie und hohen Würdenträgern vorbehalten war, ging ab dem Neuen Reich immer mehr auf das einfache Volk über, was sich nicht zuletzt durch Osiris entwickelte, der zum Volksgott avancierte.

Es gibt kaum jemand, der nicht von den prächtigen Gärten der islamischen Welt gehört hätte. Seien es jene von Isfahan, der Alhambra in Granada oder aus dem osmanischen Reich, sie alle spiegeln die Sehnsucht nach dem Paradies wider. Die Idee des „islamischen Gartens" ist stark mit religiösen Vorstellungen verbunden, da sich der Prophet selbst häufig mit dem Paradies und der Hölle beschäftigte. Viele Koran-Suren haben weltliche und spirituelle Freuden des Paradieses zum Inhalt, die Gesinnungsgenossen und Gottesfürchtigen offenstehen.

Bei meinen vielen Reisen nach Ägypten war ich auch oftmals in der Wüste und in den Oasen westlich des Nils unterwegs. Gerade hier bekommt das Wort Paradies eine große Bedeutung. Inmitten von Sand- und Geröllwüsten, wo es anscheinend kein Leben gibt, erheben sich Palmen- und Obstgärten. Diese Oasen wurden früher nur mit Grundwasser bewässert, das durch natürlichen Druck an die Oberfläche stieg und in Brunnen und Becken gesammelt und weiterverteilt wurde. Bevölkerungszuwachs und zu wenig Ressourcen im Niltal veranlassten schon 1958 den damaligen Präsidenten Gamal Abdel Nasser in den Oasen Bahariya, Farafra, Dakhla und Kharga das Projekt „Neues Tal" ins Leben zu rufen. Menschen, die im Niltal kein Auskommen hatten, sollten in die Wüste ziehen. Mit zahlreichen und teuren Tiefenbohrungen konnte ein riesiger unterirdischer See angezapft und viel mehr Land bewässert werden. Dadurch hat sich die Entnahme von 200 Millionen Kubikmeter Wasser jährlich auf 500 Millionen erhöht. Man schätzt das Alter des fossilen Grundwassers, das eine nicht erneuerbare Quelle darstellt, auf 20.000 bis 30.000 Jahre. Die Frage stellt sich, wie lange dieses Paradies wohl noch bestehen wird?

Moschee und Sabil Kuttab von Süleyman Agha al-Silahdar

Westlich der al-Mui'zz Straße erhebt sich ein Gebäudekomplex aus der osmanischen Zeit. Der Emir und Waffenmeister Süleyman Agha al-Silahdar stieg während der Regierungszeit von Muhammad Ali bis zum Minister auf. Zusätzlich verband die beiden Männer die Abstammung aus demselben Dorf. Al-Silahdar ließ die Moschee mit dem typischen Bleistiftminarett und einem *sabil kuttab* errichten. Der Baustil verweist nicht nur in die Ära Muhammad Alis und die Mamlukenzeit, sondern präsentiert auch andere Stilrichtungen, die über die Türkei den Weg nach Kairo fanden. Die Gebäudefront teilt sich in drei Bereiche: die Moschee, gefolgt vom kuttab und vom *sabil*, als südliches Ende der Anlage. Das *sabil kuttab* weicht hier vom üblichen Stil ab, da die Räumlichkeiten nicht übereinander, sondern nebeneinander entlang der Straße errichtet wurden.
Das Innere der Moschee besteht aus einem kleinen Vorhof und einer Gebetshalle mit Arkaden, bedeckt mit flachen Kuppeln. Im Sanktuar, über der marmornen Ge-

betsnische, befindet sich ebenfalls eine Kuppel. Das Innere der ehemaligen Koranschule beeindruckt durch Schlichtheit, aber auch durch einen Luster, der von einer bemalten Holzdecke herunterhängt. Die schönen Bronzegitterfenster, die fast bis zum Boden reichen, können mit Holzläden verschlossen werden. Von der Straße aus konnten wir die nach außen gewölbten Fenster des *sabils* bewundern, deren Gitter im unteren Bereich Raum für eine Durchreiche ließen, um den Durstigen Wasser zu spenden. In einer Ecke gibt es eine Verbindung zur Zisterne, die erst 2001 wiederentdeckt wurde. Mit einem Seil und Kübeln wurde das Wasser nach oben gezogen und in Becken gegossen.
„*Yalla, yalla*", ruft Ibrahim aus den Tiefen der Zisterne, auf österreichisch mit „gemma, gemma" zu übersetzen. Natürlich folgen wir ihm die 49 Stufen hinunter in die Unterwelt und erreichen einen riesigen Raum mit einer Höhe von fünfzehn Metern, zwölf Meter breit und achtzehn Meter lang. Gemauerte Pfeiler mit Rundbögen stützen den Raum, der unter großem Arbeitsaufwand entstanden sein muss.

Gedanken zu Umm Kulthum

Richtung Süden treffen wir auf ein Café mit dem Namen Umm Kulthum. Eine lebensgroße Statue der weit über Ägypten hinaus bekannten Sängerin und Komponistin dient als werbewirksamer Hinweis. Mit braunem Kleid, schwarzem Schal, schwarzem Turban und dunkler Brille macht die Statue Eindruck auf die Passanten. Vor ihr steht ein Mikrophon, die rechte Hand, die mit einem schwarzen Gummihandschuh überzogen ist, wirkt etwas gruselig und streckt sich den Besuchern entgegen. Rundherum zieren Plastikblumen und Wasserpfeifen den Gedenkort. Als wir am Abend mit den neu angekommenen Freunden das Café nochmals aufsuchen, wirkt es mit der orientalischen Einrichtung, den Lichtgirlanden, Lampen und weiteren Dekorationselementen, richtig romantisch.

Geboren wurde Umm Kulthum zwischen 1898 und 1910, so genau weiß man das nicht, in ärmlichen Verhältnissen in einem kleinen Dorf im Nildelta, gestorben ist sie am 3. Februar 1975 in Kairo. Sie war eine Ausnahmeerscheinung in der arabischen Welt. Die Vibration ihrer Stimme soll das Publikum in Trance versetzt haben, während sie über Gott, Liebe, Natur und die Heimat sang. Umm Kulthum war durch ihre stimmliche Virtuosität sicher die talentierteste Sängerin im Mittleren Osten. Sie wurde mit Ella Fitzgerald verglichen und erreichte eine Berühmtheit, die an jene von Elvis Presley heranreicht.
Fragt man heute die Ägypter über die Künstlerin, kann man davon ausgehen, dass sie ins Schwärmen geraten und sicher mehrere ihrer Lieder rezitieren und singen können.

Mehr als 300 Aufnahmen umfasst das gesamte auf Tonträgern verewigte Werk der Sängerin. Die Texte sind teils in klassischem Arabisch und teils in der ägyptischen Umgangssprache verfasst. Obgleich viele ihrer Lieder zu ganz bestimmten, längst vergessenen Anlässen entstanden sind, sind die meisten von ihnen heute noch so populär wie am Tag ihrer ersten Aufführung. Mehr als vierzig Jahre nach dem Tod der Legende Umm Kulthum berührt ihre Stimme noch immer die Herzen von Millionen Menschen.[62]

Al-Aqmar-Moschee

Die al-Aqmar-Moschee, ein Juwel fatimidischer Baukunst, kommt nun ins Blickfeld. Mehrere Jahre sind vergangen, seit ich sie das erste Mal besichtigte. Wir hatten damals einen netten Taxifahrer, der unbedingt mitkommen und uns das Wasser tragen wollte. Das Foto, das ich herauskramte, zeigte uns mit Muhammad auf dem Dach der Moschee. Errichtet wurde sie vom Wesir des Kalifen al-Amir im ersten Viertel des 12. Jahrhunderts. Schon die Fassade zeichnet dieses Gotteshaus aus, da es das erste mit einem aufwändig gestalteten Eingangsbereich war. Unter den Fatimiden wurde es immer moderner, Paraden und Prozessionen zu veranstalten, daher legten die Herrschenden mehr Augenmerk auf die Außendekoration von Moscheen und Palästen. Die al-Aqmar Moschee markierte einst die Nordostecke des großen östlichen fatimidischen Palastes.

Die Stufen, die zur Moschee hinunterführen, zeigen uns, um wie viel höher das heutige Straßenniveau liegt. Gebaut wurde sie aus Ziegeln, die mit Steinen verkleidet sind. Beeindruckend sind die Inschriften und die skulpturale Dekoration, wie die imposante Türnische, die nach oben hin in einer Muschel endet. Die Rosette in der Mitte verweist auf den Stammvater der Fatimiden, Ali ibn Abi Talib, den Gemahl der Prophetentochter Fatima. Zur Verdeutlichung ihrer göttlichen Erwählung ließen sie überall seinen Namen einmeißeln. Weitere kleine Nischen, ebenfalls von Muscheln gekrönt und mit Stalaktitenverzierung, bilden ein beeindruckendes Ganzes. Sie ist eine typische Versammlungsmoschee mit einem Innenhof und kielbogenförmigen Arkaden, die von Textbändern in kufischer Schrift umlaufen werden. Wie schon in der Ibn Tulun Moschee praktiziert, wendeten die Handwerker auch hier eine schnelle und kostengünstige Methode an, um zu dekorieren. Die Ornamentfriese wurden mit Holzmodeln in den nassen Gips gestempelt, dadurch konnten rasch große Flächen gestaltet werden. Das ursprüngliche Minarett ist nicht mehr vorhanden. Jenes, das heute das Gotteshaus überragt, stammt aus dem späten 14. Jahrhundert. Im Vergleich zur Moschee sieht es eher armselig aus, wie ein alter Topf mit Deckel. Die Monderleuchtete durchlief mehrere Restaurierungen, das letzte Mal vor einigen

Jahren, finanziert von der indisch-schiitischen Sekte der Bohras. Schon 1881 wurde vom Comité de Conservation de l'Art, einer Vereinigung von Ägyptern und Europäern, die es sich zur Aufgabe gemacht hatte, das architektonische Erbe zu erhalten, eine Restaurierung initiiert. Der Zustand des Gotteshauses war Ende des 19. Jahrhunderts katastrophal, da nur noch einzelne Mauern standen und Schutt den Ort bedeckte. Nach einer sorgfältigen Untersuchung wurde die Restaurierung unter die Aufsicht des Österreichers Max Herz Pascha gestellt. Auf Max Herz trafen wir schon bei der al-Rifaʻi Moschee, beim Qalawun-Komplex werden wir ihm noch ein weiteres Mal begegnen (s. Kap. Gedanken zu Max Herz Pascha).

Sabil Kuttab von Abd al-Rahman Katkhuda

Das Brunnenhaus von Abd al-Rahman Katkhuda aus dem Jahr 1744 ist ein weiteres Schmuckstück der Sharie al-Muiʻzz. Insgesamt sollen noch über hundert weitere *sabils* in Kairo vorhanden sein, die fast alle leer stehen. Während sie unter den Mamluken Teile von Schulen und Sufi-Konventen waren, traten sie in der osmanischen Zeit ab dem 16. Jahrhundert als Einzelgebäude auf. Rahman Kathkuda, ein verdienter Offizier, der zum Emir ernannt wurde und durch eine Erbschaft zu Vermögen gekommen war, interessierte sich sehr für die Architektur Kairos. Das Brunnenhaus ließ er auf einem sich verjüngenden Grundstück errichten. Es teilt die Straße, die dadurch links und rechts an dem Gebäude vorbeiführt. Der Brunnenraum steht auf einem Steinsockel. Insgesamt vier Marmorsäulen markieren seine Ecken. Sie sind an den drei sichtbaren Seiten mit einem sogenannten Blendbogen verbunden und bilden dadurch eine Flachnische. Dasselbe architektonische Gestaltungselement wurde wiederholt und verkleinert in diese Nischen eingepasst, die von Bronzegitterfenstern ausgefüllt sind. Die Blendbögen und die Bereiche darüber wurden mit verschiedenfarbigen Marmorteilen gestaltet. Um den Übergang des Brunnenraums zum Obergeschoss hervorzuheben, wählte der Bauherr ein Gesims aus Stalaktiten. Darauf erhebt sich eine mit gedrechselten Elementen gefertigte Holzbalustrade mit Fenstern, auf der noch ein weiterer Aufbau und ein Vordach ruhen.

Der Eingang mit auffallend schönen Marmormosaiken liegt an der Ostseite des Gebäudes. Beim letzten Besuch durften wir uns die technischen Wasserinstallationen in einem Nebenraum ansehen, deren Funktionen der Kustos erklärte. Wie in jedem Brunnenhaus gab es auch hier eine unterirdische Zisterne, die mit Nilwasser gefüllt werden musste. Von der Zisterne wurde das Wasser mit Eimern heraufgezogen und in ein Verteilerbecken geschüttet. Über ein Leitungssystem gelangte es zu den kleineren Becken unterhalb der Fenster im Brunnenraum, von wo es von Passanten entnommen werden konnte. Eine schmale Treppe führt ins Obergeschoss, in die einstige Koranschule für Waisenkinder. Oben angekommen, geht im wahrsten Sinne des Wortes die Sonne auf. Ein an drei Seiten offener lichtdurchfluteter Raum, ausgestattet mit Marmorsäulen und Spitzbogenfenstern, lässt uns verstummen. Nicht nur die kunstvoll gestalteten *masharbiya*-Fenster zeugen vom Geschmack des Bauherrn, sondern auch die Lage, die erst jetzt richtig zur Geltung kommt. Sie gibt den Blick auf Bayn al-Qasrayn in all seiner Pracht frei. Die fatimidischen Paläste sind freilich nicht mehr vorhanden, aber das Erbe der Mamluken, auf das unser Blick fällt, ist wahrscheinlich nicht minder beeindruckend. Links erhebt sich der Bashtak Palast mit kleinen Holzerkern. Rechts erfreut eine wahre Flut an Prachtbauten, die alle noch zur Besichtigung anstehen, das Auge: *madrasa* und *khanqah* von Sultan Barquq, *madrasa* und Mausoleum von Sultan al-Nasir Muhammad, *maristan*, *madrasa* und Mausoleum von Sultan al-Mansur Qalawun.

Bashtak-Palast und Homoerotik

Um den Emir Sayf al-Din Bashtak al-Nasiri, der nur hundert Tage in seinem Palast residiert haben soll, ranken sich einige Geschichten um sonderbare Begebenheiten. Hier kam einmal mehr Adel, der Geschichtenerzähler, zum Handkuss, wie wir in Österreich zu sagen pflegen, um uns ein heikles Thema zu vermitteln. „Also, al-Nasir Muhammad ist in diese Geschichte involviert, der ist euch ja ein Begriff. Wer sich für Architektur und die Mamluken interessiert, trifft immer wieder auf diesen herausragenden Herrscher. Während seiner Regierungszeit wurde auch der Bashtak-Palast errichtet. Al-Nasir wird zwar in einigen Quellen als hinkend und einäugig beschrieben, von Ibn Batutta aber als ‚Gottes schönste Schöpfung' bezeichnet. Diese übertriebene Formulierung ist doch etwas eigenartig. Noch ungewöhnlicher wird es, wenn ich erzähle, dass al-Nasir seinen Sklaveneinkäufern den Auftrag gab, einen jungen Mann für ihn zu finden, denn der Sultan umgab sich gerne mit schönen Jünglingen. Die Händler fanden den Gewünschten in der Person von Sayf al-Din Bashtak. Als sie ihn vor den Sultan brachten, war dieser vom ersten Augenblick an vernarrt in ihn. Er überhäufte ihn mit Geschenken, kostbaren Gewändern und gab ihm edle Sklavinnen zur Muße."
Ich unterbrach Adel, da mir die Geschichte etwas seltsam vorkam: „Was willst du uns ‚durch die Blume' mit dieser Geschichte eigentlich sagen? War al-Nasir homosexuell? Überraschen würde es mich nicht. Es ist kein Geheimnis, dass es in der Geschichte der Muslime immer schon homoerotische Beziehungen gab. Abu Nuwas, der Anfang des 9. Jahrhunderts lebte, war Hofpoet und Begleiter des Kalifen Harun al-Raschid. Verehrt wurde der Dichter nicht nur wegen seiner bacchantischen Weingedichte,

sondern auch der erotischen Texte wegen, bei denen es ganz selten um Mädchen ging, meistens wird schönen Jünglingen gehuldigt."
Adel stand auf, durchschritt mehrmals die Halle, setzte sich wieder und begann von Neuem zu erzählen: „Ja, es stimmt, homosexuelle Beziehungen gab und gibt es natürlich auch unter Muslimen. Viele Gelehrte lesen aus dem Koran jedoch ein totales Verbot der Homosexualität heraus. Es scheint Auslegungssache zu sein. Manche beziehen sich dabei auf Hadithe, um ihre Meinung zu untermauern. Und Abu Nuwas? Der hatte oft Probleme wegen seines frivolen Mundwerks, das ihn schließlich das Leben kostete. In einem Gedicht äußerte er sich über das was im Bade sichtbar wird, das sonst in den Hosen verborgen ist. Ihr wisst ja mittlerweile, dass ich ein Sünder bin und auf die Vergebung Allahs hoffe, darum trage ich euch noch ein Gedicht von Abu Nawas vor:

„Ich ziehe die Knaben den jungen Mädchen vor,
und alten Wein dem klaren kalten Wasser,
weit ab vom rechten Weg wählte ich die Sünde,
ohne Umstände und genauso unumwunden,
hab ich meinem Pferd die Zügel abgenommen,
die zwei Steigbügel und das Zaumzeug,
und mich verliebt in einen jungen Perser' (...)."[63]

Ich begann zu lachen und klopfte dem Geschichtenerzähler auf die Schulter. „Gut gesprochen, Adel. Ich danke dir für deine Offenheit. Mich macht die Scheinheiligkeit und Doppelzüngigkeit mancher Muslime (auch von anderen) zornig. Aber sag, wie ist das nun mit den Sklavenmädchen, die Bashtak von al-Nasir bekam?"
„Nun ja, Bashtak war ein großer Frauenfreund. Er verführte jede Frau, die ihm in die Quere kam, und es wurde gemunkelt, dass er selbst vor Bäuerinnen und Fischweibern nicht Halt machte. Vielleicht bezahlte al-Nasir ihn so für seine Dienste. Wer weiß? Dokumentiert ist jedenfalls, dass Sayf al-Din Bashtak al-Nasiri nach dem Tod des Sultans hingerichtet wurde."

Mehrere Jahre nach diesen delikaten Eröffnungen besuchten wir wieder den Palast von Emir Bashtak. Das Gebäude war vom Deutschen Archäologischen Institut in den 1980er Jahren restauriert worden. Der ursprünglich fünfstöckige Palast aus dem 14. Jahrhundert mit fließendem Wasser auf jeder Ebene, ist heute nur noch in Teilbereichen erhalten. Die schmale Westfront ist zweistöckig, mehrere kleine Holzerker heben sich von der schlichten Mauer aus behauenen Steinen ab. Nur im oberen Bereich ist sie verputzt, klar zu erkennen sind noch eine Dachterrasse und ein Aufbau. Über den Innenhof gelangen wir ins Obergeschoss in die große Empfangshalle, die zwei Stockwerke hoch ist, im Mittelteil sogar drei. Die Architektur der Halle überrascht mit zwei *iwanen* an der Ost- und Westseite. Die Längsseiten verfügen über je zwei übereinander gebaute Arkadengänge, über denen wiederum je sechs mit Säulen verbundene *mashrabiya*-Paneele mit feinen Mustern angeordnet sind. Vom ursprünglichen Dekor sind noch einige Kassettendecken erhalten, die nach sorgfältiger Reinigung ein Geheimnis preisgaben. Sie sind nämlich nicht aus Holz, sondern aus Pappmaschee und Leder, ähnlich jenen, die wir schon beim Besuch der al-Nasir Moschee auf der Zitadelle entdeckten.

Von der Terrasse eröffnet sich eine große Vielfalt an Dachlandschaften, ja geradezu ein Kosmos von Eindrücken stürzt auf mich ein. Angefangen bei den Minaretten und Kuppeln der umliegenden Moscheen, die zum Greifen nahe sind, bis zu einem etwa hundert Jahre alten Wohnhaus mit schönen Dekorelementen, das mit neuen Fenstereinbauten und Balkonen auf sich aufmerksam macht. Auf dem Flachdach darüber ragen windschiefe Holzhütten auf, vor denen Wäsche flattert, und die nicht zu übersehenden Satellitenschüsseln. Der Blick fällt auch noch in ehemalige Räume des Palastes, die aus finanziellen Gründen nicht mehr aufgebaut werden konnten. „Den Palast wieder für Besucher zu öffnen und in einigen Räumen eine möglichst große Annäherung an die historische Innenausstattung zu erlangen, war das Ziel der Restaurierung und das ist gelungen."[64]

Hammam von Sultan Sayf al-Din Inal und Reinigungsrituale

Das öffentliche Bad, das von Sultan Inal an der Mu'izz Straße errichtet wurde, kann heute wieder besichtigt werden. Es ist der klägliche Rest eines umfassenden Zentrums mit Geschäften, einer Karawanserei und Bädern. Sayf al-Din Inal hatte eine steile Karriere hinter sich, als er Mitte des 15. Jahrhunderts mit 72 Jahren noch Sultan wurde. Die Zeiten waren turbulent, da er die tausend Mamluken, die ihm direkt unterstellt waren, nicht im Griff hatte. Die Julban-Mamluken, wie sie genannt wurden, waren für ihr zerstörerisches und tyrannisches Vorgehen bekannt. Sie meuterten, überfielen einen Minister und griffen sogar den Sultan an. Sayf al-Din Inal starb im hohen Alter von achtzig Jahren eines natürlichen Todes. Sein Grab-Komplex befindet sich in der nördlichen *qarafa*, wo er mit Familienangehörigen bestattet ist. Ein paar Stufen führen hinunter zu einem unscheinbaren Holztor, von dem sich ein schmaler überwölbter Gang ins Innere des Hammam windet. Damit sollte den Fußgängern die Sicht auf das, was im Bade vor sich ging, verwehrt werden. Eine Halle mit einem Brunnen in der Mitte öffnet sich. Nischen mit Tonnengewölben und farbigen Glaseinsätzen erzeugen eine wunderbare Stimmung. Steinbänke, hineingebaut in jene Nischen, dienten als Sitzgelegenheiten und den unterschiedlichen Reinigungsritualen. Weitere Stufen führen zu privaten Räumen, die zwischen gemauerten Pfeilern aus hellblau gestrichenem Holz errichtet wurden. Bis in eine Höhe von etwa einem Meter waren sie getäfelt, erst oberhalb davon brachten fenster- und türartige Öffnungen Licht ins Innere. Wer mit Wasser besprengt, bedampft, gewaschen, geschrubbt und beduftet werden wollte, ging in ein öffentliches Bad, den Hammam. Auch wenn es heute nur noch wenige Bäder in Kairo gibt, haben sie eine lange Tradition. Zur Zeit der Mamluken war das noch anders, wie uns Ibrahim versicherte, denn da sollen es 300 gewesen sein.

„Kairo war im Mittelalter eine Weltstadt, größer als Paris, Rom und London. Bei euch in Europa haben sich die Menschen nicht so gerne gewaschen wie bei uns, das war doch verpönt, oder?".

Ich musste Ibrahim zustimmen, denn die Adeligen setzten Perücken auf und bepuderten und parfümierten sich, ohne sich vorher zu waschen, um den Körpergeruch zu übertünchen. Körperpflege war generell, in allen Bevölkerungsschichten, kein großes Thema. Wenn schon, dann wurde das Wasser mit Asche vermischt, um den Schmutz besser von der Haut zu bekommen.

„Schon die Alten Ägypter waren wahre Reinlichkeitsfanatiker", fuhr Ibrahim fort. „Sie waren Menschen des Nils, des Flusses, des Wassers. Und erst die Düfte. Ich glaube, es gibt kein anderes Volk, das so einen Kult um Parfums, Salben, heilige Öle und Schminke betrieb, wie meine Vorfahren. Ein Tag ohne Wohlgeruch war ein verlorener Tag. Sicher sind euch in Gräbern bei Frauen die Duftkegel aufgefallen, die sie auf dem Kopf tragen. Sie bestanden aus Fett und Parfum, wenn das Fett schmolz, rann es über die Perücke und der Duft verbreitete sich. Auch für Muslime sind die Waschungen essentiell, zum Beispiel vor dem Gebet. Waschungen sind ein religiöses Gebot, sie sind genau festgelegt."

Ibrahim empfiehlt noch das Buch „Sitten und Gebräuche der heutigen Ägypter" von Edward William Lane, einem bekannten englischen Orientalisten, das im 19. Jahrhundert erschien. Darin schrieb dieser auch über Hammam-Besuche von Frauen. Wenn eine Hochzeit stattfinden sollte, begleitete eine Prozession von Familienmitgliedern, Freunden, Musikern und Tänzern die Braut, die unter einem goldenen Baldachin saß, zum Bad. Die Frauen nutzten diese Gelegenheit, ihre feinsten Kleider und Geschmeide zu tragen. Wenn eine Frau schwanger war, ein Kind geboren hatte oder die Beschneidung eines Sohnes anstand, aber auch nach einer Krankheit, wurde der Hammam aufgesucht. Natürlich war es auch ein Platz, den letzten Tratsch auszutauschen und über die Männer zu lästern. „Der Hammam war ein guter Doktor", sagte Ibrahim abschließend.

Madrasa von Sultan al-Malik al-Kamil Ayyub, Franz von Assisi und Friedrich II.

Wir suchen die Reste der *madrasa* von Sultan al-Malik al-Kamil auf, der auch der „perfekte Fürst" genannt wurde. Im 14. Jahrhundert galt sie als eine der berühmtesten theologischen Schulen in der islamischen Welt. Als eine große Hungersnot ausbrach, begann ihr kontinuierlicher Niedergang. Trotzdem ist das Wenige, das geblieben ist, von Interesse, da es aus der Ayyubidenzeit stammt. Von der Mu'izz Straße nicht sichtbar, da nur noch der westliche *iwan* vorhanden ist, sind die baulichen Reste eher verwirrend. Vor dem großen spitzbogigen und total eingerüsteten *iwan* durchzieht ein Labyrinth von kleinen Mäuerchen das Areal. Es zeigt kleinste Räume und Becken, zu denen Holzstiegen und Brücken führen, die wahrscheinlich noch zu einem weiteren Hammam gehörten.

Mit al-Kamil, der neben seinem Onkel Salah al-Din immer wieder hervorgehoben wird, treffen wir auf einen der bedeutendsten Herrscher im Orient. Mit ihm verbunden sind Franz von Assisi und Kaiser Friedrich II. aus dem Geschlecht der Staufer. Als Franziskus zu Beginn des 13. Jahrhunderts als Missionar nach Palästina reiste, schloss er sich den Kreuzfahrern an, die auf dem Weg nach Ägypten waren. Bei dieser Reise verfolgte er drei Ziele: erstens wollte er den Sultan zum Christentum bekehren, zweitens, Frieden stiften und drittens wenn nötig, als Märtyrer sterben. Im Büßergewand predigte er den Muslimen das Evangelium und soll sogar vom gebildeten und kunstsinnigen Sultan al-Kamil empfangen worden sein. Verwundert fragt man sich, warum al-Kamil den Bettelmönch gewähren ließ, ihm sozusagen den Wunsch, als Märtyrer zu sterben, nicht erfüllte. Franziskus' Mut und der Wunsch, Frieden zu stiften, beeindruckten so manchen Muslim. Vielleicht trug auch sein Respekt gegenüber den religiösen Gepflogenheiten der Muslime dazu bei, denn die fünf täglichen Gebete, das Geben von Almosen und die Armensteuer beeindruckten ihn sehr. Als Franziskus erleben musste, wie die Kreuzfahrer die Stadt Damiette eroberten und ein unglaubliches Blutbad anrichteten, war er geschockt. Von den 80.000 Einwohnern sollen nur 3.000 überlebt haben. Überliefert ist, dass er die Ritter zur Vernunft rief. Nicht die Muslime würden ihnen den Weg versperren, sondern die eigene Gier und der Hass.

Auf der Rückreise nach Italien besuchte Franz von Assisi Friedrich II. in Sizilien. Ab 1198 war der Staufer König von Sizilien und ab 1220 bis zu seinem Tod römisch-deutscher Kaiser. Außerdem führte er ab 1225 den Titel „König von Jerusalem".[65] Der Kaiser verschob den vom Papst aufgetragenen fünften Kreuzzug (in manchen Zählungen der sechste) immer wieder und wurde deswegen mit dem Bannfluch belegt. Besonders die

Päpste (Gregor IX. und Innozenz IV.) waren mächtige Gegner Friedrichs, die ihm aufgrund seiner religiösen Toleranz misstrauten. Er wollte keine Schlachten und keine Gemetzel, sondern mit dem Sultan al-Malik al-Kamil einen Friedensvertrag aushandeln. Letztendlich trat der Kaiser mit vierzig Galeeren doch die Reise ins Heilige Land an und erreichte Akkon. Da er in Palermo in einer arabisch geprägten Umgebung multikulturell aufgewachsen war, ließ er sich nicht nur mit orientalischem Pomp und von einer muslimischen Leibgarde begleiten, sondern nahm sofort diplomatischen Kontakt mit den Muslimen auf. Auch wenn einige Kunstwerke die Zusammenkunft des Kaisers mit dem Sultan darstellen, dürften sie sich nicht persönlich begegnet sein. Ein Unterhändler soll die Verhandlungen geführt haben, Übersetzer wurde keiner benötigt, da Friedrich seit seiner Kindheit Arabisch sprach. Papst Gregor IX. gönnte dem Kaiser keinen Erfolg und forderte die Muslime auf, Friedrich trotz der Verhandlungen anzugreifen. Doch hatte er nicht mit der integren Persönlichkeit al-Kamils gerechnet, der Friedrich warnen ließ. Es kam zu einem Vertrag, in dem festgelegt wurde, christlichen Pilgern den Zugang zu den heiligen Stätten zu gewähren. Der Vertrag hielt zehn Jahre, solange die beiden Herrscher am Leben waren. Ihre Nachfolger sorgten dafür, dass die alte Feindschaft wieder aufflammte.

Sabil Kuttab von Ismail Pascha und das Textilmuseum

Etwas südlicher und an der östlichen Straßenseite gelegen, wird das *sabil kuttab* von Muhammad Ali Pascha für seinen jüngsten Sohn Ismail sichtbar. Mit seiner Hauptfrau hatte Muhammad Ali drei Söhne: Ibrahim, der sein Nachfolger wurde, Ahmed Tusun und Ismail Kamal, den jüngsten. Ein fast identes Bauwerk ließ der Begründer der letzten islamischen Dynastie auch vor dem Bab Zuwayla errichten (s. Kap. „Sabil kuttab von Tusun Pascha"). Am späten Nachmittag auf den warmen Stufen des Brunnenhauses zu sitzen, zu sehen, wie die Sonne die Mauern langsam mit goldenen Farben bemalt und das orientalische Leben zu beobachten, hat etwas Beschauliches. Es gelingt mir den Lärm auszublenden und nur die hin und her eilenden Menschen zu betrachten. Ich fühle mich wie jemand, der in einem Kinosaal sitzt und sich einen Stummfilm ansieht. Hinter mir erheben sich die dekorativen Gitterfenster des *sabil*. In Kartuschen sind die Namen des osmanischen Sultans Mahmud II. zu lesen. Die Vorderfront wird von einem geschnitzten Vordach geschützt, das mit einem Holzgeländer abschließt. Strahlende vergoldete Sonnen, Beispiele für das türkische Rokoko, zieren die Unterseite des Daches. Es gilt als letzte schöpferische Epoche der Kunstentwicklung im osmanischen Reich und wurde auch von den wirtschaftlichen Beziehungen mit Europa geprägt. Links und rechts des Brunnenhauses war bis ins Jahr 2007 die Nahassin Schule untergebracht. Nach ihrer Schließung erfuhr das Gebäude eine Restaurierung, die vom Islamic Cairo Renovation Project durchgeführt wurde. Die Idee, Ägyptens erstes Textilmuseum darin unterzubringen, kam mit der Restaurierung. 250 unterschiedliche Textilien und mehrere Teppiche, von der Pharaonenzeit bis zur römischen, koptischen und islamischen Periode, können hier besichtigt werden, aber auch Werkzeuge und Instrumente sind ausgestellt. Ganz besonders prächtig sind Handschuhe, Gürtel, Bettwäsche, Kissen und Mumiendecken aus dem Alten Ägypten. Leinen war einst der begehrteste Stoff, die Fäden konnten hauchdünn verwoben werden, wenn der Flachs noch im Frühstadium geschnitten wurde. Baumwolle gab es damals noch nicht, die wurde erst ab dem 3. Jahrhundert verwendet. Leinen war auch in Tempeln ein begehrtes Gut. Es diente nicht nur der Bekleidung der Priester, sondern auch die Götterstatuen wurden jeden Tag frisch gesalbt und neu eingekleidet. Darüber hinaus diente es als Zahlungsmittel.

Die Mamluken

War die bisherige Besichtigung des architektonischen Kulturerbes schon beeindruckend, erfährt sie mit den „großen Drei" der Sharie al-Mui'zz li Din Allah eine weitere Steigerung. Mehrere Reisen führten mich ins Herz der Mutter aller Städte, ohne auch nur einen Blick in das Innere der Bauwerke der Mamluken-Sultane al-Zahir Barquq, al-Nasir Muhammad und al-Mansur Qalawun werfen zu können, sei es aus Restaurierungsgründen oder aufgrund sonstiger unwägbarer Entscheidungen von offiziellen Stellen. Ich erinnere mich an einen Besuch, bei dem ich alles Mögliche versuchte, den Qalawun-Komplex zu betreten, der Wachposten, der inmitten einer riesigen Wasserlache auf seinem Sessel thronte, aber alles tat, um dies zu verhindern. Als es ein paar Jahre später endlich mit der Besichtigung klappte, erfuhren wir, dass die Gebäude erst vor wenigen Tagen im Rahmen der Neugestaltung der Mui'zz eröffnet worden waren. Es ist daher angebracht, dass ich mich an dieser Stelle kurz den Mamluken widme, einer Herrscherdynastie, die von Militärsklaven zu Sultanen aufstiegen. Die Bezeichnung *mamluk* bedeutete „zu jemandem gehören", also dessen Sklave zu sein. Schon die abbasidischen Kalifen rekrutierten ihre Leibwache und Privatarmeen aus Militärsklaven, die wir heute Söldner nennen würden. Auch Salah al-Dins Leibgarde bestand aus Soldaten, die im Kindesalter auf Sklavenmärkten gekauft wurden und in Kasernen eine Eliteschulung erhielten. Die Mamluken unterschieden sich sehr von gewöhnlichen Sklaven, da sie in hohe Ämter aufsteigen und andere Mamluken an sich binden konnten, Besitz hatten und die Freiheit erlangten. Nach dem Tod des letzten Ayyubiden-Sultans al-Salih Ayyub im Jahr 1249 und der Ermordung seines Sohnes Turan Schah, wurde der Mamluken-General Aybak mit der Witwe des Sultans, Shajarat al-Durr,

I Panorama vom Dach des Bashtak Palast, v. rechts: *madrasa* und *khanqah* von Sayf al-Din Barquq, *madrasa* und Mausoleum von al-Nasir Muhammad, Qalawun-Komplex

II, IV Qalawun-Komplex, *madrasa*

III, V Sayf al-Din Barquq, *madrasa*

VI Al-Nasir Muhammad, *madrasa*

VII Blick auf die Minarette von Al-Nasir Muhammad und Qalawun

VIII, IX Blick in die Darb al-Asfar Gasse

X Qalawun-Komplex, Mausoleum

verheiratet (s. Kap. Mausoleum von Shajarat al-Durr oder vom Sklavenmädchen zur Sultanin). Damit erhielten sie die entsprechende Macht und begründeten den ägyptischen Mamluken-Staat.

Von 1250 bis 1517 herrschten sie in Ägypten, stellten die Sultane und regierten darüber hinaus noch in Syrien, Teilen Indiens und im Irak. Schon bald nach der Machtübernahme mussten sich die neuen Herren bewähren. Der Sieg über die Mongolen war von großer Bedeutung, da das Mamlukenreich das einzige Reich war, das sich gegen die Horden aus dem Osten erfolgreich behaupten konnte. Im September 1260 fand bei Ain Djalut in Palästina die Schlacht unter den Emiren Qutuz und Baybars gegen die Mongolen statt, die mit einem entscheidenden Sieg der Mamluken endete. Ihm wird in Historikerkreisen weltpolitische Bedeutung beigemessen, da die nach Westen orientierte Expansion der Mongolen gestoppt werden konnte. Wie würde Europa wohl heute aussehen, hätten die Mongolen gesiegt?

Grundsätzlich wird zwischen zwei Mamluken-Dynastien unterschieden. Die Bahri- oder Fluss-Mamluken hatten ihren Stützpunkt auf der Nilinsel Roda, sie herrschten von 1250 bis 1382. Die Burj- oder Festungs-Mamluken, die auf der Zitadelle stationiert waren, regierten von 1382 bis 1517. Als der Osmane Selim I. 1518 Ägypten eroberte, ging ihre Herrschaft zu Ende. Schon 1516 konnten die Osmanen bei Aleppo die Mamluken vernichtend schlagen. Ein Jahr später erfolgte die Eroberung Palästinas und Ägyptens. Der letzte Mamluken-Sultan, Tuman Bey, wurde beim Bab Zuwayla gehängt, da er sich weigerte, die Oberhoheit der Osmanen anzuerkennen. Die mamlukische Periode war in Ägypten in vielen Bereichen eine der fruchtbarsten. Geschichtsschreibung, Wissenschaft und islamisches Recht erlebten eine Blütezeit. Was die Architektur betrifft, ist die Altstadt von Kairo heute noch von der mamlukischen Bautradition geprägt.

Zwei Handwerkstechniken, die schon in der Fatimidenzeit vorangetrieben und später unter den Mamluken perfektioniert wurden, waren die Lüstertechnik und die Tauschierung. Als der chinesische Kaiser Geschenke aus feinem Porzellan nach Kairo sandte, beauftragte der Sultan umgehend seine Handwerker, das kostbare Material auch in Ägypten herzustellen. Die Bemühungen waren vorerst nicht von Erfolg gekrönt, aber schließlich gelang es ihnen, eine komplizierte Technik zu entwickeln. Sie überzogen die einheimische Keramik, die bereits einmal gebrannt und glasiert worden war, mit Farben, die sie aus Metalllegierungen gewannen. Um die Farbe, mit der sie die Keramik bemalten, herzustellen, war es erforderlich, Gold, Silber oder Kupfer in Pulverform drei Tage im Ofen zu brennen. Erst dann konnten die unterschiedlichen Farben angerührt und aufgetragen werden, was aber einen zweiten Brennvorgang bei 600 bis 900 Grad notwendig machte. Durch das Polieren des fertigen Objektes erzielten die Handwerker-Künstler den gewünschten Effekt, den überirdischen Glanz oder Lüsterglanz.

Dem Propheten Muhammad wird nachgesagt, dass er Dekorationen in Moscheen ablehnte. Gegenstände aus Gold und Silber herzustellen, verurteilte er ebenso wie Prunkgewänder. Ihm wird auch der Spruch „Bauen sei die unnützeste Sache eines gläubigen Muslims" in den Mund gelegt. Doch die Handwerker-Künstler, in meinen Augen waren sie Künstler, ersannen etwas Neues: die Tauschierung, eine Art Intarsientechnik, die heute noch bei der Dekoration von Objekten angewendet wird. In unedle Metallgefäße, wie etwa aus Messing oder Kupfer, meißelten sie Rillen, in die Gold- und Silberfäden hineingepresst, geschlagen und verankert wurden. Abschließend folgte noch das Glätten, Schleifen und Polieren der Oberfläche. Koransuren, aufwändig gestaltete Ornamente und sogar figürliche Darstellungen überzogen die Objekte teilweise flächendeckend, damit das „unedle" Metall nicht mehr sichtbar war. Unter den Mamluken gelangte diese Form der Metallverarbeitung in Ägypten und Syrien zur Hochblüte. Jene Gefäße, die im 14. Jahrhundert entstanden, gehörten zum Luxusgeschirr der Oberschicht, nicht nur der Mamluken, sondern auch der Europäer. Orientreisende brachten die in Gold und Silber schimmernden Metallwaren von den Souks in Damaskus und Kairo nach Venedig. Die geschäftstüchtigen Mamluken schlossen sogar Handelsverträge mit der venezianischen Republik ab, wodurch orientalische Waren vermehrt nach Europa kamen.

Madrasa und Khanqah von al-Zahir Sayf al-Din Barquq

Da wir bei dieser Tour von Norden kommen, treffen wir bei den „großen Drei" zuerst auf die *madrasa* und den *khanqah* von al-Zahir Sayf al-Din Barquq, einen Mamlukensultan des 14. Jahrhunderts. Das Textil-Museum und die Werkstätten der Kupferschmiede im Souk al-Nahassin befinden sich auf der gegenüberliegenden Straßenseite. Es ist ein wahres El-Dorado, das uns vorerst in seinen Bann zieht. Vieles kann hier erstanden werden, von gravierten Tabletts, Schüsseln, Tellern, Kannen, Lampen und Münzen bis zu Objekten für Moscheen und Minarette. Erst beim Zusehen erahne ich, wie aufwändig diese Tätigkeit ist, wie geübt ein Meister sein muss, um durch Hämmern und Polieren so kunstvolle Ornamente herstellen zu können. Meistens leisten mehrere Männer den Handwerkern Gesellschaft. Sie sitzen herum, rauchen, trinken Tee und haben vielleicht sonst noch irgendetwas Wichtiges zu tun. Das Eckgeschäft, ein an beiden Seiten offenes Geschäftslokal, fasziniert mich bei jedem Besuch aufs Neue. Es besitzt ein hölzernes Vordach und ist direkt an der Ecke mit einem großen zwiebelförmigen Objekt geschmückt. Eine entzückende Holzkonstruktion mit Erkerfenstern, die mit zarten Vordächern versehen sind, erhebt sich obenauf und schließt mit hölzernen stufenförmigen Zinnen ab. Wohnen wird dort ob der Kleinheit sicher niemand, wobei das „Zwergenhaus" durchaus zum Schlafen dienen könnte. In einem anderen Laden wird mit Aluminium und Eisen gearbeitet. Ein Antiquitätenladen zieht uns ebenfalls an, der Besitzer ist Kopte. Hier könnten wir kleine Altäre und Heiligenbilder erstehen. Der neu gestaltete Platz vor den drei Monumentalbauten von Barquq, al-Nasir und Qalawun, erzeugt ein bisschen die Illusion einer längst vergangenen Zeit. Es herrscht eine gute Stimmung und jeden Moment könnte der Sultan, auf einem prächtigen Hengst reitend, mit seinem Gefolge vorbeiziehen.

Al-Zahir Sayf al-Din Barquq war Tscherkesse und der Begründer der Burj-Mamluken-Dynastie. Durch die Machtergreifung Barquqs (der Name bedeutet Pflaume), die mit vielen Intrigen und Ermordungen einherging, begann der Aufstieg der tscherkessischen Mamluken. Seine Regierungszeit war turbulent, ständig hatte er Kämpfe gegen aufsässige Mamluken und die Gouverneure in Syrien auszufechten, einmal musste er sogar flüchten. Schließlich gelang es ihm seine Gegner auszuschalten und erneut die Herrschaft zu übernehmen. Seinem sozialen Status kam auch die Hochzeit mit der Witwe des Bahri-Sultans al-Shaʿban zugute (s. Kap. Madrasa vom Umm Sultan Shaʿban). Barquq förderte Wissenschaft, Kunst und Literatur. Er ernannte Ibn Khaldun, Historiker, Politiker und Vater der modernen Soziologie, der seine letzten Jahre in Kairo verbrachte, zum Professor einer *madrasa* und zum obersten malikitischen Qadi.

Die Außenmauer der *madrasa* und des Mausoleums von Sayf al-Din Barquq ist im zarten und schon verblassten *ablaq*-Stil gestaltet. Sie erhebt sich wie ein Bollwerk an der Mui'zz, gekrönt von Zinnen, mit üppig dekoriertem Minarett und einer Kuppel an der Nordostseite. Die oberen Fenster sind spitzbogenförmig und mit einem aufwändigen Gitter aus Holz verschlossen. Im Erdgeschoss trifft man auf die allseits bekannten großen Bronzegitterfenster, die oberhalb schwarz eingelegte Mosaiken zeigen. Das Eingangsportal mit einem dreilappigen Stalaktitenabschluss und Marmorintarsien gestaltet, springt etwas heraus und erzielt dadurch eine größere Wirkung. Das ganz mit Bronze beschlagene Tor leitet uns durch einen schmalen überwölbten Gangbereich in einen offenen Innenhof. Während ich mich langsam im Kreise drehe, erschließt sich mir die Pracht der kreuzförmigen *madrasa*, die neben dem zentralen Hof mit Reinigungsbrunnen noch vier mächtige *iwane* aufweist. Besonders auffällig ist die Gestaltung der Türen. Um Bronze zu sparen, entwickelten die Handwerker eine neue Technik. Sie stellten pro Tür ein kreisförmig durchbrochenes Medaillon für die Mitte und vier Viertelkreise für die Ecken her, die anschließend auf eine einfache Holztüre montiert wurden.

Eingang in die *madrasa* und den *khanqah* von Sayf al-Din Barquq

Hier möchte ich länger verweilen, es gibt keine anderen Touristen, keine lästigen Aufseher und so vieles, das zum Betrachten einlädt: Böden aus Marmor und Porphyr, der mit pharaonischen Säulen aus Rosengranit dreigeteilte *qibla iwan* in Richtung Mekka mit *mihrab, minbar* und *dikka*. Was ich sehe, als ich den Blick nach oben richte, ist wirklich atemberaubend. Die Decke ist mit blauen und goldenen Ornamenten gestaltet, die in den Übergängen zu den Seitenwänden kleinste Stalaktiten und ein goldenes Schriftband zur Schau trägt. Diese Schönheit ist nur bedingt, wenn überhaupt, in Worte zu fassen. In der Mitte strahlt eine Rosette, von der Repliken von emaillierten Lampen pendeln. An der Ostwand entfalten jene Bleiglasfenster, die schon von außen zu sehen waren, ihre ganze Pracht. Bis über die Höhe der Gebetsnische hinaus ist die *qibla*-Wand mit Paneelen und bunten kleinteiligen Marmormosaiken versehen, von deren Betrachtung ich mich nur schwer lösen kann. Die Gebetstribüne, *dikka,* darf erstiegen werden und bringt die opulente Dekoration noch näher zum Auge.

Nun steht noch das überkuppelte Mausoleum zur Besichtigung an, das durch ein Spitzbogentor im *mashrabiya*-Stil betreten wird. Nur Fatima, die Tochter des Sultans, ist hier bestattet. Sayf al-Din Barquq selbst sowie andere Familienmitglieder fanden ihre letzte Ruhe in der Grabmoschee von Farag ibn Barquq, dem Nachfolger, in der nördlichen *qarafa*. Ich würde das Mausoleum als „marmornes Grab" bezeichnen, da der Boden, die Wände und der Sarg aus diesem Material bestehen. Die Paneele reichen bis zu einer Höhe, wo die goldbemalten, Pendentifs genannten Zwickel den Übergang zur mächtigen Kuppel bilden.

Madrasa und Mausoleum von al-Nasir Muhammad

Al-Nasir Muhammad, einer der am längsten regierenden Sultane, war nicht nur eine schillernde Figur in der islamischen Geschichte Ägyptens, sondern auch ein großer Bauherr. Während seiner Herrschaft, die er im Lauf von 42 Jahren insgesamt drei Mal antrat, erlebten die Baukunst und die islamische Kultur eine Hochblüte (s. Kap. Zitadellenviertel „Al-Nasir Muhammad Moschee").

Ursprünglich begann der Emir Kitbugha mit dem Bau, der dem damals achtjährigen Nasir die Macht entriss und selbst kurz regierte. Wir gewinnen den Eindruck, dass das Mausoleum zwischen dem Monumentalbau des Vaters, al-Mansur Qalawun, und jenem von Sayf al-Din Barquq eingepfercht ist und kaum atmen kann. Mauer grenzt an Mauer, Ziegel an Ziegel, so als ob die Gebäude zur gleichen Zeit als Gesamtensemble errichtet wurden. Das gotische Eingangsportal aus Marmor mit Spitzbogen sticht sofort ins Auge und erinnert an eine mittelalterliche Kathedrale. Damit hat es auch seine Bewandtnis. Es wurde vom älteren Bruder al-Nasirs, Ashraf Khalil ibn-Qalawun, während eines Feldzuges gegen die Kreuzritter von der Kirche der heiligen Agnes in Akkon entwendet und gilt als wertvolles Beutestück. Neben zwei Bronzegitterfenstern links und rechts des Eingangs zieren noch Treppenzinnen den oberen Abschluss. Das kunstvoll dekorierte Minarett wurde aus gebrannten Ziegeln errichtet und mit Stuckdekoration überzogen. Der Basisteil des Minaretts ist viereckig, während der obere Teil mit acht Metern Höhe oktogonal ist. Der typische Bleistiftabschluss stammt wieder aus der osmanischen Zeit. Gleich rechts davon ist ein seltsamer Aufbau zu sehen, der einst die Kuppel über dem Mausoleum trug. Als diese 1870 zusammenbrach, wurde sie nicht mehr erneuert und so blieb nur der achteckige Übergangsbereich erhalten.

Das Eingangsportal leitet uns in einen Gang, der zur kreuzförmigen *madrasa* führt, von deren Innendekoration nicht viel überlebt hat. Nach al-Maqrizi gab es in der *madrasa* eine Bibliothek. Er schildert, dass in der Blütezeit der Anlage mehrere Eunuchen die Eingangspassage sicherten, um nicht autorisierten Personen den Zugang zu verwehren. Im östlichen *iwan*, jenem mit der *qibla*-Wand in Richtung Mekka, ist die Gebetsnische hervorzuheben, die keine Parallele in Kairo hat. Sie blieb bis zur Auskehlung unverputzt, doch zeigt sie eine sehr ungewöhnliche Form der Stuckdekoration. Aufwändig gestaltete, durchbrochene Ornamente heben sich im Hochrelief ab, sie wirken wie herausgestanzt. Darüber ziert noch eine flache erlesene Stuckarbeit in Nischenform mit zwei stilisierten Bäumen aus buntem Glas die Wand. Ibrahim klärt uns darüber auf, dass diese Art der Dekoration aus Persien stammt. Es ist bekannt, dass während der Regierungszeit von al-Nasir Handwerker aus Täbris nach Kairo kamen, um Minarette mit Fayencekacheln zu verkleiden.

Eine Holztür führt vom Innenhof ins Mausoleum. Al-Nasir Muhammads Lieblingssohn und dessen Mutter wurden hier begraben. Er selbst zog es vor, sich im Mausoleum seines Vaters al-Mansur Qalawun bestatten zu lassen. Mein Blick fällt auf einen unscheinbaren Holzsarg, der auf einem Podest steht. Ein hölzerner Turban ist die einzige Zierde dieses Kenotaphs. Sonnenlicht dringt durch eine dahinter liegende Öffnung in den Grabraum und verleiht ihm eine transzendente Aura.

Gedanken zu Max Herz Pascha

Max Herz Pascha, seines Zeichens Architekt, Konservator, Museumsdirektor und Architekturhistoriker, möchte ich ein eigenes Kapitel widmen. Nicht nur, weil er zur Zeit der österreichisch-ungarischen Monarchie geboren wurde, sondern auch, weil seine Tätigkeit für das Kulturerbe Kairos eine herausragende Rolle spielte. Im heute zu Rumänien gehörenden Graniceri am 19. Mai 1856 als Sohn einer Bauernfamilie geboren, studierte er bei Alajos Hauszmann in Budapest und bei Heinrich von

Ferstel und Carl König in Wien Architektur. Nach den Abschlussprüfungen begab er sich auf eine ausgedehnte Reise durch Italien, die ihn anschließend nach Ägypten führte. Völlig unerwartet erhielt er vom damaligen Chef des technischen Büros im Ministerium für religiöse Angelegenheiten, Julius Franz Pascha, ein Stellenangebot. Julius Franz, in Deutschland geboren und in Österreich aufgewachsen, war Architekt des ägyptischen Vizekönigs, der sich auch um die Sammlungen islamischer Kunst verdient gemacht hatte. Max Herz nahm das Angebot an und wurde Chef-Architekt des Comité de Conservation des Monuments de l'Art Arabe. In dieser Position hatte er die Restaurierung des arabisch-islamischen und des koptischen Erbes über. Von den vielen Monumenten, die unter seiner Ägide restauriert wurden, seien hier nur einige genannt: Bab Zuwayla, Aqmar-Moschee, Maridani-Moschee, *madrasa* der Sultane Hassan und Barquq, das Mausoleum von Qaytbey, die al-Rifa'i-Moschee und der Qalawun-Komplex. Darüber hinaus ließ er wesentliche Arbeiten an der Al-Azhar Moschee durchführen und 1902 wurde er sogar zum Direktor des arabischen Museums ernannt, das heute unter dem Namen „Museum für islamische Kunst" bekannt ist.

Nach dem Ausbruch des Ersten Weltkrieges wurde Max Herz in den Ruhestand gezwungen und von den Briten als Feind des Landes verwiesen. Er schrieb dazu in seinem Buch, dessen Fertigstellung er nicht mehr erlebte: „(...) Dann kam der Krieg, der auch meiner 33-jährigen Tätigkeit im Waqf-Ministerium ein Ende machte und zugleich die Form dieses Essays in gewisser Hinsicht beeinträchtigte, denn meine Aufzeichnungen und Skizzen, die Früchte einer Sammeltätigkeit vieler Jahre, sind in Kairo verblieben. Ein glücklicher Zufall rettete einige photographische Aufnahmen herüber, andere, nebst Auskünften, verdanke ich freundlicher Bereitwilligkeit. Allerdings habe ich diese nicht dort gefunden, wo langjährige gemeinsame Arbeit und meine hingebenden Unterweisungen ein Entgegenkommen hätten erwarten lassen dürfen. Der Krieg! (...)"[66]
Max Herz ging mit seiner Familie nach Mailand, wo die Verwandten seiner italienischen Frau lebten. Da er in einem neutralen Land bleiben musste, um seine Pension aus Ägypten zu erhalten, zogen sie nach Zürich. Die Welt, in der er gelebt hatte, brach auseinander. Als noch dazu sein 17-jähriger Sohn plötzlich starb, stürzte er in eine Depression, von der er sich nicht mehr erholte. Eine Magenkrankheit folgte, die durchgeführte Operation überlebte er leider nicht. Er starb am 5. Mai 1919 und entsprechend seinem Wunsch wurde er im Grab, das er für seinen Sohn in Mailand entworfen hatte, begraben. In seinen Aufzeichnungen geht Max Herz auch auf die Berührungen zwischen dem Morgen- und dem Abendland ein. Seiner Meinung nach wirkten sie sich befruchtend auf beide Regionen aus, da die Annäherung nicht ausschließlich feindlicher Natur war. Die Wirkung der Kreuzzüge auf den Orient war weit geringer als jene, die das Abendland erlebte. Denn die sogenannten „Morgen-

länder" waren dem Abendland auf vielen Gebieten der Wissenschaft und gewerblichen Tätigkeiten überlegen. Unter denen, die ins Heilige Land zogen, befanden sich Baumeister, Zimmerleute, Metallarbeiter und andere Handwerker. Die Architektur und das Kunsthandwerk machten großen Eindruck auf sie und erweckten den Wunsch, das Gesehene in der Heimat nachzuahmen. Wie viele ehemalige „Kreuzzügler" im Orient geblieben sind, um dort an Palästen und Sakralbauten mitzuarbeiten, ist jedoch nicht bekannt.

Qalawun-Komplex

Die architektonischen Hinterlassenschaften der Mamluken konzentrieren sich eindeutig auf Kairo. In verwirrender Fülle erheben sich Moscheen, Mausoleen, *madrasas* und *khanqas* im Herzen der Stadt. Mit dem Qalawun-Komplex komme ich nun zum Höhepunkt der „großen Drei" in der Mu'izz Straße. Er umfasst ein Mausoleum, eine theologische Schule und ein Krankenhaus. Sayf al-Din Qalawun war Tatar oder Mongole, der als Sklave an ein Mitglied von Sultan al-Kamils Haushalt verkauft wurde. Er wurde Emir unter Sultan Baybars, dessen Sohn mit Qalawuns Tochter verheiratet war. Kriegszüge, Aufstände und der Tod des amtierenden Sultans führten schließlich dazu, dass aus dem ehemaligen Sklaven ein Herrscher wurde: al-Sultan al-Malik Sayf al-Din Qalawun al-Afifi al-Alai al-Salihi.[67] Nachdem er noch den Gouverneur von Damaskus besiegte, konnte er ab 1279 uneingeschränkt herrschen. Mit ihm begann eine neue Dynastie, die an die hundert Jahre an der Macht war. „Er sorgt für eine gute Verwaltung und erlässt dem Volke trotz der Kriege, in die er verwickelt war, manche Steuern. Im selben Jahr feiert er seine Vermählung mit der Tochter des Emirs Zakkai unter Entfaltung außerordentlicher Pracht."[68] Qalawun wird als milder Fürst beschrieben. Als sich jedoch die Kairoer Bevölkerung gegen eine seiner Verordnungen auflehnte, geriet er dermaßen in Wut, dass er die Stadt seinen Mamluken preisgab. Plündern und Morden waren damit keine Grenzen gesetzt. Erst als die Scheichs ihn darum baten, nahm er den Befehl zurück. Von Reue geplagt, soll er daraufhin das Krankenhaus, *maristan*, errichtet haben. Es scheint, dass auch in ihm zwei Seelen lebten, eine schöngeistige und eine mordlüsterne. Bis auf wenige Ausnahmen hatte das Volk immer das Nachsehen, da die Mamluken in erster Linie an sich dachten.

Bevor wir das Innere erkunden, nehmen wir die hoch aufragende, an ein gotisches Bauwerk erinnernde Fassade in Augenschein. Das Glanzstück ist das Hauptportal, das den Komplex in den südlichen Bereich der *madrasa* und den nördlichen des Mausoleums teilt. Es wird von einem Rundbogen eingerahmt, der mit schwarz-weißen

Marmorteilen im *ablaq*-Stil dekoriert ist. Erfreulicherweise ist das originale Bronzetor aus der Zeit des Erbauers immer noch an seinem Platz. Die dreireihige Fensterfront, die die Fassade des Mausoleums gliedert, lässt mich vermuten, dass es sich um ein dreistöckiges Gebäude handelt. Die unterste Fensterreihe weist jene großen Bronzegitterfenster auf, die wir schon oft gesehen haben. In der mittleren Reihe sind die Fenster dagegen spitzbogig mit geometrischen Mustern gefertigt. Zwischen diesen beiden Reihen verläuft ein Schriftband mit Koranversen in Thuluth-Schrift, einem Schreibstil der arabischen Kalligraphie. Das einst vergoldete Schriftband wird *tiraz* genannt, ein Begriff, der aus der Textilkunst entlehnt wurde. Die oberste Reihe der Fenster ist zweiflügelig mit einer zarten Säule in der Mitte. Treppenzinnen in Steinschnitzerei bilden den eindrucksvollen Mauerabschluss über dem Mausoleum. Dahinter ragen noch eine Kuppel und das Minarett empor. Auffallend in der Gestaltung, ist es leicht als jenes vom Qalawun-Komplex erkennbar. Die Basis und der zweite Teil des Minaretts sind aus Stein, viereckig und mit Hufeisenbögen versehen. Was das Minarett unverkennbar macht, ist der letzte Abschnitt, der nach einem schweren Erdbeben im Jahr 1303 von al-Nasir Muhammad neu gestaltet wurde. Er besteht aus Ziegeln und wurde mit einem Netz aus Stuck überzogen. Ein helmartiges Gebilde, das als Abschluss dient, fügt sich zwar nicht harmonisch in die Architektur ein, aber gerade deshalb ist es für mich etwas Besonderes.

Vom Hauptkorridor aus bietet sich die Möglichkeit, das Mausoleum zu betreten. Schon nach den ersten Schritten öffnet sich der Raum wie eine riesige Kathedrale. Tatsächlich war der Sultan mit den Kirchen in Syrien vertraut, die er während der Kämpfe gegen die Kreuzritter kennengelernt hatte. Keine drei Stockwerke, wie ich von außen vermutete, sondern eine große Halle entfaltet ihre Pracht. Der erste Eindruck ist überwältigend. Mögen an dieser Stelle wieder einige Worte von Max Herz Pascha Einblick in diese mamlukische Pracht geben: „Mamormosaiken, mannigfache Gipsornamente, Vergoldungen an Kapitälen und Marmorrahmen an Stuckinschriften bringen einen außergewöhnlichen Effekt und Reichtum hervor. Besonders ist die Mannigfaltigkeit der Muster sowohl der Mosaiken als auch in den Stuckarbeiten hervorzuheben. Auch die Arabesken an den Bogenlaibungen sind verschieden gemustert. Die Mosaiken überziehen Wände und Pfeiler bis auf eine Höhe von 4,40 Meter. Die Sockel sind einfach gehalten, sie bestehen aus glatten, verschieden farbigen Marmorstreifen."[69] Pfeiler, auf denen Rundbögen ruhen, und antike Säulen geben dem Raum einen monumentalen Charakter. Marmorplatten, verlegt wie ein Teppich, leiten direkt vom Eingang zur Gebetsnische, die opulent mit Mosaiken und einem goldenen Schriftzug eingefasst ist. Drei Säulen in den Farben Grau, Violett und Weiß, stehen rechts und links der Nische und geben ihr mehr Tiefe. Der Blick folgt den überbordenden Dekorationen nach oben, hinein in die oktogonale Kuppel, die im 18. Jahrhundert zerstört wurde. Die heutige stammt aus dem

Jahr 1903 von Max Herz, der sie aus Eisenbeton wieder errichten ließ. In der Halle hielten sich einst königliche Diener auf, die für ihre Tätigkeiten einen Tagesbedarf an feinem Brot, zubereitetem Fleisch und jeden Monat reichlichen Lohn bekamen, der sie wohlhabend machte und bereicherte. Kairos Richter, Gelehrte und Koranleser gingen hier ein und aus. Manchmal saßen sie vor den Fenstern zur Straße und rezitierten tage- und nächtelang für das vorbeiziehende Volk den Koran.

„Nur das Grabmal seines Begründers, ein edles, höchst wirkungsvolles, bei dem vor Zeiten fünfzig Koranleser angestellt waren, wird vor dem Verfall geschützt und von Kranken besucht, welche von dem hier als Reliquie bewahrten Turbantuche des Sultans Heilung von Kopfweh, von seinem Kaftan aber Erlösung vom Wechselfieber erwarten." Georg Ebers schrieb diese Zeilen vor 140 Jahren. Er war Ägyptologe und Schriftsteller und unternahm in den 1870er-Jahren zwei Forschungsreisen in das „morgenländische Ägypten", das er liebte und kannte. Er erwarb einen Papyrus, der nach ihm benannt wurde, ein umfangreiches medizinisches Handbuch aus der Mitte des 2. Jahrtausends vor Christus. Von 1879 an bis 1884 gab Ebers die buchkünstlerisch aufwändig gestalteten zwei Luxusbände „Aegypten in Bild und Wort" heraus. Die mit rund 700 Holzschnitten gestalteten Bände wurden nach Vorlagen von vierzig namhaften Künstlern und Orientalisten hauptsächlich in der Stuttgarter Xylographischen Anstalt von Eduard Hallberger produziert und verlegt.

Ebers und seine Mitreisenden, wie der Baumeister Schmoranz, wurden Zeugen von eigentümlichen Frauen-Ritualen, die im Mausoleum des Sultans stattfanden. Immer am Donnerstagabend geschah es, dass sich junge Frauen und Mütter mit kleinen Kindern im Mausoleum versammelten. Die ersteren flehten vor der Gebetsnische um männlichen Nachwuchs, denn durch die Geburt eines Sohnes stieg das Ansehen der Frau. „Gar befremdliche Dinge bekommt derjenige zu sehen, dem es gelingt, die Andachtsübungen der Frauen an dieser heiligen Stätte zu belauschen. Staunend wird er wahrnehmen, wie sie alle ihre Oberkleider abwerfen, ihr Antlitz mit beiden Händen verdecken und dann so oft von der einen Seite der Nische zur anderen springen, bis sie erschöpft zusammensinken. Nicht selten bleiben sie lange auf dem steinernen Fußboden liegen, bis sie aus ihrer Betäubung erwachen und die Kraft, sich aufzurichten, zurückgewinnen."[70] Auch die eigenartige Zeremonie des „Zungenlösens" konnten sie beobachten. Hierzu brachten Mütter ihre Babys und Kleinkinder, die des Sprechens noch nicht mächtig waren, in das Mausoleum. Wesentlich bei diesem Ritual waren grüne Zitronen. Auf einem großen Stein in Fensternähe wurden die Zitronen ausgepresst und die Flüssigkeit mit einem kleinen Stein kräftig verrieben. Dadurch soll sich das Eisen herausgelöst und eine besondere Wirkung entfaltet haben. Die Kinder wurden nun genötigt, den Saft aufzusaugen. Das Geschrei, das damit einherging, war buchstäblich zum Steinerweichen, zauberte jedoch ein Lächeln auf die Gesichter der Mütter. Denn je lauter ein Kind schrie, umso sicherer konnten sie sein, dass sich die Zunge gelöst hatte und dem Sprechen nichts mehr im Wege stand.

Zwei Jahre nach meinem Besuch, als der Qalawun-Komplex erneut auf meiner Besichtigungsliste stand, war ich völlig überrascht, ein Gerüst, das bis an die Kuppel reichte, zu sehen. Verwundert fragte ich meinen Begleiter nach der Ursache. Er stellte mir eine Gegenfrage: „Kennst du Ägypten nicht? Hast du noch nie von Korruption im Bauwesen gehört?" Natürlich war mir das nicht unbekannt und ich bejahte seine Frage. „Es wird Geld kassiert, viel Geld, da ‚viele' davon leben wollen, dann wird billig gebaut und so restauriert, dass nach ein paar Jahren wieder ein Auftrag fällig ist. Korruption ist das tägliche Brot der niederen und höheren Beamten. Nicht nur im Bauwesen läuft das so bei uns. Für jede Kleinigkeit muss extra bezahlt werden", sagte er zornig und ging in Richtung *madrasa* davon.

Die theologische Schule gehörte zu jenen, in der wieder alle vier Richtungen des sunnitischen Islam gelehrt wurden. Dabei ging es nicht nur um die weltlichen Rechtsschulen, sondern auch um die rituelle Praxis des Gebets und die Gebote für die Waschungen. Obwohl mit einem prachtvollen Gebetsraum ausgestattet, kommt die *madrasa* nicht an die verschwenderische Fülle von Dekorelementen im Mausoleum heran. Je drei antike Säulen aus Rosengranit mit korinthischen Kapitellen teilen den *iwan* in ein Hauptschiff und zwei Seitenschiffe. Auf den Kapitellen liegen quadratische Blöcke, auf denen sich Pfeiler mit Spitzbogen-Arkaden erheben. Runde Fenster oder Fensterrosen, wie sie aus der Gotik bekannt sind, bilden den Abschluss der Arkadengestaltung, aber nicht des Raumes. Der erfolgt durch Holzgitterfenster und eine Holzdecke.

Die Seitenschiffe erfreuen uns mit einer Vielzahl an prachtvollen *kamariyan*-Fenstern. Jedes wurde in einem unterschiedlichen Muster mit mehrfarbigem Glas gestaltet. Die Gebetsnische besteht aus kleinteiligen Marmorintarsien mit Muscheldekor und Säulchen sowie einem goldenen Mosaik. Neben dem *mihrab* erhebt sich die aufwändig geschnitzte hölzerne Kanzel mit Zwiebeltürmchen. Ein Inschriftenband, ebenfalls aus Holz geschnitzt, umläuft nicht nur den *mihrab*, sondern auch die drei Seiten des *iwan*. Der alles in den Schatten stellende Blick über den Innenhof nach Osten verdient unsere Bewunderung. Der Spitzbogen bildet den perfekten Rahmen für die Minarette der *madrasa* von al-Nasir und seines Vaters al-Mansur Qalawun. Die Kuppeln der Mausoleen verstärken noch die Wirkung. Glas- und Metalllampen, die an langen Ketten im Bild zu tanzen scheinen, setzen Ankerpunkte im Blau des Himmels. Islamische Architektur und Handwerkskunst vom Feinsten wird uns auch hier wieder in der Mutter aller Städte geboten.

„Das von ihm [Sultan Qalawun] gegründete sogenannte Moristan [Spital] liegt heute im nordöstlichen Viertel der Stadt am Bazar der Kupferschmiede, die man in den

verödeten Räumen des großen, jämmerlich zu Grunde gehenden Bauwerks, arbeiten sehen kann", schrieb Georg Ebers 1879.[71] Ob das Krankenhaus tatsächlich wegen des schlechten Gewissens des Sultans entstand, ist wahrscheinlich nur eine Legende. Jeder Kranke wurde aufgenommen und lange Zeit galt das Krankenhaus aufgrund der stattgefundenen Heilungen als Wunder.
Es wurden Fieber, Augenkrankheiten und Darmprobleme behandelt, aber auch chirurgische Eingriffe durchgeführt. Als Wunder pries man, dass alle bekannten Krankheiten behandelt werden konnten, selbst solche der Psyche. Auch die Bequemlichkeit und Unterhaltung der Patienten kamen nicht zu kurz, denn diese wurden von Musikern und Geschichtenerzählern abgelenkt. Die Musiker hatten in der Frühzeit, vom 10. bis 15. Jahrhundert, nach genauen Angaben die *maqam*-Tonalitäten zu verschiedenen Krankheitsbildern und zu bestimmten Zeiten zu spielen. Sie waren Hilfskräfte der Ärzte und hatten auch den Auftrag die Verstandeskräfte vor einer zu starken vegetativen Einflussnahme zu schützen. „Gomar sagte in seinem Buch, dass die Verrückten in diesem Hospital Aufnahme fanden (…). Die guten Ärzte aus dem Osten waren willkommen und wurden gut bezahlt. Pharmazeutische Produktion gab es ebenso im Hospital. Wenn Krankheiten einen positiven Verlauf nahmen, konnten die Kranken in einem weiteren Raum Tänze sehen. Letztlich wurden dem Genesenen beim Verlassen des Hospitals fünf Goldstücke gegeben, damit die Person nicht sogleich wieder mit schwerer Arbeit beginnen musste."[72]

Als die Forscher des Deutschen Archäologischen Instituts die *madrasa* von al-Nasir Muhammad rekonstruierten, legten sie an der südwestlichen Außenmauer der Waschanlage neun Zellen frei. „Wie auf einer Skizze aus dem 19. Jahrhundert klar ersichtlich ist, handelt es sich dabei um die äußerste Raumgruppe des benachbarten *maristan* des Qalawun, in dem geistig Verwirrte unter unerträglichen Bedingungen in 4 m² kleine, dunkle Zellen eingesperrt und angekettet waren."[73]
Der Orientalist Denis Mete, der vor Ort recherchiert und ebenfalls Forschungen betrieben hatte, erklärte mir, „…dass die unerträglichen Bedingungen, die Wolfgang Mayer beschreibt, die Folgen von zwei Faktoren waren: einerseits durch die Verarmung der Spitalstiftungen ab dem 17. Jahrhundert und andererseits den schleichende Verlust des Gesamtkonzeptes des Spitals ab dem 18. Jahrhundert. Das psychiatrische Spitalswesen war auch völlig anders organisiert als in Europa. Nur schwerste Fälle sollen bei Selbst- und Fremdgefährdung angekettet worden sein. Die Zellen wurden durch indirektes Licht beleuchtet, da die Augen zumeist durch die Erkrankung übersensibel waren und man den Patienten dadurch keinen Schaden zufügen wollte. Mehrmals wöchentlich wurde am Wasserbecken zum Klang des Wasseres nach den *maqam*-Tonarten musiktherapeutisch gearbeitet, damit eine Beruhigung des Affekts von statten gehen konnte. Auch eine Diät gab es, die an die Erkrankungen angepasst

war. Durch den Niedergang des Spitalswesens wurden diese Konzepte über Bord geworfen. Bei Gelibolu Mustafa Ali sind es bereits Opiumsüchtige die mit Instrumenten dort wild musizierten. Durch ihn wird der Niedergang des Spitals und der exakten musiktherapeutischen Anwendung schon im Jahr 1599 bestätigt."
Die psychiatrische Abteilung wurde 1856 endgültig geschlossen. 1915 entstand im Südtrakt auf den Ruinen von Qalawuns *maristan* eine Augenklinik, die heute noch in Betrieb ist.

Madrasa und Mausoleum Salih Nagm al-Din Ayyub

Direkt gegenüber des Qalawun-Komplexes stoßen wir auf die *madrasa* und das Mausoleum von al-Salih Ayyub, den letzten aus der Dynastie Salah al-Dins. Salih war der älteste Sohn von Sultan al-Kamil und einer Sklavin. Nachfolger sollte aber nicht Salih werden, sondern al-Adil, dessen jüngerer Bruder. Durch den frühen Tod des Sultans im Jahr 1238 kam es daher unter den Ayyubiden zu einem Bürgerkrieg. Al-Salih, der sich in Damaskus aufhielt, war schon auf dem Weg nach Ägypten, als er durch einen Staatsstreich zugunsten seines Onkels entthront wurde. Nach seiner Gefangenschaft kehrte er nach Ägypten zurück, wo er von den Mamluken freudig als neuer Sultan empfangen wurde. Die Emire hatten sich mittlerweile auch des unerwünschten al-Adils entledigt. Doch die Kämpfe zwischen dem Onkel und seinem Neffen gingen weiter und al-Salihs Zeit als Sultan verlief keineswegs ruhig. Schließlich landeten noch die Kreuzritter unter dem französischen König Ludwig IX. an der ägyptischen Küste und nahmen Damiette ein. Nach anfänglichen Erfolgen wurden die Kreuzritter jedoch geschlagen.
Shajarat al-Durr, die Gemahlin al-Salihs, hatte sich während seiner Kriegszüge bewährt und mit Klugheit die Regierungsgeschäfte geführt (s. Kap. „Mausoleum von Shajarat al-Durr oder vom Sklavenmädchen zur Sultanin"). Shajarat und einige Mamluken hielten den Tod des Sultans vorerst geheim, um das Heer nicht zu demoralisieren. Mit dieser Taktik bewahrten sie Ägypten vor einer Niederlage. „Mit großer Vorsicht und unter Geheimhaltung segelte sie, von einem zweiten Sohn im Babyalter begleitet, mit dem Leichnam des Sultans in einem kleinen Boot den Nil aufwärts und brachte diesen in den Roda-Palast."[74]
Shajarat war es auch, die neben der *madrasa*, die von ihrem Gemahl bereits im zweiten Jahr seiner Regierung errichtet wurde, sein Mausoleum bauen ließ. Mit Mut, Intelligenz und Gespür gelang es ihr, einen Grabbau innerhalb der Kernstadt in Auftrag zu geben, wofür ein Gebäude abgerissen werden musste. Nachfolgende Sultane übernahmen die Idee und errichteten ihrerseits ebenfalls große Komplexe mit einem Mausoleum und einer *madrasa*. Erst als das Mausoleum fertig gestellt war,

wurden die sterblichen Überreste al-Salihs mit großem Pomp von der Nilinsel Roda in das Zentrum der Stadt überführt. Zu diesem Zeitpunkt herrschte bereits Aybek, ein Mamluke, der die Prozession anführte. Die Emire und Würdenträger folgten ihm weiß gekleidet[75] als Zeichen der Trauer und mit rasiertem Kopf. Sie trugen die Banner, Kleider und Waffen des toten Sultans, die sie in seinem Mausoleum deponierten.

Als das Deutsche Archäologische Institut (DAI) sich 1990 der Konservierung annahm, waren die Gebäude in keinem guten Zustand. Das Minarett, das sich nach Süden neigte, und der hohe Grundwasserspiegel waren die Hauptprobleme. Sieht man sich den Plan an, der vom DAI erstellt wurde, erkennt man erst das Ausmaß der al-Salihiya und des Mausoleums. Wenn ich nicht den Blick nach oben gerichtet hätte, wäre mir die lange Außenmauer mit den kielbogenförmigen Flachnischen vielleicht gar nicht aufgefallen, da Verkaufsstände und Buden die Sicht verdeckten. Anfang des 20. Jahrhunderts wohnten sogar noch Menschen auf dem Dach des Mausoleums. Ins Bild drängte sich das zwischen der *madrasa* und dem Mausoleum errichtete *sabil kuttab* des osmanischen Vizekönigs Khusraw Pascha, das in die Straße hineinragt.

Der ehemalige Eingang in die *madrasa* führt heute in die schmale Salihiya Gasse. Einst Teil der *madrasa*, weist mich Sabry noch auf einen bogenförmigen *iwan* hin, der wieder aufgebaut wurde. Nur ein paar Reste sind von der ursprünglichen Schule geblieben. Über dem Durchgang wurde das Minarett errichtet, das eines der wenigen Beispiele aus der Ayyubidenzeit ist. Das Mausoleum mit seiner riesigen Kuppel verlangt Bewunderung. Sie ruht auf muqarnas, den nischenförmigen Elementen mit Stalaktitendekor, in die sechseckige Bleiglasfenster mit Holzrahmen eingebaut sind. Die Gebetsnische entbehrt zwar im oberen Bereich der üppigen Dekoration, aber ihre Tiefe ist beeindruckend. Ein Kenotaph bildet den Mittelpunkt des Raumes. Als der Marmorboden restauriert wurde, entdeckten die Forscher unterhalb sechs Stufen, die in eine Kammer mit Tonnengewölbe führten, wahrscheinlich das Grab des Sultans.

Die alten Gassen Kairos und der Khan al-Khalili Bazar

„Aber um einen überwältigenden, unauslöschlichen ersten Eindruck vom orientalischen Leben außerhalb des Hauses gründlich zu genießen, sollte man in Kairo mit einem Tag in den einheimischen Bazaren beginnen und dabei weder kaufen, noch zeichnen, noch Auskünfte suchen, sondern einfach eine Szene nach der anderen in sich aufnehmen, mit ihren vielfältigen Kombinationen von Licht und Schatten, Farbe, Kleidung und architektonischen Details". [76] Amelia Edwards, 1873/74

Getreu den Zeilen von Amelia Edwards ist es für mich immer ein Erlebnis, durch die alten Gassen Kairos zu flanieren und mich auf die Stadt einzulassen. Nicht sofort das nächste historische Gebäude anzusteuern und die Unterlagen auszupacken, sondern mich einfach treiben zu lassen und vielleicht die an einer Hausecke liegenden riesigen Krautköpfe zu betrachten. Nach vielen Ägypten-Besuchen steht für mich fest, dass es im Land am Nil die größten gibt. Ein paar Schritte weiter liegen sie aufgestapelt auf einem Tisch, dahinter sehe ich einen lächelnden Mann mit grauen Bartstoppeln. In der nächsten Gasse türmen sich Orangen, Tomaten und Zitronen auf einem Eselkarren zu Pyramiden. Ein alter Mann lässt sich müde auf einem Sessel nieder. Über seiner braunen *galabiya* trägt er eine Schürze, in der Hand hält er einen kleinen Besen. Er scheint den Fleischerladen gegenüber zu beobachten, sein Handwerkszeug dient der Fliegenvertreibung. Der Fleischer bittet seine Kunden, etwas zur Seite zu gehen und fordert mich auf, näher zu kommen. Ich riskiere einen Blick und bin überrascht, wie sauber es in dem Laden ist. Fleischteile und Würste hängen auf Haken mit Frischluftzufuhr, also auf der Straße. Sonderbarerweise sehe ich keine Katzen, die normalerweise mit großen Augen und ausgemergelten Körpern still vor den Fleischereien sitzen und geduldig auf ihre Ration warten.

Einige Läden weiter bemerke ich die imponierende Erscheinung eines Schalhändlers, der vor seinem Geschäft sitzt und Wasserpfeife raucht. Mit müden Handbewegungen preist er seine Waren an. Alles geschieht in Zeitlupe, *schwaye, schwaye*, langsam, langsam. Zwei junge Männer, die auch nach diesem Motto zu leben scheinen, sitzen vor ihrem Baumwolllager und warten auf Kundschaft. Nicht so gelassen ist ein etwa zwölfjähriger Junge, der an einer antiquierten Kämmmaschine die Kurbel dreht und mir sehnsüchtige Blicke zuwirft. Fällt etwas für mich ab?, scheint er zu fragen. Wie ein Leierkastenmann steht er da, doch entlockt er dem quietschenden Ungetüm keine lustigen Töne, sondern weiche gekämmte Baumwolle. Volle Körbe mit Oliven, Limonen und Zitronen stehen am Gehsteig, Frauen sitzen daneben, unterhalten sich und führen Verkaufsgespräche. Dahinter befinden sich ihre Warenlager, in die sie am Abend die Körbe stellen.

In den arabischen Ländern werden die kommerziellen Viertel einer Stadt als Souk bezeichnet, so auch in Ägypten, einzige Ausnahme ist der Khan al-Khalili-Bazar. In der Türkei, im Iran und bis nach Indien wird der Begriff Bazar, der aus dem Persischen stammt, verwendet. Obst-, Gemüse- und Gewürzhändler, Schlachter, Sattler, Kerzenmacher, Schneider, Färber, Waffen-, Gold- und Silberschmiede, Geldwechsler, Geflügelhändler, Buchhändler, Zuckerbäcker, Lampenmacher, Sklaven- und sogar Pelzhändler, die wertvolle Zobel- und Hermelinpelze anboten, teilten sich einst die Bereiche von den nördlichen Stadttoren bis zum Bab Zuwayla und noch weiter bis zur Ibn Tulun-Moschee. Darüber hinaus gab es großen Bedarf an Luxuswaren, wie wertvolle Seiden, Brokate, kostbare Kleidung und Möbel. Neben dem Sklavenhandel war der Gewürzhandel einer der lukrativsten Zweige. Noch heute erzählen die Gewürzhändler, dass Zimt, Nelken, Pfeffer und vor allem Safran, vom Paradies auf Bäume gefallen sei. Der Nil habe sie bei der jährlichen Überschwemmung mitgerissen und die Gewürze direkt in den Souks von Kairo abgeliefert.

Doch die makaberste Handelsware habe ich noch nicht erwähnt: Mumia, ein Pulver aus zermahlenen ägyptischen Mumien. „Mumien sind Handelsware geworden, Mizraim [Ägypten] heilt Wunden, und Pharao wird als Salbe verkauft", schrieb Thomas Brown, ein englischer Philosoph im 17. Jahrhundert.[77] Dass die Alten Ägypter Meister der Mumifizierung waren, wussten die Menschen aus der Bibel. Die Balsamierungssubstanzen für die altägyptischen Mumien galten als Ersatz für das echte Mumia, ein natürlich vorkommendes Erdpech aus dem Toten Meer und Mesopotamien, dem heutigen Irak. Da fehlten nur noch gewiefte Grabräuber und Händler, die aus den Schädeln, dem Brust- und Bauchraum der Mumien, eine Substanz, die ursprünglich ein hochwertiges Salböl war, herauskratzten. Da viele Ägypter sehr arm waren, begleiteten sie so manchen Reisenden zu den historischen Stätten und Gräbern. Wollte er einen Sarg mit Inhalt kaufen, sorgten sie dafür, dass er einen bekam. Für das Geld konnten sie ihre Familie ein halbes Jahr oder vielleicht sogar ein ganzes Jahr ernähren. Doch dabei blieb es nicht, denn die Nachfrage stieg und stieg und die Händler wurden immer skrupelloser. Sie rissen die Mumien aus ihren Särgen, vermahlten die Teile und verkauften sie als Wundermittel. Noch 1924 führte eine angesehene deutsche Arzneimittelfirma „Mumia vera Aegyptica" zum Kilopreis von 12 Goldmark in ihrer Verkaufsliste. Ehrlicherweise muss man sagen, dass die ägyptischen Händler nur die große Nachfrage aus Europa bedienten. Mumien avancierten zu Megastars, sie wurden in Raritätenkabinetten und Kunstkammern ausgestellt. Besonders beliebt war das „Mumienauswickeln" als gesellschaftlicher Event. Wer etwas auf sich hielt, hatte seine eigene Mumie. Wie viele aus ihren unterirdischen Ruhestätten geraubt, zerfleddert, zerrieben und verschifft wurden oder auch im Meer versunken sind, weiß man nicht, aber es waren mit Sicherheit sehr viele.

Zwischen der Sharie al-Mui'zz und dem Husayn Platz, nördlich der Muski Straße, befindet sich der bekannteste Markt Kairos, der Khan al-Khalili- oder Touristen-Bazar. Er ist heute auch ein Handwerker-Bazar, da sich hinter oder über den Geschäften viele Werkstätten befinden. Jarkas al-Khalili, der Oberstallmeister von Sultan Barquq, ließ im 14. Jahrhundert einen fatimidischen Palast und Grabanlagen abtragen, um neue Verkaufsflächen zu schaffen. Bald danach entstanden Karawansereien, in denen Händler aus Persien, Italien, Spanien und Frankreich, ihre Waren feilboten. Wie in anderen orientalischen Ländern sind auch im Khan al-Khalili Bazar die Händler und Berufsgruppen in eigenen Vierteln untergebracht. Von den vielen Toren, die die Bereiche einst markierten und abgrenzten, sind jedoch nur noch einzelne erhalten, wie das Bab al-Badistan und das Bab al-Ghuri. Eine Vielzahl an Gassen, Gässchen, Geschäften, Werkstätten und Kaffeehäusern durchzieht und „bevölkert" den Khan al-Khalili Bazar, der im 19. Jahrhundert noch einen Sklavenmarkt hatte. Vieles kann hier erstanden werden, von hochwertigen erlesenen Stücken der begnadeten Handwerker-Künstler bis zum minderwertigen Ramsch aus China. Wo sich vor der Revolution noch die Touristen durch die Gassen schoben, herrscht heute Leere. Ein Besuch kann zum Spießrutenlauf werden, da die Bazaris keine Gelegenheit auslassen, ihre Ware an den Mann oder die Frau zu bringen. Handeln ist Pflicht, sonst wird man nicht ernst genommen. Nicht zu handeln kann sogar als Beleidigung aufgefasst werden. Als ich 1990 das erste Mal in Kairo war, habe ich noch Lehrgeld bezahlt. Heute weiß ich, wie ich Desinteresse an den Tag lege und mit den Händlern scherze. *„Ana mish magnouna"* (Ich bin nicht verrückt) wirkt immer.

Die Hauptroute durch das Gassengewirr ist die Sikket Bab al-Badistan, wo auch das berühmte Café Fishawy zu finden ist. Einen Tee oder Kaffee hier zu trinken oder eine Wasserpfeife zu rauchen, ist fast ein Muss. Untrennbar mit dem Fishawy verbunden ist der ägyptische Schriftsteller Nagib Mahfuz. Er verfasste an die fünfzig Bücher, schrieb aber auch Drehbücher und unzählige Artikel für die al-Ahram, Ägyptens führende Zeitung. Das Alltagsleben der Kairoer, ihre Sorgen und Nöte sowie die Straßen der Altstadt, waren seine Welt, die Essenz, aus der seine Bücher entstanden. 1988 wurde er als erster arabischsprachiger Autor mit dem Literaturnobelpreis ausgezeichnet. Als 1994 ein Attentat auf ihn verübt wurde, sah man ihn nicht mehr auf seinem Stammplatz im Fishawy sitzen, zu sehr hatte ihn das schreckliche Erlebnis getroffen. Nach einer schweren Krankheit starb dieser berühmte Sohn Kairos am 30. August 2006.

Wir treffen Ali und seinen Onkel, die uns dorthin bringen, wo die Ägypter die Gewürze kaufen. Wir kommen in Bereiche jenseits des Touristen-Bazars, die von oben bis unten mit Schuhen angefüllt sind und wo sich Handtücher, Bettwäsche, Geschirr sowie allerlei Haushaltswaren türmen. Ein Gässchen ist schmaler als das andere, ich hätte nicht einmal meine Arme seitlich ausstrecken können. Sämtliche Gerüche ziehen an unseren Nasen vorbei, nicht nur die von edlen Gewürzen und Parfum. Endlich ist der Bruder des Onkels gefunden. Er wittert ein Geschäft, die Freude über die zu erwartenden Pfunde lassen seine Augen leuchten. Kräuter und Gewürze werden uns auf einem Blatt Papier unter die Nase gehalten. Wir riechen und schmecken und lassen uns die Wirkungen erklären. Da hätten wir etwas für den Magen, dann etwas für den Darm, es sieht aus wie Linsen und wird zu Tee verkocht. Wir entdecken die harten Schoten des Johannisbrot- oder Karobbaumes, der im Mittelmeerraum seit vielen Jahrhunderten große Bedeutung als Nahrungsmittel für Menschen und Tiere hat. Daneben ragen Rinden aus einem Jutesack, die gleichzeitig bei niedrigem und hohem Blutdruck wirken sollen. Was mich für den Händler einnimmt, ist, dass er uns keinen Safran aufdrängen will. Gerade was Safran betrifft, muss man vorsichtig sein, da es das teuerste Gewürz der Welt ist. Fälschungen kommen immer wieder vor, zum Beispiel wird Kurkuma als gemahlener Safran verkauft. Man sollte daher auf Safranfäden bestehen, die tiefrot bis braunrot sind und sich nach oben trichterförmig verbreiten.

Während wir noch gustieren und dieses und jenes verkosten, erzählt uns der Neffe von den Sorgen der jungen Männer und den wenigen Möglichkeiten, sexuelle Erfahrungen zu machen. Dabei schmunzelt er so schelmisch, dass wir ihn fragen, wo er diese macht. „Zum Glück gibt es Witwen", antwortet er und setzt ein strahlendes Lächeln auf. Nachdem sich unsere Rucksäcke gefüllt haben, geleitet uns Ali wieder aus dem Gassengewirr hinaus in luftigere Abschnitte. Vor uns bildet sich ein Stau, kein Weiterkommen ist möglich. Autos, eine Schafherde, ein Junge mit einem Brotkorb auf dem Kopf und zu guter Letzt noch ein alter Mann mit seinem Fuhrwerk blockieren die Straße. Der mit farbigen Trensen geschmückte Esel, wahrscheinlich ebenso alt wie sein Herr, zieht einen flachen Wagen. Darauf aufgebaut liegen große, schöne Honigdatteln. Wir können nicht widerstehen und kaufen. Mit der Hand schlägt der Alte die Datteln herunter, knallt sie auf ein Stück Zeitungspapier und wirft sie noch auf die Waage, um sie uns mit einem glücklichen und seine Ware preisenden Wortschwall zu überreichen. Die Liebenswürdigkeit, Fröhlichkeit und auch Hilfsbereitschaft dieser Menschen ist berührend. Sie freuen sich über alle Maßen, wenn man ihre Produkte lobt oder ihr Land bewundert. *Enta misriya*, du bist Ägypterin, sagen sie zu mir, wenn sie hören, dass ich schon viele Male ihr Land besucht habe.

Sayyidna Al-Husayn-Moschee

Das Licht wurde sanfter und der Abend kündigte sich an, als wir auf dem Husayn-Platz eintrafen. Die Kaffeehäuser waren überfüllt, einzelne Händler zwängten sich zwischen den Sesseln hindurch, um ihre Waren anzupreisen. Freundlich, aufdringlich und auch aggressiv, begannen sie ihre Verkaufsgespräche. Sobald sich die Augen eines Händlers mit jenen eines Touristen trafen, sahen sie ihre Chance auf ein Geschäft, denn Augenkontakt signalisiert meistens Interesse. Plötzlich entstand ein Tumult. Ein Mann, der mehrere bunte Gehstöcke in der Hand hielt, mit denen er wild gestikulierte und auf die Tische klopfte, drängte sich in den Mittelpunkt. Die Kellner kamen gelaufen und schoben ihn auf den Platz hinaus. Dies gelang zwar, doch als keiner mehr Notiz von ihm nahm, begann er erneut mit seinen „Klopfzeichen". Meine Mitreisenden Christian und Andreas hatten genug davon und verschwanden im Gassengewirr, um Zigaretten zu kaufen. Versorgt mit einem Pfefferminztee ging ich nochmals den Plan des nächsten Tages durch.

Die Geschichte al-Husayns, dem diese Moschee gewidmet ist, ist dramatisch. Er hätte die Nachfolge seines Vaters Ali ibn Abi Talib, des Schwiegersohnes des Propheten, als Kalif antreten sollen. Dazu kam es aber nicht. Als die ersten Nachfolger Muhammads, Abu Bakr, Omar und Uthman, innerhalb kurzer Zeit starben oder ermordet wurden, kam die Reihe an Ali ibn Abi Talib. Schon nach dem Tod des dritten Kalifen Uthman bildete sich eine religiös-politische Gegenbewegung, die Charidschiten, die gegen Ali antraten. Dieser übernahm im Jahr 656 trotzdem das Amt des vierten Kalifen, wurde aber nach vier Jahren in Kufa ermordet.
Hassan und Husayn, seine beiden Söhne, die die Prophetentochter Fatima gebar, spielen eine wichtige Rolle im schiitischen und alevitischen Islam. Der ältere Sohn Hassan wurde zum Nachfolger von Ali in Kufa als Gegenkalif zu Muawiya, dem Begründer und ersten Kalifen der Umayyaden-Dynastie, ausgerufen, der von Damaskus aus das wachsende islamische Reich regierte. Da ein Bürgerkrieg auszubrechen drohte, schloss Hassan mit Muawiya einen Vertrag, der es dem Umayyaden erlaubte, in Syrien weiterhin an der Macht zu bleiben. Nachdem Hassan im Jahr 670 gestorben war, manche Quellen sprechen von einem Giftmord, übernahm nun dessen Bruder Husayn die Führung der *schi'at Ali*, der Partei Alis, seines Vaters. Ihn ereilte ein Hilferuf aus dem am Euphrat gelegenen Kufa im heutigen Irak, den Widerstand gegen die Umayyaden anzuführen. Husayn folgte dem Ruf und machte sich mit Männern, Frauen und Kindern auf den Weg. Quer durch die arabische Wüste ritt er auf jene Stadt zu, in die sein Vater Ali seine Residenz verlegt hatte. Die Umayyaden bezahlten Spitzel und wussten daher, wo sich die kleine Karawane befand. Sie schnitten ihr den Zugang zu den Wasserstellen ab, wo die Getreuen von Schwäche und Durst gezeichnet, bei Kerbela zusammenbrachen.
„Sie wurden von den feindlichen Kämpfern förmlich mit Schwertern zerhackt und getötet", erzählte mir mein Bekannter Ibrahim. Dieses „Massaker von 680", das nur wenige überlebten, hat den Islam zerrissen, was bis heute nachwirkt. Denn bis heute gilt dieser Kampf als eines der zentralen Ereignisse in der frühen Geschichte des Islam. Dieser Kampf bedeutet den Tod im Namen der Religion gegen mächtige Feinde. Die Leidensgeschichte Husayns wird auch heute noch am Jahrestag in den schiitischen Ländern unter großen Klagen begangen, zahlreiche Geißlerprozessionen durchziehen die Städte und es fließt wieder Blut (s. „Kurzer Exkurs über Schiiten und Sunniten" im Kap. „Das Mausoleum von Imam al-Shafi'i").
Im Jahr 1153 brachten die Fatimiden den Kopf Husayns nach Kairo, der später in der eigens dafür gebauten Moschee bestattet wurde, von deren Bausubstanz fast nichts mehr erhalten geblieben ist. Die flachen Fensternischen des heutigen Baus scheinen

aus der Gotik entlehnt zu sein und die zarten Abschlusszinnen geben ihr ein edles Aussehen. Das westliche, reich verzierte Minarett, wird ab der Höhe der Zinnen zu einem schlanken Bleistift mit gerillter Oberfläche. Von einem kleinen Balkon verjüngt es sich bis zur Spitze noch zwei Mal. Das zweite, sich an der östlichen Mauer erhebende Minarett, wurde wie der restliche Bau, vom Osmanen Ismail Pascha 1874 errichtet. Die riesigen Schirme vor der Moschee sind auf elegante Säulen montiert. Ihre ganze Pracht entfalten sie, wenn sie aufgespannt sind und den Gläubigen, die zum Freitagsgebet kommen, als Sonnenschutz dienen. Ob die Moschee von der grellen Mittagssonne, der sanften Abendsonne oder von künstlicher Beleuchtung angestrahlt und bewundert wird, hat wenig Auswirkung auf den Betrachter, da ihr die Magie von Husayn innewohnt.

„Das war vielleicht ein Laden, richtig gruselig", hörte ich plötzlich Christian sagen. Die beiden „Streuner" waren wieder zurück und erzählten mir von ihrem Abenteuer. In einer dunklen Gasse kauften sie bei einem Straßenhändler das begehrte Suchtmittel. Der Geschmack ließ jedoch zu wünschen übrig, „wie reiner Kuhmist", lautete der Kommentar von Andreas. Das konnten die beiden natürlich nicht akzeptieren. Sie drehten um und gingen auf schnellstem Weg zurück zum Verkäufer. Der gab vor, keine Ahnung gehabt zu haben, welches Kraut sich in den Zigaretten befand. Er nahm die Beschwerde aber weltmännisch entgegen und forderte Christian und Andreas auf, ihm zu folgen. Sie kamen zu einem Hauseingang und zu einer dunklen Treppe, die in ein Obergeschoss führte. Der Händler öffnete die Tür, schaltete das Licht ein und bat sie in den schummrigen Raum. Von den Wänden blickten Tut Anch Amun, Ramses, und vor allem Echnaton mit seinem langen Gesicht, mit lebendigen Augen auf sie herab. Der Verkäufer verschwand in einer finstern Ecke und holte andere Zigarettenpackungen hervor, die er als die besten in ganz Ägypten pries. Scheinbar waren das nun die „guten Kleopatra", die im Volksmund *kill me patra* genannt werden, weil sie so stark sind. Ende gut, alles gut, sie kamen zu einer Einigung und standen nun gesund und munter wieder vor mir, *alhamdulillah*.

Vom Husayn-Platz zum Bab al-Nasr

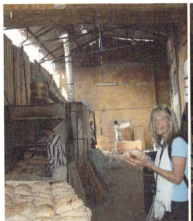

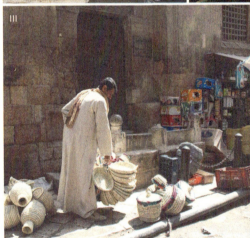
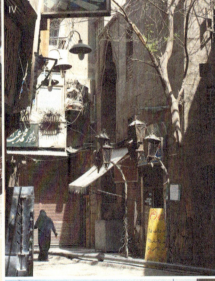

I, II Frisches Fladenbrot und Süßkartoffel

III Gamaliya, der Korbverkäufer

IV Straßenszene in Gamaliya

V Mausoleum und *khanqah* von Baybars al-Gashankir

✦ Die al-Gamaliya Straße

Parallel und östlich zur Sharie al-Mu'izz li Di Allah verläuft die al-Gamaliya Straße. Mittelalterliche Gassen verbinden die beiden Hauptarterien des gleichnamigen Viertels al-Gamaliya. Neben traditionellen Werkstätten und Geschäften kann es mit einer großen Anzahl von Sakral- und Profanbauten aufwarten. Wahrscheinlich verfügt keine andere islamische Stadt über eine so beeindruckende Dichte an historischen Gebäuden, die großteils auf der Fläche der ehemaligen fatimidischen Stadt errichtet wurden, wie Kairo. 1980 veröffentlichte die UNESCO einen Bericht, der vom Kunsthistoriker, Archäologen und Islamwissenschaftler Michael Meinecke erstellt wurde. Auf einem Gebiet von 1150 x 400 Metern waren 69 erhaltenswerte Bauwerke bekannt. Nach Fertigstellung des Gutachtens durch den Wissenschaftler erhöhte sich die Anzahl auf 102. Die Route vom Bab al-Futuh zur Husayn Moschee hat uns bereits zu außergewöhnlichen Monumenten al-Gamaliyas geführt. Der Weg zurück nach Norden, zum Bab al-Nasr, wird nicht so herausragend sein.

Östlich der Sayyidna al-Husayn-Moschee treffen wir auf eine junge Ägypterin, die sich einen roten Schal auf äußerst attraktive Weise um den Kopf gewickelt hat. In ihrer Begleitung sind zwei kleine Mädchen, von denen eines im Rollstuhl sitzt, trotzdem strahlen sie uns mit leuchtenden Augen an. Stolz präsentieren sie ihre prachtvollen Henna-Tattoos, die noch sehr frisch aussehen. Wir schenken ihnen Schreibhefte und Stifte, die großen Anklang finden.

Ein alter Ofen zum Kartoffelgaren steht auf einem Handwagen, rundherum liegen rohe Süßkartoffel, obenauf die bereits gegarten. Züngelnde Flammen kommen aus dem unteren Teil des Ofens, da die Tür fehlt, beheizt wird mit Holzkohle. Der obere Teil wird mit einer Eisentür verschlossen, dahinter sieht die nächste Ladung schon ihrem Verzehr entgegen. Wirft man einen schnellen Blick auf das Gefährt, könnte man meinen, dass es sich um eine alte Dampflock im Kleinformat handelt. Verkaufsstände mit Spielwaren und Souvenirs sind rechts der Straße aufgebaut, aber auch ein Saftverkäufer hat sich hier niedergelassen. Rote Tische und gelbe Plastiksessel dienen ihm als Lokal. Gestreifte Zeltplanen und Schirme schützen Waren und Kunden vor der Sonne.

Uns fallen mehrere schöne Holztüren auf, teilweise mit Schnitzereien versehen, und eingebaut in historische Portale und Steinbauten. An einem Tor entdecken wir sogar ein altes Hebeschloss mit Einlegearbeiten. Eine entzückende Fassade mit blau und türkis gemusterten Fliesen und einem geschnitzten Vordach ist eines der Juwele, die leicht übersehen werden. Wir treffen auf drei Lampenmacher, die auf der Straße ihre Werkstatt haben. Im Gegensatz zu jenen in der Nähe des Bab Zuwayla, verwenden sie vorgefertigte Teile, die nur noch zusammengeschraubt werden müssen. Die Gasse macht eine Biegung und lenkt den Blick auf eine Ecke al-Gamaliyas. Ein dürrer Baum, der sich nur mit einem einzigen grünen Zweig schmückt, wächst direkt neben der Fassade eines mächtigen Portals aus der Erde. Davor stehen zwei Kandelaber, wie ich sie in dieser Art noch nicht gesehen habe. Je drei Laternen, verziert mit Drahtelementen, sind nicht nur auf einer Eisenstange montiert, sondern auch in Höhe der Laternen miteinander verbunden. Schmiedeeiserne Schnörkel umgeben die Stangen und scheinen ihnen Standfestigkeit zu verleihen. Der Blick in eine Seitengasse offenbart einen gemauerten Torbogen aus der Mamlukenzeit, der zur Hälfte noch Zinnen trägt. Wir entdecken wieder eine Bäckerei, wo fleißige Männer am Werk sind. Als sie uns sehen, winken sie und wir werden eingeladen. Mit einem Lachen wird mir ein aus dem Ofen gekommenes heißes Brot in die Hand gedrückt, das ich vorerst wie einen Ball verwende, um mir nicht die Finger zu verbrennen. Holzsessel stehen vor einem Haus, ein Korbverkäufer hat daneben seine sehenswerten Produkte aufgebaut. Die Ware eines Fischverkäufers liegt auf mehreren Kisten, umgeben von einzelnen Eiswürfeln und vielen Fliegen. Sechs freundliche Herren beziehen gerade Position auf Sesseln vor einer schattigen Hauswand. Zwischen ihnen stehen die typischen kleinen Kaffeehaustischchen. Sicher wird ihnen ein Laufbursche bald Tee und Wasserpfeifen bringen. An der nächsten Ecke lassen zwei junge Männer vor einem Schuttberg den Tag ausklingen.

Mir kommt der Fußbügler, tatsächlich eine Berufsbezeichnung, in den Sinn, den ich vor Jahren in al-Gamaliya traf. Ich zeige ihnen das mitgebrachte Foto. Nein, *la*, den kennen sie nicht. Weitere Personen kommen hinzu, um zu sehen, wen ich suche. Alle reden durcheinander und deuten in verschiedene Richtungen. „Ja, *aiwa*, den kennen wir, aber er führt sein Handwerk nicht mehr an derselben Stelle aus", sagen sie. Dem Fußbügler bei der Arbeit zuzusehen, beeindruckte mich damals sehr. Wie er in gebückter Haltung auf dem niedrigen Tisch ein fünfzehn Kilogramm schweres Bügeleisen bewegte, grenzte an ein Wunder. Dass er sein Rückgrat noch aufrichten konnte, war ebenfalls überraschend. Mit dem linken Fuß stand er auf dem Eisen, mit seiner rechten Hand führte er es an einem längeren Holzgriff in die gewünschte Richtung und ließ es mit Leichtigkeit über *galabiyas*, Hemden und Hosen tanzen. Stolz erzählte er von den kostbaren Stoffen, die er früher bügelte, die ihm heute leider keiner mehr bringt. Viele Frauen bügeln selbst und statt Seide gibt es Kunstfaser. Um den Wäschestücken absolute Glätte zu verleihen, bedurfte es einer speziellen Technik, die uns der Bügler präsentierte. Er nahm einen großen Schluck Wasser in den Mund, um es wie mit einer Sprühflasche durch die Zähne auf die Wäsche zu sprühen, wobei die Zahnlücken nicht unwesentlich waren. Damit erhielt die Wäsche die richtige Feuchtigkeit und konnte wunderbar glatt gebügelt werden. Der freundliche Alte war einer der Letzten seines Standes, was er sehr bedauerte.

Gedanken zum Ramadan und dem Opferfest

Der Ramadan oder Fastenmonat ist eine der fünf Säulen des Islam und wird immer im neunten Monat des islamischen Kalenders gefeiert. Da er mit den Mondphasen weitergeht, durchzieht der Fastenmonat alle Jahreszeiten. Der Mondmonat Ramadan ist insoferne von Wichtigkeit, da er mit der Nacht der Bestimmung, *lailat al-qadr*, in Zusammenhang gebracht wird (s. Kap. „Sultan Hassan *madrasa*). Es war jene Nacht, in der die Offenbarungen begannen und die erste Sure des Koran an den Propheten gesandt wurde. Nach Beendigung des Fastenmonats feiern die Muslime das Fest des Fastenbrechens, *id al-fitr*. Es gehört neben dem Opferfest, *id al-adha*, das neun Wochen nach dem Ende des Fastenmonats gefeiert wird, zu den höchsten islamischen Feiertagen. Zwischen diesen beiden Terminen findet traditionell die Pilgerreise nach Mekka statt. Beim Opferfest gedenken die Muslime Abrahams, der von Gott aufgefordert wurde, seinen Sohn Ismael (bei den Christen ist es Isaak) zu opfern. Letztendlich nimmt er aber davon Abstand und schickt stattdessen einen Engel mit einem Hammel auf die Erde.

Ein barmherziger Gott soll seinen Schützling aufgefordert haben, seinen eigenen Sohn als Glaubensbeweis zu töten? Diese Geschichte ist verstörend und abstoßend. Als Gott sieht, dass Abraham tatsächlich ernst machen will, schickt er den Hammel. War ihm vielleicht nach Scherzen zumute? Wohl kaum. Abraham gilt als Stammvater der drei großen monotheistischen Religionen: Judentum, Christentum und Islam. Alle drei haben dieses Drama in ihre Schriften aufgenommen. Meiner Meinung nach schildert dieser Vorfall ein Beispiel für absoluten Gehorsam. Denn Gott und in Folge seine Vertreter auf Erden, fordern absoluten Gehorsam, ohne den die monotheistischen Religionen nicht funktionieren. Wir brauchen uns nur die Geschichte der Menschheit ein wenig anzusehen, um zu erkennen, welche zerstörerische Macht von Religionen, die absoluten Gehorsam erfanden, ausgehen kann.

Im Jahr 2018 fand der Ramadan zwischen 16. Mai und 14. Juni, also im Frühsommer, statt. Das Trinkverbot während des Tages kann in Ländern mit hohen Temperaturen zu einem gesundheitlichen Problem werden. Dazu kommt noch, dass die Ägypter mehr Schwarztee als Wasser trinken, der dem Körper zusätzlich Flüssigkeit entzieht. Auch tragen die Essgewohnheiten nicht gerade zur Gesundheit der Bevölkerung bei, die nach Sonnenuntergang und vor Sonnenaufgang ihren Hunger mit möglichst vielen Speisen stillen. Die Islamgelehrten sagen, dass das Fasten im Ermessen des Einzelnen liegt, er muss entscheiden. Da der Einzelne aber Teil des Ganzen, der Gemeinschaft der Gläubigen ist, und sich darin auch geborgen fühlt, wird er nicht ausbrechen, sondern hält sich an Vorschriften und Traditionen. Die Einhaltung der Fastenzeit soll auch einem seelischen Reifungsprozess dienen. Während den

Tagen der Entsagung spüren die Fastenden am eigenen Körper, wie es ist, Hunger und Durst zu leiden. Damit können sie die Situation der Ärmsten besser verstehen. So kann man in verschiedenen Stadtteilen Kairos beobachten, dass Wohlhabende Tische und Stühle entlang von Hausmauern aufstellen, um Arme und Obdachlose mit Speisen und Trank zu versorgen. Fast alle Moscheen und sonstigen religiösen Einrichtungen unterhalten im Ramadan ebenfalls „Armentische", um Tausende von Menschen zu verköstigen.

Unser Freund Saad Ali erzählte, dass die Gläubigen den Ramadan zum Anlass nehmen, um sich in den Koran zu vertiefen und ihn sogar mehrmals lesen. Darüber hinaus hat das Fernsehen in dieser Zeit noch mehr Hochbetrieb als sonst. In vielen ägyptischen Familien läuft fast Tag und Nacht der Fernsehapparat. Um der täglichen Lethargie während des Ramadan zu entkommen, sorgt die Filmindustrie jährlich für neue Produktionen, die jeweils zu Beginn des Fastenmonats erstmals ins Programm kommen. Das wahre Leben beginnt aber wieder, wenn die Sonne sinkt und die Nacht zum Tag wird, die Menschen die Hitze des Tages vergessen lässt. Wer die Hitze Ägyptens kennt, kann sich gut vorstellen, wie langsam so ein Tag ohne Essen und Trinken vergeht. Trotzdem lieben die Ägypter die Fastenzeit, da neben all den kulinarischen Köstlichkeiten, neben Musik und Auftritten von Derwischen, auch alte Bräuche zum Leben erwachen.
Die Gassen und Plätze wurden früher mit den schönen Ramadan-Lampen, *fawanees*, beleuchtet, heute erledigt das die Elektrizität. Doch noch sind Handwerker in der Nähe des Bab Zuwayla am Werk, die diese speziellen Lampen produzieren, und zwar nicht nur während des Ramadan. Seitdem die Regierung den Import von Lampen gestoppt hat, vor allem Plastiklampen aus China, erlebt das Handwerk wieder einen Aufschwung. Die Geschichte der Lampen begann schon vor über tausend Jahren zu einer Zeit, als der fatimidische Kalif al-Mu'izz li-Din Allah sich zum Ramadan im Jahr 969 Kairo näherte. Jawhar, der Wesir, der die neue Stadt al-Qahira geplant hatte, beauftragte die Kairoer Bevölkerung entlang des Weges Kerzen aufzustellen. Damit der Wind die Flammen nicht löschen konnte, hielten sie ihre Handflächen um die Kerzen. Dies dürfte dem Kalifen so gut gefallen haben, dass ab diesem Zeitpunkt *fawanees* (Mehrzahl, Einzahl *fanous*) in unterschiedlichsten Formen hergestellt und ein Symbol für den Fastenmonat wurden. Früher gingen die Kinder mit den Laternen von Haus zu Haus, sangen Lieder und bekamen dafür Münzen oder Süßigkeiten. In einigen Stadtteilen Kairos und am Land ist dieser Brauch noch hin und wieder zu finden. In meiner Kindheit gab es zur Faschingszeit eine ähnliche Sitte. Auch wir gingen, allerdings verkleidet, von Haus zu Haus und baten um Geld und Süßigkeiten. Mittlerweile hat Halloween diese Gepflogenheit mit „Süßes oder Saures" übernommen. Um die Menschen vor Sonnenaufgang zu wecken, damit sie

zeitgerecht frühstücken können, soll es in manchen Vierteln noch Ausrufer geben. Mit der Trommel und einem Spruch auf den Lippen verkünden sie die Zeit, wie einst in unseren Breiten der Nachtwächter die Stunden ausrief.

Eine der Reisen führte uns nach Kairo, als gerade das Opferfest vorbereitet wurde. In den Vierteln, die wir aufsuchten, trafen wir auf große Mengen von Rindern, Schafen und Ziegen. Sie alle warteten auf ihren Tod, das Opferfest war nahe. Zusammengedrängt standen sie unter Brücken, Männer mit Stöcken sorgten dafür, dass sie nicht ausbrachen. Andere waren angebunden oder lagen auf der Straße. Sie hatten Futter, etwas Streu und Plastikplanen gegen die Hitze. Wir hörten sie hinter Verschlägen schreien und sahen sie in Höfen stehen. Als mir ein Taxifahrer erzählte, dass es verboten ist, in Kairo Tiere zu halten, musste ich schmunzeln. Es ist wie mit anderen Verboten, die weder eingehalten noch geahndet werden. Wie viele Tiere in einem Land mit derzeit 98 Millionen Einwohnern für das Fest geschlachtet werden, kann ich nicht sagen, auch nicht, wie viel Blut die Straßen entlang laufen wird. Wie viele Tiere alleine in Kairo leben, abgesehen vom Opferfest, ist nicht genau bekannt, die Vermutungen gehen aber in die Hunderttausende.

„Wie sollen hier die Tiere geschützt werden, wenn nicht einmal die Menschenrechte umgesetzt werden? Esel, obwohl viele Menschen sie brauchen, werden mit Stangen traktiert und blutig geschlagen. Katzen und Hunde vergiften sie, weil sie Krankheiten übertragen können. Tote Tiere finden sich überall in Kairo. Aber Tierschützer gibt es in Ägypten, wenige, aber wir haben welche", antwortete mir ein Mann, den ich zufällig in einem Kaffeehaus traf und um seine Meinung im Hinblick auf die Tierrechte bat. Ibrahim, unseren Begleiter, befragte ich ebenfalls nach der Richtigkeit der Aussage. Er bestätigte, dass die Behörden von Zeit zu Zeit Aktionen starten, um die Straßen zu säubern. Vergiftete Köder tun das ihre bei Tieren, die sich irgendwie durchschlagen und dahin vegetieren. Die Kadaver landen schließlich auf Müllhalden, die wiederum von den Zabbalin, den Müllsammlern, nach Verwertbarem durchwühlt werden.

Mausoleum und Khanqah von Baybars al-Gashankir

Während ich versuche, mich im Gassengewirr zu orientieren, kommt uns ein Mann entgegen. Er ist sehr klein, trägt einen weißen Rauschebart und ist elegant gekleidet. Meine Unschlüssigkeit erkennend, bietet er mir höflich seine Hilfe an und besteht darauf, uns persönlich zum Glasgeschäft von Hagg Hassan zu begleiten (s. Kap. „Wohnen in Totenstädten"). Nachdem er seinen Namen, Muhammad, genannt hat, führt er uns durch das Gassenlabyrinth noch zum Mausoleum des Emirs

Qarasunqur aus dem Jahr 1300. Damit konnte ich endlich einige Fotos zuordnen, die ich Jahre zuvor in al-Gamaliya gemacht hatte. Qarasunqur, der schwarze Falke, diente dem Sultan Mansur al-Qalawun. Wie schon oft in diesem Buch beschrieben, enden auch bei dieser Geschichte die Fäden bei al-Nasir, dem Sohn al-Qalawuns. Als al-Nasir endlich uneingeschränkt herrschen konnte, nahm er Rache und ließ die Mörder seines Bruders, zu denen auch Qarasunqur gehörte, töten. Während dieser in Syrien weilte, erfuhr er vom Rachefeldzug des Sultans und ging in den Irak, wo ihn letztendlich doch das Schicksal ereilte.

Nach einigen Richtungsänderungen stehen wir vor dem Sufikonvent, *khanqah*, und dem Mausoleum von Baybars al-Gashankir. Der Konvent wird heute als erster Kairos gesehen, da jener von Salah al-Din in der südlichen *qarafa* nicht mehr erhalten ist. Das Schicksal Baybars al-Gashankirs, sein Beiname bedeutet „der Vorkoster", eine Position, die er im Laufe seiner Karriere innehatte, ist wieder mit dem Sultan al-Nasir Muhammad verbunden. Baybars ging als jener Mann in die Geschichte ein, der den jungen Sultan zum zweiten Mal entthronte. Doch als al-Nasir aus dem Exil zurückkam, endete auch das Leben des Usurpators.

Wir gehen durch das prächtige Portal und überschreiten einen Steinblock aus dem Alten Ägypten, die Kartusche von Ramses IX. Auch hier führt vom Eingang ein abgewinkelter Gang weiter in den Innenhof. Diese Bauweise stammt ursprünglich aus der Militärarchitektur, um den Blick ins Innere von Gebäuden zu verbergen. In religiösen Einrichtungen dient sie dazu, den Eintretenden ein kurzes Nachdenken zu gewähren, bevor die Sakralbereiche betreten werden. Muhammad ist anscheinend eine hoch geschätzte Persönlichkeit im al-Gamaliya Viertel, da der Kustos ihn äußerst ehrerbietig begrüßt. Eine riesige Schar Tauben bevölkert den Hof. Aufgescheucht durch uns fliegen sie auf und lassen sich auf dem spitzbogigen Abschluss eines Tonnengewölbes nieder, das einen der zwei sichtbaren *iwane* beherbergt. Nachmittägliches Streiflicht taucht den Hof in sanftes Gelb. An den Wänden sind Holzkonstruktionen montiert, ein überdachter Brunnen dient den Waschungen vor dem Gebet. Undekorierte Arkaden säumen eine Hofseite, Stiegen führen noch in ein Untergeschoss. Kielbogenförmige Nischen mit sternförmigen Mustern und Flachnischen mit Stalaktitendekor, in die einfache Gitterfenster eingebaut sind, gestalten die beiden Längsseiten des Innenhofes. Unter jedem Fenster befindet sich eine Holztüre, die in Nebenräume und Quartiere führten, die nicht mehr vorhanden sind. Hier kann ich mich wieder an der „Umfelddekoration" erfreuen, als mein Blick auf einen altersschwachen Tisch fällt, auf dem sechs Tongefäße mit Wasser stehen. Diese Gefäße sind meist aus porösem Material gefertigt, damit der darüber streifende Luftzug den Inhalt kühlen kann. Daneben wächst aus einem Plastikeimer eine Kletterpflanze heraus und rankt sich bereits an einer Schnur nach oben. Rechts daneben gibt es eine Holztüre, zu der ein roter Teppich leitet. In der Ecke stehen ein pinkfarbener Mistkübel und ein etwa vier Meter langer Besen, der Reinigungszwecken dient oder dazu, um die Tauben von bestimmten Bereichen zu verjagen. Vom Innenhof können wir auch die hoch aufragenden Mauerreste der einstigen Quartiere sehen und den oberen Bereich des Minaretts, das jenen helmartigen Abschluss hat, der *mabkhara* genannt wird.

Schon bei der äußeren Betrachtung der Fassade fiel mir ein Vorsprung auf, der vom Mausoleum in die Straße hineinragt. Wir sehen nun, dass es sich dabei um eine Art Vorraum handelt, der zwischen der Grabkammer des Gründers und der Straße liegt. Ein erlesenes Holzgitter aus vielen kleinen gedrechselten Teilen führt in den Raum, in dem sich das Grab des verehrten Scheichs Amin al-Baghdadi befindet. Während der Haupt-*iwan* und die *qibla*-Wand in Richtung Mekka schlicht gehalten sind, wartet das Mausoleum von Baybars al-Gashankir mit reicher Marmordekoration in Schwarz-Weiß auf. Der Raum ist sehr dunkel, nur kleine bunte Glasfenster in der mächtigen Kuppel geben etwas Licht.

Wieder bereichert, machen wir uns auf den Weg zu Hagg Hassan Arabesque, dem Glashändler. Je näher wir dem Ort kommen, umso unruhiger wird unser Begleiter. Muhammad wusste natürlich, dass sich dort auch ein Friedhof befindet. Bei Hagg Hassan angekommen, bat er trotzdem um ein Foto. Ich platzierte ihn vor den Glasvasen, was ihm jedoch überhaupt nicht gefiel, da dahinter Grabsteine standen. Schließlich fanden wir ein Plätzchen, das ihm zusagte. Er wechselte noch ein paar Worte mit Ahmed, dem Sohn von Hagg Hassan, verabschiedete sich von uns und verließ schnellen Schrittes das Haus. Wir konnten ihm nur noch unseren Dank für seine Begleitung nachrufen: tausend Dank, *alf shoukran*.

Al-Azhar Moschee und Universität

Al-Azhar, Moschee und Universität

Die Al-Azhar-Moschee zu besichtigen, ist immer ein Ereignis. Jeder meiner Besuche in der „Moschee der Moscheen" unterschied sich von den anderen und brachte neue Erfahrungen. Al-Azhar, die Blühende, wurde unter dem Fatimiden-Kalifen al-Muiʿzz li Din Allah von Jawhar ibn Abd Allah zwischen 970 und 972 erbaut. Die Einheimischen nannten sie *gami* al-Qahira, die Freitagsmoschee von Kairo. Von den europäischen Reisenden bekam sie durch Verballhornung den unpassenden Namen „Giamalazar", was soviel wie „Haus des Lazarus" bedeutet. Vierzig Jahre lang diente sie den Fatimiden als Freitagsmoschee, bis al-Hakim im Norden der Stadt ein größeres Gotteshaus erbauen ließ, das diese Funktion übernahm (s. Kap. „Al-Hakim-Moschee").

Nur einige Jahre später wurde in der Al-Azhar bereits die schiitische Jurisprudenz gelehrt, aber erst unter dem Wesir Yaʿqub ibn Killis bekam sie den Status einer theologischen Hochschule. Yaʿqub war jüdischer Abstammung und wurde im Jahr 930 in Bagdad geboren. Bereits mit dreizehn Jahren stand er in Kairo im Dienste der sunnitischen Ichschididen, den Vorgängern der Fatimiden. Der talentierte junge Mann wurde bald zum Vermögensverwalter ernannt. Obwohl er zum Islam übertrat, fiel er in Ungnade, kaufte sich aber frei und ging ins westliche Nordafrika. Er hatte das Glück, vom Fatimiden-Kalifen al-Muiʿzz aufgenommen zu werden, mit dem er schließlich wieder nach Kairo zurückkehrte.[78]

Die Al-Azhar Universität ist die einzige, an der seit ihrer Entstehung ununterbrochen gelehrt wird. Von 972 bis 1170 war sie ein Zentrum schiitischer Propaganda, das Gegenstück zu den Sunniten in Cordoba und Bagdad. Mit dem Sunniten Salah al-Din ging das Fatimidenreich in Ägypten und Syrien seinem Ende entgegen. Bei der Gründung von theologischen Schulen hatte er auch Unterstützung von einer seiner Schwestern, *sitt* al-Sham Zumurrud Khatun *bint* Najm al-Din Ayyub, die als Patronin der Wissenschaften und Künste galt. Bekannt wurde sie durch ihre Wohltätigkeit und die Gründung von zwei Schulen in Damaskus. *Sitt* al-Sham verpflichtete die besten Gelehrten der damaligen Zeit. Aus ihrem eigenen Haus machte sie ebenfalls eine *madrasa* und entwickelte diese zu einer der größten und renommiertesten in Damaskus. Neben *sitt* al-Sham hatten die Edelfrauen der Ayyubiden-Dynastie, die Khatuns genannt wurden, großen Einfluss auf Bildung und Wissenschaften.[79] Die Al-Azhar spielte in dieser Zeit eine wichtige Rolle, da sie zum geistigen Zentrum sunnitischer Rechtgläubigkeit wurde. Sie gilt auch heute als Hochburg der Gelehrsamkeit und hat viele Zweigstellen, die über ganz Ägypten verteilt sind. Für Studenten gibt es insgesamt 43 Fakultäten, von denen sechs die Theologie betreffen, fünf die

Juristik, sieben die arabische Sprache, sechs die islamischen Wissenschaften und drei die Medizin, um nur einige zu nennen. Für Studentinnen stehen nur 26 Fakultäten zur Verfügung, davon dreizehn für islamische und arabische Studien, zwei für Handel, jeweils eine Fakultät für Medizin, Zahnmedizin, Pharmazie, Ingenieur- und Naturwissenschaften sowie jene, die sich der Pflege, der Humanwissenschaften und Hauswirtschaftslehre widmen. Der Lehrkörper besteht laut Wikipedia heute aus rund 16.000 Lehrern, die für fast 400.000 Studierende verantwortlich sind, von denen annähernd die Hälfte Frauen sind.[80]

Hin und wieder stieß ich auf Kritiken an den Gelehrten der Al-Azhar, die in Fragen des Terrors und des islamischen Staates nicht klar Stellung beziehen oder sie sogar unterstützen würden. Auch wenn die Al-Azhar nach dem 11. September 2001 Gewalt im Namen der Religion verurteilte, hießen einige Gelehrte kurze Zeit später die Selbstmordattentate wieder gut. „Als der unselige Kalif des sogenannten islamischen Staates für sich die Oberherrschaft über die 1,4 Milliarden Muslime auf der Welt beanspruchte, da war es nicht die Al-Azhar, sondern vielmehr ein neuer Akteur, der ihm die Stirn bot: 130 Theologen aus der islamischen Welt und der Diaspora erklärten in verbindlichem Ton, warum Bakr den Titel nicht rechtmäßig für sich beanspruchen kann."[81] Alexander Görlach, der Autor des Artikels, verglich diese Versammlung von islamischen Theologen mit einem christlichen Konzil, das Schule machen könnte. Damit wäre die Al-Azhar nur noch eine Stimme unter vielen. Der Islamwissenschaftler Assem Hefny bezeichnet das „azharitische System" als rückwärtsgewandt. Er sagte: „Ein flüchtiger Blick auf Leben und Werk des berühmten ägyptischen Reformtheologen Mohammed Abduh genügt, um jenen Befund zu bestätigen. Dieser wurde nicht müde, die Lehrpläne und ihre Rückwärtsgewandtheit zu kritisieren, und zahlreiche andere Gelehrte innerhalb der Al-Azhar haben es ihm gleich getan."[82]

Mein Bekannter Adel bezeichnete die Universität als Gehirn und die Moschee als Beispiel für die unterschiedlichen Stilrichtungen in der islamischen Kultur, denn seit der Zeit ihrer Gründung wurde die Al-Azhar ständig erweitert, umgebaut und restauriert. Trotz der unterschiedlichen Stile bietet sie von außen einen harmonischen Gesamteindruck. Vielen Herrschern war es ein Anliegen, der „Moschee der Moscheen" einen persönlichen Stempel aufzudrücken.
Wir nähern uns dem Eingangstor, dem Tor der Barbiere, das es in den ersten Jahrhunderten noch nicht gab. Es ist nach den Friseuren benannt, die an diesem Ort die Köpfe der Studenten rasierten. Das Tor der Barbiere mit zwei aufwändig gestalteten Rundbögen ist eine beeindruckende Hinterlassenschaft des Emirs Abd al-Rahman Katkhuda aus dem 18. Jahrhundert, der als Schutzherr der Künste und großer Bauherr bekannt war (s. Kap. „Sabil kuttab von Abd al-Rahman Katkhuda"). Die Bögen

ähneln in gewisser Weise Portalen mit jeweils drei Säulen am Rand. Doch zeigen sie auch typische Steinschnitzereien aus der osmanischen Zeit, vor allem jene in Blau bemalten Zypressen. Mit dieser Bogenkonstruktion ließ der Emir jene zwei *madrasas* aus der Mamlukenzeit verbinden, die außerhalb der Umfassungsmauer der ursprünglichen Moschee standen. Nach dem Durchgang kommen wir in einen nach oben offenen Vorraum, in dem die Regale für die Schuhe stehen und uns beim letzten Besuch Kleider und Tücher umgehängt wurden. Wie immer waren wir ordnungsgemäß gekleidet, doch gegen eine Anordnung des Scheichs war nichts zu machen.

Den Innenhof erreichen wir vom Vorraum durch ein Portal, das al-Ashraf Qaytbey Ende des 15. Jahrhunderts errichten ließ. Auch jenes das Tor überragende prächtige Minarett entstand in dieser Zeit. Das Portal ist in eine dreilappige Nische mit Stalaktiten eingebaut. Darüber wurde eine feine Schnitzerei angebracht, einem Spitzentuch ähnlich. Das Minarett mit seinen Dekorationselementen gehört zu den am aufwändigsten gestalteten Minaretten Kairos. Von Nischen und Säulen über Balkone bis hin zu einem außergewöhnlichen Abschluss, der mich an eine in die Länge gezogene Zwiebel erinnert, ist vieles zu betrachten. Arkaden umgeben den *sahn*, die von Säulen aus vorislamischer Zeit getragen werden. Holzbalken verbinden die Bögen, von jeder Säule läuft noch zusätzlich ein Balken zur rückwärtigen Wand, von dem je zwei Lampen hängen. Eine aufwändig gestaltete Zinnenreihe umrundet den ganzen Hof. Die Treppenzinnen erheben sich auf einem mit Sternen und Kreisen durchbrochenen Mauerband. Ein interessantes Detail ist ein kleiner überdachter Balkon mit *mashrabiya*-Dekor direkt über dem hofseitigen Eingang. Da sich dahinter ein Durchgang befindet, nehme ich an, dass von hier auch Gebete oder Predigten gesprochen wurden. Dahinter streben drei Minarette ins ägyptische Blau des Himmels: jenes des Emirs Aqbughawiya, das bereits beschriebene von Sultan Qaytbey, und das an der Nordwestseite errichtete Minarett von Sultan al-Ghuri, das wie bei seiner Moschee einen auffallenden Abschluss zeigt.

Wir beobachten Studenten, die unter den Arkaden sitzen oder liegen, lesend oder schlafend. Früher war es Brauch, dass sich die Studierenden vor dem jeweils vortragenden Scheich in der Moschee versammelten, heute finden die Vorlesungen natürlich in den Hörsälen statt. Auf alten Fotos aus dem Jahr 1940 sind Studenten zu sehen, die im *sahn* auf Matten sitzen und dem Scheich lauschen, der in einen blauen „Professorenmantel" gehüllt ist. Auch heute noch tragen der Rektor und die Scheichs einen blauen Mantel und einen Fez mit weißer Stoffumwicklung.

Sehr anschaulich schilderte der blinde ägyptische Dichter Taha Hussain seine Studienzeit, die er oftmals als sehr frustrierend empfand. Unqualifizierte Professoren, Intrigen und Verleumdungen standen auf der Tagesordnung. So schrieb er: „Das häufigste und grässlichste Laster der Scheichs aber war das Lästern. Die Studenten erzählten, wie ein Scheich seinen intimen Freund beim Rektor von Al-Azhar und beim Mufti verleumdet hatte. Der Rektor habe den Verleumdern sein Ohr geliehen, während der Mufti erhaben darüber gewesen sei und sie aufs Schärfste zurückgewiesen habe." Die Studenten beschwerten sich über die Unfähigkeit und Fehler der Scheichs, die sie beim Interpretieren von Texten machten. „Unser Freund [damit meinte Taha Hussain sich selbst] misstraute daher den Professoren und Studenten und meinte, das Beste wäre, fleißig zu arbeiten und das Wissen aus den Quellen zu schöpfen (...)."[83]

Wie schon in der al-Hakim-Moschee führt auch hier der Weg vom Eingang geradewegs über den Hof, hinein in das Sanktuar oder den Ost-*iwan*, vor die Gebetsnische aus der Gründerzeit mit goldener Stuckdekoration. Eine heilige Ruhe umgibt uns. Nur wenige Männer sitzen am Boden, nachdenkend an Säulen gelehnt oder betend vor der Gebetsnische, *mihrab*. Gedämpftes Licht schafft eine harmonische und meditative Atmosphäre. 140 Marmorsäulen in acht Reihen prägen den gewaltigen Raum, der mit roten Teppichen ausgelegt ist. Ich suche wieder die typischen Lampen, durch deren Glas ein besonderes Licht scheint. In erster Linie verkörpert sich in diesen Lampen der Lichtvers aus dem Koran.

Als uns der Geschichtenerzähler Adel, der sich selbst als dunklen Indogermanen bezeichnete, in die Al-Azhar Moschee begleitete, kamen wir wieder in den Genuss seiner Erzählungen. Ich erinnerte mich, dass uns Adel schon vom Fest der Nilflut berichtete und fragte ihn daher, ob ihm noch andere Feste bekannt sind. Wie früher üblich, saßen wir um den „Lehrer" herum und lauschten seinen Ausführungen.

„Aber natürlich gab es auch andere Feste. Die Fatimiden waren begeisterte Organisatoren von Paraden und Festumzügen. Die Prozession, die am Beginn der hajj nach Mekka stand, war solch ein Großereignis. Es gab aber eine Zeit, in der die Pilgerreisen nicht durchgeführt werden konnten, da die Qarmaten im Norden der arabischen Halbinsel auf Raubzügen unterwegs waren."

„Die Qaramanten", sagte ich, „das kann nicht sein, die waren doch in Libyen. Bei meiner ersten Saharareise besuchte ich auch Garama, das heutige Djerma. Dort finden sich noch umfangreiche Ruinen einer Qaramanten-Stadt." Adel sah mich durchdringend an und antwortete:

„Nicht die Qaramanten, sondern die Qarmaten, habe ich gesagt. Das war eine radikale Gruppe, die von einem nabatäischen Bauern gegründet wurde. Sie stellten sich gegen die Abbasiden und auch gegen die aufkommenden Fatimiden. Daher fanden zur Zeit des Kalifen al-Mui'zz einige Jahre keine Pilgerreisen statt. Es gab aber damals ein Symbol, dass für den Kalifen stand, eine goldene Sonne, *shams al-dahab*. Üblicherweise wurde sie mit nach Mekka genommen und vor der Kaaba aufgestellt. Es war wahrscheinlich eine Fahne oder eine Art Standarte, einige meinen auch, es

könnte sich um einen Sonnenschirm gehandelt haben. Jedenfalls ist überliefert, dass der Kalif die Sonne nach den Umzügen in Kairo auf dem Dach des Palastes aufstellen ließ, damit das Volk sie von überall sehen konnte."
Erst einige Jahre später las ich das Buch „Die Kalifen von Kairo" des Islamwissenschaftlers Heinz Halm. Da fand ich auch einige Abschnitte über das Sonnensymbol. Halm bezog sich auf Ibn Zulaq, der die Sonne als hängende Krone beschrieb, die einen Durchmesser von mehr als zwei Metern hatte und mit zwölf goldenen Halbmonden, Perlen und Edelsteinen verziert war.[84]

Durch einen selbst ernannten Guide kam ich einmal in Abschnitte der Al-Azhar, die mir nicht bekannt waren. Natürlich sind solche Angebote nie gratis, auch wenn vorher beteuert wird, dass es nichts kostet. Der junge Mann, vielleicht ein Student, führte uns in den Erweiterungsbau hinter der Gebetshalle, die vom Emir Abd al-Rahman Katkhuda errichtet wurde. Südöstlich des Raumes führten einige Stufen zu seiner schlichten Grabstätte. Der Guide führte uns in Nebenräume und zu mehreren Toren, die in schmale Gassen mündeten. Jenes im Südosten der Anlage nannte er Suppentor, Bab al-Shorba, nach der Linsensuppe und der Ausgabe von Verpflegung an bedürftige Studenten. Ich gewann den Eindruck, dass der ganze Komplex wie eine Stadt mit kleinen und größeren Sakralbauten, Unterkünften und Versorgungsstationen funktionierte. Auf der gegenüberliegenden Seite präsentierte er uns drei weitere Tore, die Bevölkerungsgruppen zugeordnet waren. Es gibt das Tor der Oberägypter, das Tor der Syrer und das Tor der Nordwestafrikaner. Bab al-Sa'ida, das Tor der Oberägypter führt auf eine schmale Gasse, die Sharie Muhammad Abduh, benannt nach dem ägyptischen Reformtheologen.

Wir durchstreiften das Viertel und begegneten einem Koransurensticker. Der Meister der Kalligraphie, ein noch junger Mann, arbeitete in einer kleinen Kammer, obwohl sein Metier seit Jahrhunderten große Anerkennung genießt. Die Werkstatt sah sehr armselig aus, das Einzige, was glänzte, waren große Spulen mit Goldfäden, mit denen er arabische Buchstaben auf schwarzen Samt stickte. Der Prophet Muhammad duldete keine bildliche Darstellung Gottes. Allah wird nie in Bildern, sondern mithilfe der Schrift dargestellt. Bald entstanden unterschiedliche Schreibstile, die durch die Schönheit der Schrift eine eigene Bildersprache aus Buchstaben hervorbrachten. Der Meister zeigte uns, wie er die Buchstaben zuerst auf Stoff aufzeichnet und sie mit Stoffbändern vormodelliert. Dadurch entsteht ein Wulst, der anschließend mit Gold- oder Silberfäden im Spannstich überstickt wird. Auf einem Glasstab hatte er gerade soviel Garn, wie er für einen Buchstaben brauchte. Durch diese Technik sieht die Schrift wie ein erhabenes Relief aus. Der Kalligraph sieht seinen Beruf als Berufung, denn die Hand ist nur das Werkzeug, hinter der das Herz, das

Gefühl und der Glaube stehen. In den angrenzenden Gassen stießen wir auf mehrere Buchhandlungen, die nicht nur religiöse Literatur anboten, sondern auch Bücher in vielen Wissensgebieten und Sprachen. Ganz besonders wohl fühlten wir uns im Geschäft von Abdelzaher in der Muhammad Abduh Gasse, das es bereits seit 1936 gibt. Es ist eines der wichtigsten Institutionen im Hinblick auf die orientalische Art der Buchbindung. Alles was es hier zu kaufen gab, bestand aus Papier und Stoff. Fotoalben, Skizzenbücher, CD-Ständer, Zeitungsboxen und vieles mehr, waren in großer Auswahl vorhanden. Handgeschöpftes Papier verstand sich von selbst, der Besitzer wusste, was er seiner Tradition schuldete. Fotoalben und Notizbücher konnten auch mit Ledereinband und Golddruck erstanden werden. Ich entdeckte drei Holzkisten mit allerlei Werkzeugen. Erst nach näherer Betrachtung sah ich, dass es sich um Metallstempel handelte. Sie dienten wahrscheinlich der dekorativen Gestaltung der hier produzierten Werke. Ein Stanley-Messer, Hammer, Lineal, Papierreste und Klebstoff lagen daneben. An einem Tisch saß eine junge Frau, die hochkonzentriert den Umschlag eines Albums bemalte.

Von der Ghuria zum Bab Zuwayla

I Ghuria Moschee, Blick in den *qibla iwan*

II Moschee von al-Mu'ayyad, Innenhof und Brunnen

III, IV Tanzende Derwische

V Sudanesische Theatergruppe

VI Die Färber von Kairo

Ghuria: Madrasa, Sabil-Kuttab, Mausoleum, Khanqah und Wikala

Im Jahr 2010 führte noch eine Fußgängerbrücke, die mittlerweile nicht mehr vorhanden ist, über die stark befahrene Al-Azhar Straße, die einen guten Überblick auf die beeindruckenden Bauten des Sultans Qansuh al-Ghuri bot. Die Straße ist eine der Hauptverkehrsadern Kairos, rund um die Uhr rollt hier der Verkehr. Gehupt wird, was das Zeug hält, ob begründet oder unbegründet, die Ägypter lieben es einfach zu hupen. Der Verdacht kommt auf, dass sie auch den Stau lieben, denn da können sie so richtig loslegen. Ich entdeckte ein „Hupen verboten" Schild, das sehr präsent aufgestellt war, aber keinerlei Wirkung zeigte.

Zur Ghuria, wie der Gebäudekomplex genannt wird, gehört eine Reihe von Bauten. Westlich der al-Mu'izz erhebt sich eine eindrucksvolle *madrasa*-Moschee, deren Zinnenabschluss und Schriftbänder gut zu erkennen sind. Daran angebaut ist ein Kaffeehaus, in dem wir vor einigen Jahren den sympathischen Französisch-Professor Ahmed Ali trafen, das aber nun sehr verlassen wirkt. Die umfangreichen Restaurierungsarbeiten haben wahrscheinlich die Gäste vertrieben. Über dem Lokal ist ein Balkon mit *mashrabiya*-Fenstern und einem Erker zu erkennen. Wenn ich meinen Blick nun weiter zur östlichen Seite der al-Mu'izz schweifen lasse, schiebt sich eine ganze Flucht von Gebäuden ins Blickfeld. Direkt an der Straße erhebt sich das *sabil kuttab*, diesem folgen das Mausoleum, der Sufi-Konvent und die Karawanserei. Eine Holzdecke, die zwischenzeitlich abgebaut wurde, behütet nun wieder die Gasse zwischen den Gebäuden. In früheren Zeiten befand sich hier der Seidenbazar, den der bekannte Orientmaler David Roberts 1839 malerisch festhielt.

Qansuh al-Ghuri war der letzte Herrscher der Burgj-Mamluken. Er stand im Dienste Sultan Qaytbeys, der ihm die Freiheit, ein Pferd und eine Uniform gab. Von da an ging es steil bergauf mit ihm bis zum Zehner- und Tausender-Emir, und schließlich wurde er mit sechzig Jahren sogar noch Sultan. Während seiner Herrschaft ließ er den Platz unterhalb der Zitadelle zu einem großartigen Hippodrom ausbauen, in dem Empfänge und feierliche Ereignisse stattfanden. Hier gab er sich seinem großen Vergnügen hin, Gärten anzulegen und den Anblick blühender Blumen zu genießen. Im Dezember 1507 erhielt al-Ghuri aus Syrien mehrere Holzkisten, in denen Bäume samt Erde waren. Es handelte sich um syrische Äpfel, Birnen, Kirschen und Weinstöcke, aber auch blühende Sträucher, wie weiße Rosen, Lilien und Iris.[85]

Der Geschichtsschreiber Muhammad ibn Ahmad Ibn Iyas al-Hanafi war ein wichtiger Zeitzeuge. Er schrieb eine Chronik frühislamischer Geschichte. Von Jahr zu Jahr wurde sie ausführlicher, da er die Ereignisse selbst miterlebte. Ibn Iyas war

Nachkomme eines Mamluken und als solcher hatte er ein Lehen. Sein Bruder Yussuf, der im Arsenal tätig war, erzählte ihm so manches Geheimnis aus dem Leben des Sultans, das er eifrig niederschrieb. Das Buch „Alltagsnotizen eines ägyptischen Bürgers" von Ibn Iyas hatte ich hin und wieder im Gepäck, um meinen Freunden daraus vorzulesen. Zum Schmunzeln brachte uns die Floskel „(...) und kein Hahn krähte danach", die er verwendete, wenn etwas Schlimmes passiert war, das nicht geahndet wurde, oder wenn er einen Satz mit dem Wort „Schluss" beendete. Über einen Verurteilten, der gehängt wurde, schrieb er „(...) da wurde er gehängt und hatte einen spektakulären Tag".[86] In seinem Nachruf über Qansuh al-Ghuri, der im Spätsommer 1516 in der Schlacht von Mardj Dabiq gegen die übermächtigen Osmanen gefallen war, heißt es: „(...) er war hoch gewachsen, grobschlächtig, mit dickem Bauch, von weißer Farbe, mit rundem Gesicht, Fett umgebenden Augen und einer dröhnenden Stimme. Er hatte einen rund geschnittenen Bart mit kaum grauen Haaren. Er war ein majestätischer, würdevoller König, der bei seinen Audienzen Respekt und Verehrung einflößte und den man gerne ansah. Und wäre nicht seine Grausamkeit gewesen, die er seinen Untertanen auferlegte, so wäre er der beste der tscherkessischen Könige gewesen, ja der beste Herrscher Ägyptens überhaupt!"[87]

Die *madrasa*-Moschee stand schon öfter auf meiner Besichtigungsliste, da sie nicht nur beeindruckend ist, sondern dort auch die Kustoden besonders freundlich sind. Als mir ein Stoffhändler, den ich mit seiner Tochter fotografieren musste, seine Adresse in Arabisch aufschrieb, waren es jene Kustoden, die die Übersetzung vornahmen. Stiegen führen zum hohen dreischaligen Portal hinauf, das im *ablaq*-Stil mit Mamormosaiken und Stalaktiten gestaltet ist. Marmorplatten begrenzen den Vorbereich, auf deren Außenseiten noch Plakatreste zu sehen sind, die den abgesetzten ägyptischen Präsidenten Muhammad Mursi zeigen. Ein kleiner Tisch steht vor der Tür, daneben sitzen Polizisten, einer liest im Koran. Auf einem dicken Buch, in das handschriftliche Notizen eingetragen werden, schläft ein rot getigertes Kätzchen. Das Innere der *madrasa* hat einen kreuzförmigen Grundriss, nach allen vier Seiten erheben sich die spitzbogigen *iwane*. Die Innen- und Außenseiten der Bögen sowie ihr Überbau, weisen Stuckornamente auf. Die *iwane* sind mit Teppichen ausgelegt, der Innenhof zeigt ein Marmormosaik. Teilweise bestehen die Mauern aus undekoriertem Sandstein, der dem Innenraum eine archaische Ausstrahlung verleiht. In Bogenhöhe sind feine Stuckfenster mit bunten Glasplättchen und Schriftzügen zu sehen. Fünf Gebetsnischen reihen sich entlang der *qibla*-Wand, jene in der Mitte ist die prachtvollste, vor der mehrere Männer beten. Das rot getigerte Kätzchen ist uns in die Moschee gefolgt und schläft jetzt auf einem Teppich. Beim letzten Besuch dürfen wir sogar das Dach besichtigen, von dem das eigenwillige Minarett hochstrebt. Es bietet auch einen besonders interessanten Rundumblick auf die Altstadt.

Das Minarett wird manchmal als altmodisch bezeichnet, da es ganz anders aussieht als die herkömmlichen Minarette der Mamluken. Es besteht aus vier quadratischen Stockwerken, die nach oben hin schmaler werden. Im ersten Stock sind rundbogige Flachnischen mit Fensteröffnungen und kleinen geschnitzten Balkonen eingebaut. Die Übergänge zum zweiten und dritten Abschnitt sind mit einer umlaufenden Plattform, einem Holzgeländer und Stalaktitendekor gekennzeichnet. Das dritte Stockwerk selbst ist wie ein Schachbrett in Beige und Rot gestaltet und zieht sofort die Blicke auf sich, wie es auch der Abschluss tut. Hier ragen insgesamt fünf längliche Knollen mit Halbmonden auf. Ursprünglich waren es nur vier, die aus Ziegeln gemauert und mit Fliesen verziert waren.

Als wir uns am Abend vor der *wikala* al-Ghuri einfinden, um eine Vorstellung der „Tanzenden Derwische" zu besuchen, ist das Tor versperrt. Auf unser Klopfen hin öffnet der Türsteher, der uns zu verstehen gibt, dass es sich um eine geschlossene Veranstaltung handelt. Mehrmals schon hatten wir die mitreißende *tanura*-Performance gesehen, auf der Zitadelle und in der *wikala* al-Ghuri. *Tanura* ist der Name für das Drehtanzkleid, aber auch der Name für die ägyptische Variante des Derwisch-Tanzes mit sehr langen Drehsequenzen. Er wird von Männern getanzt, die sich unermüdlich um die eigene Achse drehen. Die kreisrunden bunten Röcke, die sie dabei tragen, bestehen aus zwei Schichten und werden an Trägern befestigt. Während des Drehtanzes ziehen die Tänzer die Röcke über den Kopf, wo sie eine Art Rad bilden, das sowohl waagrecht als auch senkrecht gedreht wird. Dabei entsteht eine wahre Farborgie, die das scheinbare Schweben der Tanzenden unterstreicht. Begleitet werden sie von Musikern und Sängern, die die Tänzer unterstützen und so zu einer harmonischen Abfolge von Bewegungen und Klängen verschmelzen. Als Instrumente finden Rahmentrommeln, die ägyptische *tabla* oder *darabuka*, die *rababa*, ein Streichinstrument, Schellen, Flöten und die *mizmar*, ein trötenartiges Blasinstrument, Verwendung.

Kurz macht sich Enttäuschung breit, doch dann entdecken wir einen weiteren Eingang. Stufen führen unter das Straßenniveau und leiten uns in einen schönen Innenhof. Einige Besucher sitzen auf Sesseln, andere strömen zu einer Terrasse, von der der Hof überblickt werden kann, und verschwinden im Inneren des Gebäudes. Als afrikanische Musik an unsere Ohren dringt, folgen wir den Klängen und betreten einen schönen Raum mit Marmordekoration, bemalten Holzdecken und einer Kuppel. Dieser spezielle Raum gehört ebenfalls zur Ghuria und war einst Treffpunkt für Sufis, wo sie das Gottesgedenken, *zikr* oder *dhikr*, praktizierten. Ein Podest, Notenständer und Mikrophone deuten auf eine Veranstaltung hin. Es dauert auch nicht lange, dann kommen die Musiker und eine Sängerin, eine Sudanesin, wie wir später erfahren, auf die Bühne. Sie bringt ein vielköpfiges Ensemble mit, das uns mit temperamentvollen Gesangseinlagen, Tänzen und einem traditionellen Theaterstück bezaubert.

Markt bei der Ghuria, eingelegtes Gemüse, Färber und Tarbuschmacher

Mit einigen Fotos im Gepäck lassen wir uns mit dem Taxi zur Al-Azhar-Moschee fahren, um von dort den Markt hinter der *wikala* al-Ghuri zu besuchen. Obwohl es erst früh am Morgen ist, sind schon Laufburschen mit Brot unterwegs, das sie auf Holzladen oder in Palmholzkisten liegend, am Kopf transportieren und manchmal damit auch Fahrrad fahren. In einer Garküche brutzeln Falafeln, die von zwei Männern zubereitet werden. Ihr Nachbar bietet Softdrinks und eingelegtes Gemüse an. Wir kommen in den Bereich des Grünmarktes und einer überdachten Markthalle. Schon sehe ich jenen Händler, dem ich Fotos versprochen hatte. Selbstverständlich hat das Zeitalter der Mobiltelefone auch in Ägypten zugeschlagen, aber es ist etwas anderes, ein Foto auch aus Papier in Händen zu halten. Nach der freundlichen Begrüßung überreiche ich ihm die Bilder, die er dankend entgegen nimmt. Erstaunt betrachtet er sich auf den Fotos und lächelt. Als er das Bild seines Nachbarn entdeckt, wirkt er fast andächtig.

Der Marktstand besteht aus Holzregalen, die drei Seiten eingrenzen, und einem Dach. Jungzwiebeln, Salate, Karfiol, Kraut, Artischocken, Weinblätter und Kräuter füllen die Regale. Daneben liegen Kolokasien, große runde Wurzeln, die bis zu sechs Kilogramm schwer werden können. Roh sind sie scharf und ätzend, aber gekocht schmecken sie wie Kastanien und enthalten viel Stärke. Alles was das „Gemüseherz" begehrt, liegt hier bereit. Über manche Stände sind große schattenspendende Tücher gespannt, ihre Muster ahmen jene der Zeltmacher nach, nur dass die Stoffe hier nicht bestickt sind, sondern bedruckt. Wir entdecken einen kleinen Buchladen, der aus einem kastenartigen Gebilde besteht und mit einem Rollbalken verschlossen werden kann. Auch entlang der Mauern der Ghuria geht es mit den Marktständen weiter. Limonen, Tongefäße, eine Palmholzkiste mit reifen Tomaten und eine Garküche, setzen vor den Steinmauern farbige Akzente.
Genau hier treffen wir Ahmed, den Arabischlehrer, der einige Jahre in Wien unterrichtete. Er fand bereits beim Kapitel „Wohnen auf Dächern" Erwähnung. Er bietet uns an, das Viertel südöstlich der Ghuria, das zum Al-Azhar Bezirk gehört, mit ihm zu erforschen. Hinter dem Markt überqueren wir einen Platz, wo Schachteln und Säcke lagern, die teilweise in schwarze Plastikplanen eingewickelt sind. Ahmed erklärt, dass die Textilverkäufer diesen Bereich als Lager für ihre Waren benutzen. Ein paar Ecken weiter führt er uns zu einem Betrieb, wo Gemüse eingelegt wird. Auf den ersten Blick ist ein hallenartiger Raum mit viereckigen Pfeilern zu erkennen, der nicht sehr einladend aussieht. Fässer und Bottiche dienen der Produktion. Zwei

Männer in Gummistiefeln wiegen Gemüse ab und schütten es in kleinere Kübel. Sie sind nicht erfreut über unseren Besuch und fordern uns aus Hygienegründen auf, zu gehen. Ahmed zuckt mit den Schultern, erklärt uns aber, dass eingelegtes Gemüse, *turshi* genannt, bei den Ägyptern sehr beliebt ist. Großteils werden rote und weiße Rüben, Karotten, Gurken, Zwiebel, aber auch Chilischoten verwendet. Die Mischung von Salz, Essig und Wasser erzeugt unterschiedliche Geschmacksrichtungen. Ist es in mundgerechte Stücke geschnitten, wird es mit der bevorzugten Mischung übergossen. Nach sieben bis zehn Tagen wird es in Gläser gefüllt. Kühl gelagert, ist *turshi* bis zu einem Jahr haltbar.
Mir unbekannte staubige Häuserschluchten, in die wenig Sonnenlicht fällt, öffnen sich. Manche Gassen sind nur für Fußgänger geeignet, andere wiederum bieten auch Platz für Autos. Viele Fahrzeuge sind in ein großes Tuch gehüllt, um zu verhindern, dass sich der Staub in jeder Ritze breit macht. Doch nicht alle sind fahruntüchtig, manchmal mangelt es einfach nur an Geld für Treibstoff. Ich entdecke eine Freiluft-Schneiderei in einem ganz schmalen Gässchen. Zwei Männer arbeiten hier noch auf alten Tretnähmaschinen. An anderer Stelle werden Kleidungsstücke sortiert, um sie einer neuen Verwendung zuzuführen. Die Ziegelbauten sind einige Stockwerke hoch und meistens unverputzt. Mehrere, noch nicht restaurierte historische Gebäude erheben sich dazwischen. Ein alter Mann hat sich das mächtige Portal einer *madrasa* als Schlafplatz auserkoren, daneben liegt ein Bündel Klee. Ein Pferdegespann durchquert eine Gasse, ein Auto kommt ihm entgegen. Wie sie es schaffen, aneinander vorbeizukommen, grenzt an ein Wunder.
„Die Färber sind wichtig, die möchte ich Ihnen noch zeigen. Es ist ein altes Gewerbe, tausende Jahre alt. Kommen Sie, kommen Sie", ruft Ahmed ungeduldig. Wir laufen hinter ihm her, denn er hat es eilig, die Universität ruft schon wieder an. Ich sehe das Bleistift-Minarett der Fakahani-Moschee und weiß jetzt, wo wir uns befinden. Noch ein paar Abzweigungen weiter und wir haben die Färberei erreicht. Gleich hinter dem Tor stehen große weiße Säcke in der dunklen Einfahrt, obenauf Garne zu einem Ballen geschnürt. Daneben, wie achtlos hingeworfen, weitere Bündel von aubergine, oliv, gelb und schwarz gefärbtem Bändchengarn. Ahmed greift nach der Farbkarte einer Textilfirma.
„Sehen Sie sich das an, diese Färber hier produzieren sogar für Österreich, alles veredelte Baumwoll- und Seidengarne in vierhundert verschiedenen Farben. Ägypten ist berühmt für die beste und feinste Baumwolle weltweit", erklärt er stolz.
Ein offener rauchgeschwärzter Hof mit steinernen Arkaden, Mauerresten und Schutthalden empfängt uns. Ahmed und die hier arbeitenden Männer begrüßen einander freundschaftlich. Gemauerte Wannen mit blauen Farblaugen, auf Ziegeln stehende Badewannen, aber auch Fässer, Eisengestelle, Wasserschläuche und Kübel mit Farbpigmenten, gehören zu den Arbeitsutensilien. Weiße Garne werden gerade von einem

Mitarbeiter aus dem Wasser genommen, ausgewrungen, und vorerst am Wannenrand abgelegt. Dampf steigt auf, am Boden fließt rotes, blaues und gelbes Wasser zwischen den Steinen. Ich fühle mich wie in einer Alchemistenküche. Auf den Arkaden ist ein anderer Mitarbeiter damit beschäftigt, vierfarbige Garnstränge auf einfachen Holzstangen, die auf zwei Ölfässern liegen, zum Trocknen aufzuhängen. Dahinter erhebt sich ein Gerüst, an dem schon weiße, braune und gelbe Garne hängen.

Die manuelle Färbung von Garnen, Wolle und Textilien hat eine lange Tradition in Ägypten. Die ältesten Funde von gefärbtem Leinen stammen aus der 6. Dynastie des Alten Reiches, sind also 4.300 Jahre alt. Sie wurden in den Pyramiden von Pepi I. und Merenre gefunden. Auch damals verwendeten die Menschen Naturpigmente zum Färben. Einige Jahrhunderte jünger ist der Wollfund bei der Pyramide von Sesostris II. aus dem Mittleren Reich in Illahun. Die Untersuchungen ergaben, dass die rote Wolle durch Krappfärbung auf Alaun-Beize entstand und die blaue Wolle mit der Indigofera-Pflanze gefärbt wurde. Vier rote Leinentücher sind ebenfalls aus dieser Zeit bekannt, die mit Salflor oder der Färberdistel gefärbt wurden. Bei gelb-bräunlichen Stoffen konnte gerbsaures Eisen auf dem Gewebe festgestellt werden. Als Gerbstofflieferanten nahmen die Alten Ägypter wahrscheinlich Akazienhülsen, die noch heute in der Ledergerberei Verwendung finden.[88] Für ihr Entgegenkommen geben wir den Handwerkern *bakshish*, rufen noch *shoukran* und *masalama* und folgen Ahmed im Laufschritt. Über die Schulter ruft er uns zu, dass es nur noch wenige Färbereien in Kairo gibt.

Ich zeige Ahmed einige Fotos vom „Holzkästchenmacher", der hier irgendwo seine Werkstatt haben muss. Natürlich kennt er ihn. Es dauert auch nicht lange und wir stehen vor einer kleinen Werkstatt, wo der Spezialist für Einlegearbeiten seinem Handwerk nachgeht. Es stimmt nicht ganz, denn in dem kleinen Raum sitzt nun ein anderer Mann. Wir erfahren, dass vor einigen Jahren noch der ältere Bruder dieses Handwerk ausführte und dass dieser jetzt beim Militär ist. Nichtsdestotrotz möchte ich ihn fotografisch festhalten. Ahmed strahlt, seine Zähne blitzen. In der einen Hand hält er das alte Foto, die andere legt er um die Schultern des Handwerkers. Umgeben von alten und neuen Kästchen, Tischen, Döschen, Tabletts und vielem mehr führt der Bruder nun das Handwerk aus. Winzige Stückchen aus Rinderhorn, Perlmutt, Elfenbein und eher seltener Kamelknochen klebt er auf das vor ihm stehende Werkstück. Das wunderschön geschnitzte Beistelltischchen mit gedrechselten Beinen ist schon zur Hälfte fertig und wird seinen Weg nach Europa oder in die Wohnung eines wohlhabenden Ägypters finden.

Zunehmend interessieren sich auch Ägypter für die alte Handwerkskunst. Schon lange ist das Land am Nil für seine Einlegearbeiten bekannt, die ältesten Werkstücke sind 4.000 Jahre alt. Der Stern ist ein sehr beliebtes Motiv, da er ein Zeichen für die Güte und Allmacht Allahs ist, der die Gestirne an das Firmament gesetzt hat, um die

Menschen durch die Finsternis zu geleiten. Die Perlmuttstückchen stammen heute ausschließlich von Gastropoden (Schnecken) der Familie der Seeohren und werden aus Australien, Japan und dem Oman importiert. Die zu dekorierenden Objekte werden aus Altholz hergestellt, da wie schon zur Zeit der Pharaonen Holz Mangelware ist. Eine extrem staubige und gesundheitsschädigende Angelegenheit für die Handwerker und ihre mitarbeitenden Kinder ist das Abschleifen der Werkstücke. Perlmutimitate aus Acryl und vorgefertigte Plättchen oder Streifen finden ebenfalls Verwendung. Händler verkaufen diese Kunststoffintarsien oftmals als hochwertige Handarbeit an die Touristen, die den Unterschied nicht erkennen. Dass Erfreuliche aber ist, dass es immer noch Handwerker gibt, die die alten Traditionen aufrechterhalten.
In der Nähe dieser Werkstätten befinden sich meist Tischlereien und Drechslereien. Einmal beobachtete ich drei junge Männer beim Abschleifen von zwei Platten, die auf Holzböcken lagen, die auf der Straße standen. Deutlich war ein geometrisches Muster zu erkennen, das jedoch noch weiterer Arbeitsschritte bedurfte. Begonnen wird mit einem Rahmen, der die Struktur für eine Tür, Verkleidung für einen *minbar* oder anderer Objekte bildet, der auf Sperrholzplatten befestigt wird. Dadurch entsteht eine Vertiefung, in die je nach Muster schmale Leisten aus unterschiedlichen Hölzern genagelt werden, bis die Fläche ausgefüllt ist. Zur Zeit der Mamluken wurde noch mit der Nut und Feder-Technik gearbeitet.

Zurück auf der al-Muʿizz Straße südlich der Ghuria finden wir uns unter Unmengen von Textilien jeder Art wieder. Von Steppdecken und Handtüchern bis zur Kinderbekleidung, von Unterwäsche, Negligees, Bauchtanz-Ensembles, *galabiyas*, Schals, Tüchern bis zu Schuhen kann alles erworben werden. Ein unglaublich buntes Bild entsteht, da die Händler ihre Waren auf Puppen oder Stangen präsentieren, die in die Straße hineinragen. Ob wir zurück zur Ghuria blicken oder nach vorne zum *sabil kuttab* von Tusun Pascha und den Minaretten der al-Muʾayyad-Moschee, es wimmelt von Menschen. Frauen mit Kopftüchern, Mütter mit Kindern, junge Mädchen ohne *hijab* und Männer mit langärmeligen Pullovern und Lederjacken prägen das Straßenbild. Zwischen all den Menschen verschafft sich ein Brotausträger Platz, bestrebt, ja nichts zu verlieren.
Auf eine Produktionsstätte der besonderen Art treffen wir als nächstes, sie gehört dem Tarbusch- oder Fezmacher. Er ist als einziger von früher zwanzig Betrieben übriggeblieben. Auf einem Sessel in der Frühlingssonne sitzend, näht er die schwarzen Quasten an die Tarbusche, wie die Feze in Ägypten genannt werden. Ein schwerer langer Tisch steht an der rechten Innenwand des schmalen Geschäftes, obenauf Pressen und verschiedene gusseiserne Hut-Formen. Der Meister zeigt uns die stabile Stroheinlage aus Dattelpalmfaser, die dem Filz Halt gibt. Er stülpt sie über eine der Formen und gibt den Filzrohling darüber, anschließend wird gepresst und

bedampft, bis er mit dem Ergebnis zufrieden ist. Im rückwärtigen Teil des Raumes befinden sich schöne Holzvitrinen mit schon fertigen Kopfbedeckungen. In Ägypten tragen heute nur noch religiöse Würdenträger und Koranschüler den Tarbusch. Angeblich erfand ein geschickter Handwerker der Stadt Fez in Marokko um 980 diese neue Kopfbedeckung, die bald von Schülern einer bestimmten Schule getragen wurde, denen man hohe Intelligenz zuschrieb. Allerdings gibt es Überlieferungen über eine ähnliche Kopfbedeckung, die schon im punischen Karthago getragen wurde.

1826 hatte der türkische Sultan Mahmud II. die Idee, die offizielle Traditionskleidung der Reichsbediensteten zu reformieren. Da soeben eine Schiffsladung Feze aus Tunesien angekommen war, wählte er die kegelförmigen Gebilde mit den schwarzen Quasten dafür aus. Der Fez als Kopfbedeckung sowie enge Hosen nach westeuropäischem Muster wurden für Staatsbedienstete nun vorgeschrieben. Die türkische Herrschaft über Ägypten war es auch, die den Fez ins Land am Nil brachte. Er wurde sogar in Europa während der Zeit des Biedermeier getragen, als er zu einem Symbol für Gemütlichkeit und einen speziellen Lebensstil geworden war. Nur wenige wissen, dass sich in Wien und Umgebung einst die weltweit größte Produktion von Fezen befand. Im Militär der kaiserlichen und königlichen Monarchie gab es eine halbe Million Muslime, die eine eigene Uniform mit Fez trugen. Pro Jahr wurden sechs Millionen Stück von dieser Kopfbedeckung produziert und exportiert. Den Niedergang der Produktion in Österreich besiegelte 1925 Atatürk, als er das Tragen des Fezes und aller anderen orientalischen Kopfbedeckungen in der Türkei verbot.

Gedanken zu Falafeln, eingelegten Zitronen, Fuul und Bier

Ägypten ohne Falafeln ist nicht vorstellbar. Meine ersten „runden Bällchen", in Ägypten *ta'amiya* genannt, aß ich vor vielen Jahren in der Oase Farafra. Nach der Besichtigung des vom Künstler Badr abd al-Moghny Aly gebauten Museums, lud er uns in sein Haus ein. Ragab, seine Frau, zauberte in Kürze ein herrliches Mahl, das auf einem großen Tablett, auf dem kleine Schälchen mit allerlei Köstlichkeiten standen, serviert wurde. Da gab es die Sesampaste Tahina, das Auberginenmus *baba ganoush*, die Spinatsuppe *molokiya*, die Bohnenspeise *fuul*, Hühnchen, Reis, Tomatensauce, Fladenbrot und natürlich Falafeln. Seither gehören die aus Saubohnen, Zwiebeln, Lauch, Kreuzkümmel, Koriander, Petersilie und Gewürzen hergestellten Falafeln zu meiner Tagesversorgung, wenn ich in Kairo unterwegs bin. Eingefüllt in ein Fladenbrot, mit Zwiebeln, Salat und einer Yoghurtsauce versehen, schmecken sie ausgezeichnet. Auch das in Essig eingelegte Gemüse, *turshi*, wird zu Falafeln gegessen. Gesagt wurde mir, dass es allein in Kairo tausende *ta'amiya*-Stände gibt. Die orientalische Version ist vegetarisch, im Gegensatz zu den „faschierten Laibchen" in Österreich, die in Deutschland Frikadellen genannt werden. Von wo die Falafeln ursprünglich herkommen, ist nicht gesichert. Es gibt Vermutungen, dass sie von den Kopten erfunden wurden, um ein gutes fleischloses Gericht in der Fastenzeit zu haben. Von Marokko bis zum Irak kennt jeder die schmackhaften Bällchen. In Israel wurden sie sogar zum Nationalgericht erkoren. Selbst in Europa haben sie Einzug gehalten. Mittlerweile gibt es Fertigpackungen, deren Inhalt nur noch mit Wasser angerührt werden muss.

Die Kinder von Badr, seine Tochter Manar, damals fünf Jahre alt, und die etwas älteren Söhne, Rami und Shedi, leisteten uns Gesellschaft. Als Badr mit einem Kübel den Raum betrat und darauf zu trommeln begann, staunten wir sehr, denn Manar sprang auf und begann zu tanzen. Sie lachte zu ihren Bewegungen und forderte uns auf, mitzuklatschen. Dann tischte Ragab noch Salzzitronen auf, die ich etwas skeptisch betrachtete. Doch sie schmeckten vorzüglich und werden als Gewürz zu Fleisch und Fisch gegessen. Mit Hilfe von Badr erklärte uns Ragab die Vorgangsweise. Zuerst werden die Zitronen gewaschen, gebürstet und in ein großes Glas gelegt. Mit kaltem Wasser bedeckt, sollen sie zwei bis vier Tage stehenbleiben. Danach wird das Wasser ausgeleert, die Zitronen herausgenommen, an vier Seiten eingeschnitten und mit Salz befüllt. Wieder im Glas, werden sie mit etwas Zitronensaft und kochendem Wasser übergossen. Nach vier bis sechs Wochen sind sie zum Genuss bereit und können, im Ganzen oder in Stücke geschnitten, verzehrt werden. Über die Jahre hinweg hat sich die Freundschaft mit der Familie von Badr durch mehrere Besuche in diese Region vertieft. Mittlerweile sind aus den Kindern Erwachsene geworden, die ein Studium absolvieren. Rami möchte in die Fußstapfen seines Künstler-Vaters Badr treten.

Fuul! Fuul gehört zu Ägypten wie der Nil. Ohne *fuul* und ohne Nil, kein Ägypten. So könnte man es formulieren, wenn es um das ägyptische Nationalgericht geht. Es wird schon zum Frühstück mit Fladenbrot gegessen und hält lange satt. Nicht nur die ärmeren Bevölkerungsschichten lieben das an jeder Straßenecke zu kaufende Gericht, auch die Wohlhabenden schätzen es. Diese einfache, im arabischen Raum verbreitete Speise wird wie die Falafeln aus Saubohnen, die auch als „dicke Bohnen" oder Favabohnen bekannt sind, hergestellt. Meistens püriert, werden sie noch mit Knoblauch, Salz, Kreuzkümmel und Zitronensaft abgeschmeckt. Großzügig mit Olivenöl übergossen und falls gewünscht, mit reichlich Petersilie und Zwiebeln dekoriert, kommt die Speise auf Aluminium- oder Emailtellern auf den Tisch. Mit Fladenbrot, das zum Tunken verwendet wird oder auch damit gefüllt werden kann, ist es nahrhaft und vor allem billig (s. Kap. „Gedanken zur Brotkultur Ägyptens").

Bereits im Alten Ägypten wurde Bier gebraut. Bier, altägyptisch *henqet*, war neben Wasser ein gewöhnliches Getränk und wie Brot und Zwiebeln ein Grundnahrungs-

mittel. Da das relativ dickflüssige Bier noch Unreinheiten enthielt, wurde es beim Ausschenken durch ein feines Sieb gegossen oder mit Hilfe eines Saugrohres getrunken. Das Bier der Pharaonen kann allerdings nicht mit heutigen Bieren verglichen werden. Die japanische Brauerei Kirin startete vor mehreren Jahren einen Versuch und stellte Bier nach einem 4.400 Jahre alten Rezept her, das an einer Grabwand gefunden wurde. Die Brauerei teilte mit, dass das Bier mit einem Alkoholgehalt von zehn Prozent etwa doppelt so stark ist wie moderne Biere und eher nach Weißwein schmecke, deshalb würde es nicht ins Programm aufgenommen.
Die Beschwerde eines Arbeiters aus Deir al-Medina (Luxor-Westbank), geschrieben auf einer Tonscherbe, ist erhalten geblieben. In der Arbeitersiedlung lebten jene, die mit der Errichtung der Gräber der Pharaonen und hohen Beamten beschäftigt waren. Auf diesem über 3.000 Jahre alten Ostrakon fordert der Mann von seinem Vorgesetzten Kenhershepeshef Bier, um sich seinen Bauch zu füllen. In Deir al-Medina, wo dieses Ostrakon gefunden wurde, fand auch der erste Streik der Geschichte unter Ramses III. statt, dessen Ablauf auf einem Papyrus, der sich in Turin befindet, festgehalten ist. Doch war dies nicht der älteste Beleg im Hinblick auf Bier, da schon die Pyramidenbauer tausend Jahre früher ihren Durst damit stillten. Es gab zwei große Arbeitsgruppen, die jeweils für einen Bereich verantwortlich waren. Sie gaben sich Namen wie „Die Große" oder „Die Grüne", die wiederum aus Kleingruppen von zehn bis zwanzig Mann bestanden. Auch diese Untergruppen hatten Namen: „Ausdauer" und „Perfektion", aber auch solche wie „Die Säufer des Mykerinos" gehörten dazu. „Ich entlohnte sie mit Bier und Brot und ließ sie schwören, dass sie zufrieden waren", sagte der Priester und Richter Kai über die Bauarbeiter und Handwerker, die sein Grabmal errichteten.

Wie sieht es nun heute mit dem Bierbrauen und Biertrinken in Ägypten aus? Theoretisch gibt es keinen Alkohol in Ägypten, da es ein islamisches Land ist, in der Realität aber sehr wohl. Seit über 4.000 Jahren wird im Land am Nil Bier gebraut, nur mit dem Trinken ist es eindeutig schwieriger geworden. Bier war ein Grundnahrungsmittel und wahrscheinlich gesünder, als sich literweise Schwarztee mit einer Unmenge Zucker zuzuführen, wie es heute üblich ist. Der Vorbehalt der Ägypter gegenüber Alkohol hat mit den strengen gesetzlichen Vorschriften zu tun. Der Verkauf und der Konsum von Alkohol auf öffentlichen Plätzen oder in Geschäften sind verboten, mit der Ausnahme von touristischen Einrichtungen, die vom Tourismusministerium genehmigt werden müssen. In Stadtteilen wie Zamalek, Maadi oder Heliopolis ist Alkohol zu trinken gesellschaftlich akzeptiert. In ärmeren Vierteln jedoch fällt es fast schon in die Kategorie einer kriminellen Handlung. Fährt man aufs Land oder in die Oasen, kann es sein, dass man auch dort sein Bier zum Essen bekommt, wenn man die richtigen Leute fragt und etwas Glück hat. Manchmal kann es aber Stunden dauern, bis die begehrte Dose oder Flasche den Besitzer wechselt. Das alkoholische Lieblingsgetränk der Ägypter ist eindeutig Bier, die beliebtesten Marken sind Stella und Sakkara. Bier ist eine geschätzte Ware, die, wenn sie noch dazu kalt auf den Tisch kommt, einer Revolution gleicht.

 Fakahani-Moschee

Schon locken die prächtigen Obststände vor dem *sabil kuttab* Tusun Paschas. Sie müssen noch warten, da die Fakahani- oder Fruchtverkäufer-Moschee noch zu besichtigen ist. Dabei handelt es sich um eine typische Stadtteil-Moschee, in die die Menschen nicht nur zum Beten kommen, sondern sie auch als Treffpunkt nutzen. Erbauen ließ sie der fatimidische Kalif al-Zahir im Jahr 1148. Mehrere Erdbeben, die im 15. und 16. Jahrhundert die Region heimsuchten, meinten es nicht gut mit dem Gebäude. Neu errichtet wurde das Gotteshaus 1735 von einem osmanischen Janitschar. Teile des ursprünglichen Baus, wie Marmorsäulen, Holzpaneele und das Eingangstor, wurden integriert und sind Dokumente aus der Fatimidenzeit. Vom Minarett der Ghuria aus gewann ich einen guten Überblick über die Größe der Moschee, der vom Straßenniveau aus nicht gegeben ist, da die Vorderfront von Verkaufsständen verdeckt ist.

Gefahr war im Verzug, da die im Jahr 2000 getätigten Restaurierungsarbeiten nicht ordnungsgemäß durchgeführt wurden. Zu schwere Holzbalken am Dach bekamen Risse und verbogen sich. Als dann im Juli 2012 noch ein Erdbeben auftrat und ein Jahr später sintflutartige Regenfälle auf Kairo niederprasselten, verschlimmerte sich die Situation gefährlich und es bestand unmittelbarer Handlungsbedarf. Eingebunden waren die Architekten von Archinos mit Agnieszka Dobrovolska unter der Schirmherrschaft des Antiken-Ministeriums. Die schwersten Schäden wurden behoben, doch steht noch eine Gesamtrestaurierung aus, die erst dann, wenn die Gelder vorhanden sind, begonnen werden kann. Direkt über dem alten Holztor aus der Fatimidenzeit ist eine Dekoration aus Fliesen angebracht. Auf der Westseite erhebt sich ein Portal mit einem überhängenden Aufbau, dessen Funktion unklar ist. Vielleicht diente er dem Gebetsausrufer in Zeiten, als das Minarett nicht vorhanden war oder nicht genutzt werden konnte. Eine größere Anzahl gedrechselter Fenstergitter prägt die Westseite der Moschee. Am nördlichen Ende, etwas vorspringend, öffnet sich eine Loggia, die den oberen Bereich eines *sabil kuttab* darstellt. Von der Schwelle des Eingangs blicken wir in einen halbdunklen Raum der Moschee, in dem sich viele Männer zum Gebet versammelt haben. Leise treten wir den Rückzug an, um das Brunnenhaus von Ahmed Tusun aufzusuchen.

Sabil kuttab von Muhammad Ali Pascha für Tusun Pascha

Das Brunnenhaus von Tusun Pascha steht direkt an einer Straßenbiegung und sieht aus, als ob es in die Mui'zz-Straße hineinwachsen würde. Halb verdecken die Verkaufsstände für Textilien noch den Profanbau, mit dem wir wieder in der Zeit Muhammad Ali Paschas angekommen sind, der ihn für seinen Sohn Ahmed Tusun errichten ließ. Obwohl Tusun nicht so bekannt war wie Muhammad Alis anderer Sohn, Ibrahim Pascha, erreichte er dennoch historische Bedeutung im osmanisch-saudischen Krieg gegen die Wahabiten (1811-1818). Als älterer Sohn sollte er die Nachfolge antreten, starb aber schon mit 23 Jahren an der Beulenpest. Bestattet wurde er im Familiengrab Hosh al-Basha in der Südlichen Totenstadt (s. Kap. „Hosh al-Basha").

Der Obststand mit seiner bunten Vielfalt zieht nun unsere Blicke auf sich. Schon seit vielen Jahren befindet er sich am selben Platz. Danach folgen Verkaufsstände mit großen Stoffballen, nach den Mustern der Zeltmacher bedruckt, Stofftaschen und Pantoffeln. Erst nach dem Obsteinkauf schenken wir dem Bauwerk unsere Aufmerksamkeit. Es hat Ähnlichkeit mit jenem von Ismail Pascha in Bayn al-Qasrayn, im nördlichen Teil der al-Mui'zz. Durch Muhammad Ali Pascha kam ein neuer Baustil nach Kairo, der auch als „türkischer Barock" bezeichnet wird, die türkische Variante der europäischen Barockbauten. Der Pascha ließ weißen Marmor und Holz aus der Türkei importieren, möglicherweise auch Handwerker, die seine Ideen umsetzten. Mit dem Bau des Brunnenhauses wollte er nicht nur eine Erinnerung an seinen Sohn Ahmed Tusun schaffen, sondern auch seine politische Macht demonstrieren. 1998 war das *sabil kuttab* am Rande des Verfalls. Doch eine Gruppe von Restauratoren, wieder unter der Leitung von Agnieszka Dobrowolska, führte eine sorgfältige Restaurierung durch und rettete das Brunnenhaus. Dabei wurde eine riesige Zisterne entdeckt, die an die 455.000 Liter Wasser fasst.

Fünf rundbogige, mit Ornamenten versehene Bronzegitterfenster, die ursprünglich vergoldet waren, sollten die Durstigen beeindrucken. Darüber angebracht sind Mamorpaneele, auf denen Verse und die Namen des osmanischen Herrschers Mahmud II. zu lesen sind. Links und rechts des runden, mit Holz überdachten Brunnenhauses, waren bis zur Einführung des Schulsystems 1952 Klassenräume untergebracht. Waren sie früher meistens im ersten Stock zu finden, wurden sie hier links und rechts des *sabil* errichtet.

Um dem Gebäude eine Nachnutzung zu verschaffen und es auch für die Menschen des Viertels lebendig zu erhalten, installierten die Restauratoren eine kleine Buchhandlung und ein Kaffeehaus. Englische und arabische Publikationen wurden von der American University Press über das *sabil kuttab* herausgegeben, um sie an Ort und Stelle verkaufen zu können. Mittlerweile gibt es keine Bücher mehr und die Kantine ist ebenfalls leer. Etwas frustriert schreibt die Architektin Dobrovolska, dass die Autoritäten an einem Gebäude wie diesem *sabil kuttab* kein Interesse haben. Denn alles, was nicht das Kaliber der Pyramiden hat, wird nicht gut betreut, weil nur wenige Besucher kommen.[89]

Prinz Yussuf Kamal, sein österreichischer Sekretär und Zahnschmerzen

Manchmal geschieht es, dass das Leben verblüffende Fügungen bereithält. Die Susanne Wenger Foundation in Krems unterstützend, bearbeitete ich eine Leihanfrage für eine Ausstellung. Dabei lernte ich den Obmann der Deutschvilla in Strobl[90], Herrn Ferdinand Götz, kennen. Es ergab sich im Gespräch seltsamerweise das Thema Kairo und ich erzählte von meinem Buchprojekt. Verwundert hörte ich zu, als Herr Götz von seinem Großonkel Hubert erzählte, der 32 Jahre lang der persönliche Sekretär und Leibdiener des ägyptischen Prinzen Yussuf Kamal war. Da wurde mir eine spannende und interessante Geschichte auf den Tisch gelegt, noch dazu mit Österreich-Bezug. Aufgeregt fragte ich nach näheren Details. Herr Götz stellte mir freundlicherweise Texte und eine Audiokassette zur Verfügung, auf der Hubert Götz selbst zu hören ist und aus seinem Leben erzählt. So erfuhr ich, wie es dazu kam, dass der Sohn eines Fleischhauers aus Kaltenleutgeben im Wienerwald, als persönlicher Sekretär mit dem ägyptischen Prinzen auf Reisen ging.
Prinz Yussuf Kamal, geboren am 17. Oktober 1882, war der Enkel Ibrahim Paschas, der ein Sohn von Muhammad Ali Pascha war. In Ägypten erfährt man wenig über den Prinzen, er wird jedoch als Patriot und Förderer von Bildung und Kunst gesehen. Die Universität Kairo unterstützte er mit der Schenkung eines großen Grundstückes, dessen Erträge der Bildungsstätte zur Verfügung standen. Schon unter den Mamluken wurde dieses Stiftungswesen praktiziert, um den Betrieb von theologischen Einrichtungen zu gewährleisten. Weitere 2.000 ägyptische Pfund, heute ein Wert von zwei Millionen, spendete Yussuf Kamal der Universität während des Ersten Weltkrieges. 1908 gründete er gemeinsam mit dem Kunstsammler Mahmoud Khalil eine Kunstschule in Kairo, die als Vereinigung von Kunstliebhabern begann und 1932 zur Akademie erhoben wurde.
Von 1916 bis 1917 leitete er sogar selbst die Universität und sandte talentierte Studenten nach Europa, um ihre Ausbildung abzuschließen. Einer davon war der später berühmt gewordene Bildhauer Mahmoud Mukhtar, der als Vater der modernen ägyp-

tischen Bildhauerei gilt. Yussuf Kamal war einer der reichsten Männer Ägyptens, ein Umstand, der sich in seiner Leidenschaft für Pferde und Kunst niederschlug. In seinen drei Palästen, in Alexandria, Nag Hammadi und Kairo, gab es außergewöhnliche Objekte der besten Kunsthandwerker der islamischen Welt. Seine Sammlung impressionistischer Maler, die er in Paris, London und Wien erwarb, konnte sich ebenfalls sehen lassen. Der Prinz reiste auch für sein Leben gern und entwickelte ein großes Interesse für Geografie und Geschichte. Er gilt als erster Araber, der Tibet und Kaschmir besuchte. Seine zwischen 1913 und 1914 durchgeführte Reise fand im Buch „My Tourism in the Lands of West Tibet and Kashmir"[91] ihren Niederschlag. Nach Sultan Hussein Kamal sollte Prinz Yussuf die Herrschaft über Ägypten antreten, er verzichtete jedoch zu Gunsten von Prinz Ahmed Fuad I. auf den Thron.

Gleich am Anfang der Audiokassette erzählte Hubert Götz von der jüdischen Handleserin Gusti Blumenfeld, die später von den Nazis ermordet wurde. 1932 sagte sie dem jungen Hubert Folgendes: „Ich sehe viele Sachen. Du wirst eine ganz große Reise tun. Du wirst ein angenehmes Leben haben und viele Überraschungen erleben. Wir gehen furchtbaren Zeiten entgegen, aber du wirst verschont bleiben und ein Leben in prunkvollen Umständen führen." Diese Voraussage gefiel Hubert zuerst gar nicht, da er eine gute Stellung im Grand Hotel Wien hatte. Doch die Zahnschmerzen des Kammerdieners von Prinz Yussuf, der im Grand Hotel auf den Prinzen wartete, sollten Huberts bisheriges Leben total auf den Kopf stellen. Da Hubert Englisch sprach, wurde ihm die Aufgabe übertragen, den von Schmerzen geplagten Kammerdiener zum Zahnarzt zu begleiten. Es musste eine Wurzelbehandlung gemacht werden, die über eine Woche dauerte. So ging er jeden Tag mit dem Ägypter zum Arzt und zeigte ihm auch einiges von Wien, denn der Prinz weilte zu dieser Zeit noch in Ungarn und sollte erst in zwölf Tagen nachkommen. „Er war ein bisschen gschreckt [ängstlich], er traute sich nicht alleine auszugehen. Da bin ich mit ihm in den Prater gegangen, durch die Kärntnerstraße und halt umanand [herum]", erzählt Hubert auf der Kassette.
Eines Tages forderte der Kammerdiener Hubert auf, doch eine Bewerbung zu schreiben, da der Prinz vorhatte, zwei Österreicher nach Ägypten mitzunehmen. Hubert nahm das nicht ernst, außerdem traute er sich nicht zu, eine Bewerbung in Englisch zu verfassen. Doch der Kammerdiener ließ nicht locker und bot ihm an, den Brief aufzusetzen. So geschah es und schon bald kam die Antwort aus Ungarn: der gutaussehende Hubert sollte engagiert werden. Der Prinz wollte aber noch Huberts Eltern kennenlernen und deren Zustimmung einholen, da der junge Mann nicht großjährig war.
„Ich war damals noch nicht großjährig, mein Vater stellte sich quer und sagte: du fährst nicht. Der Vater wollte auch nicht mit mir zur Polizei gehen. Um einen Pass zu bekommen, musste man damals ja zur Polizei. Da habe ich die Mutter angerufen

und ihr gesagt, jetzt fahre ich erst recht. Sie begleitete mich und ich bekam den Pass. Über Turin ging es nach Ägypten. Auf dem Schiff erfuhr ich, dass wir dann mehrere Monate in Afrika verbringen würden, um zu jagen. Danach sollte es wieder per Schiff über den Atlantik zur Weltausstellung nach Chicago gehen."
Heimweh hatte Hubert nur in Turin, da der Prinz auf Einladung des italienischen Königs für einige Tage zur Jagd in Savoyen war. Er blieb alleine im Hotel zurück und erlebte Momente großer Einsamkeit. Sich ablenkend, fütterte er die Tauben, die ans Fenster seines Zimmers kamen, womit eine lebenslange Liebe zu diesen Vögeln begann. Als sie endlich in Matariya, einem Stadtteil von Kairo, wo der Prinz einen Palast hatte, ankamen, war es um den Österreicher geschehen. Als er den Palast, den Park und die vielen Tiere sah, sagte er sich: „Da bleibst, denn wo es dir gut geht, da bist du daheim." Acht Monate im Jahr war er mit dem Prinz auf Reisen, im Sommer meistens in Europa und im Winter in Kenia und Ägypten. Am 24. Dezember 1938 brachen sie zu einer fünfmonatigen Safari mit dem Schiff von Port Said auf, durchquerten den Suezkanal und das Rote Meer, bis sie in Mombasa an Land gingen. Mit den mitgebrachten Fahrzeugen (mehrere Lastwägen und ein Sportwagen), Zelten, Betten, Geschirr und allem, was für eine Safari benötigt wurde, begann in Mombasa die Expedition ins Landesinnere. Es war nicht immer angenehm in den Zelten. Hubert wurde krank, er bekam Malaria und Ruhr. Wieder genesen, ging es nach Paris, London, Madrid und Österreich.

Schon im Frühjahr 1937 kam Prinz Yussuf Kamal zum ersten Mal an den Wolfgangsee, da Fürst Tassilo von Fürstenberg ihm die Schönheit des Salzkammerguts in lebendigen Farben schilderte. Er verliebte sich in Sankt Gilgen und wollte dort Land kaufen. Doch die Fürstenberger, die in Strobl residierten, empfahlen dem Prinzen ein Grundstück in ihrer Nähe. So kaufte er eine Wiese vom Laimerbauer, worauf ein Baumeister ein geräumiges zweigeschossiges Holzhaus errichtete.[92] Schon im Spätsommer desselben Jahres zog der „Prinz von Ägypten" am Wolfgangsee ein. Als Bedienstete wurden Huberts Bruder Josef als Chauffeur und dessen Frau Maria als Köchin angestellt.
Aufgebracht äußerte sich Hubert über den Kriegsbeginn 1939: „Wir waren gerade in Mariazell beim Grafen Meran zur Gamsjagd eingeladen. Der Prinz wollte meinen Vater, den Benno und meinen ältesten Bruder dabei haben, da alle Jäger waren. Da sagte der Vater: ‚Für den Führer gebe ich meine vier Buben, worauf ich ihm antwortete, dass er mit den drei anderen machen kann, was er will, aber ich sicher nicht dabei sein werde. Beim Krieg mache ich nicht mit! Deppert waren sie alle, mitgeschrien haben sie."
Um die Villa in Strobl dem Zugriff der Nazis zu entziehen, ließ Prinz Yussuf sie seinem Sekretär Hubert überschreiben, da nach dem Anschluss Österreichs an das

Deutsche Reich das gesamte Ausseerland in den Reichsgau Oberdonau eingegliedert wurde. Die insgesamt 29 Altausseer Villen im Besitz jüdischer Familien wurden beschlagnahmt. Der Ort zog in der Folge zahlreiche Nazi-Bonzen an, die diese Villen bewohnten. Auch die Deutschvilla in Strobl kann auf eine wechselhafte Geschichte zurückblicken. 1896 im Toskana-Stil erbaut, diente sie der Familie Deutsch, die das Anwesen 1924 erworben und umgestaltet hatte, zur Sommerfrische. 1942 wurde die Villa als jüdisches Vermögen arisiert und als Ausbildungsstätte für den Bund Deutscher Mädel benutzt. Nach der Restituierung errichtete die amerikanische Besatzungsmacht darin ein Casino. Noch in den 1980er-Jahren war die Villa Ferien- und Fortbildungsheim der Universität Wien, bis dieses geschichtsträchtige Gebäude schließlich 1988 von der Gemeinde Strobl angekauft und vor dem Abriss bewahrt wurde. Dank des „Kulturvereins Deutschvilla" ist die denkmalgeschützte Villa heute ein Ausstellungsort für zeitgenössische Kunst, deren Obmann Ferdinand Götz ist, der Großneffe von Hubert.

Während der Prinz mit seiner Entourage die Kriegsjahre in Ägypten verbrachte, kümmerte sich Huberts Familie um das Haus in Strobl.

„Wie der Krieg aus war", sagte Hubert, „war ich schon dreizehn Jahre beim Prinzen, da bin ich schon gut im Sattel gesessen. Ich war auch kurz interniert, weil ich einen deutschen Pass hatte, bin aber bald wieder im Palast gewesen."

1949 kehrten sie ins Salzkammergut zurück und die Besitzrechte gingen wieder an den Prinzen. 1952 waren der Prinz und sein Sekretär wieder nach Ägypten unterwegs, als eine Tagesreise vor Alexandria ein Funkspruch das Schiff erreichte. Dem Prinzen wurde geraten, besser nicht an Land zu gehen, da sich das Volk unter Gamal Abdel Nasser, dem späteren ägyptischen Präsidenten, erhoben habe. Prinz Yussuf schickte Hubert alleine nach Kairo, um die Umstände zu erkunden und sich später wieder zu treffen. Hubert fand die Paläste geplündert und seine Vögel entlassen, eine Rückkehr des Prinzen war unmöglich geworden.

„Ich hatte einen Freund beim Secret Service, einen Türken. Ich hatte ja keinen Kontakt zu den Deutschen, bin nie in den deutschen Club gegangen. Der Freund gab mir den Tipp, dem Prinzen zu sagen, er soll Geld nach Europa oder Amerika transferieren. Aber der Prinz weigerte sich, denn das sei verboten und er schicke kein Geld ins Ausland. Dem Königshaus wird nie etwas passieren, meinte er, aber da hat er sich geirrt, die gesamte königliche Familie wurde 1953 enteignet. Alles war weg, von einem Tag auf den anderen. Er hatte zwar ein paar Millionen Schweizer Franken außerhalb gehabt, aber das war ein Trinkgeld. Von dem haben wir gelebt, am Schluss sind 6.000 Franken übrig geblieben. 32 Jahre war ich bei ihm, bis er im Werndl in Salzburg gestorben ist. Vieles, das mir die Gusti Blumenfeld gesagt hat, ist eingetreten, oft habe ich daran gedacht", sagte Hubert resümierend.

Über die zwei Ehen des Prinzen erfährt man sehr wenig, da sie unglücklich verlaufen sein sollen. Vermutet wird, dass das Verhältnis des Prinzen zu Hubert über das eines Sekretärs hinausging und sie eine Liebesbeziehung gehabt hätten. Hubert Götz erfüllt den letzten Wunsch seines Herrn, in Ägypten begraben zu werden. Mit Unterstützung der ägyptischen Botschaft in Wien wird der Sarg in die Heimat des Prinzen transportiert. Seine letzte Ruhestätte soll sich in einem Mausoleum auf dem Muqattam Berg befinden. Einer ägyptischen Quelle zufolge ist nichts über sein Grab bekannt, es wird sogar vermutet, dass es sich noch in Österreich befindet. Hubert Götz starb am 5. Mai 2006 im 93. Lebensjahr, er wurde in Strobl am Wolfgangsee begraben.

Sabil Kuttab von Nafisa Bayda

Eine äußerst kreative elektrische Konstruktion ist unübersehbar. Vor einer verspiegelten Wand, die mit Ketten gesichert ist, hängen Energiesparlampen und Leuchtmittel, manche nur mit Klebeband fixiert. Daneben präsentiert ein Kerzenverkäufer stolz seine Produkte. Ganz vorne hängen die üppig mit weißem Tüll, Perlen und Bändern verzierten Kostbarkeiten, die mindestens fünfzig Zentimeter lang sind und bei bestimmten Festen Verwendung finden. Bei meinen ersten Reisen gab es hier noch den Kerzenzieher, der uns sein Handwerk vorführte, indem er die Dochte immer wieder in heißes Wachs tauchte. Nebenan liegen auf einem zweirädrigen Holzkarren Kartoffeln, die vom Händler nach Größen sortiert, in Plastiktaschen verpackt werden.

Nafisa Bayda hatte einen prominenten Platz für ihr *sabil kuttab* und die Karawanserei, *wikala*, ausgewählt. Das Stadttor Bab Zuwayla und das südliche Ende der *qasaba* waren über Jahrhunderte Mittelpunkt des Handels, ein Viertel, wo das Leben auch heute noch pulsiert. Herausragende Monumente säumten die Straßen und die jährliche Pilgerreise startete hier. 1796 erwarb Nafisa Bayda das Gebäude und ließ die Fassade erneuern, ganz dem Stil der damaligen Zeit entsprechend. An der Ecke zum Zuckergässchen, al-Sukkariya, ließ sie das *sabil kuttab* mit großen Bronzegitterfenstern errichten. Die Marmorsäulen, geometrischen Muster und vor allem die elegante Architektur des Baus zeugen vom guten Geschmack der Auftraggeberin. Im Inneren ist eine permanente Ausstellung über die Bauherrin zu sehen, die die Geschichte einer intelligenten und unabhängigen Frau erzählt.
Nafisa Bayda war eine der außergewöhnlichsten Frauen im Kairo des 18. Jahrhunderts. Sie begann ihr Leben als Sklavin, wurde aber später mit einem mächtigen Mann namens Ali Bey al-Kabir verheiratet, der ihr auch die Freiheit schenkte. Ali Bey wurde ermordet und Nafisa wurde mit Murad Bey verheiratet. Sie brachte ein reiches Erbe in diese Ehe mit, die es dem Paar ermöglichte, ein luxuriöses Leben

zu führen. Zwei Eunuchen und 56 Frauen gehörten alleine zur privaten entourage von Nafisa. Sie war bekannt für ihren Reichtum, ihre Schönheit und Barmherzigkeit, aber auch ihrer umfassenden Bildung wegen. Sie konnte Arabisch und Türkisch in Wort und Schrift sowie Französisch und ist ein gutes Beispiel dafür, wie „Ausnahmefrauen" zur damaligen Zeit am politischen Leben teilnehmen und privaten Besitz erwerben konnten.

Als die französische Invasion unter Napoleon Bonaparte stattfand, war Murad Bey der Anführer des Widerstands. Während er mehrere Schlachten schlug, blieb Nafisa in Kairo und agierte als Verbündete ihres Mannes, sie war sozusagen die Vermittlerin zwischen ihrem Gemahl und Napoleon. Sie schützte seinen Besitz und vertrat die Interessen der Mamluken, pflegte aber auch verwundete französische Soldaten. Sie versuchte, ein gutes Klima für Verhandlungen aufzubauen und lud den General zum Abendessen ein, der sie seiner immerwährenden Freundschaft versicherte. Die Beziehung war jedoch nicht ungetrübt. Um ihre Besitztümer zu behalten, musste sie Lösegeld in der Höhe von einer Million Francs bezahlen. Während Murad Bey nach Oberägypten floh und sich im Jahr 1800 den Franzosen ergab, flüchtete Ibrahim Bey, der Regent Ägyptens, nach Syrien und verbündete sich dort mit den Osmanen. Bereits ein Jahr später starb Murad an der Pest. Nafisa Bayda überlebte ihn um fünfzehn Jahre. Obwohl sie noch immer eine angesehene Dame war, starb sie verarmt.
„Der Ägyptenfeldzug kostete 120.000 Menschen das Leben, als sich Napoleon durch den Orient mordete. Die wissenschaftliche Begleitung war für Europa aber sehr wichtig, da man wenig über den alten Orient wusste", schrieb mir der Orientalist Denis Mete. Er fügte seinem Schreiben noch einen Brief von Napoleon an den Staatsmann Menou hinzu, der viel über die „Expedition" aussagt: „Die Türken", schrieb Bonaparte am 31. Juli an Menou, „können nur durch die größte Strenge regiert werden. Ich lasse täglich fünf bis sechs Köpfe in den Straßen von Kairo abschneiden. Wir mussten sie bisher schonen, um den Ruf des Schreckens zu zerstören, der uns voranging; heute aber muss man den Ton anstimmen, auf den diese Völker gehorchen, und sie gehorchen nur, wenn sie fürchten."[93]

Neben dem *sabil kuttab* von Nafisa Bayda führt ein Durchgang in das Zuckergässchen. Im dritten Band der Kairoer Triologie von Nagib Machfus spielt dieses Gässchen eine wichtige Rolle. Auch der oben erwähnte Französisch-Professor Ahmed Ali ließ es sich nicht nehmen, uns diesen Ort zu zeigen und darauf hinzuweisen, dass der Autor hier sogar drei Jahre lebte. Im Jahr 2012 brannte es in einem osmanischen Haus rechts des Durchgangs und ein kunstvoller Erker, in *mashrabiya*-Technik hergestellt, fiel dem Feuer zum Opfer. Wieder waren es die Architekten von Archinos, die handelten und umfangreiche Restaurierungsarbeiten in Zusammenarbeit mit Handwerkern aus Kairo durchführten.[94]

Moschee und Mausoleum von al-Muʿayyad

Die große Moschee, dort gelegen, bevor man das Bab Zuwalyla nach Süden durchschreitet, wurde von Sultan al-Muʿayyad im ersten Drittel des 15. Jahrhunderts errichtet. Eine Geschichte, die ich oft gelesen und die mir immer wieder erzählt wurde, war jene vom Gefängnis, das vormals auf diesem Platz stand. Sayf al-Din kam schon als Kind nach Kairo, wo er an einen Sklavenhändler verkauft wurde. Mit einem Freund beteiligte er sich an Straßenschlachten. Beide wurden festgenommen und mehrere Jahre eingekerkert. Flöhe und Läuse plagten den jungen Sayf al-Din so entsetzlich, dass er schwor, sollte er jemals entlassen werden und Macht bekommen, würde er das Gefängnis abreißen und eine Moschee errichten lassen.
Tatsächlich kam der Gefangene frei, stieg auf und wurde sogar Sultan. Sein Versprechen hatte er nicht vergessen und mit großem Aufwand entstand die Moschee. Überliefert ist auch, dass beim Abriss des Gefängnisses viele Knochen der darin Gestorbenen gefunden wurden. Nichtsdestotrotz wurde die Moschee über die Grenzen Ägyptens hinaus gerühmt und als schönstes Gotteshaus bezeichnet. Der Sultan selbst soll die dreißig Poliere und hundert Arbeiter, die mehrere Jahre lang den Bau errichteten, überwacht haben. Integriert war noch eine *madrasa*, in der er auch selbst als Gelehrter auftrat.
Die Regierungszeit des Sultans stand jedoch unter keinem besonders guten Stern, da die Beulenpest seine Herrschaft störte. Al-Muʿayyad wurde jedoch zum Förderer der Architektur und weitere Bauten entstanden, wie das *maristan* beim Bab al-Wazir. Elf Jahre, nachdem er die Macht übernommen hatte, starb der große Intrigant, wie er auch genannt wurde, anscheinend eines natürlichen Todes. Georg Ebers schreibt dazu, dass der Sultan durch das Feldherrentalent seines Sohnes große Erfolge auf Syriens Schlachtfeldern erzielte, „(...) aber die unbefangen urteilende Nachwelt muss in ihm einen grausamen und unersättlich habsüchtigen Frömmler verabscheuen".[95] Drei Jahre nach seinem Tod soll sich eines der drei Minarette zur Seite geneigt haben, das abgetragen werden musste. Heute schmücken die verbliebenen zwei das Bab Zuwayla, das südliche Stadttor.

Über Jahre hinweg konnten wir die Restaurierungsarbeiten beobachten, die stetig vorangingen. Schon 2002 warfen wir einen ersten Blick vom Minarett auf den Innenhof der Moschee, dessen Arkaden mit Gerüsten umgeben waren. Schutt lag herum, der Brunnen in der Mitte war aus Sicherheitsgründen gar mit einem Netz umgeben. An zwei Hofseiten strebten die dreilappigen Zinnenabschlüsse schon in den Himmel. Auch die Kuppel des Mausoleums hatten die Arbeiter mit einem Gerüst umgeben. Als wir einige Jahre später das Bauwerk vom gegenüberliegenden Dach aus betrachteten, zeigte sich die gereinigte Fassade im *ablaq*-Stil mit einer roten

Bänderung. Deswegen soll sie schon vor Jahrhunderten al-Ahmar-Moschee genannt worden sein, die rote Moschee.

Der Eingang ist erhöht und über Stufen zu erreichen, da sich auf Straßenniveau Verkaufsstände an die Mauer schmiegen. Im Erdgeschoss reihen sich acht große Bronzegitterfenster aneinander. Das darüber liegende Stockwerk zieren ebenfalls acht zweiteilige Fensteröffnungen mit drei Säulen und einer runden Öffnung darüber. Auch das mächtige Portal, das über den Zinnenabschluss hinausragt und durch eine blau-türkise Bänderung besonders schön wirkt, lässt uns staunen. Der Blick nach oben ist bei diesem Portal fast schon Pflicht. Hineingebaut in eine dreilappige muschelförmige Nische, ist es mit *muqarnas*, kleinen Stalaktiten, auch Honigwabenwölbung genannt, ausgefüllt. Über der Eingangstüre hängen von einem Balken die bezaubernden Glaslampen herunter, deren Formen an Krüge und Vasen erinnern. Unter den Mamluken wurden viele dieser besonderen Objekte in Ägypten und Syrien produziert, teilweise als Auftragsarbeit der Sultane, die die Lampen religiösen Institutionen stifteten.

Das aufwändig gestaltete Bronzetor stammt von der Sultan Hassan *madrasa*, die al-Mu'ayyad gegen einen geringen Obolus, den er an die dortige Stiftung entrichtete, entfernen ließ. Das Vestibül besitzt ein bemerkenswertes Kreuzgewölbe. Links und rechts davon fallen zwei quadratische Paneele auf. Christine, eine junge Koptin, erklärt uns, dass es sich dabei um „Quadratkufi" handelt. Einerseits ist es eine sehr einfache Form der Schrift, andererseits durch die geraden geometrischen Linien schwer zu entziffern. Meistens sind die Namen von Allah und dem Propheten zu lesen. Hier jedoch ist die erste Säule des Islam, *shahada*, dargestellt, das Glaubensbekenntnis: *Es gibt keinen Gott außer Gott und Muhammad ist sein Gesandter.*

Der Innenhof strahlt Harmonie aus. Zum Reinigungsbrunnen führt ein grüner Teppich, der von liebevoll arrangierten Blumentöpfen flankiert ist. Von den ursprünglich vier *iwanen* ist nur noch das Hauptsanktuar vorhanden. Im 20. Jahrhundert waren die spitzbogigen Arkaden so baufällig, dass sie abgerissen wurden und ein Garten entstand. Von 2000 bis 2006 konnte die Moschee vom Historic Cairo Restoration Project (HCRP) saniert, der Garten entfernt und die Arkaden wieder aufgebaut werden. Vor der prachtvollen, mit Marmormosaiken dekorierten *qibla*-Wand und unter der eindrucksvollen bemalten Holzdecke haben sich Männer zum Gebet versammelt. Die Holzeinlegearbeiten der Kanzel, *minbar*, ringen uns große Bewunderung ab. Warum ein Teil mit Tüchern bedeckt ist, bleibt vorerst unklar. Leise entfernen wir uns von der Gebetshalle und gehen zum überkuppelten Mausoleum. Zwei Kenotaphe mit kufischen Inschriften, in denen der Auftraggeber und sein Sohn bestattet sind, stammen aus der Frühzeit des Islam. Farbzeichnungen von Pascal Coste vom Beginn des 19. Jahrhunderts legen noch Zeugnis von der Pracht der Moschee ab. Coste kam in Kontakt mit Edme François Jomard, der Napoleon bei seinem Ägypten-Feldzug als Ingenieur und Geograph begleitete. Jomard vermittelte Coste an Muhammad Ali, für den er in Folge als Architekt tätig war. Dabei entstanden auch jene detailreichen beeindruckenden Zeichnungen.

Kurz bevor ich mit dem Schreiben des Kapitels über die al-Mu'ayyad-Moschee begann, bekam ich den aktuellen Newsletter von Eric Broug, einem Liebhaber des islamischen geometrischen Designs. Broug schreibt Bücher, gibt Seminare, hält Vorträge und ist Künstler und Designer. Dieser Newsletter widmete sich den *minbars* von Kairo, die in Gefahr sind und deren Rettung. Nicht durch einen zu hohen Grundwasserspiegel oder baufälliges Material, sondern durch Diebstähle und Vernachlässigung. Gerade bei den *minbars* besteht Gefahr, da sehr einfach Teile entfernt werden können. Das ist auch der Grund, warum ein Teil der Kanzel in der al-Mu'ayyad-Moschee unter einem Tuch versteckt ist. Ein Rettungsprojekt wurde gegründet. Alle noch vorhandenen *minbars* in Kairo sollen erfasst, dokumentiert und untersucht werden. Weitere Punkte sind das Recherchieren nach Teilen, die sich in internationalen Sammlungen befinden und die Auswahl von vier *minbars,* die der Restaurierung bedürfen.

Kirche der Jungfrau Maria, Heilige und ein Nonnenkloster

Mit Christine, der jungen Koptin, haben wir die Möglichkeit die Kirche der Jungfrau Maria und das Kloster des Heiligen Theodors von Shoteb in der Nähe des Bab Zuwayla zu besuchen. Dies sind die ersten Sakralbauten der orientalisch-orthodoxen Kirche, der koptischen, die im Rahmen dieses Buches beschrieben werden.

Als die Heilige Familie, Josef, Maria und Jesus, vor Herodes und seinen Häschern flüchten musste, schlug sie den Weg nach Ägypten ein, wie es ein Engel Josef im Traum empfohlen hatte. Schon auf ägyptischem Boden angelangt, erreichten sie einen Ort, wo ein Maulbeerbaum, *matariya,* wuchs. Hier brachte der kleine Jesus einen Brunnen hervor, in dem die Mutter Maria seine Kleider wusch. Als er den Wanderstab von Josef zerbrach, die kleinen Hölzer in die Erde steckte und wässerte, wuchsen daraus Balsambäume. „Seit dieser Zeit wird der Balsam für das heilige Myron, das kostbarste Salböl der koptischen Kirche, aus Balsambäumen gewonnen, die im Garten von Matariya wachsen".[96] Dieser geschichtsträchtige Ort geht auf das Alte Ägypten zurück, denn hier erhob sich einst die Tempelstadt Iunu, auch als Heliopolis oder On bekannt.
Die nächste Rast legte die heilige Familie mehrere Kilometer südlich ein, in der Nähe

des heutigen Bab Zuwayla. Der Überlieferung nach haben Jesus und Maria an diesem Ort aus einem Brunnen getrunken. Im 10. Jahrhundert entstand hier die Kirche der Jungfrau Maria, die in alten Manuskripten ab dem 12. Jahrhundert erwähnt wird. Von 1310 an war diese Kirche sogar Residenz des koptischen Papstes. Während dieser Zeit entwickelte sie sich zu einem kirchlichen Zentrum, das laufend von Bischöfen, Priestern und Mönchen besucht wurde. Als die Franzosen Ende des 18. Jahrhunderts nach Kairo kamen und brandschatzend durch die Gassen stürmten, fand eine Übersiedlung nach Azbekiya statt. Unter Papst Kyrillos VI. gab es eine neuerliche Verlegung des Amtssitzes in den Stadtteil Abbassiya, in die 1968 eingeweihte koptisch-orthodoxe Kathedrale des heiligen Markus. Kyrillos VI., geliebt und verehrt, auch vom damaligen Präsidenten Nasser geachtet, starb 1971. Auch seine Nachfolger Schenuda III. und Tawadros II. blieben diesem Amtssitz treu.

Beim *sabil kuttab* Tusun Paschas und noch vor dem Bab Zuwayla, biegen wir nach Osten ab und betreten ein unübersichtliches Gassengewirr. Je weiter wir vordringen, desto schmaler werden die Gässchen und führen in dunkle Zonen. Zwei weibliche Leuchtfiguren mit Heiligenschein, die über der Gasse zu schweben scheinen, zeigen uns, dass wir angekommen sind. Die wehrhaften Mauern und ein einfaches Tor schirmen die Anlage gegen die Außenwelt ab. Es öffnet sich für uns in einen begrünten Innenhof, eine wahre Oase inmitten des unübersichtlichen Gassengewirrs. Viele Türen und Stufen führen in Nebenräume und Obergeschosse, wo sich im dritten Stock die Zellen der Nonnen des heiligen Theodor von Shoteb befinden. Ein großes Transparent zeigt noch Schenuda III., Papst des Stuhls des heiligen Markus und Patriarch von Alexandria, der am 17. März 2012 starb. Am Kirchturm hängt an einer Stange befestigt ein großes Poster der heiligen Marina von Antiochien, einer Großmärtyrerin. Als der dortige Statthalter ihr einen Antrag machte, den sie aber ablehnte, da sie eine Braut Christi wäre, unterzog er sie der Folter. Er ließ sie mit Fackeln verbrennen, an den Haaren aufhängen, geißeln und schließlich enthaupten. Im Westen wird Marina Margareta genannt und zählt zu den vierzehn Nothelfern. Auch der heilige Noffer, ein Anachoret, besitzt hier einen Verehrungsort. Als Anachoret wird jemand bezeichnet, der sich aus der Gemeinschaft zurückzieht. Ein gutes Beispiel dafür sind die Wüstenväter, die die lebensfeindliche Wüste dem Kloster vorzogen. Die Kirche, die 1996 für den heiligen Noffer erbaut wurde, steht wie jene der Heiligen Michael und Antonius nur den Nonnen des Konvents zur Verfügung.
Christine führt uns zuerst in die Kirche der Märtyrer und des Prinzen Theodor. Johannes, der Vater Theodors, war Christ. Er stammte aus dem Dorf Shoteb in Mittelägypten und wurde von den Römern, die Soldaten im Kampf gegen die Perser rekrutierten, angeheuert. So kam er mit der römischen Armee nach Antiochien. Da er ein Mann von großem Mut war, konnte er eine noble Römerin zur Frau nehmen und

ein Sohn, Prinz Theodor, wurde geboren. Schon als Kind erkannte er den wahren Gott, jenen seines Vaters Johannes. Die Mutter versuchte ihren Gemahl und später den Sohn zu überreden, den römischen Göttern zu opfern und das Christentum zu lassen. Doch Johannes lehnte ab. Als ihm ein Engel im Traum sagte, er solle wieder zurück nach Ägypten gehen, seinem Sohn würde nichts geschehen, verließ er Antiochien. Theodor entwickelte sich ebenfalls zu einem mutigen Soldaten und Strategen, der von Kaiser Lucinius, dem Herrscher der östlichen Provinzen des Römischen Reiches, hoch geachtet wurde. Als es jedoch zu Meinungsverschiedenheiten mit Lucinius kam und dieser ihn zwingen wollte, den römischen Göttern zu opfern, verweigerte er sich dem Befehl. Daraufhin kam es zu Drohungen und schwerer Folter. Die Überlieferung spricht sogar von einem dreimaligen Tod, von dem ihn Gott jedes Mal errettete. Lucinius war unbelehrbar und ließ Theodor enthaupten. Ewiges Leben und die Krone des Martyriums waren diesem damit sicher, so steht es jedenfalls in den Manuskripten der koptischen Kirche.

Die Kirche der Jungfrau Maria ist für ihre wunderschönen Ikonen bekannt, die zu den ältesten der koptischen Kirche gehören. Über abwärts führende Stufen erreichbar, wird sie als Unterkirche bezeichnet. Jene des heiligen Georg, die Oberkirche, befindet sich direkt darüber. Durch den vorgelagerten Narthex betreten wir die unterirdische Kirche, die uns durch die dämmrigen Lichtverhältnisse unmittelbar in eine kontemplative Stimmung bringt. Diese Kirche strahlt jene archaische Kraft aus, wie ich sie schon in den alten Kirchen der ersten Jahrhunderte im Niltal kennenlernte. Wie viele koptische Kirchen hat auch jene der Jungfrau Maria einen Narthex, eine Vorhalle, ein Mittelschiff mit Seitenschiffen und einen Chor mit der Ikonostase. Unter Ikonostase versteht man in orthodoxen Kirchenbauten eine Abgrenzung zwischen dem inneren Kirchenschiff und dem Altarraum. Um nicht autorisierten Personen wie Frauen den Zutritt zu verwehren, sind die Türen zusätzlich mit einem schweren Samtvorhang verdeckt.
Die Ikonostase besteht aus einer Ebenholzwand mit herausragenden Elfenbein-Einlegearbeiten. Auch die Tür, die zum Altarraum führt und noch aus der Fatimidenzeit stammt, ist mit Elfenbein dekoriert. Dreizehn Ikonen krönen die Abgrenzung, sie stellen die Jungfrau Maria und die zwölf Apostel dar. Christine klärt uns über eine Besonderheit auf: eine Quelle, aus der Jesus und Maria getrunken haben sollen sprudelt rechts der Ikonostase. Das Wasser dieser Quelle ist heilig und fließt in einem Kanal rund um den Kirchenraum. Da die Heiligkeit dieses Wassers in der orthodoxen Welt bekannt ist, kommen jedes Jahr am 28. Juni Mönche aus Äthiopien hierher, um zu beten und Wasser in ihre Heimat mitzunehmen.

Die Moschee von Amr ibn al-As in Misr al-Qadima, Alt-Kairo

I Innenhof und Reinigungsbrunnen der Amr ibn al-As Moschee

II Blick in die Gebetshalle mit dem *qibla iwan*

Auf dem der Nilinsel Roda gegenüberliegenden Festland betritt der Besucher das Viertel Misr al-Qadima im Südwesten Kairos. Hier schlug die arabisch-islamische Eroberung Ägyptens mit dem Bau der Amr ibn al-As Moschee erste Wurzeln. Im Jahr 641 gegründet, war sie die erste Moschee auf afrikanischem Boden. Nur Reste haben seit damals die Jahrhunderte überdauert. Bei Kunsthistorikern stößt sie daher auf wenig Interesse. Trotzdem ist die Amr Moschee für die Gläubigen von großer Wichtigkeit, da sie den Beginn ihrer Religion markiert.
Der heutige Bau hat eine Größe von 108 x 116 Metern, ist daher um einiges größer als die Ursprungsmoschee, die weder gepflastert war noch ein Minarett oder eine Gebetsnische hatte. Der Gebetsraum muss Ähnlichkeit mit jenem des Propheten Muhammad in Medina gehabt haben, der aus Lehmziegeln und Palmstrünken bestand und an sein Wohnhaus grenzte. Bilal, der erste Muezzin des Propheten, rief noch von einem Dach die Gläubigen zum Gebet. Bald schon fand die wachsende muslimische Gemeinde in Kairo den Gebetsraum zu klein. 32 Jahre später wurde das Gebäude abgetragen und neu errichtet, dieses Mal mit Matten am Boden und verputzten Mauern. Als im Jahr 1169 in Fustat ein schlimmes Feuer wütete, fiel die Amr Moschee ebenfalls den Flammen zum Opfer. Vier Jahre später wurde sie unter dem Ayyubiden Salah al-Din neu errichtet, verfiel aber über die Jahrhunderte wieder. Murad Bey, ein Emir der Mamluken, ließ 1796 die Ruinen beseitigen und die Amr Moschee neu errichten.

Wer war nun dieser Amr ibn al-As, dem das Leben die Aufgabe der Eroberung Ägyptens zugeteilt hatte? Als ich unseren Begleiter Nabil danach fragte, stöhnte er.
„Wenn ihr das unbedingt wissen wollt, setzen wir uns am besten hin", schlug er vor.
„Amr ibn al-As war Mekkaner, er stammte aus einer wohlhabenden Kaufmannsfamilie aus dem Stamm der Quraish. Wie ihr ja wisst, waren auch der Prophet Muhammad und viele seiner ersten Anhänger Mitglieder dieses Stammes, der sich allerdings in mehrere Gruppen aufspaltete. Wie der Vater von Amr waren auch andere Mekkaner große Gegner von Muhammad und seiner neuen Lehre. Amr wurde einer der Heeresbefehlshaber Muawiyyas, dem ersten Kalifen der Umayyaden und erklärten Gegner der *ahl al-bayt*, des engeren Kreises der Familie des Propheten.
Was Amr letztendlich dazu bewog, den neuen Glauben anzunehmen, kann ich nicht mit Sicherheit sagen. Die Rede ist von der kleinen Auswanderung, einer Schutzsuche einer kleinen Gruppe von Muslimen in Abessinien, die vor der Auswanderung von Mekka nach Medina stattfand. Amr wollte diese Menschen mit Gewalt zurückholen, was ihm aber misslang. Er war auch maßgeblich an der Schlacht bei Uhud in der Nähe von Medina im Jahr 625 beteiligt, wo den Muslimen schwere Verluste zugefügt wurden. Im Islam wird dieser Tag als Tag der Heimsuchung und Prüfung gesehen."
„Kämpfte er da auf der Seite der Gegner des Propheten?", fragte ich.

„Ja, das tat er. Doch schon einige Jahre danach gingen Amr und ein Kampfgefährte nach Medina und konvertierten zum Islam. Er war eine etwas zwielichtige Person, da er weiter an Feldzügen der Umayyaden teilnahm. Ich kenne aber auch andere Quellen, in denen er als eifriger Gläubiger, Diplomat und fähiger Verwalter beschrieben wird. Eine gute Quelle dafür ist der türkische Reisende Evliya Çelebi[97], der 1683 in Ägypten gestorben ist."

„1683", rief ich aus, „das war doch das Jahr der Zweiten Türkenbelagerung Wiens unter Kara Mustafa."

„Und die erste war 1529", ergänzte Nabil. „Çelebi berichtete unter anderem über die Taube auf Amrs Zelt, die dort ein Nest gebaut hatte und auf ihren Eiern brütete. Auf seinen Befehl hin, wurde das Zelt nicht abgebrochen, da die Taube ein Geschöpf Gottes und sein Gast war."

„Diese Geschichte ist mir bekannt und auch jene mit der Säule, die von Mekka hierher geflogen sein soll, allerdings nicht freiwillig. Es wird Amr nachgesagt, dass er sechs Jahre nach der Eroberung die Byzantiner aus Alexandria vertrieb und die Zerstörung der wertvollen Bibliothek veranlasste."

„Nein, nein, das stimmt nicht mit der Bibliothek, das ist eine Legende. Ich weiß schon, worauf du hinauswillst, auf die Geschichte mit dem Kalifen Omar."

„Ganz genau, Nabil. Eine Legende hat fast immer einen wahren Kern. Der Kalif soll gesagt haben, dass jene Bücher, deren Inhalt mit dem Koran übereinstimmen, überflüssig seien, und jene, die dem Koran widersprechen, vernichtet werden müssen."

„Ja, das ist die Überlieferung. Seit Längerem weiß man aber, dass die Legende im 13. Jahrhundert entstanden ist."

„Der genaue Zeitpunkt der Vernichtung ist trotzdem ungeklärt. Es beginnt schon mit den Römern, die auch dieser Freveltat bezichtigt werden. Die Christen sollen ja auch Feuer gelegt haben, da ihnen der Neuplatonismus ein Dorn im Auge war. Als das gesamte Palastviertel im 3. Jahrhundert einem Brand zum Opfer fiel, dürfte daher gar nicht mehr soviel vom Bücherschatz vorhanden gewesen sein."

„Gut möglich. Wie auch immer, Tatsache ist, dass den Arabern in Ägypten große Sympathie entgegengebracht wurde, da die Byzantiner das Volk mit hohen Steuern unterdrückten", sagte Nabil abschließend.

Auf eine weitere Quelle zur Eroberung stieß ich etwas später, den ägyptischen Bischof Johannes von Nikiu aus dem 7. Jahrhundert. Als wahrscheinlich gilt, dass er eine „Weltchronik" in koptischer Schrift verfasste, die vor allem die griechische und römische Geschichte beinhaltete. Johannes war Augenzeuge und beschrieb einerseits die Gewalttaten, die mit der Invasion einhergingen, die er aber als Strafe Gottes für die Christen sah. Andererseits bezeichnete er die Muslime als gerechte Menschen und erwähnte die offenkundige Einigung zwischen den Eroberern und der koptischen Kirche.

Nabil bittet uns, ihm ins Innere der Moschee zu folgen. Gleich nach den Stufen, die zum Eingang hinunterführen, werden wir „abgefangen" und mit grünen Kapuzen-Umhängen bekleidet. Rote Teppiche mit stilisierten Gebetsnischen leiten zum Innenhof. Wir streben dem von Legenden umwobenen Brunnen zu, der die Mitte des Hofes bildet. Er soll mit dem heiligen Brunnen Zamzam in der großen Moschee in Mekka in Verbindung stehen. Der islamischen Überlieferung nach handelt es sich um jene Quelle, die Gott für Hagar und ihren Sohn Ismail entspringen ließ, als sie in der Wüste am Verdursten waren. Acht Säulen tragen die geschnitzte Holzverblendung und die Kuppel, die sich aus einem achteckigen Aufbau mit *kamariyan*-Paneelen erhebt. Alle vier Seiten des Hofes sind von Arkaden umgeben. Insgesamt sollen es 400 Säulen sein, die die Hallen durchziehen. Jeweils mit einem Holzbalken verbunden, schließen sie mit einem Spitzbogen ab. Die Gebetsnische ist einfach gehalten, daneben erhebt sich der *minbar*, die Kanzel. Kleine Bücherregale stehen neben Säulen, manche sind sogar um die Säulen herumgebaut. Nabil weist noch auf ein interessantes Detail hin: In dem Bereich, wo die Frauen beten, befindet sich das Grab von Abd Allah, einem Sohn von Amr ibn al-As, das sich ursprünglich außerhalb der Moschee befand. Als diese erweitert wurde, ließ der Bauherr das Grab nicht verlegen, sondern integrieren.

Fustat und die römische Festung Babylon

I, III, IV Tongewinnung, Werkstätten und die Kuppelbauten des neuen Zentrums

II Blick auf einen Teil der römischen Festungsanlage, im Hintergrund das koptische Museum

In Alt-Kairo sind die Festung Babylon und die ehemalige Stadt Fustat Zeugnisse der römischen und arabischen Eroberungen Ägyptens. An diesem Ort, den die Griechen Babylon genannt hatten, bildeten sich im 6. Jahrhundert vor Christus die Wurzeln einer der größten Städte Afrikas. Woher sich der Name Babylon ableitete, ist nicht eindeutig geklärt. Die Griechen nahmen den pharaonischen Namen *per-ha-pi-n-On*, Haus des Nilgottes Hapi von On (Heliopolis) und machten Babylon daraus. In Frage kommt aber auch *bab-il-On,* das Tor nach On. Der sizilianische Historiker Diodorus berichtete von Gefangenen, die in der 12. Dynastie (ca. 1970 bis 1800 vor Christus) von Pharao Sesostris von Babylon in Mesopotamien nach Ägypten gebracht worden waren und den Ort nach ihrer Heimat benannten. Dieses Viertel ist eines der geschichtsträchtigsten der Stadt Kairo, da hier auch die Anfänge des Christentums zu entdecken sind. Bis heute ist es ein Zentrum der koptischen Christen und weist die höchste Dichte an alten Kirchen in Kairo auf. Schon zu pharaonischen Zeiten wurde die Gegend *cheri-aha*, Ort des Kampfes, genannt, da sich hier der Götter-Kampf zwischen Horus, dem Sohn von Isis und Osiris, und Seth, dem Onkel von Horus, zugetragen haben soll.

Nach der Besichtigung der Amr Moschee fuhren wir zu der nahe gelegenen römischen Festung Babylon. Dabei kamen wir an den Ruinen der alten, einst blühenden Stadt Fustat vorbei. Es war jene Siedlung, die von ihrer Gründung durch Amr ibn al-As im Jahr 643 bis zur Entstehung von al-Qahira im 10. Jahrhundert durch die Fatimiden, das Verwaltungszentrum des Landes bildete. Der fatimidische General Jawhar eroberte die Stadt für den Kalifen al-Mu'izz, zerstörte sie und ließ sie kurze Zeit später wieder aufbauen. Bis zum endgültigen Niedergang im 12. Jahrhundert war Fustat das wichtigste Wirtschaftszentrum Ägyptens und eine der reichsten islamischen Städte mit Häusern, die bis zu sieben Stockwerke hoch waren. Es gab Zisternen, Wasserversorgung und Abwasserentsorgung. Die Märkte quollen über von Waren und handwerklichen Produkten.

Als die Kreuzritter 1168 ihre Interessen nach Ägypten ausdehnten, traf der amtierende fatimidische Wesir eine folgenschwere Entscheidung. Um die Stadt nicht in die Hände Amalrichs I., des christlichen Königs von Jerusalem, fallen zu lassen, ließ er die Stadt evakuieren und anzünden. 54 Tage soll der Brand gewütet haben, dann gab es Fustat nicht mehr. Mit dem Ayyubiden Salah al-Din kam im 12. Jahrhundert ein neuer Herrscher nach Ägypten, der die Zitadelle und die Stadtmauer errichten ließ. Auch Fustat erfuhr einen Neustart und wurde Produktionszentrum für Kupfer, Seife, Glas, Papier, Keramik und Textilien. Doch die Stadt konnte nicht mehr an jene Blütezeit anknüpfen, als 100.000 Menschen in ihr lebten. Es war vorbei. Die wenigen architektonischen Reste liegen heute großteils unter dem Schutt der Jahrhunderte verborgen. Im Rahmen von archäologischen Ausgrabungen wurden jedoch Straßenzüge und Mauern von Häusern freigelegt und teilweise rekonstruiert. Riesige Töpferwerkstätten kamen ins Bild und wir baten Nabil, anzuhalten. Es war faszinierend, was sich da an Tongefäßen meterhoch auftürmte. Mit bunten Mosaiken verzierte Vasen unterschiedlicher Größe, Blumentöpfe, Tröge, durchbrochene Lampen, eine Vielzahl von allen möglichen Behältnissen und sogar eine Statue von Ramses II. lagerten in einer Art Freilichtmuseum. Wir entdeckten rote Lehmgruben, in denen Arbeiter bis zum Bauch im Wasser standen, um das Rohmaterial für die Töpfer herauszuholen. Einfache Lehmziegelhütten und noch im Bau befindliche Kuppelbauten reihten sich aneinander. Wie es schien, erwachte Fustat zu neuem Leben. Von Nabil erfuhren wir, dass hier ein 2.400 Quadratmeter großes Töpfer- und Keramikdorf entstanden ist. Hier können Interessierte das uralte Handwerk wieder erlernen. Werkstätten, Vortragssäle, Galerien, Büros sowie Gästezimmer für Künstler werden ebenfalls zur Verfügung gestellt. Zwanzig neue Brennöfen sollen die Umweltverschmutzung, die durch die alten Öfen entstanden ist, reduzieren. Die koptisch-evangelische Organisation für Sozialdienste konzipierte zusätzlich 150 Häuser, in denen 600 Familien untergebracht werden konnten. Das Zentrum ist zu einer wichtigen Lehrstätte und zum Impulsgeber für die Revitalisierung dieses alten und vergessenen Viertels geworden.

Wir nähern uns dem römischen Festungstor mit den halbrunden Bastionen, die aus der Südwestmauer herausragen. Einst stand das Fort direkt am Nilufer, doch über die Jahrhunderte bewegte sich der Nil nach Westen, sodass er heute 400 Meter entfernt fließt. Der Blick richtet sich nach unten, auf das ursprüngliche Straßenniveau von Alt-Kairo, das in 2.000 Jahren um einige Meter gestiegen ist. Unter dem römischen Kaiser Trajan, der von 98 bis 117 nach Christus herrschte, kam die Festung Babylon zu neuen Ehren und wurde erweitert. Archäologische Ausgrabungen von 2000 bis 2006 brachten architektonische Reste vom 6. Jahrhundert vor Christus bis in die Neuzeit hervor. Wandert man an der Westseite der Festung entlang nach Norden, dem ursprünglichen Nilverlauf, trifft man auf die Überreste von zwei massiven Türmen, die mit einer Zugbrücke verbunden waren. Über dem Nordturm wurde die griechisch-orthodoxe Rundkirche des heiligen Georg errichtet. Vom südlichen Turm sind nur noch spärliche Überreste vorhanden. Auch das koptische Museum, 1908 von Marcus Simaika Pascha gegründet, und die Ben Ezra Synagoge, die einmal eine Kirche war, befinden sich in unmittelbarer Nähe. In der Synagoge wird eine Sammlung von hebräischen Schriftrollen aufbewahrt, darunter eine 2.500 Jahre alte Thora. Der Legende nach soll hier der kleine Moses von der Tochter des Pharaos im Schiff gefunden worden sein.

Die koptischen Christen in Ägypten

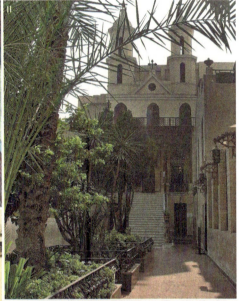

I Ikonenmalerei

II Die hängende Kirche al-Muallaqa

III Vorgarten bei der Kapelle des heiligen Georg

IV, V Detail der Innenraumgestaltung und Blick in das Hauptschiff mit Kanzel der al-Muallaqa Kirche

Bei einem Vortrag von Prof. Fuad Ibrahim in Wien sagte der emeritierte Professor für Sozialgeographie und Regionale Geographie Afrikas an der Universität Bayreuth, folgendes: „Bereits die Tatsache, dass sich das Wort Kopte aus der griechischen Bezeichnung für Ägypten, *aigyptos*, herleitet, deutet darauf hin, dass die koptische Kirche die eigentliche ägyptische Kirche ist. Die koptisch-orthodoxe Kirche besteht seit frühchristlicher Zeit und war damals von nicht unerheblicher Bedeutung für das gesamte Abendland."

Die koptische Bevölkerung Ägyptens sieht sich als Nachkommen der pharaonischen Ägypter. Sie bildet die größte christliche Gemeinschaft im Nahen Osten. In Ägypten liegen die Zahlen zwischen sieben und fünfzehn Prozent der Gesamtbevölkerung, je nachdem, wer sie bekannt gibt - die staatlichen Stellen oder die koptische Gemeinde.

Der Legende nach brachte der Evangelist Markus im Jahre 44 das Christentum nach Ägypten, das zu dieser Zeit unter römischer Herrschaft stand. Als die christliche Gemeinde nach heutiger Zeitrechnung am 25. April 68 die Oster-Eucharistie feierte und die „Heiden" das Serapisfest[98] begangen, kam es zu Ausschreitungen. Markus wurde von den Serapis-Anbetern ergriffen, gefoltert und schließlich durch die Straßen der Stadt geschleift, bis sein Martyrium durch den Tod ein Ende fand. Immer mehr Konflikte zwischen der christlichen Bevölkerung und den herrschenden Römern zeichneten sich ab, da die Christen nicht mehr bereit waren, die römischen Kaiser als Gottheiten anzubeten und ihnen zu opfern. Hohe Steuerlasten und Ausbeutung kamen hinzu, da Ägypten den Römern in erster Linie als Kornkammer diente.

Die koptische Kirche bezeichnet sich als „Kirche der Märtyrer". Ihre Zeitrechnung beginnt offiziell im Jahr 285, dem Höhepunkt der Christenverfolgungen unter dem römischen Kaiser Diokletian. Der Kulturanthropologe und Journalist Michael Hesemann schreibt: „Die große Christenverfolgung, die unter Diokletian begonnen und von Maximinus Daia fortgesetzt worden war, ist das Urtrauma der koptischen Kirche, die sich heute stolz die Kirche der Märtyrer nennt. Sie wurde aus dem Blut der unzähligen Gläubigen, die für Christus ihr Leben hingaben, gewissermaßen neu geboren." Aufgrund dieser dramatischen Vorfälle beginnt der koptische Kalender nicht mit der Geburt von Jesus Christus, sondern mit der Thronbesteigung von Diokletian. Hesemann schreibt auch, dass die Christen in den ersten fünfzehn Jahren von Diokletians Herrschaft in Frieden lebten und in allen Städten des Reiches Kirchen gebaut wurden. Das änderte sich jedoch schlagartig, als ein Tieropfer des Kaisers mit anschließender Eingeweideschau – das Staatsorakel der Römer – im Jahre 299 gründlich misslang. Um der Strafe zu entgehen, gab der Orakelpriester den Christen die Schuld für das Misslingen, da sie sich während des Rituals bekreuzigt hätten. Diokletian sah von da an die „Nazarener" als Gefahr für das Imperium Romanum und erklärte sie im Jahr 303 zu Staatsfeinden, was die vielen Toten nach sich zog. Zwei Jahre später trat Diokletian von seinem Amt zurück und übergab es dem Christenhasser Galerius, dessen Männer besonders in Ägypten wüteten. Unter der Herrschaft von Konstantin dem Großen, der von 306 bis 337 römischer Kaiser war und Religionsfreiheit gestattete, nahmen zahlreiche Ägypter den christlichen Glauben an, der sich immer weiter ausbreitete. Auch wenn Konstantin widersprüchlich gesehen wird und als brutaler, machthungriger Herrscher beschrieben wird, war er der Wegbereiter des Christentums.[99]

Eigenständig wurde die koptische Kirche erst um das Jahr 451 als es in Glaubensfragen zu Differenzen zwischen dem Patriarchat von Alexandria und der römischen Reichskirche kam. Unter anderem ging es darum, ob Jesus als Gott oder als Mensch zu sehen sei. Der Mono- oder Miaphysitismus ist die christologische Lehre, dass Jesus Christus nach der Vereinigung des Göttlichen und Menschlichen in der „Inkarnation" nur eine einzige, göttliche Natur habe. Dies steht im Gegensatz zur Zweinaturenlehre, nach der die göttliche und menschliche Natur Christi „unvermischt und ungetrennt" nebeneinander stehen. Auf dem ausschlaggebenden Konzil von Chalzedon (der Ort befindet sich im heutigen Istanbul) im Jahr 451, wurde die Zweinaturenlehre angenommen und der Monophysitismus verworfen, allerdings nicht in allen orientalisch-orthodoxen Kirchen, wie der koptischen Kirche in Ägypten, der syrisch-orthodoxen Kirche von Antiochien und der äthiopisch-orthodoxen Tewahedo-Kirche. Das Koptische ist die letzte Stufe des Altägyptischen und stellt die direkte Fortsetzung des Demotischen[100] dar, wie die ägyptische Schrift ab 700 vor Christus bezeichnet wird. Vom 3. bis zum 17. Jahrhundert war das Koptische als gesprochene Sprache in Gebrauch. Geschrieben wurde es mit griechischen Buchstaben und einigen hieroglyphischen Zusatzzeichen. Bis zur Entzifferung der ägyptischen Hieroglyphen, die ohne die Kenntnis des Koptischen nicht möglich gewesen wäre, war es die einzige ägyptische Sprache. Die ältesten koptischen Texte stammen aus der Zeit um 100 nach Christus, als Schriftsprache setzte es sich aber erst im 4. Jahrhundert durch. Etwa 300 Menschen weltweit sollen diese Sprache heute noch beherrschen, verwendet wird sie jedoch nur mehr als Liturgiesprache bei religiösen Anlässen.

Einige Thesen der neuen christlichen Religion waren den Ägyptern vertraut. Dies trug vielleicht dazu bei, ihre Ausbreitung zu beschleunigen. Maria mit dem Jesus-Kind war unverkennbar Isis mit dem Horus-Knaben, Isis *lactans*, die stillende Isis, die Vorläuferin von Maria *lactans*. Bei den koptischen Christen spielt die Verehrung der Jungfrau Maria eine ganz besondere Rolle. Ob in ganz alltäglichen Situationen oder in der Kirche beim Gebet, die Gläubigen bitten um Fürsprache und den Beistand der Gottesmutter, der Jungfrau Maria. Dabei war der Name Mariam, die arabische

Form für Maria, früher nicht unter den ägyptischen Christen verbreitet, sondern eher bei den Muslimen. Die sündenfreie Mutter von Jesus, dem Propheten, wird oftmals im Koran genannt. Nach den Marienerscheinungen Ende der 1960er-Jahre in einem Vorort von Kairo, wurde Mariam der am häufigsten verwendete Mädchenname bei den koptischen Christen (s. Kap. Gedanken zu Marienerscheinungen). Jesus Christus galt als Sohn und „Wiederverkörperung" Gottes auf Erden und ähnelte damit der Osiris-Horus-Konstellation der altägyptischen Religion. Im frühen Christentum waren Reinkarnationsvorstellungen sehr wohl verbreitet, da sie in der platonischen Philosophie geläufig waren und durch Konvertiten in das christliche Gedankengut einflossen. Den Gnostikern, den Wissenden, war die Lehre um die Wiedergeburt noch bekannt. Wenn die Seele (wieder) auf die Erde kommt, trinkt sie den Becher des Vergessens.

Wesentlich zur Faszination und Verbreitung des Christentums haben die „Wüstenväter" beigetragen. Wander-Eremiten, Höhlenasketen und Säulenheilige zogen zu Tausenden in die ägyptischen und syrischen Wüsten, um dort ein neues Leben zu beginnen. Auch einige Wüstenmütter sollen dabei gewesen sein. Nicht alle waren fromm und wollten nur in Kontemplation verweilen und beten, auch ehemalige Kriminelle wählten den Weg in die Wüste. Sie wollten der Strafe entgehen und wie viele andere auch verhindern, ins römische Heer eingezogen zu werden. Der Erste, der die sogenannte zivilisierte Welt verließ, um in der Einsamkeit der Wüste in einer Höhle zu leben, war Paulus (Bola) von Theben, der erste Einsiedler. Als Begründer des christlichen Mönchtums gilt aber Antonius. Er war derjenige, der Schüler um sich scharte und die ersten Regeln für die Gemeinschaft aufstellte. Mönchssiedlungen entstanden in der Thebais (Mittelägypten) und in der Nitrischen Wüste (zwischen Kairo und Alexandria). Sie lebten in Höhlen wie ihr Vorbild oder gründeten Klöster. Bekannt geworden ist Antonius auch durch seine Kämpfe mit Dämonen und schlimmen Versuchungen. Überliefert ist sein Spruch: „Wer in der Wüste sitzt und die Herzensruhe pflegt, wird drei Kämpfen entrissen: dem Hören, dem Reden, dem Sehen. Er hat nur noch einen Kampf zu führen, den gegen die Unreinheit".

Aufgrund der hohen Steuerlast, mit der die byzantinischen Kaiser in Konstantinopel (Byzanz) die Christen in Ägypten unterdrückten, begrüßten diese im 7. Jahrhundert die heranstürmenden Muslime zunächst als Befreier, sahen sich jedoch bald getäuscht. „Bereits nach wenigen Jahren war Ägypten fest in das Kalifenreich integriert und wurde im Gefolge der weit nach Westen vorstoßenden Eroberungsheere schließlich zu einer Kernprovinz des neuen islamisch-arabischen Großreiches. Von dieser Zeit an nahm die Arabisierung Ägyptens ihren Lauf. Obwohl nie die ganze Bevölkerung zum Islam bekehrt wurde, setzte sich doch im ganzen Lande, zusammen mit der allmählichen Annahme der arabischen Sprache aller Ägypter, auch die spezifisch arabisch-islamische Kultur durch."[101] Die arabischen Einwanderer, die in den ersten Jahrhunderten nach der Eroberung nach Ägypten kamen, waren einerseits Beduinen und andererseits Händler und Gewerbetreibende. Sie ließen sich in den aufkommenden Städten nieder, in denen schon ihre Landsleute sowie Juden und Christen lebten. Waren die Kopten anfangs noch eine starke religiöse Kraft, kam es in den Folgejahrhunderten immer wieder zu Aufständen und zur Unterdrückung der christlichen Bevölkerung. Zahlreiche Christen traten, auch aus wirtschaftlichen Gründen, zum Islam über. Nichtmuslime erhielten den Status von *dhimmis*. *Dhimmi* ist eine islamische Rechtstradition, bei der „Monotheisten mit eingeschränktem Rechtsstatus" geduldet und durch den Staat geschützt werden. *Dhimmi* beinhaltete allerdings steuerliche Benachteiligungen wie die Kopfsteuer, Ausschluss von zahlreichen Berufen, Nachteile beim Erwerb von Grund und Boden, bei Erbschaftsangelegenheiten und im Heeresdienst.

Unter den Ayyubiden und ersten Mamluken im 12. und 13. Jahrhundert genossen die Kopten eine Zeit der Ruhe und kulturellen Blüte. Es gelang ihnen sogar, hohe Positionen im Staat zu erreichen. Dazu beigetragen hat auch der berühmte christliche Dichter Ibn Mammati, der Salah al-Din als Staatssekretär diente. Durch den Ayyubiden, der orthodoxe Rechtsschulen gründete, kam die sunnitische Gesetzesgelehrsamkeit mit der mystischen Frömmigkeit der schiitischen Fatimiden, die zuvor in Ägypten herrschten, in Konflikt. Mit dem Auftauchen des radikalen Eiferers Ibn Taymiyyia im 13. Jahrhundert, der der strengen hanbalitischen Rechtsschule angehörte, wuchs die religiöse Intoleranz gegenüber Andersdenkenden. Christen, Juden, Schiiten und Sufis sah er als Gegner an. Die Heiligenverehrung, die von Sufis gepflegt wurde, lehnte er ab. Die Aussagen und Schriften sowie die Philosophie der Einheit Muhammad ibn Arabis, des im spanischen Murcia geborenen großen Sufitheosophen, versuchte Ibn Taymiyyia zu widerlegen, da sie die Gültigkeit der Scharia in Frage stellen könnte. Ibn Arabi prägte wie kein anderer Mystiker die islamische Spiritualität.

Der Orientalist Denis Mete schreibt dazu: „Nun vergaß Ibn Taymiyya mit seinem Hass die Grundlage des Islam als Weg der Gottergebenheit, die allen Gläubigen Gott das Urteil über sie anheim stellt und, so diese sie nicht in ihrer Religion tätlich behindern und verfolgen mit Respekt und Würde in der Gemeinschaft zu achten. Vergaß er das Handeln des Propheten, als er die christliche Delegation aus Nadjran in der Moschee ihren Gottesdienst halten ließ? Vergaß er, dem Herzen den Zorn zu bezwingen, da keine Seele mit Zorn in den Himmel einzutreten vermag?"[102]

„Die Wurzeln des Islamismus sind im 13. Jahrhundert zu suchen, bei Ibn Taymiyyia. Salafisten und Muslimbrüder berufen sich auf ihn und folgen seinen sehr konservativen Auslegungen des Koran. Auch heute noch wird er neben dem radikalen Inder Maududi als ihr Inspirator gesehen", erklärte mir ein Bekannter bei einem Abendessen.

„Die Christen leben schon seit 2.000 Jahren im Orient und sie waren da, bevor der

Islam kam. Wer kämpfte mit den Muslimen gegen die Kreuzritter? Es waren die Christen. Mit allen anderen kämpften sie gegen die Invasoren. Sie sind geblieben und sie gehören hierher!", führte er weiter aus.

„Aber die Muslime scheinen das vergessen zu haben. Während der Tage der Revolution standen Christen und Muslime Schulter an Schulter auf dem Tahrir-Platz. Sie sprachen mit einer Stimme gegen den Despoten. Doch als die Muslimbrüder und Salafisten an die Macht kamen, erinnerten sich nur noch wenige daran. Kirchen wurden angezündet, Statuen zerschlagen, Kopten überfallen und getötet. Es gab Zwangskonvertierungen, vor allem Frauen soll das widerfahren sein, wie mir der Abt vom Kloster in Deir Abu Fana erzählte", antwortete ich.

„Ja, das Schlimme ist, dass die Verbrechen nicht geahndet wurden. Die Regierung hatte taube Ohren und verschloss die Augen in dieser Angelegenheit."

Wie die jüngste Geschichte zeigt, leiden die Kopten auch unter Präsident al-Sisi unter Repressionen. Menschenrechtsorganisationen kritisieren die zunehmende religiöse Intoleranz gegen Christen und das Versagen der ägyptischen Regierung, die nicht imstande ist, sachgemäß zu ermitteln und die Verantwortlichen strafrechtlich zu belangen. Kopten, die Brandanschläge auf ihre Häuser in Armant bei der Polizei meldeten, wurden festgenommen und gezwungen, zu unterschreiben, dass sie selbst die Brandstifter gewesen seien. In einem Artikel las ich die Aussage des deutschen Bischofs der koptischen Kirche, Anba Damian: „Wir Christen werden in unserem Land wie Insekten behandelt. Es braucht eine Reform der religiösen Bildung. Junge Muslime müssen von klein auf Milde lernen, damit sie später nicht den Radikalen folgen. Kein Mensch wird als Gewalttäter geboren, sondern als Ebenbild Gottes. Die jungen Muslime benötigen eine vernünftige Lehre, die ihre Friedfertigkeit schult, in den Schulbüchern, den Moscheen und auch auf der Azhar-Universität".[103]

Kirchen in Qasr al-Shem'a

Hinter den Mauern der Festung Babylon, dem Viertel Qasr al-Shem'a, verbergen sich Kirchen und Klöster aus den frühen Jahrhunderten des Christentums und schmale Gassen mit ihren sozialen Strukturen, die bis heute funktionieren. Den Touristen, die sich in dieses Viertel verirren, sind die alten Gotteshäuser eher unbekannt. Tausende in Gottesdiensten abgebrannte Kerzen gaben dem Viertel den Namen Qasr al-Shem'a, Festung der Kerze. Schon Amr ibn al-As verwendete diesen Namen. Vermutet wird, dass er auf eine altpersische Tradition zurückgeht, Festungstürme mit Kerzen zu erleuchten. Besondere Verehrung genießt dieser Ortsteil einer Höhle wegen, in der Jesus, Maria und Josef auf ihrer Flucht vor Herodes Unterschlupf gefunden haben sollen. Jeder der ägyptischen Orte, in denen der Überlieferung nach, die Heilige Familie Rast gemacht hatte oder länger verweilte, ist ein wesentlicher Teil der koptischen-orthodoxen Religion. Durch den temporären Aufenthalt von Jesus in Ägypten ist es Teil des „Heiligen Landes" geworden. Die Kopten Ägyptens sind stolz auf ihre Heiligen, Märtyrer und Überlieferungen, die sie über die Jahrhunderte geprägt haben. Eine tiefe Frömmigkeit zeichnet diese Menschen aus, die von uns „Westlern" nicht nachvollzogen werden kann. Der Glaube an Wunder und Erscheinungen ist tief verwurzelt, diese zu hinterfragen oder gar anzuzweifeln, liegt den Gläubigen fern. Auch Träume und Visionen finden ihren Platz, wenn zum Beispiel eine Heiligenlegende Lücken aufweist.

Auf meiner Reise auf den Spuren des Christentums durch das Niltal, von Kairo bis nach Luxor, erlebte ich beim Besuch von Qasr al-Shem'a und den Klöstern im Wadi Natrun diese Verbundenheit der Menschen mit den göttlichen Mächten, allen voran mit Jesus Christus und der Jungfrau Maria. Ein Priester des weißen Klosters in Sohag sagte: „Ich bin Mönch geworden, um Gott zu erfahren. Ich fühle mich wie eine Braut Christi, so sehr liebe ich ihn." Dieses tiefe Gefühl vermittelte uns auch eine Nonne im Kloster Deir Dronka: „Ich liebe die Jungfrau Maria über alles, ich liebe sogar ihren Namen. Der Herr hat den Samen in mein Herz gelegt. Ich spüre die Jungfrau Maria im Herzen, sehe sie als Bild im Herzen, nicht im Kopf." Diese Selbstverständlichkeit und das Vertrauen, das aus diesen beiden Menschen sprach, hatte etwas Berührendes. Es legte auch bei mir jeden Zweifel lahm, ich hatte keine Fragen mehr.

Stufen führen zu einem Holztor hinunter, das sich ins Herz von Qasr al-Shem'a öffnet. Die Polizei ist präsent, um Bewohner und Touristen vor eventuellen terroristischen Angriffen zu schützen. Händler machen auf Heiligenfiguren, Öllämpchen, Laternen und das altägyptische Symbol für ewiges Leben, *anch*, aufmerksam. Eine enge überdachte Gasse dient als Buchhandlung. Auf Holzlatten werden Bücher in mehreren Sprachen über Heilige und andere Themen präsentiert. Auch CDs mit liturgischen Gesängen werden angeboten. Die Tradition der koptischen Musik reicht fast 2.000 Jahre zurück. Über 500 Hymnen sollen noch existieren, die von Generation zu Generation bis in die 1920er-Jahre mündlich weitergegeben wurden. Nie sollen sich Fremdeinflüsse unter die überlieferten Klänge gemischt haben, die auf pharaonischen Wurzeln basieren. Mehr als zehn Jahre Forschung investierte der spanische Musikwissenschaftler und Orchesterdirigent Rafael Pérez Arroyo in Zusammenarbeit mit Syra Bonet, um Informationen über die Musik des alten Ägypten zu recherchieren. Das intensive Studium von Instrumenten, die Folklore des Niltals und die koptische Musik dienten ihnen als Quellen. Für die Techniken und den Vokalgesang war die koptische Liturgie als Nachfolger der pharaonischen ausschlaggebend.

Die Hängende Kirche al-Muallaqa und Ikonen

Die stimmungsvollste Kirche im koptischen Viertel ist die „Hängende Kirche" oder „al-Muallaqa", die der Jungfrau Maria geweiht ist. Ihren Namen verdankt die Kirche den Überresten des römischen Südwesttores, auf denen sie erbaut wurde und den Eindruck erweckt, dort zu hängen. Sie gehört zu den ältesten Gotteshäusern Kairos, wobei ihr heutiges Aussehen aus dem 7. Jahrhundert stammt. Wahrscheinlich gab es schon im 3. Jahrhundert einen Vorgängerbau, der aber nicht belegt ist. Als der Sitz des Patriarchen von Alexandria nach Kairo verlegt wurde, stieg die Bedeutung dieses Gotteshauses. Bis zum Beginn des 14. Jahrhunderts wurden hier die koptischen Patriarchen gewählt und geweiht.

Mehrere Male besuchte ich das koptische Viertel und auch die Hängende Kirche. Beim ersten Besuch Mitte der 1990er-Jahre hatte ich den Eindruck, ein etwas verwahrlostes Gotteshaus zu betreten. Im Inneren sah es aus wie auf einer chaotischen Baustelle, auf der niemand arbeitete. Damals wusste ich noch nicht, dass die koptische Gemeinde von der Regierung nur sehr schwer eine Genehmigung für Renovierungen, geschweige denn einen Kirchenneubau, bekommt. „Moscheen werden vom Staat gebaut, die Gehälter der Imame zahlt der Staat mit Steuergeldern, die auch von Christen kommen. Für Kirchen bezahlt der Staat nichts. Im Gegenteil, es wird selten die Erlaubnis zum Bau oder zur Reparatur einer Kirche gegeben. Mein Vetter, ein Priester in Oberägypten, hat einmal eine Toilettentür in seiner Kirche repariert. Da hat man ihn vier Tage ins Gefängnis gesteckt, erzählte Fuad Ibrahim."[104]

Das Kirchen-Areal wird von der Sharie Mari Girgis aus durch ein prächtiges Tor betreten. Der Eingang ähnelt eher einer *madrasa* aus der Mamlukenzeit als einer Kirche, wenn sich da nicht ein koptisches Kreuz erheben würde. Ein länglicher, schön gepflasterter Innenhof, der von einem kleinen Garten mit Palmen und Kakteen bestimmt wird, öffnet sich. An der linken Mauerfront reihen sich mehrere bunte Mosaike mit Darstellungen aus dem Leben der Heiligen Familie aneinander, rechts sind Laternen und Holzpaneele mit kleinen Überdachungen zu sehen. Eine breite Treppe führt hinauf zur hoch aufragenden Kirche und zum eigentlichen Eingang des Gotteshauses. Eine Loggia mit zwei Säulen und geschnitzten Holzpaneelen, auf denen eine Statue der Gottesmutter Maria mit dem Jesuskind steht, lädt zur Sammlung ein, bevor man ins Innere der Kirche tritt. Drei Türen durchbrechen die Wand, aber nur die rechte ist geöffnet. Sie führt zur äußeren Vorhalle und weiter zum Narthex, der inneren Vorhalle, die sich über die ganze Breite des Kircheninnenraums erstreckt. Die westliche Wand des Hauptschiffes überrascht mit Steinschnitzereien, wunderschönen Inkrustationen aus Marmor und Türen mit geometrischen Mustern aus Holz und Elfenbein. Der Blick nach oben fällt auf die faszinierende

Konstruktion eines Tonnengewölbes aus Zedernholz. Die insgesamt fünf Schiffe sind unregelmäßig und durch spitzbogige Arkaden, die auf antiken Säulen ruhen, getrennt. Fünfzehn mehrfarbige Marmorsäulen tragen die Kanzel, *ambon*, auf die eine Steintreppe hinaufführt. Sie stammt aus dem 11. Jahrhundert und weist zwei Kreuzesdarstellungen in erhabenem Relief auf, ein Auferstehungskreuz und eines unter einer Muschel, von einem Kranz umgeben.

Eine üppig gestaltete Ikonostase[105] aus Ebenholz mit Elfenbein in Intarsientechnik trennt den Haikal, den Altarraum, vom Mittelschiff. Der Haikal besteht aus drei Kapellen, die dem heiligen Georg, der Jungfrau Maria und Johannes dem Täufer geweiht sind. Dunkelrote Samtvorhänge verdecken die Eingänge zu den Kapellen. Über der Ikonostase der Jungfrau Maria läuft eine Galerie mit wertvollen Ikonen, die durch ihre besondere Strahlkraft wirken. In der Mitte ist der thronende Christus zu erkennen, links von ihm seine Mutter Maria, der Erzengel Gabriel und der heilige Petrus. Johannes der Täufer, der Erzengel Michael und der heilige Paulus bilden die rechte Seite des Frieses. Auch die Wand zur Kapelle des heiligen Georg schließt mit einer Galerie aus fünfzehn Ikonen ab. Auf ihnen sind das Leben und die Peinigungen, die der Heilige erdulden musste, dargestellt. Insgesamt sollen sich 110 Ikonen in der al-Muallaqa Kirche befinden. Die älteste wird die „koptische Mona Lisa" genannt und stammt aus dem 8. Jahrhundert. Die meisten Ikonen stammen jedoch aus dem 18. Jahrhundert.

Wir bleiben noch in dieser stimmungsvollen Kirche und lassen die Stille auf uns wirken. Doch meine Augen wandern, sie treffen auf eine Ikone der Gottesmutter und verweilen dort. Das Wort Ikone stammt aus dem Griechischen und bedeutet Bild, Abbild oder Ebenbild. Besonders bei den Gläubigen der orthodoxen Ostkirchen, aber auch bei den Kopten Ägyptens, sind diese heiligen Bilder, denen große Verehrung entgegengebracht wird, nicht wegzudenken. Ikonen sind keine Abbilder der irdischen Welt, sondern durch sie öffnet sich ein Fenster zum Himmel und Gott kann erfahren werden. In einer Legende wird erzählt, dass der Evangelist Lukas die erste Ikone „geschrieben" haben soll. Es gibt auch Beispiele sogenannter Urbilder, wie das Mandylion, eine Christus-Darstellung, die nicht von Menschenhand verfasst wurde. Die Hauptmotive veränderten sich über die Jahrhunderte nur geringfügig. So werden großteils Jesus Christus, die Gottesmutter Maria, Heilige und Apostel auf den Ikonen dargestellt, allerdings in verschiedenen Variationen. Darüber hinaus gibt es Geschehnis-Ikonen, wie das Martyrium des heiligen Georg oder ganz aktuell die Heiligsprechung jener 21 Männer, die vom sogenannten Islamischen Staat IS in Libyen am 15. Februar 2015 hingerichtet wurden. Nachdem sie vom koptischen Papst heiliggesprochen worden waren, entstand auch die entsprechende Ikone dazu.
Ikonen werden in der Regel auf Holz, vor allem auf Lindenholz, gemalt, können aber

auch auf Metall, Glas oder anderen Materialien aufgetragen werden. Die ältesten stammen aus dem 6. Jahrhundert und wurden noch mit der schwierigen Technik der Enkaustik hergestellt. Dabei werden in Wachs gebundene Pigmente heiß auf den Malgrund aufgetragen. Später kamen andere Maltechniken und der Goldhintergrund hinzu. Jede Geste, Farbe und Position hat eine Bedeutung. Die Farbe Gold nimmt dabei eine Sonderstellung ein, da sie von innen heraus leuchtet und der göttliche Glanz damit in die irdische Welt tritt. Die Ikonenmaler haben die Verpflichtung dieses Licht, das auch als „Offenbarungslicht" bezeichnet wird, mit ihrer Kunst hervorzurufen.

Griechisch-Orthodoxe Kirche des heiligen Georg, Kanisat Mari Girgis

Schon von der Hängenden Kirche aus konnte ich den massiven Rundbau mit Kuppel der griechisch-orthodoxen Kirche sehen. Die Basilika des heiligen Georg, Mari Girgis, steht erhöht auf den Fundamenten des nördlichen Rundturmes der römischen Festung. Der Name Mar ist wahrscheinlich syrischer Abstammung und bedeutet „Herr". Es war ein Titel, mit dem Heilige und Bischöfe angesprochen wurden.

Eine Engelstatue über einem Brunnen vor einem riesigen Eukalyptusbaum weist uns den Weg. Eine Treppe mit zwanzig Stufen führt zu einer Art Tempelfassade im griechischen Stil mit dem typischen flachen Dreieckdach. Diese bildet die Einrahmung für ein Hochrelief, das den heiligen Georg im Kampf mit dem Drachen zeigt. Geboren im 3. Jahrhundert in Kappadokien und im Jahr 307 in Palästina gestorben, gehört der heilige Georg zu den wichtigsten christlichen Heiligen. Während der Christenverfolgungen unter Diokletian soll er das Martyrium erlitten haben. Von daher gilt er in den orthodoxen Kirchen als Groß- oder Erzmärtyrer. Historische Aufzeichnungen sind jedoch spärlich. Was über den Sohn eines römischen Offiziers bekannt ist, stammt aus der Hagiografie, die das Leben von Heiligen umfasst.

Weitere Stufen leiten zum Eingang der Basilika. Grünpflanzen in Töpfen, wie jene, die wir in Fustat gesehen hatten, verleihen dem massiven Steinbau etwas Leichtigkeit. Von Weihrauch geschwängerte Luft empfängt uns, als wir in das Halbdunkel der Kirche treten, die auch als Begräbnisstätte der griechischen Patriarchen dient. Das prächtige Bauwerk geht auf das 10. Jahrhundert zurück, wurde 1904 durch einen Brand zerstört und 1909 wieder aufgebaut. Durch Bleiglasfenster dringen vereinzelt Sonnenstrahlen in den Kirchenraum und verleihen ihm eine mystische Ausstrahlung. Links vom Eingang befindet sich ein Relief des heiligen Georg, das sich von einer Silberplatte abhebt. In der Mitte des Rundbaus, den mächtige rote Marmorsäulen mit vergoldeten Arkaden tragen, ist ein achteckiger Bereich mit einem Eisengitter abgegrenzt, über dem ein Kronleuchter zu schweben scheint. An dieser Stelle muss man den Blick nach oben in die Kuppel richten. Auf blauem Grund strahlt aus einer kreisförmigen Malerei Jesus Christus Pantokrator, der Weltenherrscher, auf die Gläubigen herab. Heiligendarstellungen füllen den Platz zwischen Bogenfenstern, die rund um die Kuppel angebracht sind. Schreine, hohe Kerzenleuchter, Kanzeln, Tische und einige Holzbänke bilden das weitere Interieur. Die moderne Ikonostase wirkt wie ein Bollwerk aus rotem Marmor und Gold, sie schirmt den Haikal ab. Zahlreiche Ikonen, in zwei Reihen angebracht, jede einzelne mit Säulchen und einer zarten goldenen Arkade eingefasst, schmiegen sich harmonisch in die Rundung der Basilika links und rechts des Haikals.

Eine Treppe führt zu mehreren Kapellen, von denen eine den vierzig Märtyrern von Sebaste geweiht ist. In Sebaste, dem heutigen Sivas in der Türkei, war die XII. römische Legion Fulminata stationiert. Als sich vierzig Soldaten weigerten, den Göttern zu opfern, wurden sie getötet. Was sich auffallend durch die vielen Heiligenlegenden zieht, ist die freudige Annahme des Todes. Man könnte jetzt glauben, dass diese Haltung nur für das frühe Christentum zutrifft, dem ist aber nicht so. Der aktuellste Fall betrifft jene oben erwähnten 21 Kopten, die im Alter von 22 bis 46 Jahren in Libyen vom IS geköpft wurden. In den 43 Tagen ihrer Geiselhaft blieben sie ihrem christlichen Glauben treu. Mit den Worten „Herr Jesus" sollen sie gefasst in den Tod gegangen sein.

Koptisches Nonnenkloster, Kapelle des heiligen Georg

Es wird nun etwas verwirrend, da es auch noch eine koptische Georgs-Kapelle und ein Georgs-Kloster gibt. Schon der islamische Historiker al-Maqrizi erwähnte das Nonnenkloster in Qasr al-Shem'a. Der Konvent beherbergt Reliquien des heiligen Georg, die sich in al-Qalamun, in der westlich des Nils gelegenen Oase Dakhla, im Samuel-Kloster befunden haben sollen. Einem Traum des Abtes Markus al-Samwili zufolge, veranlasste Papst Gabriel III. im 15. Jahrhundert deren Überführung nach Alt-Kairo. Vom Qalamun-Besuch in Erinnerung geblieben sind mir nicht nur Ruinen, die sich oberhalb des Ortes erheben, sondern vor allem die Kinder. Selten habe ich so fröhliche Jungen und Mädchen gesehen, die uns mit allen möglichen Grimassen und Tanzschritten unterhielten.
In der zweiten Hälfte des 20. Jahrhunderts läutete der Patriarch Kyrill VI. die sogenannte Erweckungsbewegung der koptisch-orthodoxen Kirche ein, die die Gemeinden zu einem frommeren Leben anleiten sollte. In dieser Zeit stiegen auch die Eintritte in die Klöster. Kyrill soll ein außergewöhnlicher Mensch gewesen sein. Durch

seine harte, asketische Disziplin, die aus Fasten, Beten und Wachen bestand, war er für die Gläubigen ein Heiliger. Er wurde sehr verehrt, soll viele Wunder gewirkt haben und auch die Erscheinungen der Gottesmutter Maria im Viertel al-Zeitoun in Kairo fielen in seine Amtszeit (s. Kap. „Gedanken zu den Marienerscheinungen"). Die Erweckungsbewegung hatte außerdem Einfluss auf das Nonnenkloster des heiligen Georg, das einen großen Aufschwung erlebte.

Wir hören von einer seltsamen Praktik, die heute noch von den Nonnen angeboten werden soll: jene des wundertätigen Eisenrings und der Kette. Wir lauschen einer uns bisher unbekannten Geschichte über die Kette des Apostels Petrus, die seit dem 5. Jahrhundert in einer Basilika in Rom verehrt wird und als wichtige Reliquie gilt. Es soll jene Kette sein, mit der Petrus in Jerusalem gefesselt und nach Rom transportiert worden war. Die Nonnen in Qasr al-Shem'a bieten den Gläubigen den eisernen Halsring und die Kette des heiligen Georg an. Die wunderwirkende Reliquie ist über vier Meter lang und wird meistens von Frauen benutzt, aber auch Männer holen sich manchmal damit den Segen des Heiligen. Wem auch immer der Ring um den Hals gelegt und die Kette um den Körper geschlungen wird, der diese noch ehrfürchtig küsst und dazu betet, kommt in einen besonders gnadenvollen Zustand.

Die Reliquienverehrung ist ein wesentlicher Faktor bei den Kopten. Im Laufe der Zeit wurden dem Nonnenkloster viele Reliquien geschenkt. Neben jenen des heiligen Georg besitzen sie auch welche der heiligen Agatha aus dem 3. und der heiligen Lucia aus dem 4. Jahrhundert. Ich habe mich schon oft gefragt, wo all diese Gebeine (weltweit) herkommen, ob sie tatsächlich der verehrten Person gehörten und warum sie angebetet werden. Meine Vermutung ist, dass es bei der Verehrung nicht um die Knochen oder sonstigen Reliquien geht, sondern um die besonderen Lebensumstände der Heiligen. So wie sie ihr Leben in schlimmen Zeiten meisterten, dienen sie als Vorbild und können Ansporn im Leben des Einzelnen sein. Durch die Taten und den festen Glauben der Heiligen werden ihnen besondere Fähigkeiten zugeschrieben, die den Menschen helfen können und segensbringend wirken sollen.

Nach diesen Ausführungen betreten einen begrünten Hof. Der erste Blick fällt auf eine Skulptur des Drachentöters Georg. Am Sockel lehnt ein großes Bild dieses Heiligen, eingefasst mit einem blauen Rahmen. Restaurierungsarbeiten scheinen im Gange zu sein. Sand, Kalksteinblöcke und in Säcken lagerndes Baumaterial erschweren uns den Zugang zur „Chaplet of Saint George" aus dem 8. Jahrhundert. Über dem Rundbogen des Eingangs ragt ein ansprechender *mashrabiya*-Erker mit Vordach heraus. Ein Handwerker ist mit der Bearbeitung eines Steinblocks beschäftigt, er überprüft gerade die Kanten mit einem Winkelmaß.

Nabil kündigt uns einen ungewöhnlichen Raum an, der von historischem Interesse sein soll. Er ist von der Kapelle durch ein sehr hohes Tor mit Holzschnitzereien separiert. Im frühen Mittelalter sei dieser Raum noch von den Mamluken benutzt und erst im 14. Jahrhundert in ein Gotteshaus umgewandelt worden, erklärt Nabil. Einfache Paneele in *mashrabiya*-Technik markieren die Abgrenzung zum Haikal, auf einem mit Silber beschlagenen Altar leuchten Kerzen, die in einem Sandbecken stecken.

Kirche der Heiligen Sergius und Bacchus, Abu Serga

Die Georgsgasse verbindet die Kirche der Heiligen Sergius und Bacchus im Süden mit der Marienkirche Kasirat al-Rihan im Norden. In koptischen und arabischen Schriften wird diese seit dem 17. Jahrhundert Kanistat al-Asra Kasriat al-Rihan, Kirche der Heiligen Jungfrau des Basilikum-Topfes, genannt. Sie ist seit einem Brandanschlag in den 1970er-Jahren immer noch geschlossen.

Mit der Sankt Sergius und Sankt Bacchus Kirche aus dem 5. Jahrhundert betreten wir wieder eine der ältesten Kirchen Kairos. Sie ist zwei Märtyrern, Sergius und Bacchus, sogenannten Soldatenheiligen, geweiht. Errichtet wurde sie über einer Krypta, in der der Legende nach die Heilige Familie Schutz gesucht haben soll. Nachdem auch diese Kirche bei einem Brand in Fustat um 750 während der Regentschaft des Kalifen Marwan III. zerstört worden war, konnte sie im 10. und 11. Jahrhundert wieder neu errichtet und in Folge mehrmals restauriert und umgebaut werden. Im Inneren weisen zwei Tafeln darauf hin, dass es sich tatsächlich um einen Aufenthaltsort der Heiligen Familie handelt. Auf der einen Tafel steht: „An diesem heiligen Ort, wurde der Heiligen Familie, Maria, Josef und dem Christuskind, Asyl gewährt, um Hoseas Propheziung [Hosea war ein Schriftprophet, der um 750 vor Christus lebte] zu erfüllen." Darunter ist eine Ikone angebracht, die die Heilige Familie auf ihrem Ritt nach Ägypten darstellt. Die zweite Tafel beschreibt die Ursache der Flucht und zeigt zwei Fotos der Krypta.

Den Innenraum der Basilika erlebte ich bei meinen Besuchen unterschiedlich. Während einmal die Mauern verputzt waren, konnte ich bei einem anderen Besuch die freigelegten Ziegel bewundern, da die Kirche gerade renoviert wurde. Zwölf Säulen, elf aus Marmor und eine aus rosafarbigem Granit, trennen das Hauptschiff von den Seitenflügeln. Sie sind mit Darstellungen der Apostel bemalt. Die Original-Kanzel wurde ins koptische Museum gebracht und durch die Kopie der Kanzel in der Barbara Kirche ersetzt. Die prächtige Ikonostase stammt aus dem 12. Jahrhundert. Sie ist aus Ebenholz mit Elfenbeineinlegearbeiten gefertigt und trennt das Hauptschiff vom Altarraum. Dahinter ist eine Kuppel zu erkennen, die sich in einer Apsis erhebt, wo sich auch das Baptisterium befindet. Über der Ikonostase verläuft ein Fries mit dreizehn Ikonen, auf dem die Gottesmutter Maria und die zwölf Apostel dargestellt sind. Von den Seitenkapellen führen Stufen hinunter in die Krypta. Die unterirdische Anlage, die in eine Höhle hineingebaut wurde, war das Heiligtum der ursprünglichen Kirche. Sie wurde erst zur Krypta, als darüber eine größere Kirche entstand. Leider hat Kairo mit einem hohen Grundwasserspiegel zu kämpfen und die Krypta stand jahrelang unter Wasser. Eine Tafel beim Eingang weist auf Aktivitäten hin, die den Stand des Grundwassers senken sollen. Sie wurden vom ägyptischen Supreme Council of Antiquities und der amerikanischen Agency for International Developement durchgeführt.

Kirche der heiligen Barbara

Wir dringen noch tiefer in das Viertel ein und kommen östlich der Abu Serga Kirche in die Haret al-Sitt Barbara zur Kirche der gleichnamigen Heiligen. Ursprünglich wurden hier die Heiligen Cyrus und Johannes aufgrund ihrer Heilkräfte verehrt. Eine kleine Kapelle an der Nordostseite erinnert noch an die zwei Märtyrer. Athanasius, der wohlhabende Sekretär von Abdelaziz Ibn Marwan, im 7. Jahrhundert Gouverneur in Ägypten, ließ die Kirche errichten. Als bei Renovierungsarbeiten ein Holztor gefunden wurde, konnte der Bau ins 4. Jahrhundert rückdatiert werden und ist daher von historischer Bedeutung. Doch erst aus dem 12. Jahrhundert gibt es Hinweise auf die Reliquien der heiligen Barbara, denen zu Ehren ein Anbau erfolgte. Wieder ist es der Kairoer Historiker al-Maqrizi, der von dem schönen Gotteshaus berichtet, das er zu seiner Zeit selbst gesehen hat.

Das Schicksal der heiligen Barbara war mehr als dramatisch. Sie konvertierte zum Christentum und wollte auch ihren Vater überzeugen, die neue Religion anzunehmen. Zornig darüber, ließ er sie in einen Turm sperren. Die tapfere Barbara blieb ihrem Glauben treu und verleugnete Jesus Christus nicht. Auch Folterungen brachten kein Ergebnis. So soll sie in einem Teich, gefüllt mit ihrem eigenen Blut, gestanden haben. Doch alle Wunden verheilten auf Gottes Geheiß. Daraufhin geriet ihr Vater derart in Rage, dass er sie eigenhändig enthauptete.

Der heutige Bau ist eine dreischiffige Basilika und umfasst den Eingangsbereich, einen Narthex, die Kirchenschiffe und den Haikal. Die sehenswerte Kanzel wird von zehn Säulen gestützt. Auch ein Wasserbecken, das für die Fußwaschung am Gründonnerstag benutzt wird, kann betrachtet werden. Nur das Hauptsanktuar, der Haikal der heiligen Barbara, besitzt eine Apsis, die beiden anderen Kapellen bestehen aus rechteckigen Räumen. Die Ikonengalerie mit neun Motiven zeigt Jesus in der Mitte, links von ihm die Gottesmutter Maria. Viele wertvolle Gegenstände, die sich in der Kirche befanden, wurden ins koptische Museum gebracht, wie ein Bibel-Kästchen und die ursprüngliche Abgrenzung zum Haikal, die aus Sykomoren- und Zedernholz besteht und noch aus der Fatimidenzeit stammt. 45 Paneele sollen es insgesamt sein, in verschiedenen Größen und mit geschnitzten Reliefs von Musikzeremonien, Reitern auf galoppierenden Pferden, Gazellen und Mönchen verziert.

Wie in den anderen koptischen Kirchen, gab es auch in der Barbara Kirche ein Sandbecken. Es diente dazu, Kerzen hineinzustellen, sie anzuzünden, ein Gebet zu sprechen oder eine Bitte zu äußern. Genau das tat ich. Ich kaufte eine Kerze, entzündete sie und steckte sie in den Sand. Kurz nachdem ich ihr den Rücken zugekehrt hatte, kam ein eifriger Aufpasser, blies die Kerze aus und stellte sie wieder in eine Schachtel für die nächsten Käufer. Doch der Besuch der Kirche der heiligen Barbara berührte mich. Das gedämpfte Licht und die archaische Ausstrahlung ließen mich ruhig werden und regten mich zur Meditation an. Durch einen Gesang fand sie ein frühes Ende. Eine Lehrerin war mit ihrer Mädchenklasse in die Kirche gekommen, um zur heiligen Barbara zu beten und zu singen. Die sanften, lieblichen Stimmen drangen in mein Bewusstsein und ließen mich wieder in die Gegenwart zurückkommen. Ich wurde eingeladen, mitzusingen, was anhand der Sprache etwas schwierig war. Doch die scheuen Blicke der Mädchen und ihr Lächeln nahm ich mit.

Gedanken zu den Marienerscheinungen in Kairo

Verschiedene Orte und Kirchen in Ägypten werden heute als einstige Stationen der Flucht der Heiligen Familie vor Herodes bezeichnet. Eine dieser Kirchen, jene der Heiligen Jungfrau von Zeitoun, in einem Vorort von Kairo gelegen, kam 1968–1969 zu großen Ehren, obwohl sie nicht zu jenen Orten gehörte. Zu dieser Zeit hatte Vater Mena als koptischer Papst Kyrillos VI. den Heiligen Stuhl des Apostels Markus inne. Er war sehr beliebt, da man glaubte, dass er mit Gott selbst und den Heiligen in Verbindung stand. Abba Kyrillos glich den koptischen Heiligen der frühchristlichen Zeit. Und was da geschah, konnte nur eine Belohnung seiner guten Taten gewesen sein. In einem Bericht des koptisch-orthodoxen Patriarchats vom Samstag, 4. Mai 1968, hieß es: „Seit Dienstag, 2. Mai 1968 abends, gingen die Erscheinungen der heiligen Jungfrau Maria, der Gottesmutter, in ihrer Kirche in Zeitoun, Kairo, ununterbrochen weiter. Die Erscheinungen waren in mehreren Nächten zu sehen und gehen weiter".[106]
Als erste sollen sie Arbeiter, die abends beim Busdepot beschäftigt waren, gesehen haben. Wie ein Lauffeuer verbreitete sich die Nachricht und in kurzer Zeit war der Ort der Erscheinung gefüllt mit Menschen aller Nationalitäten und Konfessionen. Während die Schaulustigen zu Beginn noch über das, was sie sahen, rätselten, die

Erscheinung sogar für eine Selbstmörderin hielten und die Polizei anriefen, löste der Ausruf „Das ist kein Mensch, das ist die Jungfrau" einen Wirbel sondergleichen aus. Gebete und Gesänge wurden laut, die Menschen waren wie hypnotisiert. Man muss sich vielleicht in so eine Situation hineinfühlen, um zu verstehen, was da passierte. Ein himmlisches Wesen gewährte den herbeiströmenden Massen eine ganz besondere Gnade. 1968 gab es noch keine Smartphones und Kameras hatten die Menschen auf ihrem Nachhauseweg sicher nicht dabei. Da die Jungfrau Maria über einen längeren Zeitraum immer wieder in unterschiedlichen Formen erschien, die längste Erscheinung dauerte fünf Stunden, gelangen auch eindeutige Fotos. Einige Male trug sie Jesus auf dem Arm oder kniete betend vor dem Kreuz der Kuppel, manchmal hatte sie einen Olivenzweig in der Hand. „Zeitoun" bedeutet Olive und verwies auf den Namen der Kirche. Bei all diesen Erscheinungen kam es zu erstaunlichen Spontanheilungen, die von einem koptisch-päpstlichen Komitee erfasst und dokumentiert wurden. Sogar der damalige Präsident Nasser soll die Erscheinung gesehen haben. Er war inkognito angereist und soll sich in einem Nebengebäude verborgen haben.

Die Höhlenkirchen im Muqattam-Berg

Die größte Höhlenkirche ist jene, die der Jungfrau Maria und dem heiligen Simon oder Samaan, dem Gerber, geweiht ist.

Lange Zeit wusste ich nichts von den unterirdischen Kirchen im Muqattam-Berg. Erst als ich mich mit der Müllsiedlung Manshiet Nasser zu beschäftigen begann und auf den Verein „Solar Cities" stieß, entdeckte ich sie. So kam es, dass ich eine Reise nach Kairo plante und die Kirchen im Berg ins Programm aufnahm. Schon nach den ersten Fotos, die ich im Internet recherchierte, fragte ich mich, warum es dort so viele Höhlen und Grotten gibt.

Die Hügelkette des Muqattam liegt östlich der Altstadt von Kairo und zieht sich hinter der Zitadelle noch zwanzig Kilometer in südlicher Richtung bis nach Heluan. Der Muqattam-Steinbruch war schon im Altertum unter dem Namen Tura bekannt, wo Kalkstein erster Klasse abgebaut wurde. Seien es die Pyramiden von Giza, gebaut aus Millionen Kalksteinblöcken, Grabbauten aus unterschiedlichen Epochen, mittelalterliche Gebäude aus der Fatimiden- und Mamlukenzeit oder moderne Regierungsgebäude - Kalkstein war und ist vielseitig verwendbar. Es handelt sich um ein Sedimentgestein, das überwiegend aus Kalziumkarbonat in Form der Mineralien Kalzit und Aragonit besteht. Diese Gesteinsformen sind vorwiegend durch Lösungs- und Kohlensäureverwitterung von biogenen Kalksteinen und ähnlichen Sedimenten mit hohen Gehalten an Kalziumkarbonat entstanden. Durch die Verwitterung stürzten Bereiche ein und es bildeten sich Höhlen und Grotten. Schon die Alten Ägypter bauten das Gestein nicht nur im Tagebau ab, sondern gruben sich auch unterirdisch durch den Berg und höhlten ihn weiter aus.

Kein Weg führt an der Müllstadt Manshiet Nasser vorbei, wenn man den Kirchen im Berg einen Besuch abstatten will. Wir treffen uns mit Christine, einer Koptin, und Wagdy vom Verein Solar Cities, die uns zu diesen speziellen Orten begleiten. Die Route führt uns nach Osten, hinter den Azhar Park und am besiedelten Nordfriedhof vorbei, nach Manshiet Nasser und in Serpentinen den Berg hinauf. Ein atemberaubender Anblick bietet sich, als wir ein Plateau mit hoch aufragenden Felstürmen erreichen. Die Wände sind voll von Reliefs mit Heiligen und biblischen Szenen, herausgeschlagen aus dem Kalkstein und teilweise bemalt. Wir entdecken den „Stall von Bethlehem" mit der Heiligen Familie, den Hirten und den Heiligen drei Königen. Auf dem Dach stehen ein altes Schöpfrad und ein Holzkreuz. Schriften in Arabisch und Englisch überziehen teilweise die Felsen. Über dem auf seinem Thron sitzenden Jesus Pantokrator, dem Weltenherrscher, kann ich *„Will see the son of man coming in the clouds with great power and glory"*, entziffern[107]. Auch das Grab von Jesus findet seinen Platz. Ein Loch im Felsen mit einem zur Seite geschobenen Mühlstein markiert die Stelle: *„He is not here, he has risen, just as he said"*[108].

Vor dem mächtigen Felsen erheben sich zwei Kirchtürme in den Himmel. Das Gebäude wirkt wie eine Bastion vor einem Heiligtum. Es markiert den Eingang in die größte Höhlenkirche, die der Jungfrau Maria und dem heiligen Simon oder Samaan, dem

Gerber, geweiht ist. Der Felsen entpuppt sich als Überhang, in dem eine Art Amphitheater untergebracht ist. In Viertelkreisen reihen sich Betonbänke mit Holzauflagen aneinander, um Tausenden von Gläubigen Platz zu bieten, bis hinunter zu einem Vorplatz mit einer Holzschranke. Mehrere spitzbogige Türen leiten ins Innere der Kirche, die mittlere mit sechs, die beiden seitlichen mit jeweils vier Flügeln. Im mittleren Spitzbogen findet sich eine Darstellung des letzten Abendmahls mit einem stehenden Jesus und elf sitzenden Aposteln (ohne den Verräter Judas). Zwei Engel mit Posaunen fliegen auf sie zu. Kleine Altäre mit bunten Heiligendarstellungen heben sich von grauen Felswänden ab. Über den Türen verläuft eine Galerie mit zwölf Ikonen. Auf der seitlichen Felswand können Szenen aus dem Leben Jesu betrachtet werden: die Verkündigung Mariens, die Geburt im Stall von Bethlehem und die Flucht nach Ägypten. Gerüste und im Entstehen begriffene neue Reliefs deuten auf die Arbeit des polnischen Künstlers Mario hin, der hier seine Lebensaufgabe gefunden hat.
Unsere Begleiterin Christine weist auf ein Bild hin, dessen interessante Geschichte sie schon angedeutet hatte. In der koptischen Gemeinde reden heute noch Gläubige gerne über das „Muqattam-Wunder-Fasten", die Geschichte des Kalifen al-Mu'izz und des koptischen Papstes Abraham ibn Zar'ah. In einem religiösen Gespräch mit dem Wesir Ibn Killis und dem Juden Moses erinnerte der Wesir den koptischen Papst an den Ausspruch von Jesus: „Wenn ihr Glauben habt wie ein Senfkorn, so könnt ihr zu diesem Berg sagen, hebe dich hinweg und er wird sich heben und nichts wird euch unmöglich sein". Der Kalif verlangte daraufhin vom Papst, diesen Ausspruch vor seinen Augen zu verwirklichen, andernfalls würde er ihn enthaupten lassen. Wissend, dass das keine leere Drohung war, bat der Papst um drei Tage Vorbereitungszeit. Am dritten Tag erschien Abraham die Gottesmutter. Sie sagte ihm, dass es auf dem Markt einen Einäugigen gäbe, durch den das Wunder geschehen würde. Papst Abraham traf Samaan, den Gerber, der ihm riet, mit seinen Priestern und dem christlichen Volk zum Berg zu ziehen. Dort solle er sich dreimal niederwerfen, den Berg dreimal segnen und dreimal „Herr, erbarme Dich" rufen. Tatsächlich erhob sich der Muqattam und schwebte von Alt-Kairo an jenen Ort, wo er sich heute befindet. Durch diese Legende beträgt das koptische Weihnachtsfasten nicht vierzig, sondern 43 Tage und beginnt schon am 25. und nicht erst am 28. November.

Samaan, der Gerber, lebte im 10. Jahrhundert in Alt-Kairo während der Zeit des fatimidischen Kalifen al-Mu'izz. Als sein Skelett und ein Tontopf 1991 in der al-Muallaqa Kirche gefunden wurden, brachte man alles in die Höhlenkirche, die seinen Namen trägt, was sie dadurch zu einem Wallfahrtsort macht. Seine Reliquien befinden sich nun an Ort und Stelle in einem Glaskasten.
Die Arbeiten an der Kirche begannen zwischen 1974 und 1979, als ein Relief der

Jungfrau Maria mit dem Jesuskind plötzlich an der Decke „wie aus dem Nichts" auftauchte. Die hier wohnenden Menschen, die Zabbalin oder Müllsammler, sahen das als eindeutiges Zeichen von Gottes Werk und Wohlwollen. Ein Priester beobachtete uns mit Interesse, schloss sich uns an und berichtete von den Schwierigkeiten, die beim Bau der Kirche entstanden waren. Mit den Ausgrabungen hätten sie während des Ramadan begonnen, erzählte er. Immer wenn auf der Zitadelle die Böller krachten, um das Fasten zu beenden, zündeten sie Sprengstoff in der Höhle. Letztendlich kam eine staatliche Kommission, um das Relief zu begutachten. Da seitens der Behörde die Echtheit festgestellt wurde, durften die Arbeiten fortgesetzt werden. Zu Beginn bestand die Kirche nur aus einer Kalksteinhöhle, wo die Gläubigen auf Strohmatten um den Altar herumsaßen. Als immer mehr Menschen herbeiströmten, „segnete Gott den Ort" und die Kirche konnte zwischen 1986 und 1994 vergrößert werden.

Wir erfahren auch, dass einmal wöchentlich unzählige Gläubige zur Kirche kommen, um vom koptischen Bischof den Segen zu empfangen. Bei solchen Zusammenkünften werden auch Krankheiten behandelt und Exorzismen durchgeführt, an denen nicht nur Christen, sondern auch Muslime teilnehmen. Muslime kommen zum Priester, wenn der Scheich nicht weiterhelfen kann, und der Christ konsultiert den Scheich, wenn der Priester keine Lösung findet. Bei den Muslimen spielen die Dschinns eine große Rolle, die nach islamischer Auffassung in uns und um uns herum existieren und Einfluss auf uns ausüben. Die Samaan Kirche und Manshiet Nasser sind mittlerweile in ganz Ägypten für Erlösungsgottesdienste und „Teufelsaustreibungen" bekannt. Mit *kyrie eleison* und der Bekanntgabe des Namens des Dschinn sind beide erfolgreich, der Priester und der Scheich.

Wir folgen Wagdy, der uns einen weiteren Höhepunkt ankündigt, die Felsenhalle von Samaan. Ein gemauerter und mit Reliefs bearbeiteter Durchgang leitet uns in einen mit Stoffen überdachten Gang. Eine Kuppel ragt aus dem Boden, jene der unterirdischen Markuskirche. Sie ist mit bunten Mosaiken gestaltet, die wieder Szenen aus der Bibel zeigen. Der Gang führt weiter zu einer beeindruckenden Felsenhalle, mit der es eine besondere Bewandtnis hat. Als sie 1979 entdeckt wurde, war sie immerhin an die siebzehn Meter hoch und bis obenhin mit Tonnen von Gestein gefüllt. Erst nach mehreren Jahren mühseliger Arbeit, das Gestein musste auch abtransportiert werden, ging es voran und Räume entstanden auf zwei Ebenen. Auf der oberen Ebene liegt die Halle des Samaan mit rund 2.000 Sitzplätzen. Ein Podium mit einer Leinwand und Scheinwerfern lässt vermuten, dass hier Versammlungen stattfinden, was Wagdy bestätigt. Viele Szenen aus der Bibel, in erhabenem Relief gearbeitet, füllen auch hier die Wände. Eine Szene zeigt eine sitzende Frau, die den Mantel eines

Mannes festhält, der anscheinend weggehen will. Die Beschreibung lautet *„she caught him by his cloak and said, come to bed with me. But he left his cloak in her hand and ran out*[109]*"*. Ob es sich wohl um den heiligen Samaan handelt, der der freundlichen Einladung nicht folgen wollte?

Das Gelände birgt noch eine weitere unterirdische Kirche, jene des heiligen Bola, des ersten Einsiedlers Paulus von Theben.
„Sie wurde nach dem ersten rechtschaffenen Pilger benannt", erklärt Christine.
Jener Bola lebte siebzig Jahre als Eremit in Höhlen. Sein Auge traf in dieser Zeit auf kein menschliches Antlitz. 1986 wurde während Bauarbeiten eine Grotte entdeckt, als ein großer Felsbrocken herunter stürzte und ein Loch erzeugte. Aus diesem Raum wurde die Bola-Kirche. 1992 brach durch einen elektrischen Funken ein Brand aus, wobei alles, bis auf ein Bild von Jesus und dem Altar, zerstört wurde.
Die pharaonischen Steinbrucharbeiter ließen mehrere massive Pfeiler, die mit Arkaden verbunden sind, stehen, um die Stabilität der Höhle zu gewährleisten. Die Decke der Bola Kirche ist bis in die Rundbögen hinein rußgeschwärzt. Es ist sehr schwül im Bauch der Erde, Ventilatoren an der Decke und am Boden verschaffen uns etwas Kühlung. Um die Pfeiler gemauerte Bänke mit schwarz-weiß gemusterten Sitzauflagen laden zum Bleiben ein. Ein roter Teppich bedeckt den Boden, er schluckt den Staub. Bilder von Heiligen, der Jungfrau Maria und Jesus hängen an den Wänden. Vor einem roten Samtvorhang, der den Altarraum abschirmt, kniet eine junge Frau, in Andacht versunken.

Open Air Recycling Manshiet Nasser

I Dächer als Mülllagerstätten, hier wird sortiert

II Plastiktrennung

III Ich bin Supermann

IV Koptische Malerei auf einem Balkon

V Bei APE, eine wohltätigen Organisation

Manshiet Nasser, *garbage city*, ist die am dichtesten bevölkerte Slumsiedung Ägyptens und die drittgrößte weltweit. Die Einwohnerzahlen schwanken zwischen 60.000 und 200.000, manche Quellen nannten sogar über eine Million. Schon seit mehreren Jahrzehnten befindet sich die informelle Siedlung am Fuße des Berges, wo die Zabbalin, die Müllsammler, leben und arbeiten. Informell bedeutet, dass die Häuser ohne Pläne und ohne staatliche Genehmigungen errichtet wurden (s. Kap. „Anders Wohnen in Kairo"). Das Entstehen solcher „Elendsviertel" hat zu einem hohen Prozentsatz mit der Landflucht zu tun, die rund um den Globus wahrgenommen werden kann. So pilgern auch die Fellachen des Niltals in die Städte, vor allem nach Kairo. Die Slums wachsen, Wohnraum wird knapper und knapper, die Chancen auf eine Verbesserung der Lebenssituation werden geringer. Ende der 1990er-Jahre beschlossen die Behörden, das Viertel abzureißen, nahmen dann aber Abstand davon, da schon zuviele Menschen dort lebten. „Manchmal wird sogar in Etappen geschlafen, weil zuwenig Platz ist für alle Familienmitglieder, nicht jeder hat ein eigenes Bett, viele Familien leben in nur einem Raum. Auf den Staat können wir uns nicht verlassen, der ist mit der Situation völlig überfordert. Misswirtschaft und Korruption dominieren, die Menschen müssen sich selbst helfen, um zu überleben", erzählt Wagdy.

Wir hören von ihm auch, dass es unter den Müllsammlern sogar sehr Wohlhabende mit großen Häusern gibt. Sie könnten es sich leisten, in eine bessere Gegend zu übersiedeln, ziehen es jedoch vor, zu bleiben. Sie gehören jener Gruppe an, die mit europäischen Müllentsorgungsfirmen kooperieren, die von der Regierung beauftragt wurden, Kairos Müllproblem zu lösen. Die ausländischen Firmen luden den Müll einfach in der Wüste ab. Sie stellten zwar Container in Kairos Straßen auf, die aber innerhalb kurzer Zeit gestohlen wurden. Auch wenn sie verblieben wären, hätte das nichts geändert. Die Kairoer wollen mit ihren Abfällen nichts zu tun haben und schon gar nicht zum Container gehen. Sie wollen, dass ihr Hausmüll von den Müllsammlern direkt an der Wohnungstür abgeholt wird, so wie es seit Jahrzehnten praktiziert wird. Dabei bekommen die Zabbalin nicht einmal Geld dafür, ihr Verdienst ergibt sich aus dem Trennen, Recyceln und Verkaufen von Plastik, Karton, Glas und Eisen sowie der Verfütterung des Bioabfalls an Schweine.

„Nur wenige wissen, dass es zwei Kategorien [von Müllsammlern] gibt. Unter den Zabbalin hat sich nämlich im Laufe der Zeit ein kompliziertes System herausgebildet. Es besteht einerseits aus Gruppen, die schon früh im Müllgeschäft tätig waren und es heute kontrollieren, und andererseits aus den meist später aus Oberägypten Zugewanderten, die bis heute den Müll einsammeln und sich selbst Zarrabin nennen, was soviel wie Viehpferch bedeutet. Ihre wichtigste wirtschaftliche Basis waren bis zum April 2009 ihre Schweine, die sie mit den Gemüseabfällen aus dem frisch gesammelten Hausmüll fütterten."[110] Obwohl es keinerlei Hinweise auf das Schweinegrippen-Virus gab, ließ die Regierung an die 300.000 Schweine brutal töten. Filme darüber kursierten auf Facebook und You Tube. Jene Tiere, die den Transport, wo sie zu Hunderten übereinander lagen, überlebten, wurden mit Chemikalien besprüht und in der Wüste in Gruben geworfen. Den Müllsammlern wurde somit die Existenzgrundlage entzogen, da sie nun keine Schweine mehr mit den Bioabfällen füttern und an koptische Fleischer verkaufen konnten.

Traurig stimmt, dass weder die Regierung, noch die Kairoer Bevölkerung außerhalb der Slums die Arbeit der Zabbalin und Zarrabin schätzen, die vorwiegend von christlichen Kopten durchgeführt wird. Über Jahrzehnte hinweg haben sie eines der effizientesten und nachhaltigsten Abfallrecyclingsysteme der Welt entwickelt, das funktioniert. Kairo wäre schon längst im Müll erstickt, gäbe es die Müllsammler nicht, die täglich über sechstausend Tonnen Müll verwerten. Sie können alles brauchen, was die Gesellschaft wegwirft.

Als wir vom Muqattam-Berg auf die Häuser Manshiet Nassers blicken, bietet sich uns ein faszinierendes wie auch abstoßendes Bild. Beeindruckt sind wir vom Fußballplatz, der auf einer Plattform „klebt", die aus dem Felsen herausgesprengt wurde. Sicherheit für Spieler und Bälle bietet ein fester Maschendrahtzaun, der nicht nur mehrere Meter in die Höhe reicht, sondern das Spielfeld auch oben abschließt. Der Blick nach Westen trifft auf bis zu sechs Stockwerke hoch aufragende Häuser, die im „informellen Baustil" mit einem Stahlbeton-Skelett errichtet und dessen Zwischenräume mit roten Ziegeln ausgemauert wurden. Eisenstangen ragen in die Höhe, um den Bau vielleicht noch einmal aufzustocken, wenn das Geld reicht. In Manshiet Nasser dienen die Flachdächer als Viehställe, auf denen sich Ziegen und Rinder tummeln. Hinter einem Wellblech-Verschlag entdecke ich sogar braun-schwarz gescheckte Schweine. „Sie kommen schön langsam wieder zurück", sagt Wagdy lächelnd.

Von unserem Standort aus blicken wir aber auch auf Mülldepots, die sich auf den Flachdächern befinden. Riesige Säcke voll Müll werden von den Männern auf die Dächer geschleppt, wo Frauen und Kinder mit dem Sortieren beschäftigt sind. Wie es um die Wirbelsäulen der Männer steht, kann man sich gut vorstellen. Neben vorsortierten Abfällen, Viehställen und Satellitenschüsseln sehen wir auch die nördliche Totenstadt, den Al-Azhar Park und noch weiter nach Westen, die in Smog gehüllte Stadt.

Wir folgen Wadgy und Christine nun ins Herz von *garbage city*. Unbefestigte Straßen und schmale Gassen wirken wie Schluchten, Autos und Eselkarren, meterhoch bepackt mit Abfallprodukten verschiedenster Art, kommen uns entgegen. Freundliche Menschen winken, Kinder in Schuluniformen lachen und eine Ratte sucht das Weite. An den Häuserfronten sind ebenfalls riesige Säcke mit Abfällen gestapelt. Tore und Einfahrten geben den Blick in Hinterhöfe frei, auch hier lagert Müll. Mehrere Kinder laufen gut gelaunt und barfuß mit streunenden Hunden umher. Am Ende einer Sackgasse stehen armselige Wellblechhütten, davor lagern Papier und Kartonagen. Dahinter ragen weitere Gebäude mit hohen Holzgerüsten auf, die Taubenhäuser. Nicht nur Wäsche flattert auf den Balkonen, sondern auch Heiligenbilder sind zu sehen. Würfelförmige Holzobjekte aus Latten sind mit Bildern der Madonna überzogen. Aus einem dieser roten Ziegelbauten sticht eine bemalte Loggia heraus. Weiße Wolken auf hellblauem Grund bilden den Hintergrund für die Darstellungen von Jesus, Maria und dem koptischen Papst.

Da die Themen Energie und Nachhaltigkeit einen Schwerpunkt der gebuchten „Solar Cities Urban Eco Tour" bilden, ist es sinnvoll, kurz etwas über diesen Verein zu sagen, der von Thomas Henry Culhane und Sybille Frütel Culhane 2006 gegründet wurde. Es ist eine gemeinnützige Organisation, die sich mit dem Aufbau von Kapazitäten in Entwicklungsländern durch einen industrieökologischen Ansatz für nachhaltige Entwicklung befasst. Der aktuelle Fokus liegt auf der Bereitstellung kostengünstiger, hocheffizienter Biogasanlagen auf Haushalts- und Gemeindeebene. Begonnen hatte es mit der Betreuung einer 20-köpfigen amerikanischen Studentengruppe vom Urban Planning Department der University of California und einem Besuch der Müllsammlergemeinde auf dem Muqattam-Berg.

Bei meinen Recherchen stieß ich auf einen Artikel von Sybille Frütel Culhane, in dem sie schreibt: „Unsere Erfahrung in Kairo hat uns gezeigt, dass wir die Apokalypse der globalen Erwärmung gar nicht erst zu bemühen brauchen, um die arme Bevölkerungsschicht wachzurütteln. Ihre eigene tägliche Apokalypse sozialer Ungerechtigkeit (ein explosives Gemisch aus Luft- und Wasserverschmutzung, Wasserknappheit, steigenden Preisen für Rohstoffe und Gebrauchsgegenstände des täglichen Lebens sowie sinkenden Löhnen) reicht völlig aus, um sie für saubere Technologien und Nachhaltigkeit zu begeistern." Obwohl die Bevölkerung regen Anteil nahm, Arbeitskraft und Materialien zur Verfügung stellte, schreckte sie bei der finanziellen Beteiligung zurück. „...auch wenn mittlerweile sieben voll funktionstüchtige thermische Solaranlagen aus recycelten Materialien auf Kairos Dächern besichtigt werden können. Dieselbe Skepsis hätte uns fast um unser US AID-Fördergeld von 25.000 Dollar gebracht, als sich in der Abstimmungsphase über unser *small infrastructure grant* ausgerechnet die ägyptische Delegation dagegen aussprach, mit der Begründung, dass die Armen kein warmes Wasser brauchen!"[111]
Über Sybille Frütel Culhane kam ich in Kontakt mit Heidi Fink, die in Kairo lebt und sich sehr in das Projekt einbringt. Sie war es, die uns Wagdy vermittelte, da sich Hanna Fathy in Schweden zur Weiterbildung befand. Hanna, ein junger Mann aus

der Zabbalin-Gemeinschaft, ist seit Anfang an bei dem Projekt dabei. Die gebuchte „Solar Cities Urban Eco Tour", die für vier Stunden pro Person 100 ägyptische Pfund kostet, beinhaltet auch die Besichtigung von Hannas Haus mit dem von ihm installierten Solar- und Biogasgenerator. Wir lernen Hannas Frau Sabah kennen, die uns zu einer Tasse Tee einlädt und uns einen Film über *garbage city* zeigt. Anschließend begeben wir uns mit Wagdy auf das Dach, um die Anlage zu bestaunen. Neben Sonnenkollektoren steht da der große schwarze, luftdicht abgeschlossene Behälter, der mit den Bioabfällen befüllt wird und die Familien von den Launen der Obrigkeit unabhängiger macht. Das gewonnene Gas wird für Kochherde, Kühlschränke und zur Warmwasseraufbereitung verwendet. Als Abfallprodukt entsteht flüssiger Dünger, der auf den Dachgärten genutzt werden kann. In der Regel müssen sich mehrere Hausbewohner eine elektrische Wasserpumpe teilen. Da die Wasserzufuhr aber immer wieder abgedreht wird, brennen die Pumpen durch. Ein ähnliches Problem gibt es mit den Warmwasserboilern, die durch das stundenweise Abstellen der Wasserzufuhr explodieren, da die Heizelemente überhitzen. Reparaturen oder Neukauf sind für die Bewohner Manshiet Nassers nicht leistbar. Wer sich intensiver mit dem Projekt auseinandersetzen möchte, hat die Möglichkeit bei Solar Cities ein Praktikum zu absolvieren.

Wagdy möchte uns noch die Vorgangsweise des Plastikrecyclings näherbringen. Dazu führt er uns in einen Betrieb, der sich darauf spezialisiert hat. Ein junger Mann ist gerade dabei, Plastikabfälle zu sortieren. Seine Aufgabe ist es, zuerst Metallteile zu entfernen, dann die Flaschen, Tuben und sonstigen Behältnisse nach Qualität, Stärke und Farbe zu sortieren und je nachdem, in verschiedene Fässer zu werfen. Anschließend werden die Abfälle gewaschen, getrocknet und mithilfe einer Maschine zu Granulat zerkleinert. Plastik zu recyceln ist in Ägypten sehr wichtig, da viele einheimische Fabriken das Granulat benötigen.
„Es wird aber auch nach China exportiert", hören wir von unserem Begleiter. Wie groß die Mengen sind, konnte er uns nicht sagen. Einer anderen Quelle entnahm ich, dass Ägypten unter Einsatz von Devisen Plastikgranulat sogar importiert.

Der letzte Besichtigungspunkt führt uns zur Association for the Protection of the Environment, APE, einer wohltätigen Organisation, die schon seit 1984 mit dem Sozialministerium zusammenarbeitet. Ihr Ziel ist es, das Leben der Müllsammler im Einzelnen und als Gemeinschaft zu verbessern. Der Fokus liegt auch auf der Entwicklung umweltfreundlicher Abfallmanagementtechniken. Die langjährige Erfahrung von APE beweist, dass sich ökologische, soziale und wirtschaftliche Entwicklung nicht ausschließen müssen. Besonders Frauen profitieren von den verschiedenen Programmen und können ihre Lebenssituation verbessern. Wir werden in Werkstätten gebracht, in denen gewebt und gestickt wird, aber auch Patchworkprodukte und schöne Papierarbeiten entstehen. Biokompost und Recyclingmaschinen werden an anderen Orten hergestellt.

Wir hören abschließend noch die Erfolgsgeschichte einer Frau, die schon als Neunjährige zu APE kam. Mittlerweile ist sie seit 22 Jahren bei der Organisation beschäftigt, hat lesen und schreiben gelernt und ist in der Teppichabteilung für Finanzen, Buchhaltung und Bestellungen verantwortlich. Eine weitere Erfolgsgeschichte ist jene einer Frau aus Assiut mit zwei Kindern, deren Mann starb, als sie 27 Jahre alt war. Sie ging nach Kairo und konnte durch die koptische Kirche an APE vermittelt werden. Siebzehn Jahre sind seither vergangen. Mit ihren zwei Töchtern arbeitet sie in der Patchwork-Abteilung und produziert neben Teppichen auch Quilts.
Hier müssen wir einfach einige der schönen handwerklichen Produkte erwerben. Nicht nur um die Bemühungen von APE und der Frauen zu unterstützen, sondern auch, um uns in Österreich an diese besonderen Menschen zu erinnern.

Die Nilinsel Roda

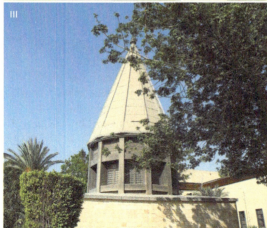

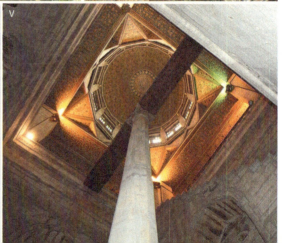

I Ahmed al-Farghani, Architekt des Wasserstandsmessers im 9. Jh.

II Blick auf die Brückenkonstruktion

III Der Nilometer

IV, V Kuppel im Innenbereich des Nilometers

„Wer hier seelisch überleben will, muss sich Inseln des inneren Friedens erschaffen, Ägypten ist sonst nicht zum Aushalten", erwiderte mir ein Ägypter auf die Frage, warum er Opium kaut. Als Oase des äußeren Friedens bietet sich die Südspitze der Nilinsel Roda an, die zwischen Gezira (Zamalek) und Qursaya liegt. Sie schmiegt sich an das östliche Festland und lässt an dieser Stelle den Nil wie einen Kanal aussehen. In früheren Zeiten befand sich das felsige Eiland in der Mitte des Stromes. Über die Jahrtausende veränderte der Fluss des Lebens oftmals seine Position und wanderte nach Westen. Mehrere Kanäle zweigten vom Nil ab, um weiter entfernte Gebiete mit Wasser versorgen zu können.

Im 6. Jahrhundert vor Christus ließ der Pharao Necho II. sogar einen schiffbaren Kanal zum Roten Meer graben, der gegenüber von Roda seinen Anfang nahm. Unter dem römischen Kaiser Trajan wurde der bereits verschlammte und versandete Kanal wieder freigelegt. Auch Amr ibn al-As, der Eroberer Ägyptens im Zeichen des Propheten, ließ den Kanal, den Khalig al-Misri, erneut ausgraben. So konnten die Getreidelieferungen schneller nach Arabien transportiert werden. Einige Jahrhunderte später war es Sultan al-Nasir, der 1328 den nach ihm benannten Khalig al-Nasiri graben ließ, der in den Khalig al-Misri mündete.

Bevor das Nilhochwasser im August Roda erreichte, errichteten die Menschen an der Abzweigung des Khalig einen Damm. Das Durchstechen des Damms, um Kanäle, Teiche und Becken mit Wasser zu füllen, war ein freudiger Anlass, der mit prächtigen Feierlichkeiten einherging. Von den Fatimiden bis zu den Osmanen waren die Herrschenden bestrebt, ihre Macht damit zu demonstrieren. Ende des 19. Jahrhunderts wurde der Kanal zugeschüttet, da Mediziner den Zusammenhang zwischen abgestandenem Wasser und Krankheiten entdeckten. Teilweise wurden die Häuser, die mit schönen Holzerkern und Veranden ausgestattet waren, abgerissen oder versetzt. Die österreichische Nationalbibliothek besitzt ein Foto aus dem Jahr 1875, das einen romantischen Blick auf den Khalig zeigt.

Über eine Holzbrücke, deren außergewöhnlicher Überbau weithin sichtbar ist, betreten wir die Insel. Kleine Fischerboote liegen an den dicht bewachsenen Ufern. Nach Süden hin trifft der Blick auf die großen Restaurantschiffe und auf die Nordspitze der Insel Qursaya (s. Kap. „Wohnen auf einer Nilinsel"). Wir gehen zuerst zum Manyal-Palast, der unter Muhammad Ali, dem Sohn des Kalifen Taufik und Erben von König Faruk, im osmanischen Stil erbaut wurde. Das Tor und die Umfassungsmauern erinnern eher an eine wehrhafte Ritterburg als an einen Palast. Wir können nur den Eingangsbereich bestaunen, da die Gebäude und Prunkräume aus Restaurierungsgründen geschlossen sind. Ein Blick reicht aus, um eine Ahnung von der Pracht der Räume und Museen zu erhalten, die sich hinter den Mauern verbergen. Dem Bauherren war es sichtlich ein besonderes Anliegen, die

islamischen Handwerkstraditionen wiederzubeleben und zu ehren. Aufwändigste Steinschnitzereien, Marmorelemente, eine Holzdecke mit Sternflechtornamenten und Wandfliesen bis zur Decke zieren den Eingangsbereich. Auch der Gang in den Garten mit großen alten Bäumen und Sträuchern bleibt uns verwehrt. In früheren Zeiten gab es viele Grünanlagen auf der Insel, die mittlerweile Wohnbauten und Straßen weichen mussten.
Wieder an der Holzbrücke vorbei flanierend, nähern wir uns der Südspitze der Insel. Wir machen Halt beim Umm Kulthum Museum, auf das ein ansprechendes Plakat mit der berühmtesten Sängerin der arabischen Welt hinweist (s. Kap. „Gedanken zu Umm Kulthum). Nur ein stimmungsvoller Pavillon mit Blick auf den Nil blieb vom Palast Hassan Pascha al-Monasterilis. Von exotischen Bäumen, Palmen und blühenden Hibiskus-Sträuchern umgeben, ist der Platz tatsächlich eine Oase des Friedens. Die imposante Statue eines Mannes, einen Zirkel und eine Schriftrolle in Händen, macht auf das ummauerte Gebäude mit kegelförmigem Dach aufmerksam. Es ist das eigentliche Ziel unseres Besuches, der berühmte Nilometer von Roda. Die Statue stellt Ahmed al-Farqhani dar, der als Architekt jenes Wasserstandsmessers gilt, der im 9. Jahrhundert vom Abbasiden-Kalifen al-Mutawakkil in Auftrag gegeben wurde. Muhammad ibn Kathir al-Farqhani stammte aus dem Farghanatal in Westturkestan, dem heutigen Usbekistan. Im Westen war der Gelehrte als Astronom und Ingenieur Afraganus bekannt, der am Kalifenhof in Bagdad tätig war und eben später in Ägypten, wo er die Bauarbeiten am Nilometer auf der Insel Roda leitete. Im Auftrag seines Kalifen al-Mam'un stellte er auch Berechnungen des Erdumfangs an und versuchte den Erddurchmesser und die Entfernung der Planeten zu ermitteln.

Den Vorgängerbau des Nilometers, der unmittelbar nach der arabischen Eroberung im 7. Jahrhundert errichtet wurde, zerstörte eine große Flut. Nilometer dienten zur Messung der jährlichen sommerlichen Flut, wovon schon zu pharaonischen Zeiten die Steuern abhingen. Auch die beste Zeit für das Ausbringen der Saat konnte damit ermittelt werden. Nachdem im September und Oktober das Wasser zurückgegangen war, tauchte *kemet*, das schwarze Land, wieder aus den überschwemmten Gebieten auf. Von diesem fruchtbaren schwarzen Schlamm leitete sich der alte Name Ägyptens ab, *kemet*. Das Gebäude ist zu betreten. Überrascht blicken wir von einer Brüstung in einen tiefen Schacht. Erwähnenswert ist auch die hölzerne und farbig bemalte Kuppel, die von Scheinwerfern bestrahlt, ihre ganze Pracht zeigt. Sie stammt jedoch nicht aus dem 9. Jahrhundert, sondern wurde nach der Bombardierung durch die französischen Truppen erneuert. Wir wagen uns auf der steinernen Treppe ohne Geländer in die Tiefe. Die Mitte des Schachtes beherrscht ein achteckiger Pfeiler, der von einem Balken gestützt wird. In gleichmäßigen Abständen weist er Markierungen auf, die die Höhe des Wassers anzeigten. Über spitzbogigen Nischen ließ der Baumeister zwei Gesimse in der Höhe von sechzehn und achtzehn Ellen anbringen. Genau dazwischen sind mehrere Koranverse zu erkennen, die bei der Idealhöhe von siebzehn Ellen (die Idealhöhe schwankte während der langen Geschichte Ägyptens) auf dem Wasser zu schwimmen schienen. Ahmed der Rechner, wie der Baumeister auch genannt wurde, berichtete: „Dann nahm ich mir das vor, was an der Säule über der 19. Elle liegt, das darauf ruhende Kapitell und den Akazienholzbalken, der es in seiner Position hält, bemalte dies alles mit Gold und Lapislazuli, auf den Balken schrieb ich den ganzen Thronvers. Dieser Balken war ausgehöhlt und beschwert."[112]

Durch mehrere Kanäle, die regelmäßig vom Schlamm befreit werden mussten, war der Schacht mit dem Nil verbunden. Das Amt des Wärters und Pegelablesers war auch noch nach der islamischen Eroberung in der Hand der Kopten, wurde ihnen später aber entzogen. Der erste Muslim, der dieses Amt übertragen bekam, war Abdallah ibn al-Raddad. Das Amt war erblich und wurde bis ins 20. Jahrhundert hinein von einem Mitglied dieser Familie ausgeübt. Überliefert sind einige Zeremonien und Feierlichkeiten, sogar aus der Fatimidenzeit, die mit dem Erreichen von siebzehn Ellen verbunden waren. An diesem Tag begab sich der Kalif in einer Prozession zum Nilometer und verrichtete beim Schacht das Gebet. Eigenhändig begann er Safran und Moschus zu mischen und dem Pegelwärter zu überreichen. Dieser musste in den Schacht hinunter steigen, die Säule salben und auch noch die Nacht betend im Nilometer verbringen. Am nächsten Tag kam die Belohnung, als er zum Kalifen in den Palast gerufen wurde, wo er ein goldenes Ehrengewand erhielt. Von Musikern und seinem ganzen Familienclan begleitet, zog er durch Kairo und wieder zum Nilometer.

Die Nilinsel Roda wird auch im Zusammenhang mit „Sham al-Nessim" oder „Riechen des Lüftchens", dem Frühlingsfest, genannt. Der griechische Philosoph Plutarch berichtete, dass an diesem Tag den pharaonischen Göttern kleine gesalzene Fische, Eier, Zwiebeln und Lattich als Opfer dargebracht wurden. Priester trugen die Statuen von Hathor und Min in ausgelassenen Prozessionen durch die Straßen des antiken Koptos in Mittelägypten. Ihnen voran ging ein weißer Stier, gefolgt von weiteren Priestern, die Bündel von Lattich trugen, die als heilige Fruchtbarkeitspflanze des Gottes galt. Sham al-Nessim wird generell von allen Ägyptern, Christen und Muslimen, am Ostermontag gefeiert. Sie verbringen das Fest in öffentlichen Parks, in Gärten und sogar auf Feldern, um den Frühling willkommen zu heißen. Für die Christen ist dabei das Verzehren von Fisch, der ein urchristliches Symbol ist, sehr wichtig. Eier zu essen hat ebenfalls eine lange Tradition. Was außen wie Stein aussieht, ist innen von neuem Leben erfüllt und gilt daher als Symbol der Auferstehung.

Der Nil, iteru aa, der große Fluss

Der Nil ist mit über 6852 Kilometern nach dem Amazonas der längste Fluss der Erde. Vielleicht behaupten jetzt einige Leser, das sei nicht richtig, denn der Nil wäre der längste Fluss. Wer zu recherchieren beginnt, ob in Büchern oder Wikipedia, wird merken, dass verschiedene Angaben zur Verfügung stehen. Die Bedeutung des Nils liegt jedoch nicht in seiner Länge, sondern in seinem Leben spendenden Wasser. Der Hauptfluss, der Weiße Nil, entspringt in den hoch gelegenen Hügelländern von Burundi, Ruanda und Tansania aus dem burundischen Quellfluss Luvironza-Ruvuvu und dem ruandischen Quellfluss Rukarara-Nyabarongo. Beide fließen in den Kagera, der den Victoria-See speist. Bei Khartum im Sudan vereinigen sich der Blaue Nil, der im Tana-See, im äthiopischen Hochland entspringt, und der Weiße Nil. Der Atbara ist der letzte Zufluss, der ebenfalls durch Äthiopien und den Sudan in den Nil fließt.[113] Nach seiner langen Reise durch Ägypten fächert sich der Fluß nördlich von Kairo zu einem großen Delta auf und strebt dem Mittelmeer zu. Während es in früheren Zeiten sieben Nilarme gab, sind heute nur noch jene von Rosette und Damiette geblieben.

„Ägypten ist ein Geschenk des Nil". Zu dieser Feststellung kam schon der griechische Historiker Herodot, als er 460 vor Christus Ägypten besuchte. Er sammelte viele Informationen über das Land und seine Lebensader, doch er konnte das Rätsel der Herkunft des Nils nicht lösen. Auch andere griechische Entdeckungsreisende kamen nicht weiter als bis Khartum, zu groß waren die Entfernungen und zu schwierig die Bedingungen einer weiteren Reise. Damals sagten die Menschen „den Kopf des Nils suchen", wenn sie vor scheinbar unlösbaren Aufgaben standen. Den nächsten Versuch startete im Jahr 66 nach Christus der römische Kaiser Nero, indem er zwei seiner Soldaten in einem Boot nilaufwärts sandte. Hinter Khartum folgten sie dem Weißen Nil bis zum ausgedehnten Sumpfgebiet des Sudd, im Süden des heutigen Sudan, ein Gebiet, das nicht zu durchqueren war. Fast hundert Jahre später erstellte der griechisch-ägyptische Geograph Ptolemäus eine Karte Afrikas. Auf ihr entspringt der Nil südlich des Äquators aus zwei riesigen Seen in der Nähe von schneebedeckten Bergen, den sogenannten Mondbergen. Ptolemäus berief sich auf die Berichte von Abenteurern und Seeleuten, die von hohen Bergen im Süden berichteten. Mit dieser Karte lag Ptolemäus schon sehr nahe an der Realität, denn er beschrieb damit das Ruwenzori-Gebiet. Es ist eine große schneebedeckte Bergkette, die sich zwischen dem Albert- und dem Tanganjikasee erstreckt, aus der tatsächlich ein Teil des Nilwassers stammt.

Seit Jahrtausenden verdankt Ägypten seine Existenz dem Nil. Nur durch ihn konnte sich jene Hochkultur entwickeln, die wir heute noch bewundern. Im Weltbild der Alten Ägypter entsprang der Nil, den sie mit dem Gott Hapi identifizierten, dem Urozean Nun. Die Menschen sahen die alljährliche Nilflut als ewigen Kreislauf. Es war ein überlebenswichtiges Wunder, das die Götter und der Pharao vollbrachten. Jedes Jahr nach den großen Überschwemmungen bestellten die Bauern ihre Felder, von denen alle gut leben konnten. Blieb die Flut aus, wurden die Nahrungsmittel knapp und für viele bedeutete dies den Hungertod. Auch heute noch sind den Fellachen die Traditionen ihrer Vorfahren wichtig, der sie sich mit Hingabe und aus Notwendigkeit widmen, auch wenn der fruchtbare Schlamm nun im Stausee bleibt und nicht mehr auf ihre Felder geschwemmt wird.

In Nubien hörte ich von der heiligen und heilenden Kraft des Nils. Der Fluss würde Menschen auswählen, die er an seiner Weisheit teilhaben lassen möchte. Er lehrt sie alles, ihr ganzes Leben wird vom Nil geleitet. Durch den Bau des Assuan-Hochdamms mussten viele Nubier ihre Heimat für immer verlassen und in Gebieten siedeln, die ihnen total fremd waren, wie Kom Ombo. Der Stausee nahm alles in Besitz, er stieg und stieg, bis er Siedlungen, Bäume, Pflanzen und fruchtbare Erde überflutete. Die Trauer um das verlorene Land, die verlorene Kultur und die Gräber der Ahnen tragen die Nubier noch immer in ihren Herzen.

Das Ansteigen der Nilflut wurde über Jahrtausende gefeiert. Nicht nur im Alten Ägypten, sondern auch später bei Christen und Muslimen. Erzählt wird eine Legende von Amr ibn al-As, dem Eroberer Ägyptens. Als er in seinem Zeltlager, Fustat, residierte, kam eines Tages eine Abordnung der Bevölkerung zu ihm und bat um die Erlaubnis, ein Opfer für die kommende Nilflut zu bringen. Als er hörte, dass eine Jungfrau entführt und mit Schmuck behangen als Opfer in den Fluss geworfen werden sollte, lehnte er entsetzt ab, denn der Islam verbietet Menschenopfer. Es kam, wie es kommen musste, der Beginn der Flut fiel sehr niedrig aus, das Wasser mit dem fruchtbaren Schlamm erreichte nicht die Felder. Als Amr das bemerkte, wandte er sich an den Kalifen und bat ihn um Rat. Dieser bestätigte ihm richtig gehandelt zu haben und kündigte ein Schriftstück an, das er in den Nil werfen sollte. Vom Historiker Ibn Abd al-Hakam, einem ägyptischen Geschichtsschreiber aus Fustat, soll der Wortlaut dieses Schreibens überliefert worden sein: „Im Namen Gottes, des Gnädigen und Barmherzigen. Der Gottesdiener Omar, der Fürst der Gläubigen, spricht zum Nil Ägyptens. Wenn dein Lauf nur von deinem Willen abhängt, so halte ihn an. Bist du aber dem Allerhöchsten untertan, dann lass dein Wasser fließen".[114] Als die Bewohner am nächsten Morgen staunend vor dem Fluss standen, sahen sie, dass er über Nacht um sechzehn Ellen gestiegen war.

Gerne erinnere ich mich an die Einladung des Feluken-Kapitäns Abbas aus Sehel bei Assuan. Einen ganzen Tag schipperten wir mit ihm und seinen Freunden Bilal, Ahmed und Nurhan auf dem Nil, legten an einsamen Ufern an und ließen uns Geschichten über den Fluss und die Insel Sehel erzählen. In der Ägyptologie ist sie für die sogenannte „Hungersnotstele" aus der Zeit des Pharao Djoser aus der 3. Dynastie bekannt. Voll Bewunderung beobachteten wir die akrobatischen Leistungen der Männer, wie sie auf den hohen Mast kletterten und mit dem schweren Segel hantierten. Abbas lud uns ins Haus seiner Familie ein, wo wir sehr freundlich aufgenommen wurden. Seine Mutter führte uns durch das im typisch nubischen Stil gebaute Haus, sogar das eheliche Schlafzimmer öffnete sie. Dabei wurde sie sehr melancholisch und begann von ihrem Mann zu erzählen, der vor einigen Jahren gestorben war. Schon Abbas berichtete voll Stolz über seinen Vater, der als „Sohn des Nils" bekannt war, sich sehr für den Schutz der nubischen Geschichte, die Menschen und den Fluss einsetzte. Muhammad Dahab half bereits mit neun Jahren seinem Vater und dem Onkel auf deren Booten. Sie beförderten Öl, Mehl und andere Güter, die sie auf dem Weg nach Wadi Halfa, dem Grenzort zum Sudan, in den Dörfern verkauften. Auf der Rückfahrt nach Assuan hatten sie Bohnen und essbare Samen geladen. Als die Nilflut kam, verfärbte sich das Wasser gelb, da sie viele fruchtbare Schwebstoffe und Schlamm aus dem Sudan mitbrachte. Für eine Fahrt, die vorher einen Tag dauerte, benötigten sie während der Überschwemmungszeit drei Tage. Der Fluss schwemmte eine Vielzahl von Fischen an und wunderschöne Vögel, die heute verschwunden sind, bevölkerten die Felsen rund um Sehel. Auch Krokodile, die sich im Wasser tummelten und in der Sonne aalten, gab es in großer Zahl. Nach dem Bau des Assuan-Hochdamms, der am 21. Juli 1970 eröffnet wurde, veränderte sich für das nubische Volk alles.

Die Mutter von Abbas servierte Hibiskustee und bestand darauf, uns ein Abendessen zu kochen. Unterstützt wurde sie von den weiblichen Familienmitgliedern, die uns im Nu ein köstliches Mahl auf der Feluke kredenzten. Der Vollmond strahlte in die dunkle nubische Nacht und diente uns als Laterne. Als Abbas noch eine besondere Überraschung nach dem Essen ankündigte, konnten wir kaum glauben, dass es noch einen weiteren Höhepunkt geben würde. Ein großgewachsener junger Mann mit einer Oud, diesem wunderbaren Instrument, kam an Bord. In eine schneeweiße *galabiya* gekleidet, begrüßte er uns höflich, setzte sich und begann zu spielen. Salih war Balladensänger und sein Lieblingsthema war der Nil. Seine Stimme und die Klänge der Oud berührten mich tief im Herzen, es war magisch. Ägypten kann auch heute noch wie ein sanftes Lächeln und eine Offenbarung für die Seele sein.

SEKEM
Das Wunder in der Wüste

Ein Gastbeitrag von Hermann Becke

Ich danke der Autorin dieses wunderbaren Kairo-Buchs sehr, dass sie mir die Möglichkeit gibt, eine besondere ägyptische Initiative vorzustellen.
Und so knüpfe ich an den Buchtitel an: nicht nur Kairo ist ein Wunder, nein: aus Kairo erwachsen auch Wunder, die weltweite Anerkennung erfahren!
In Kairo hat SEKEM-Gründer Ibrahim Abouleish die Schule besucht, von dort aus ist er dann für das Studium und die Familiengründung nach Österreich gegangen, und von dort ist er schließlich wieder nach Ägypten zurückgekehrt. Am einfachsten ist es wohl, wenn ich kurz aus der SEKEM-Homepage zitiere:

„Der gebürtige Ägypter Ibrahim Abouleish (1937–2017) zog 1956 nach Graz, wo er Chemie und Medizin studierte. Nach seinem Studium arbeitete er in der medizinischen Forschung. In Europa kam Dr. Ibrahim Abouleish mit der anthroposophischen Philosophie, Kunst und Kultur in Kontakt, die ihn später bei der Entwicklung der SEKEM Vision beeinflussen sollte. 1975 besuchte er sein Heimatland Ägypten, wo er mit den großen Problemen des Landes konfrontiert wurde: Armut, Überbevölkerung, Umweltverschmutzung und vieles mehr. Er entschied sich, zu handeln und kam zu dem Schluss, dass nur ein ganzheitlicher Ansatz helfen könne, die Probleme seines Landes zu lösen. Er begann mit der Entwicklung der SEKEM Vision, die er als ‚Nachhaltige Entwicklung für eine Zukunft, in der jeder Mensch sein individuelles Potenzial entfalten kann, in der die Menschheit in sozialen Formen lebt, welche die Würde des Menschen widerspiegeln; und in der alle wirtschaftlichen Tätigkeiten nach ökologischen und ethischen Prinzipien durchgeführt werden, beschreibt.
1977 kehrte Abouleish mit seiner Familie zurück nach Ägypten, kaufte 70 Hektar Wüstenland nordöstlich von Ägyptens Hauptstadt Kairo und gründete die SEKEM Initiative. Der Name SEKEM bedeutet "Vitalität der Sonne" nach einer alten ägyptischen Hieroglyphe. Er begann, entgegen aller Widerstände, den Wüstenboden mit biologisch-dynamischen landwirtschaftlichen Methoden zu

kultivieren sowie Kräuter, Obst, Gemüse, Baumwolle und andere Pflanzen anzubauen. SEKEM wuchs und Dr. Abouleish gründete unter dem Dach von SEKEM weitere Unternehmen, um die Ernteerträge weiterzuverarbeiten."

Aus den Erträgen dieser Unternehmen finanziert SEKEM seit Jahrzehnten Kinderbetreuungseinrichtungen, eine Schule, ein Medical Center, Kunstaktivitäten, eine Behinderten- und Lehrlingsausbildung sowie die Weiterbildung in biologisch-dynamischer Landwirtschaft.
SEKEM wurde im Jahre 2003 für seine Leistungen der Alternative Nobelpreis verliehen: *for a 21st century business model which combines commercial success with social and cultural development.* Ibrahim Abouleish wurde auch von der Schwab Foundation des Weltwirtschaftsforums ausgezeichnet und er war Mitbegründer des World Future Councils.
SEKEM hat in den 40 Jahren seines Bestehens über 2.100 ha Wüstenboden in ganz Ägypten fruchtbar gemacht und 600.000 Bäume gepflanzt, 2000 Arbeitsplätze geschaffen und ein Netzwerk mit über 8000 Partnerbetrieben in Ägypten und in der ganzen Welt aufgebaut - SEKEM ist also tatsächlich das „Wunder in der Wüste", als das es so oft apostrophiert wird.
Als Krönung der Bildungsaktivitäten kann wohl die im Jahre 2012 in Kairo errichtete Heliopolis University for Sustainable Development betrachtet werden, an der heute über 1300 Studierende in den drei Fakultäten für Economics, Engineering und Pharmacy betreut werden.

Ein großes Anliegen von Ibrahim Abouleish war immer die Verbindung von Orient und Okzident - und so gibt es in Skandinavien, in den Niederlanden, in Deutschland, in der Schweiz und in Österreich gemeinnützige Einrichtungen, die SEKEM und die Heliopolis-Universität ideell und materiell unterstützen.

Weiterführende Hinweise:
Die SEKEM-Symphonie, die Autobiographie von Ibrahim Abouleish:
https://www.info3-verlag.de/produkt/die-sekem-symphonie/
SEKEM: http://www.sekem.com
Heliopolis-Universität: http://www.hu.edu.eg/
SEKEM-Österreich: http://www.sekemoesterreich.at/

 # Glossar

ablaq	Gestreiftes, zweifarbiges Mauerwerk
ahl al-bayt	Familie des Propheten
al-muallaqa	Die Hängende (z.B. Kirche oder Moschee)
ambon	Kanzel in koptischen Kirchen
atabek	Kommandeur der Armee
bab	Tor, Stadttor
bakshish	Trinkgeld, eine Art von Unterstützung
bayt (dar)	Haus
bint	Tochter
bir	Brunnen
chutba	Predigt beim wöchentlichen Freitagsgebet der Muslime, wurde im Namen des amtierenden Kalifen gesprochen
darb	Gasse
dikka	Gebetstribüne, Plattform für Rezitationen
durq'a	Vertiefter Bereich in einer Empfangshalle
fanous (fawanees)	Laternen
galabiya	Traditionelles Kleidungsstück
gami	Moschee
hadithe	Sammlung von Anweisungen, Handlungen und Empfehlungen des Propheten Muhammad, die nicht im Koran enthalten sind. Diese Überlieferungen bilden die *sunna*, die neben dem Koran die zweite Quelle der religiösen Gesetze im Islam ist.
haikal	Altarraum in koptischen Kirchen
haremlik	Raum für Frauen (*haram*/verboten)
hod	Tränke für Tiere
inshallah	So Gott will
iwan	Offene Halle(n) in theologischen Schulen (madrasa), die um einen zentralen Innenhof errichtet wurden, können auch als eine Art Seitenschiff gesehen werden
yalla, yalla	Gemma, gemma (gehen wir)

kamariyan	Fensterverschluss, ein aus einer Gipsplatte geschnitztes Gitter, in das noch Glasplättchen eingefügt werden können
khanqah	Sufi-Konvent
kiswah	Tuch, mit dem die Kaaba in Mekka abgedeckt wird
kursi	Ein quaderförmiges Objekt aus Holz zur Präsentation der königlichen Korane. Diese waren so groß und schwer, dass sie auf ein Pult gelegt werden mussten, um daraus rezitieren zu können.
lailat al-qadr	Nacht der Bestimmung
mabkhara	Abschluss eines Minaretts, einem Räuchergefäß ähnlich
madrasa	Theologische Schule
mahmal	Prunksänfte
mamluk	Mamluken waren Militärsklaven zentralasiatischer oder osteuropäischer Herkunft, die von 1250 – 1518 in Ägypten regierten
mashad	Grab, Verehrungsort oder Schrein, durch das Anbringen einer Gebetsnische bekam der Ort auch die Funktion einer Moschee
maqad	Offener Raum mit Blick auf einen Hof, meistens im ersten oder zweiten Stock, einer großen Loggia ähnlich
maristan	Krankenhaus
masalama	Auf Wiedersehen
mashrabiya	Holzpaneel aus gedrechselten Teilen, u.a. für Fenster und um Bereiche abzugrenzen
matariya	Maulbeerbaum, Stadtteil von Kairo
mawlid	Heiligenfest
mihrab	Gebetsnische in Moscheen
minbar	Kanzel in Moscheen
muqarnas	Stalaktitengewölbe mit Stalaktitendekor sind Stilelemente der islamischen Architektur
narthex	Vorhalle vor dem Hauptschiff in koptischen Kirchen
qa'a	Große Halle oder Empfangsraum
qarafa	Totenstadt, Friedhof
qasaba	Nord-Süd-Verbindung im fatimidischen Kairo
qibla	Zeigt die Gebetsrichtung nach Mekka an
rab'a	Mietshaus mit Geschäften im Erdgeschoss, oft eine fromme Stiftung, um religiöse Bauten zu finanzieren

riwaq	Arkadenhalle in einer Moschee
sabil kuttab	Öffentlicher Wasserspender im Erdgeschoss mit Koranschule im Obergeschoss
sahn	Innenhof
schi'at Ali	ParteiAlis
takiya (oder tekke)	Türkisches Wort für Sufikonvent
sharie	Straße
salemlik	Begrüßungsraum, hier empfingen die Hausherren ihre Gäste
tariqa	Ordensgemeinschaft im Sufismus, auch Weg oder Methode
tiraz	Vergoldetes Schriftband, auch ein Begriff aus der Textilkunst
turshi	Eingelegtes Gemüse
udjat-Auge	Das Auge des Horus
ulema	Islamische Religionsgelehrte
umm	Mutter
umma	Gemeinschaft der Gläubigen
wali	Osmanischer Offizier
wikala	Karawanserei
zakat	Eine der fünf Säulen des Islam
zawiya	Religiöser Rückzugsort für Sufis einer Ordensgemeinschaft
zikr (dhikr)	Intensives Gebetsritual im Sufismus zur Erinnerung Allahs, auch Gottesgedenken genannt
ziyada	Kann als „Reinigungsschleuse" angesehen werden, um die innere Ausrichtung für das Gebet zu haben

Literaturverzeichnis

Al-Aswani, Alaa: Im Land Ägypten. Am Vorabend der Revolution, Deutsche Erstausgabe, Fischer Taschenbuch Verlag, Frankfurt am Main, 2011.

Al-Khalili, Jim, Im Haus der Weisheit. Die arabischen Wissenschaften als Fundament unserer Kultur, S. Fischer Verlag GmbH, Frankfurt am Main, 2011.

Al-Masudi, Bis zu den Grenzen der Erde, Bibliothek Arabischer Klassiker, Horst Erdmann Verlag, Tübingen und Basel, 1978.

Al-Maqrizi, Ahmad ibn Ali, Medieval Egypt, al-Khitat, translation and annotations by Karl Stowasser, Hans A. Stowasser under the Creative Commons Attribution 3.0 Unported License, 2014.

Amedi, Janne, Nagler, Heinz, Wessling, Christoph, Die Bedeutung der Erneuerung der Altstadt für die Entwicklung von Großkairo, Essay, Herausgeber Prof. Dipl. Ing. Heinz Nagler, Cottbus 2010.

Asad, Muhammad: Die Botschaft des Koran. Übersetzung und Kommentar. Ins Deutsche übersetzt von Ahmad von Denffer und Yusuf Kuhn, Patmos Verlag der Schwabenverlag AG, Ostfildern, 2. Auflage 2011.

Behrens-Abouseif, Doris, Schönheit in der arabischen Kultur, C. H. Beck, München 1998.

Brandenburg, Dietrich, Islamische Baukunst in Ägypten, Verlag Bruno Hessling, 1966.

Brunner-Traut, Emma, Hell, Vera, Aegypten. Studienreiseführer mit Landeskunde, Hans E. Günther Verlag, Stuttgart, 1966.

Brunton, Paul, Geheimnisvolles Ägypten. Pyramiden, Sphinxe, Pharaonen, Magie und Mystik im Alten Ägypten, Bastei Lübbe Taschenbuch, 1951, Hermann Bauer Verlag, Freiburg im Breisgau.

De Nerval, Gérard, Rom, Ägypten, Paris in alten Fotografien 1850-1900, Sammlung Herzog, Du. Die Zeitschrift für Kultur, Heft Nr. 7/8, Juli/August 1992.

Ebers, Georg, Aegypten. In Bild und Wort, Druck und Verlag von Eduard Hallberger, Stuttgart und Leipzig, 1879.

Edwards, Amelia, Tausend Meilen auf dem Nil. Die Ägyptenreise der Amelia Edwards 1873/74, Phoibos Verlag, Wien, 2009.

El Feki, Sheerin, Sex und die Zitadelle: Liebesleben in der sich wandelnden arabischen Welt, 2. Auflage, Hanser Berlin, 2013.

El Saadawi, Nawal, Fundamentalismus gegen Frauen. Die Löwin vom Nil und ihr Kampf für die Menschenrechte der Frau, Heinrich Hugendubel Verlag Kreuzlingen/München, 2002.

El-Gawhary, Karim, Frauenpower auf Arabisch. Jenseits von Klischee und Kopftuchdebatte, Verlag Kremayr & Scheriau GmbH & Co. KG, Wien, 2013.

Gayer-Anderson Pasha, R. G. John, Legends of the House of the Cretan Woman, The American University in Cairo Press, Cairo, New York, 2001.

Ghandour, Ali, Lust & Gunst. Sex und Erotik bei den muslimischen Gelehrten, Editio Gryphus, Hamburg, 2015.

Germer, Renate, Das Geheimnis der Mumien, Prestel Verlag München – New York, 1997.

Germer, Renate, Die Textilfärberei und die Verwendung gefärbter Textilien im Alten Ägypten (Ägyptologische Abhandlungen), Harrasowitz Verlag, 1992.

Güvenç, Oruç, Mevlana und die Gottgeliebten, Verlag Silsile, Wien, 2017.

Haase-Hindenberg, Gerhard, Das Mädchen aus der Totenstadt. Monas Leben auf den Gräbern Kairos, Wilhelm Heyne Verlag, München, 2008.

Haase-Hindenberg, Gerhard, Verborgenes Kairo. Menschen, Mythen, Orte, Malik on Tour, Piper Verlag GmbH, München, 2009.

Halm, Heinz, Die Kalifen von Kairo. Die Fatimiden in Ägypten, Verlag C. H. Beck, München, 2003.

Hesemann, Michael, Jesus in Ägypten. Das Geheimnis der Kopten, F. A. Herbig Verlagsbuchhandlung GmbH, München, 2012.

Hunke, Sigrid, Allahs Sonne über dem Abendland. Unser arabisches Erbe, Fischer Taschenbuch Verlag, 1990.

Hussain, Taha, Jugendjahre in Kairo, Verlag Edition Orient, 1986.

Ibrahim, Fouad N., Ägypten. Eine geografische Landeskunde, Wissenschaftliche Buchgesellschaft, Darmstadt, 1996.

Iyas, Ibn, Alltagsnotizen eines ägyptischen Bürgers, Edition Erdmann, Lenningen 2004.

Konzelmann, Gerhard, Der Nil. Heiliger Strom unter Sonnenbarke, Kreuz und Halbmond, Deutscher Taschenbuch Verlag GmbH & Co. KG, München, 1982.

Konzelmann, Gerhard, Die Araber, Wilhelm Heyne Verlag, München, 1989.

Lane, Edward William, Sitten und Gebräuche der heutigen Ägypter, Adamant Media Corporation, 2004.

Loti, Pierre, Auf den Spuren der Pharaonen, Herausgeber: Jürgen Sorge, Engelsdorfer Verlag, 2010.

Machfus, Nagib, Zwischen den Palästen, Unionsverlag Zürich, 1996.

Mayer, Wolfgang und Speiser, Philipp, Der Vergangenheit eine Zukunft. Denkmalpflege in der islamischen Altstadt von Kairo 1973-2004, Deutsches Archäologisches Institut Kairo, Verlag Philipp von Zabern, 2007.

Mernissi, Fatima, Der politische Harem. Muhammad und die Frauen, 4. Auflage, Verlag Herder Freiburg im Breisgau, 1992, Dagyeli Verlag Frankfurt am Main 1989.

Mernissi, Fatema, Die Sultanin. Die Macht der Frauen im Islam, Luchterhand Literaturverlag GmbH, 1991.

Mernissi, Fatima, Islam und Demokratie. Die Angst vor der Moderne, Verlag Herder, Freiburg im Breisgau 2002.

Mete, Denis E., Das Geschenk Gottes, Preisung des Propheten Muhammed im Mevlud-i Keshfi, Kritische Edition und Übersetzung, Wien 2018.

Niyazi-yi Misri, Ein Tropfen im Ozean des Erstaunens. Die osmanische Sufi-Dichtung des Niyazi-yi Misri, übersetzt und kommentiert von Denis Mete, Verlag Silsile, Wien, 2017.

Rados, Antonia, Die Bauchtänzerin & die Salafistin. Eine wahre Geschichte aus Kairo, Amalthea Signum Verlag, Wien, 2014.

Renz, Alfred, Islam. Geschichte und Stätten des Islam von Spanien bis Indien, Prestel Verlag, München, 1977.

Schwester Sara, Schwester Emmanuelle. Meine Freundin und Mutter. Unser Leben für die Müllsammler von Kairo, Tyrolia Verlag, Innsbruck-Wien, 2013

Stauth, Georg, Ägyptische heilige Orte II. Zwischen den Steinen des Pharao und islamischer Moderne, Transcript Verlag, Bielefeld, 2008.

Volkoff, Oleg V., 1000 Jahre Kairo. Die Geschichte einer verzauberten Stadt, Philipp von Zabern, Mainz am Rhein, 1984.

Weiss, Walter M. und Westermann, Kurt Michael, Ägypten. Die Wiege der Götter, Edition Christian Brandstätter, 1998.

Westphal, Wilfried, Richard Löwenherz und Saladin. Der Dritte Kreuzzug, Jan Thorbecke Verlag der Schwabenverlag AG, Ostfildern, 2006.

Williams, Caroline, Islamic Monuments in Cairo. The Practicle Guide, 6. Auflage, The American University in Cairo Press, 2008.

Zander, Hans Conrad, Als die Religion noch nicht langweilig war. Die Geschichte der Wüstenväter, Gütersloher Verlagshaus, Gütersloh, 2011.

# Quellenhinweise

1 Weiss, Walter M. und Westermann, Kurt Michael, Ägypten. Die Wiege der Götter, Seite 189, Edition Christian Brandstätter, 1998.
2 Salah al-Din ließ trotzdem einen der größten Sufis, Sihab al-Din Suhrawardi hinrichten, Quelle Denis Mete.
3 Al-Aswani, Alaa, Im Land Ägypten. Am Vorabend der Revolution, Seite 132, Deutsche Erstausgabe, Fischer Taschenbuch Verlag, Frankfurt am Main, 2011.
4 Die Ansprache wurde 1966 gehalten, https://www.youtube.com/watch?v=zCzAgkBQrJI, 9.6.2018.
5 Al-Aswani, Alaa, Im Land Ägypten. Am Vorabend der Revolution, Seite 135f, Deutsche Erstausgabe, Fischer Taschenbuch Verlag, Frankfurt am Main, August 2011.
6 Mernissi, Fatima, Der politische Harem. Muhammad und die Frauen, Seite 113f, 4. Auflage, Verlag Herder Freiburg im Breisgau, 1992, ©Dagyeli Verlag Frankfurt am Main 1989.
7 Die Naskh-Schrift ist die im arabischen Raum am meisten verwendete Schrift. Bücher, Zeitschriften und Zeitungen sind fast ausnahmslos in Naskh-Schrift gedruckt. In der Schule lernen die Kinder diese Schrift als erste.
8 Als ablaq-Stil wird ein gestreiftes Mauerwerk bezeichnet, meistens in schwarz-weiß oder rot-weiß.
9 12.8.2011, Gedanken für den Tag auf Ö1, Rudolf Taschner, Sechs Fragen zur Gerechtigkeit, Gestaltung: Alexandra Mantler-Felnhofer.
10 Unter dieser Technik versteht man einen Fensterverschluss, ein aus einer Gipsplatte geschnitztes Gitter, in das noch Glasplättchen eingefügt werden können.
11 Die kufische Schrift ist eine der ältesten Formen der arabischen Schrift.
12 Hadithe sind eine Sammlung von Anweisungen, Handlungen und Empfehlungen des Propheten Muhammad, die nicht im Koran enthalten sind. Diese Überlieferungen bilden die sunna, die neben dem Koran die zweite Quelle der religiösen Gesetze im Islam ist.
13 www.ruediger-nehberg.de/genitalverstuemmelung.htm, 26.3.2018.
14 http://w3i.target-nehberg.de/HP-08_fatwa/index.php?p=appellQaradawi, 30.6.2018, siehe auch http://www.target-nehberg.de/.
15 Die Scharia ist das religiöse Gesetz, das den Weg weist und die Gesamtheit aller religiösen und rechtlichen Normen und Interpretationsvorschriften im Islam beschreibt.
16 Khedive war ein Titel, der den Gouverneuren der osmanischen Provinz Ägypten verliehen wurde.
17 Mete, Denis, Das Geschenk Gottes...Preisung des Propheten Muhammad im Mevlud-i Kesfi, Kritische Edition und Teilübersetzung, Seite 25, Wien 2018.
18 Williams, Caroline, Islamic Monuments in Cairo. The Practicle Guide, Seite 73f, 6. Auflage, The American University in Cairo Press, 2008. Known at one time as a Maison des Arts, the house is noteable for the artists, past and present, who have lived here, such as Beppi Martin, an orientalist painter in residence from 1910 to 1954; Muhammad Nagy, one of Egypt's pioneer modern painters; and Hasan Fathy (d. 1988), Egypt's most famous modern architect. (...).
19 Huris sind nach islamischem Glauben Jungfrauen im Paradies, die den Seligen beigegeben werden.
20 Volkoff, Oleg V., 1000 Jahre Kairo. Die Geschichte einer verzauberten Stadt, Seite 178, Philipp von Zabern, Mainz am Rhein, 1984.
21 1992 suchte ein weiteres schweres Erdbeben die Region heim, durch das viele historische Gebäude stark beschädigt wurden, so auch diese Moschee.
22 Isabelle M. Beck, https://kueltour.wordpress.com/tarihi-anlar-geschichtliche-momente/iznik-keramik-als-kulturelles-medium-im-interkulturellen-austausch/, 11.5.2018.
23 Auszug des Gesprächs mit Dina Bakhoum anhand von persönlichen Notizen.
24 Williams, Caroline, Islamic Monuments in Cairo. The Practicle Guide, Seite 96, 6. Auflage, The American University in Cairo Press, 2008. „The qibla riwaq is separated from the rest of the

mosque by a superb mashrabiya screen, which perhaps originally served to curtain the qibla arcades from pedestrians using the mosque as a shortcut between two streets."
25 Mayer, Wolfgang, Altstadtsanierung in Kairo: Die Unbesiegbare leidet an Kreislaufschwächen, Papyrus Magazin, 2003/2004.
26 Zitiert nach: Loti, Pierre, Ägypten. Reisebilder, Seite 18, Übersetzer: Friedrich von Oppeln-Bronikowski, Herausgeber: Jürgen Sorge, Engelsdorfer Verlag, 2010.
27 http://www.akdn.org/Publications/2007_aktc_egypt.pdf, 31.3.2018.
28 Landeswährung ist das ägyptische Pfund, LE (livre égyptienne), 1 Pfund sind 100 Piaster.
29 Im Sechs-Tage-Krieg von 1967 besetzten israelische Truppen die ganze Sinai-Halbinsel, den Gazastreifen, das Westjordanland, Ost-Jerusalem und die syrischen Golanhöhen.
30 Die Moschee mit dem Schrein von Imam Ali in Nadshaf im Irak gilt bei den weltweit lebenden schiitischen Muslimen als heiliger Ort. Uralte unwiederbringliche Dokumente sowie Kostbarkeiten aus Gold und Juwelen lagern in der Moschee.
31 Gespräch mit Denis Mete, Orientalist, www.artmete.at.
32 http://www.undeadcrafts.com/, 31.3.2018.
33 De Nerval, Gérard, Rom, Ägypten, Paris in alten Fotografien 1850-1900, Sammlung Herzog, Du. Die Zeitschrift für Kultur, Heft Nr. 7/8, Juli/August 1992.
34 https://www.wmf.org/project/takiyyat-ibrahim-al-gulshani, 23.4.2018.
35 www.khayamiya.com/, 31.3.2018.
36 Weiss, Walter M. und Westermann, Kurt Michael, Ägypten. Die Wiege der Götter, Seite 188f, Edition Christian Brandstätter, 1998.
37 Denis Mete, Makam-Musiktherapie, http://artmete.at/imklang/makam2.html, 23.4.2018.
38 ebd.
39 Fatemah Farag, Al-Ahram Weekly Online, 1 - 7 November 2001, Issue No.558, http://weekly.ahram.org.eg/Archive/2001/558/feature.htm, 22.3.2018.
40 Samarra und nicht Bagdad im heutigen Irak war zu jener Zeit Regierungssitz der Kalifen.
41 Spolien sind Bauteile und Säulen, die von Bauten älterer Kulturen stammen und in neuen Bauwerken wieder verwendet werden.
42 Als Zikkurat wird ein gestufter Tempelturm im ehemaligen Mesopotamien, dem heutigen Irak, bezeichnet.
43 Volkoff, Oleg V., 1000 Jahre Kairo. Die Geschichte einer verzauberten Stadt, Seite 56, Philipp von Zabern, Mainz am Rhein, 1984.
44 Gayer-Anderson Pasha, R.G.John, Legends of the House of the Cretan Woman, Seite 73ff, The American University in Cairo Press, Cairo, New York, 2001.
45 Jürgen Kühnle, http://www.wissen-im-netz.info/literatur/goethe/diwan/01.htm, 11.5.2018.
46 Güvenç, Oruç, Mevlânâ und die Gottgeliebten, Seite 103, Verlag Silsile, Wien 2017.
47 Theo-sophia wurde eins zu eins im Arabischen verwendet: hikmat al-ilahiyya, Lehre von der göttlichen Weisheit.
48 Mete, Denis, www.artmete.at/imworte/derwischtanz.pdf, 11.5.2018.
49 Jens Helmstedt, http://anatolienmagazin.de/sema-mystischer-tanz-der-derwische/. 11.5.2018.
50 Mete, Denis, www.artmete.at/imworte/derwischtanz.pdf, 11.5.2018.
51 Mete, Denis, http://www.artmete.at/imworte/derwischtanz.pdf, 11.5.2018.
52 Paul-Anton Krüger, Kairo, http://www.sueddeutsche.de/politik/aegypten-ruhiggefuettert-1.2415171?reduced=true, 1.5.2018.
53 www.cairoscene.com/Buzz/Egypt-Population-Growing-5-Times-Faster-China, 1.5.2018.
54 Behrens-Abouseif, Doris, Schönheit in der arabischen Kultur, Seite 85, Verlag C. H. Beck, München, 1998.
55 Chutba bezeichnet die Predigt beim wöchentlichen Freitagsgebet der Muslime, sie wurde im Namen des amtierenden Kalifen gesprochen.
56 Mernissi, Fatema, Die Sultanin. Die Macht der Frauen im Islam, Seite 196, Luchterhand Literaturverlag GmbH, 1991.

57 ebd. Seite 197.
58 Mernissi, Fatema, Islam and Democracy. Fear of the Modern World, page 131, Basic Books, a member of the Perseus Books Group, New York. Zitiert aus der deutschen Ausgabe Islam und Demokratie. Die Angst vor der Moderne, Seite 178, Verlag Herder, Freiburg im Breisgau 2002.
59 Mernissi, Fatema, Die Sultanin. Die Macht der Frauen im Islam, Seite 204-205, Luchterhand Literaturverlag GmbH, 1991.
60 Mayer, Wolfgang und Speiser, Philipp, Der Vergangenheit eine Zukunft. Denkmalpflege in der islamischen Altstadt von Kairo 1973-2004, Seite 45, Deutsches Archäologisches Institut Kairo, Verlag Philipp von Zabern, 2007.
61 Volkoff, Oleg V., 1000 Jahre Kairo. Die Geschichte einer verzauberten Stadt, Seite 149, Verlag Philipp von Zabern, 1984.
62 Sandmann, Bernd, Papyrus-Magazin.
63 Abu Nawas, nachrecherchiret bei https://glossar.wein-plus.eu/abu-nuwas, 13.5.2018.
64 Mayer, Wolfgang und Speiser, Philipp, Der Vergangenheit eine Zukunft. Denkmalpflege in der islamischen Altstadt von Kairo 1973-2004, Seite 85. Deutsches Archäologisches Institut Kairo, Verlag Philipp von Zabern, 2007.
65 https://de.wikipedia.org/wiki/Friedrich_II._(HRR), 16.6.2018
66 Max Herz Pascha, Die Baugruppe des Sultans Qalawun in Kairo, Abhandlungen-Hamburgischen-Kolonialinstituts/dp/3111054144.
67 Max Herz: Der siegreiche König, Schwert der Religion, Qalawun, der Alfi des Ala und des Salih.
68 ebd.
69 ebd.
70 Ebers, Georg, Aegypten. In Bild und Wort, Seite 290, Druck und Verlag von Eduard Hallberger, Stuttgart und Leipzig, 1879.
71 ebd.
72 Mete, Denis, Beschreibung des bimaristan al-Mansuri in Kairo, www.artmete.at.
73 Mayer, Wolfgang und Speiser, Philipp, Der Vergangenheit eine Zukunft. Denkmalpflege in der islamischen Altstadt von Kairo 1973-2004, Seite 110, Deutsches Archäologisches Institut Kairo. Verlag Philipp von Zabern, 2007.
74 ebd. Seite 121.
75 Muslime werden nach dem Tod in weiße Tücher gehüllt, die oft schon lange im Besitz des Toten waren und möglicherweise als Pilgergewand in Mekka getragen wurde.
76 Edwards, Amelia, Tausend Meilen auf dem Nil. Die Ägyptenreise der Amelia Edwards 1873/74, Seite 17, Phoibos Verlag, Wien, 2009.
77 Germer, Renate, Das Geheimnis der Mumien, Seite 95f, Prestel Verlag München – New York, 1997.
78 Halm, Heinz, Die Kalifen von Kairo. Die Fatimiden in Ägypten, Seite 91, Verlag C. H. Beck, München, 2003.
79 Tharwat Al-Batawi, Qantara.de - Dialog mit der islamischen Welt, 19.06.2018.
80 https://de.wikipedia.org/wiki/Azhar, 25.4.2018.
81 Alexander Görlach, Qantara.de - Dialog mit der islamischen Welt, 19.6.2018.
82 Assem Hefny, Qantara.de - Dialog mit der islamischen Welt, 19.6.2018.
83 Hussain, Taha, Jugendjahre in Kairo, Seite 112, Verlag Edition Orient, 1986.
84 Halm, Heinz, Die Kalifen von Kairo. Die Fatimiden in Ägypten, Seite 84, Verlag C. H. Beck, München 2003.
85 Iyas, Ibn, Alltagsnotizen eines ägyptischen Bürgers, Seite 81, Edition Erdmann, Lenningen 2004.
86 ebd., Seite 152.
87 ebd. Seite 7.
88 Germer, Renate, Die Textilfärberei und die Verwendung gefärbter Textilien im Alten Ägypten (Ägyptologische Abhandlungen), Seite 15, Harrasowitz Verlag, 1992.
89 www.archinos.com/sabil-of-muhammad-ali-pasha-cairo, 25.4.2018.
90 www.deutschvilla.at, 25.4.2018.

91 Das Buch liegt nur in Arabisch vor, der Titel wurde ins Englische übersetzt.
92 2016 wurde das Holzhaus dem Erdboden gleich gemacht.
93 Quelle Denis Mete, Fournier, August, Napoleon I. Eine Biographie, Wien, F. Tempsky, 1904-06, S.168.
94 http://www.archinos.com/ottoman-house-in-al-sukkariya-cairo, 25.4.2018.
95 Ebers, Georg, Aegypten. In Bild und Wort, Seite 320, Druck und Verlag von Eduard Hallberger, Stuttgart und Leipzig, 1879.
96 Mit freundlicher Genehmigung der Herbig Verlagsbuchhandlung, Stuttgart. Hesemann, Jesus in Ägypten © 2012 F. A. Herbig Verlagsbuchhandlung GmbH.
97 Evliya Çelebi, geboren 1611 in Istanbul, war ein osmanischer Schriftsteller, der über seine zahlreichen Reisen im osmanischen Reich und in den Nachbarländern berichtete.
98 Serapis war ein ägyptisch-hellenistischer Gott, der seit Ptolemäus I. als Reichsgott etabliert wurde und Eigenschaften von Osiris und Apis in sich vereinigte.
99 Mit freundlicher Genehmigung der Herbig Verlagsbuchhandlung, Stuttgart. Hesemann, Jesus in Ägypten © 2012 F. A. Herbig Verlagsbuchhandlung GmbH.
100 Das Demotische war eine Schreibschrift des Ägyptischen und die Weiterentwicklung der hieratischen Schrift. Die hieratische, heilige oder priesterliche Schrift war eine Art Schnellschrift der Hieroglyphen und wurde mit einer Binse, einem grasähnlichen Gewächs, auf Papyrus geschrieben.
101 Haarmann, Ulrich, Das islamische und christliche Ägypten, Sonderdrucke aus der Albert-Ludwigs-Universität Freiburg, nur noch als Pdf erhalten.
102 Mete, Denis, Liebe und Furcht am Sufi-Weg des Einsseins (wahdat al-wucud), Seite 103, Wien 2018.
103 Marcel Leubecher, https://www.welt.de/politik/deutschland/article163619470/Wir-Christen-werden-in-unserem-Land-wie-Insekten-behandelt.html, 5.5.2018.
104 Prof. Fuad Ibrahim im Interview: https://www.igfm.de/aegypten/ausgestossene-im-eigenen-land/, 17.4.2018.
105 Die Ikonostase symbolisiert die „Wand der Trennung" des Alten Testaments, die zur „Wand der Bilder" im Neuen Testament geworden ist.
106 https://de.wikipedia.org/wiki/Marienerscheinung_von_Zeitoun, 25.4.2018.
107 Seht den Menschensohn, der mit großer Kraft und Herrlichkeit in den Wolken kommt.
108 Er ist nicht hier, er ist auferstanden, genau wie er gesagt hat.
109 Sie hielt ihn an seinem Umhang fest und sagte, komm mit mir ins Bett. Doch er ließ seinen Umhang in ihrer Hand zurück und rannte hinaus.
110 Fouad und Barbara Ibrahim, Kemet 4/2010.
111 Dr. Sybille Frütel Culhane, Über den Dächern von Kairo. Thermische Solaranlagen von den Armen für die Armen, Kemet.
112 Halm, Heinz, Die Kalifen von Kairo. Die Fatimiden in Ägypten, Seite 59, Verlag C. H. Beck, München, 2003.
113 https://de.wikipedia.org/wiki/Nil#Wei.C3.9Fer_Nil, 18.4.2018.
114 Volkoff, Oleg V., 1000 Jahre Kairo. Die Geschichte einer verzauberten Stadt, Seite 32, Philipp von Zabern, Mainz am Rhein, 1984.

Danksagung

Ich bedanke mich bei meinen mündlichen und schriftlichen Quellen, bei Personen, Verlagen und Homepage-Betreibern, Rechteinhabern und Lizenzgebern, die mir die Genehmigung zum Abdruck erteilt haben.

Es ist mir ein besonderes Anliegen jenen Menschen zu danken, die mich beim Prozess der Entstehung des Buches unterstützt, motiviert und begleitet haben. Sie haben meine Texte gelesen, sind mir mit Rat und Tat zur Seite gestanden, haben mir wertvolle Tipps und Anregungen gegeben und das Layout gestaltet.

Besonders zu danken habe ich Hermann Becke / Obmann des gemeinnützigen Vereins SEKEM-Österreich, Monika Chouchene / Schamanin, Ferdinand Götz / Kurator und Obmann der Deutschvilla Strobl, Andreas Hoffer / Kunsthistoriker und Kurator, Denis Mete / Musiktherapeut, Orientalist und Kunstmaler, Burkhard Neumayer / Risma Management GmbH, Andreas Morawetz / Fotos, Ingrid Pestal, Pia Praska / Lektorat und Korrektorat sowie Isabella Zieritz / Grafik und Fotos.

Doch damit bin ich noch nicht am Ende angelangt. Danken möchte ich allen meinen Freunden, die mich auf den vielen Reisen nach Ägypten begleitet und viel dazu beigetragen haben, dass dieses Buch entstehen konnte. Vor allem danke ich ihnen für ihre Geduld, wenn ich noch einmal losrannte, um weitere Fotos eines Bauwerkes zu machen oder Fragen stellen wollte. Meinen ägyptischen Freunden, Bekannten und Begleitern möchte ich ebenfalls meinen Dank aussprechen: Saad Ali / Badawiya Expedition Travel, Badr abd al-Moghny Ali / Künstler in der Oase Farafra, Hebba Bakri / Hotel Longchamps, Essam Ali und Nasser Hussein / On Touch Travel sowie Adel, Aila, Boschra, Christine, Gamal, Lesley Lababidi, Ibrahim Mohammedmahmoud, Ibrahim Morgan, Nabil und Sabry Wahba / selbstständiger, deutschsprechender Reiseführer und Reiseanbieter.

Für die vielseitige Unterstützung möchte ich besonders auch meiner Familie - Christoph, Barbara, Marcel und Nico - von Herzen danken. Durch sie konnte das Projekt „Das Wunder Kairo. Geschichten aus der Mutter aller Städte" letztendlich realisiert werden.

Die Autorin

Leone Strizik ist 1953 in Melk an der Donau geboren und in Gerolding aufgewachsen. Schon seit der Schulzeit interessierte sie sich für Geschichte und die Geschichten dahinter. Später kristallisierte sich der Schwerpunkt Ägypten heraus. Als Ausbildung wählte sie Damen- und Herrenkleidermacher, von daher gilt auch Textilien und Stoffen ihr Interesse. 1994 orientierte sie sich neu, ab da bis zum Jahr 2012 war das museale Umfeld im Bereich der zeitgenössischen Kunst in der Kunsthalle Krems und im Essl Museum Klosterneuburg ihr berufliches Betätigungsfeld, wo sie für Personal, Budgetplanung, Leihanfragen, Kunsttransporte und Versicherungen zuständig war. Auch die Mitarbeit in der Susanne Wenger Foundation Krems prägte und förderte ihr Interesse an Kunst und Kultur(en). Durch viele Reisen ins Land am Nil drang sie immer tiefer in die Kultur des Alten Ägypten und das islamische und koptische Kulturerbe Kairos ein. Das Buch „Das Wunder Kairo. Geschichten aus der Mutter aller Städte" ist das Ergebnis vieler Reisen, Gespräche, Recherchen, Foto-Dokumenten, großem Interesse und Wertschätzung für Ägypten und seine Kultur.

Folge
deinem Herzen,
solange
du lebst.